中国国情调研丛书

村庄卷

China's national conditions survey Series

Vol. Villages

中国国情调研丛书·村庄卷

China's National Conditions Survey Series · Vol.Villages

主 编 蔡 昉
张晓山

红林村

——一个京郊山村的经济社会变迁

HONGLIN:

Economic and Social Changes in a Mountain Village in Beijing

潘 劲 著

中国社会科学出版社

图书在版编目(CIP)数据

红林村：一个京郊山村的经济社会变迁／潘劲著．—北京：中国社会科学出版社，2016.10

（中国国情调研丛书·村庄卷）

ISBN 978-7-5161-7653-5

Ⅰ.①红… Ⅱ.①潘… Ⅲ.①农村经济-社会变迁-研究-北京 Ⅳ.①F327.1

中国版本图书馆 CIP 数据核字(2016)第 227538 号

出 版 人 赵剑英
责任编辑 任 明
责任校对 王 斐
责任印制 何 艳

出 版 中国社会科学出版社
社 址 北京鼓楼西大街甲 158 号
邮 编 100720
网 址 http://www.csspw.cn
发 行 部 010-84083685
门 市 部 010-84029450
经 销 新华书店及其他书店

印刷装订 北京市兴怀印刷厂
版 次 2016 年 10 月第 1 版
印 次 2016 年 10 月第 1 次印刷

开 本 710×1000 1/16
印 张 35.5
插 页 2
字 数 460 千字
定 价 80.00 元

总　序

为了贯彻党中央的指示，充分发挥中国社会科学院思想库和智囊团作用，进一步推进理论创新，提高哲学社会科学研究水平，2006 年中国社会科学院开始实施“国情调研”项目。

改革开放以来，尤其是经历了近 30 年的改革开放进程，我国已经进入了一个新的历史时期，我国的国情发生了很大变化。从经济国情角度看，伴随着市场化改革的深入和工业化进程的推进，我国经济实现了连续近 30 年的高速增长。我国已经具有庞大的经济总量，整体经济实力显著增强，到 2006 年，我国国内生产总值达到 209407 亿元，约合 2.67 万亿美元，列世界第四位；我国经济结构也得到优化，产业结构不断升级，第一产业产值的比重从 1978 年的 27.9% 下降到 2006 年的 11.8%，第三产业产值的比重从 1978 年的 24.2% 上升到 2006 年的 39.5%；2006 年，我国实际利用外资为 630.21 亿美元，列世界第四位，进出口总额达 1.76 万亿美元，列世界第三位；我国人民生活水平不断改善，城市化水平不断提升。2006 年，我国城镇居民家庭人均可支配收入从 1978 年的 343.4 元上升到 11759 元，恩格尔系数从 57.5% 下降到 35.8%，农村居民家庭人均纯收入从 133.6 元上升到 3587 元，恩格尔系数从 67.7% 下降到 43%，人口城市化率从 1978 年的 17.92% 上升到 2006 年的 43.9% 以上。经济的高速发展，必然引起国情的变化。

我们的研究表明，我国的经济国情已经逐渐从一个农业经济大国转变为一个工业经济大国。但是，这只是从总体上对我国经济国情的分析判断，还缺少对我国经济国情变化分析的微观基础。这需要对我国基层单位进行详细的分析研究。实际上，深入基层进行调查研究，坚持理论与实际相结合，由此制定和执行正确的路线方针政策，是我们党领导革命、建设与改革的基本经验和基本工作方法。进行国情调研，也必须深入基层，只有深入基层，才能真正了解我国国情。

为此，中国社会科学院经济学部组织了针对我国企业、乡镇和村庄三类基层单位的国情调研活动。据国家统计局的最近一次普查，到2005年年底，我国有国营农场0.19万家，国有以及规模以上非国有工业企业27.18万家，建筑业企业5.88万家；乡政府1.66万个，镇政府1.89万个，村民委员会64.01万个。这些基层单位是我国社会经济的细胞，是我国经济运行和社会进步的基础。要真正了解我国国情，必须对这些基层单位的构成要素、体制结构、运行机制以及生存发展状况进行深入的调查研究。

在国情调研的具体组织方面，中国社会科学院经济学部组织的调研由我牵头，第一期安排了三个大的长期的调研项目，分别是“中国企业调研”“中国乡镇调研”和“中国村庄调研”。“中国乡镇调研”由刘树成同志和吴太昌同志具体负责，“中国村庄调研”由张晓山同志和蔡昉同志具体负责，“中国企业调研”由我和黄群慧同志具体负责。第一期项目时间为三年（2006—2008），每个项目至少选择30个调研对象。经过一年多的调查研究，这些调研活动已经取得了初步成果，分别形成了《中国国情调研丛书·企业卷》《中国国情调研丛书·乡镇卷》和《中国国情调研丛书·村庄卷》。今后这三个国情调研项目的调研成果，还会陆续收录到这三部书中。我们期望，通过《中国国情调研丛书·企业卷》《中国国情调研丛书·乡镇卷》和《中国国情调研丛书·村庄卷》这三部书，能够在一定程度上反映和描述在 21 世纪初期工业化、市场化、国际化和信息化的背景下，我国企业、乡镇和村庄的发展变化。

国情调研是一个需要不断进行的过程，今后我们还会在第一期国情调研项目的基础上将这三个国情调研项目滚动开展下去，全面持续地反映我国基层单位的发展变化，为国家的科学决策服务，为提高科研水平服务，为社会科学理论创新服务。《中国国情调研丛书·企业卷》《中国国情调研丛书·乡镇卷》和《中国国情调研丛书·村庄卷》这三部书也会在此基础上不断丰富和完善。

陈佳贵

2007 年 9 月

编 者 的 话

2006 年中国社会科学院开始启动和实施“国情调研”项目。中国社会科学院经济学部组织的调研第一期安排了三个大的长期调研项目，分别是“中国企业调研”，“中国乡镇调研”和“中国村庄调研”。第一期项目时间为三年（2006—2008 年），每个项目至少选择 30 个调研对象。

经济学部国情调研的村庄调研工作由农村发展研究所（以下简称“农发所”）和人口与劳动经济研究所牵头，负责组织协调和从事一些基础性工作。农发所张晓山同志和人口与劳动经济研究所的蔡昉同志总体负责，工作小组设在农发所科研处，项目资金由农发所财务统一管理。第一期项目（2006—2008 年）共选择 30 个村庄作为调研对象。2010 年，在第一期国情调研村庄项目的基础上，中国社会科学院经济学部又组织开展了第二期国情调研村庄项目。第二期项目时间仍为三年（2010—2012 年），仍选择 30 个村庄作为调研对象。

农发所、人口与劳动经济研究所以及中国社会科学院其他所的科研人员过去做了很多村庄调查，但是像这次这样在一个统一的框架下，大规模、多点、多时期的调查还是很少见的。此次村庄调查的目的是以我国东中西部不同类型、社会经济发展各异的村庄为调查对象，对每个所调查的村庄撰写一部独立的书稿。通过问卷调查、深度访谈、查阅村情历史资料等田野式调查方法，详尽反映村庄的农业生产、农村经济运行和农民生活的基本状况及其变化趋势、农村生产要素的配置效率及其变化、乡村治理的现状与变化趋势、农村剩余劳动力转移的现状与趋势、农村社会发展状况等问题。调研成果一方面旨在为更加深入地进行中国农村研究积累村情案例资料和数据库，另一方面旨在真实准确地反映30多年来中国农村经济变迁的深刻变化及存在的问题，为国家制定科学的农村发展战略决策提供更有效的服务。

为了圆满地完成调查，达到系统翔实地掌握农村基层经济社会数据的预定目标，工作小组做了大量的工作，包括项目选择、时间安排、问卷设计和调整、经费管理等各个方面。调查内容包括“规定动作”和“自选动作”两部分，前者指各个课题组必须进行的基础性调查，这是今后进行比较研究和共享数据资源的基础；后者指各个课题组从自身研究兴趣偏好出发，在基础性调查之外进行的村庄专题研究。

使用统一的问卷，完成对一定数量农户的问卷调查和对调查村的问卷是基础性调查的主要内容，也是确保村庄调查在统一框架下开展、实现系统收集农村基本经济社会信息的主要途径。作为前期准备工作中最重要的组成部分之一，问卷设计的质量直接影响到后期分析和项目整体目标的实现。为此，2006年8月初，农发所组织所里各方面专家设计出调查问卷的初稿，包括村调查问卷、调查村农户问卷等。其中，村问卷是针对调查村情况的详细调查，涉及村基本特征、土地情况、经济活动情况、社区基础设施与社会服务供给情况等十三大类近500个指标；农户问卷是对抽样农户详细情况的调查，涉及农户人口与就业信息、农户财产拥有与生活质量状况、教育、医疗及社会保障状况等九大类，也有近500个指标。按照计划，抽样方法是村总户数在500户以上的抽取45户，500户以下的抽取30户。抽样方法是首先将全村农户按经济收入水平分为好、中、差三等分，然后在三组间平均分配抽取农户的数量，各组内随机抽取。问卷设计过程中，既考虑到与第二次农业普查数据对比的需要，又汲取了所内科研人员和其他兄弟所科研人员多年来的村庄调查经验，并紧密结合当前新农村建设中显露出来的热点问题和重点问题。问卷初稿设计出来之后，农发所和人口与劳动经济研究所的科研人员共同讨论修改，此后又就其中的每个细节与各课题组进行了集体或单独的讨论，历时半年，经过四五次较大修改之后，才定稿印刷，作为第一期村庄调研项目统一的农户基础问卷。

在第二期村庄调研项目启动之前，根据第一期调研中反映出来的问题，工作小组对村问卷和农户问卷进行了修订，以便更好地适应实际调研工作的需要。今后，随着农村社会经济形势的发展，本着“大稳定、小调整”的原则，还将对问卷内容继续进行修订和完善。

在项目资金方面，由于实行统一的财务管理，农发所财务工作的负担相对提高，同时也增加了管理的难度，工作小组也就此做了许多协调工作，保障了各分课题的顺利开展。

到2010年7月为止，第一期30个村庄调研已经结项23个；每个村庄调研形成一本独立的书稿，现已经完成11部书稿，正在付梓的有5部。第一期村庄调查形成的数据库已经收入22个村1042户的基础数据。

国情调研村庄调查形成的数据库是各子课题组成员共同努力的成果。对数据库的使用，我们有以下规定：（1）数据库知识产权归集体所有。各子课题组及其成员，服务于子课题研究需要，可共享使用数据资料，并须在相关成果关于数据来源的说明中，统一注明“中国社会科学院国情调研村庄调查项目数据库”。（2）为保护被调查人的权益，对数据库所有资料的使用应仅限于学术研究，不得用于商业及其他用途；也不得以任何形式传播、泄露受访者的信息和隐私。（3）为保护课题组成员的集体知识产权和劳动成果，未经国情调研村庄调查项目总负责人的同意和授权，任何人不得私自将数据库向课题组以外人员传播和应用。

国情调研是中国社会科学院开展的一项重大战略任务。其中村庄调研是国情调研的重要组成部分。在开展调研四年之后，我们回顾这项工作，感到对所选定村的入户调查如只进行一年，其重要性还显现得不够充分。如果在村调研经费中能拨出一部分专项经费用于跟踪调查，由参与调研的人员在调研过程中在当地物色相对稳定、素质较高、较认真负责的兼职调查员，在对这些人进行培训之后，请这些人在此后的年份按照村问卷和农户问卷对调查村和原有的被调查的农户开展跟踪调查，完成问卷的填写。坚持数年之后，这个数据库将更具价值。

在进行村调研的过程中，也可以考虑物色一些有代表性的村庄，与之建立长远的合作关系，使它们成为中国社会科学院的村级调研基地。

衷心希望读者对村庄调研工作提出宝贵意见，也希望参与过村庄调研的同志能与大家分享其宝贵经验，提出改进工作的建议。让我们共同努力，把这项工作做得更好。

编者　2010 年 7 月 28 日

目　录

第一部分　研究报告

第二部分　个案访谈

前　言

第一节　本项研究的缘起及意义

2009 年，笔者承接了中国社会科学院国情调研项目第一期村庄调研：“烟庄村：一个劳动力流出村庄的经济社会变迁”，两年后结题出版。尽管书籍出版后，获得了一些好评，但笔者深知其中的不足。在有限的时间内完成对一个村庄由陌生到熟悉，进而在问卷调查和深度访谈的基础上形成自己的判断，直至成书，总觉得缺少些历史的厚重和积淀。

20 世纪 90 年代，由中国国史学会、中国社会科学院农村发展研究所和当代中国研究所共同组织了全国百家乡村经济典型调查，拟选取 100 个经济发达的乡村进行调查和分析，然后将调研结果以乡（镇）、村为单位分别编辑成书。笔者独立承担了一个发达村庄的调研，并参与一个经济强镇的调研。尽管由于种种原因，最后出版的书籍没有达到百家的预期，但笔者独立撰写的《灰锅口》一书以及参与撰写的《段甲岭镇》一书均如期出版。此后，笔者的研究方向移至农村合作经济等领域，对村庄研究较少涉及。

2009 年开始承接的烟庄村调研，对笔者的学术生涯影响深远，它不仅重新激发起笔者对村庄研究的热情，而且为笔者深入研究这一领域开启了窗口。2012 年，当中国社会科学院第二期村庄调研项目招标时，笔者便申报了本项研究并获批。《红林村：一个京郊山村的经济社会变迁》便是本项研究的最终成果。

红林村是北京市怀柔区的一个小山村。怀柔区地处北京东北部，属于北京的远郊区。怀柔因慕田峪长城以及举办联合国第 4 届世界妇女大会'95 NGO 论坛而初为外界所知，2014 年在雁栖湖举办的 APEC 峰会更使怀柔家喻户晓。提起怀柔，人们首先想到的就是慕田峪、雁栖湖等山川美景，怀山柔水已成为怀柔的标签，带动怀柔经济尤其是旅游业不断发展。许多乡村通过发展旅游业走上振兴之路。

而红林村却没有这番幸运。红林村地处浅山丘陵地带，没有奇山秀水，村民是以农外就业和经营散生杂果作为主要收入来源。虽然经济社会生活深受城镇的影响，但由于其特殊的地理位置，村庄内部仍保留着浓重的乡土特点。它既没有发达村庄的光环，也没有落后村庄的窘迫，它是万千中国村庄中的一个普通村庄，这种既与城镇具有较强的关联性，同时又保留自身乡土特点的普通村庄，凸显出中国相当一部分村庄的共性，从而成为了解中国农村的一个窗口。一个村庄就是一个微观中国。通过对红林村这一北京远郊山村发展变迁的解剖，可以从一个侧面了解中国农村的演变轨迹，由此便凸显出本项研究的价值。

在进行村庄调研时，笔者经常陷入一种沉思之中：中国村庄如何发展？其归宿如何？城里一个知名人士的居所（可能这一名人一生会有很多居所，可能是自有的，也可能是租住的），如遇拆迁或拆除，会引起多方轰动，并会掀起一阵名人故居的保护热潮。而在“撤村并居”的浪潮中，一个村庄说拆就拆，没有人去考虑它悠久的历史、厚重的传承。可以说，每个村庄都有历史，都有记忆，无数村庄构成丰富多彩的“农村中国”，同时也融入“城市中国”的记忆长河。对村庄的保护即使不像名人故居那样呵护备至，也应该给居住在那里的人们有自主选择存废的权利。中国村庄传承着中华民族的集体记忆，印记着中华民族的发展历史。每一个村庄都是唯一的，独一无二的。为独一无二的村庄留存历史，记录下这一个村庄的变迁轨迹，不仅可以为人们了解当下中国社会提供一份素材，更可为后人保存一份今天看来十分常见而将来可能弥足珍贵的史料。

正是怀有上述心愿，笔者开始了艰辛的红林村调研历程，历经三载，终于完成了这本书的写作。希望这项工作的价值和意义会随着时间的推移逐渐凸显。

第二节　研究过程

1988 年 2 月，笔者就曾对红林村进行过调研，当时笔者还只是个刚来到中国社会科学院农村发展研究所工作的硕士毕业生。今天看来，当时的调研很粗浅，遗漏很多，但也为此次研究做了铺垫。

2012 年 7 月 11 日，当笔者得知本项研究获批后，随即便启动了项目研究工作：去红林村调研，找人访谈，撰写调研日记，查阅历史资料，等等。由于地处京郊，往来方便，调研大多是在周末，其余时间则是撰写日记、查阅史料等。800 多页的《怀柔县志》，有关红林村的描述不过两三处，寥寥数语，由此增加了研究的难度：要完全靠自己去挖掘资料，通过查阅档案、村民的口述来再现红林村历史。

比较集中的调研是在 2012 年 10 月 7 日至 10 月 28 日，笔者带一名研究生在红林村进行深度访谈（其间由于笔者被狗咬伤而曾回京诊治一周）。

笔者的调研日记始于 2012 年 7 月 12 日，2014 年 11 月 29 日结束。对村民的个案访谈也是在这一期间，往往是对一位村民进行多次访谈，访谈有时在村民家中，有时在街上，有时在果园里。

问卷调查是本项研究的重要一环。按照国情调研的规定，村庄调研要填写入户调查问卷，大村 45 户，小村 30 户。红林村是一个小村，按要求只填 30 份问卷即可。为了全面反映红林村的真实情况，笔者拟对全村所有农户（116 户）都进行问卷调查。

2012 年 10 月底开始问卷试调查。调查过程中发现了一些问题，例如，农户对其所拥有的土地亩数并不清楚，因为最初承包土地时是以某一地块上的果品估产为依据的，并非依据土地的亩数分配；部分农户对其收支情况很含混，说不清楚，对于其存款更是讳莫如深。有鉴于此，笔者改变了调查方式，在村庄选择一位调查员负责调查。该调查员曾任村庄书记，现为村两委成员，在村庄负责财会工作，对每户村民的情况可以说是了如指掌。通过沟通，他欣然接受了任务，并表示尽最大努力说服农户配合调查，农户不清楚或不愿说的，他会根据所掌握的该户信息协助填报。问卷调查自 2012 年 11 月开始，2013 年 3 月结束，共调查农户 106 户，由于种种原因，有 10 户农户没有进行调查。

接下来就是对问卷调查数据、个案访谈以及收集到的各类史料进行核实、整理和分析。为了解村庄的发展背景，2013 年 12 月笔者曾先后与怀柔区和桥梓镇的有关领导进行访谈。2014 年 1 月开始写作。在问卷调查、资料分析以及写作的整个过程中，对村民的访谈从未间断，其间，笔者时常为弄清某一问题而驱车前往红林村。

第三节　本项研究的主要框架

本项研究是因循农业、农村、农民在社会经济变迁中的演变轨迹这一主线而展开的。通过对红林村这一北京远郊山村农业、农村和农民的百年变迁来映射中国农村的发展变化。

本项研究包括两大部分，即研究报告和个案访谈。研究报告共分 13 章，个案访谈则是在大量访谈中择取 38 个个案，以当事者口述的形式再现其本人的经历及村庄的变迁。

研究报告的主要框架如下：

（一）研究背景介绍

此部分主要体现在第一章中，主要阐述红林村所在区县的历史、自然概况和经济发展情况以及红林村所在镇的基本情况。

（二）红林村历史

主要阐述红林村自道光年间建村以来到改革开放以前的历史变迁，重点阐述新中国成立前后以及人民公社时期红林村的发展演变。这部分内容主要在第二章中，在其他章节中也有涉及。

（三）人口与土地

重点阐述红林村 20 世纪初期以来尤其是新中国成立以来的人口变迁及村民的职业发展和就业情况；红林村土地家庭承包制的确立、土地流转以及集体林权制度改革。由于土地征收对红林村具有重大影响，本研究专门用一章加以阐述。上述内容分别体现在第三章至第五章中。

（四）农业及非农产业

主要阐述红林村的种植业、养殖业、林业及非农产业的发展历程和发展状况。鉴于红林村作为丘陵山区的特点，重点阐述林业这一村庄主导产业的发展演变历程。上述内容分别体现在第六章至第八章中。

（五）村民生活

主要阐述村庄基础设施、文化教育、村民医疗保健等公共品的发展；农民的物质生活变迁、现阶段农户的收入与支出；村庄的信息化及文体生活、村民的社会交往及社会保障等。这些内容分别体现在第九章至第十一章中。

（六）村级组织及其治理

主要阐述村级组织的演变、运行、财务与管理以及集体经济产权制度改革等。这部分内容主要体现在第十二章中。

（七）红林村的可持续发展

主要阐述红林村在发展中存在的问题，诸如发展中的制约因素等以及村庄可持续发展的路径选择。其内容主要体现在第十三章中。

第一部分
研究报告

第一章

研究背景

红林村是北京市怀柔区桥梓镇所辖的一个行政村，同时也是一个自然村，清道光年间建村，因村西有清朝名将哈尔布武墓，村址又位于宋朝时既已建村的岐庄西侧，故名西坟。1979 年，由于该村盛产红果，遂更名为红林村。红林村村域面积 2.67 平方公里，村落呈东西向长方形，面积 8.4 万平方米，有东西向主街 1 条，共有人口 260 多人。

红林村位于怀柔区南部，距怀柔城区 12 公里。沿京承高速 13 出口抵达桥梓镇后，再沿怀长路（怀柔—长陵）行驶大约 7 公里，路西可见写有“红林村”的琉璃瓦牌楼，这便是红林村的入口处。（见图 1－1、图 1－2）

第一节　红林村所在区县的历史概况

一　怀柔区的历史沿革

怀柔区属于北京市远郊区，位于市域东北部，北纬 40°41′—41°04′，东经 116°17′—116°63′。怀柔城区位于区域南部，南距北京东直门 50 公里，东邻密云县，南接顺义区，西南靠近昌平区，

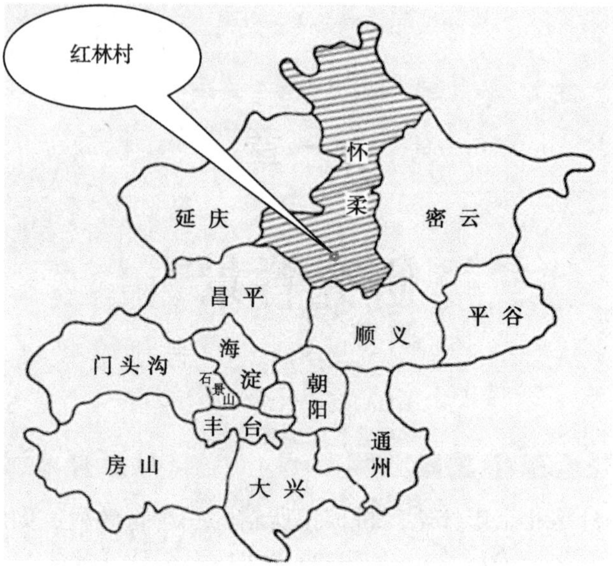

图 1－1　红林村在北京市的位置

西临延庆县，西北、北部、东北部分别与河北省的赤城、丰宁、滦平三县接壤。区域南北长 90 公里，东西最宽处 37 公里，最窄处 11 公里。全区总面积 2122.6 平方公里，其中山区占 89%。全区辖 12 个镇、两个满族乡，两个街道办事处。2013 年底常住人口 38.8 万人，其中户籍人口 27.8 万人，农业人口 15.3 万人。

怀柔历史悠久，5 万年前已有人类活动。在商周及春秋时期，怀柔南部属古燕亳方国和燕国，北部山区为山戎部族活动范围。战国时期，燕昭王已设上谷、渔阳、右北平、辽西、辽东五郡。今怀柔城区属渔阳郡，西部属上谷郡。渔阳郡郡治位于今怀柔区北房镇梨园庄村南。西汉时期，当时的渔阳在经济军事等方面占有重要地位，不仅设有盐官、铁官，还开垦稻田。曹操在渡潞水、救犷平和东征乌桓时，曾在渔阳一带活动。两晋之后，渔阳郡时废时设。隋朝时期，无终（今天津蓟县）设渔阳郡县，位于怀柔梨园庄的渔阳郡县不复存在。

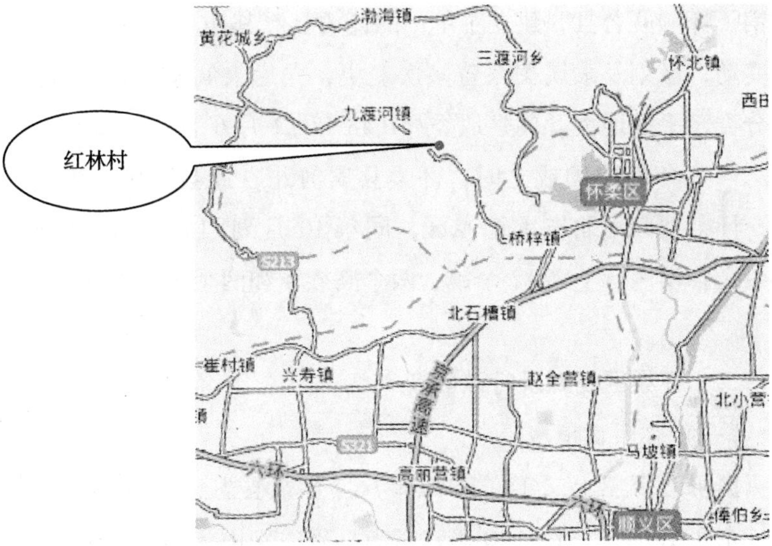

图 1-2 红林村交通图

唐开元四年（716）建怀柔县，但县治在今顺义区。明洪武元年（1368）割密云、昌平二县地置怀柔县，隶属顺天府昌平州，为怀柔建县之始，所辖地域为今怀柔长城以南地区。今怀柔西部果区（含红林村）当时属昌平，长城以北为朵颜属地。

清朝时期，今怀柔境地长城以南的东部属京师顺天府怀柔县，怀北镇一带属密云，茶坞、北宅及西部果区属昌平，长城以北大部属承德府滦平县。

1928 年，直隶省改为河北省，怀柔县为河北省属县之一。1935 年，日军侵占了怀柔县城，在日本帝国主义的扶持下，伪冀东防共自治政府成立，辖怀柔等 22 县。1937 年七七事变后，怀柔县城及平原村庄成为日伪沦陷区，北部山区主要村庄成为伪满统治区。

1938 年，在中国共产党的领导下，在八道河乡建立了平北地区第一个县级抗日政权——滦（平）昌（平）怀（柔）联合县政府，之后又成立了滦（平）昌（平）怀（柔）顺（义）联合县，后又改为怀（柔）顺（义）联合县。在 1945 年抗日战争胜利后，撤销了怀顺联合县，建立了单一的怀柔县。其四界随着形势发展有所变动，区划及隶属关系曾多次变更，先后隶属于冀察 12 地委热西分委、平北地委、冀察地委。1948 年 12 月 6 日，怀柔新中国成立。1949 年新中国成立时，怀柔县属河北省通县专区，1958 年 4 月，怀柔划归河北省承德专区，同年 10 月划归北京市。2002 年，怀柔撤县设区，下辖 12 个镇、两个满族乡和两个街道办事处。

二　怀柔区境域及行政区划

（一）怀柔区境域

据明万历三十二年（1605 年）《怀柔县志》所载，怀柔县域为：东西 100 里，南北 40 里，东南至平谷别山界 90 里，东至密云界 20 里，南至顺义界 10 里，西至昌平州界 5 里，北至大水峪 30 里。据《河北月报》王绍年民国二十二年（1933）调查，怀柔在北纬 40°90′，南临顺义，西接昌平，北、东临密云，东南临三河。东西 30 里，西北至东南 140 里，全县面积 1792 平方公里。抗日战争胜利后，国民党统治的怀柔县，其境域与民国初期相同。

1938—1945 年 8 月，中国共产党领导的抗日民主政权采取联合县建制，其境域随着斗争需要而变化。抗日战争胜利后，怀柔县单独建制，其境域为：东至神山与密云为界，西至南庄、北庄、慈悲峪和杏树台分别与昌平、延庆为邻，南至小汤山、高丽营、白庙与顺义接壤，北至长城与滦平毗邻，全县辖 162 个村（不含红林村）。1949 年，怀柔县境域东至神山与密云为界，南至高各庄、平义分与顺义为邻，西至庙上、西水峪与延庆相连，北至北湾与四海县连接。全县辖 167 个村（红林村成为其中之一），总面积 1170 平方公里。1990 年，怀柔县境域为：西北至郑栅子，北至帽山，东北至东辛店，分别与河北省的赤城、丰宁、滦平相接；西至庙上、西水峪、九渡河与延庆、昌平为邻；南至沙峪口、桃山、梭草与顺义相邻；东至神山与密云接壤。

（二）怀柔行政区划

据明万历三十二年《怀柔县志》记载，怀柔县设 8 里社，辖 58 乡庄。清康熙六十年《怀柔县志》记载，怀柔设 1 市、8 里，辖 100 庄。民国初期，怀柔县划分为 9 个区，辖 115 个村庄，其区域基本按原清代里社范围划分，自然村有少量增加。1930 年实行编乡制，全县编 84 乡。1936 年日伪“冀东防共自治政府”成立时，怀柔县编 70 个乡。1939 年，日伪实行以警代政，联合编乡，全县划分 4 警区，编 36 乡，辖 1 城 147 个村庄。抗日战争胜利后，国民党占领怀柔，其行政区划 1948 年设 1 镇 13 乡，包括为昌平县代管 2 乡。红林村当时归属为昌平县代管的茶北乡。

1945 年 8 月中国共产党领导的民主政权在怀柔单独建县后，全县划分 5 个区，辖 162 个村。其后，随境域的变更，行政区划也在变更。1949 年新中国成立时，怀柔共设 7 个区，辖 167 个村。1953 年，怀柔设 7 个区 93 个乡 222 个行政村，1955 年调整为 95 个乡。1956 年 7 月，怀柔共设 7 个区 96 个乡。1956 年 8 月撤销 7 个区建制，将原 96 个乡合并为 40 个乡、1 个镇。其后不断合并乡镇，至 1958 年 8 月全县共有 13 个乡镇。1958 年 9 月，全县由 13 个乡镇合并建立 5 个人民公社，即八一人民公社、东风人民公社、钢铁人民公社、红光人民公社、红旗人民公社，下设 34 个管理区。1959 年 3 月改设城关、桥梓、琉璃庙、汤河口、长哨营 5 个公社。1961 年 5 月，怀柔县共建立 21 个人民公社，辖 250 个生产大队。1983 年取消公社名称，全县划分为 21 个乡、1 个镇。1990 年，怀柔设 7 镇 14 乡 292 个行政村。1998 年，怀柔撤乡并镇，行政区划为 10 个镇、5 个乡。2002 年，怀柔撤县设区，下辖 12 个镇、两个满族自治乡和两个街道办事处。它们分别是：怀柔、北房、杨宋、庙城、桥梓、九渡河、渤海、雁栖、怀北、琉璃庙、汤河口、宝山 12 个镇；长哨营、喇叭沟门两个满族自治乡；龙山、泉河两个街道办事处（见图1－3）。

图1－3　怀柔区行政区划

第二节　红林村所在区县的自然概况

一　怀柔区地质地貌

怀柔区地层属华北地台的西北边缘，向北为内蒙古高原，南部平原为燕山沉降带，全区位于东西向燕山山脉与华北平原的结合部，处于由平原向山地过渡的阶梯地带。

怀柔地貌类型有平原、丘陵和山地、河谷和沟谷三种类型。

平原地貌分布于怀柔东南部，海拔 30—70 米，由潮白河支流冲积而成，自北向南稍有倾斜。

丘陵和山地地貌分为丘陵、低山和中山三种类型。丘陵分为两类：一类为怀柔西南部和东部的山前地带，另一类分布在西部果区及北部山区各河流两岸的丘陵台地，一般海拔为 100—200 米。低山是怀柔分布面积最大的一个地貌类型，主要分布在长城南北一带以及南北两条中山带之间的二级分水岭上。低山地貌形态差别较大，石灰岩分布的地区坡陡峰峻，其他岩分布的地区，坡度相对和缓，低山地貌一般海拔 250—800 米。中山地貌在怀柔有两个延伸带。南部延伸带位于长城北部，自东向西有云蒙山（1414 米）、黑坨山（1534 米），延伸至凤坨梁（1529 米）。北部延伸带分布于怀柔西北边界，呈断续分布，由东北、东南两种方向交错延伸分布，其中以喇叭沟门满族自治乡帽山的三道垡高尖（又称龙台上，1573 米）、孙栅子村猴顶山（1705 米）为最高。猴顶山也是怀柔境内的第一高峰。

河谷和沟谷地貌有以下特点：平原河谷以潮白河最大，具有较宽广的低缓河漫滩和河漫滩低阶地。怀河、沙河等河谷宽度有限。怀河上游怀沙河和怀九河，除具有不宽的河谷外，两岸一级阶地宽广，具有河谷型盆地特点。山地各河除河谷外，两岸还有宽窄不等的多级阶地。河谷主要包括流水线河床、河漫滩、河漫滩阶地。山地的小河谷当地称之为沟，也称为沟谷。

红林村处于怀柔西南部的山前地带，也属于西部果区的东部边缘。为了弄清楚红林村所处的确切位置及与周边村镇的差异，笔者曾驱车沿西部果区行驶，而相对于红林村，则是向西北部行驶。此次进入西部果区，真正体验到了山区和山前丘陵地带的不同。

昨天驱车去山里。由于正在看《怀柔县志》，对西部果区有些印象，四渡河、黄花城、杏树台等地名已不再陌生。此次车行西部果区，有些走进历史的感觉。原来一直认定红林村是个山区，此次一路行来，才领悟到什么是真正的山区。四渡河的山间溪水边，散落着帐篷，儿童在嬉戏；黄花城长城已修建一新，开始迎客。进入杏树台，高山环绕，溪水长流，偶见一两户民宅，隐现在山林间，真是名副其实的“一村15里”。山里的农民热情好客，看到我们在小溪旁休息，热情地与我们打招呼，邀我们来家坐。她家就在小溪旁，背靠高山，周边的果树山林是她的“领地”，近处难觅乡邻。山上的栗子、核桃、杏等，摘下后要人背肩扛，运到山下，等待小贩前来收购，价格往往很低。（摘自2012年8月5日《红林村调研日记》）

二 气候

怀柔气候属暖温带大陆性季风气候，冬季最长，夏季次之，春秋两季较短。冬季受西伯利亚冷空气控制，多西北风，寒冷少雪；夏季受海洋气团影响，多偏南风，暖热温润；春季干旱多风；秋季天高气爽。由于怀柔区南北狭长且地貌复杂，不同地区气候呈现不同特点，具体分为以下几个部分。

1. 南部平原温暖半湿润区

该区海拔高度大多为50—100米，农业生产条件较好，年平均气温为11℃—12℃，最冷月1月平均气温为－5.5℃—－4.5℃；最热月7月平均气温为25.8℃，无霜期200天左右，年降水量为600—700毫米，水分虽较充沛，但春季不能满足农业需求，需要灌溉予以保证。

2. 南部丘陵温暖半湿润区

该区位于平原暖区西北部、长城以南、海拔100—400米的丘陵地带。区内以果林为主，是怀柔区干鲜果品基地，年平均气温为10℃—11℃，1月最冷，平均气温为－8℃—－5.5℃，7月最热，平均气温为23℃—25.5℃，无霜期约180天，年降水量为650—750毫米，水分充沛。热量仅次于平原暖区，是怀柔县水分、热量条件较好地区。区内适宜果林生长发育，但春季易发生低温霜冻，使果树花芽受损。4—5月大风影响果树花期授粉和坐果，夏季冰雹毁坏作物和果树。红林村便处于这一地区。

3. 北部谷地温暖半干旱区

该区位于长城以北山区的汤河、白河谷地，海拔280—400米，是怀柔区的另一果品产区，年平均气温9℃—10℃，最冷月1月平均气温为-9℃—-8℃，最热月7月平均气温约24℃，无霜期约170天，年降水量450—500毫米，年日照2872小时，是怀柔区日照最长地区，山坡可发展果林。

4. 中部中山偏冷半湿润区

该区位于云蒙山—黑坨山分水岭及其两侧地区，大部分海拔400—1000米，年平均气温6℃—9℃，最冷月1月平均气温为-12℃—-8℃，最热月7月平均气温为20℃—24℃，无霜期少于150天，年降水量650—850毫米，为怀柔地区水分最充沛地区，易发生山洪和泥石流。

5. 北部山区偏寒半干燥区

该区海拔高度为400—1000米，年平均气温为6℃—9℃，最冷月1月平均气温为-12℃—-9℃，最热月7月平均气温为18℃—23℃，无霜期不足150天，年降水量450—550毫米。该区春季易干旱，会出现低温霜冻，夏季有冰雹和雷雨大风。

三　水文与土壤

（一）水文

1. 地表水

怀柔境内河流分属海河流域的潮白河和北运河两个水系，四级以上河流有17条，以东起云蒙山、西至凤驼梁一线的山脉为分水岭，岭南水系有潮白河及北运河两个水系，岭北水系由白河及其支流组成。属于潮白河水系的河流主要有潮白河、白河、怀河、怀九河、怀沙河、雁栖河、沙河、汤河、琉璃河、菜食河、天河等，属于北运河水系的河流有白浪河、茶坞牤牛河等。下面介绍几条怀柔区的重点河流。

潮白河：白河与潮河汇合后统称潮白河，流经怀柔、顺义交界一带，承担密云水库泄洪任务，在怀柔境内全长 13.2 公里，集水面积 24.8 平方公里。

白河：发源于河北省沽源县，为北京市城市用水的重要水资源，全长 280 公里，怀柔境内 51.7 公里。白河为怀柔区第一大河，山区的大动脉。白河及其主要支流汤河、琉璃河、天河的两岸，形成山区主要的大川居住村落。

怀河：怀柔西部的怀九河、怀沙河在县城西汇合后称怀河。全长以最长支流怀九河上源计为 80.9 公里，怀柔境内 64 公里。怀河下游承担着怀柔水库的泄洪任务。

汤河：为白河在怀柔境内最大支流，源于河北省丰宁县邓家栅子，在怀柔境内长 52.6 公里。汤河的流量变化很大，一般在旱年春季易形成局部断流，洪水期也易暴发较大的洪峰。汤河沿岸形成广阔的河漫滩和河谷台地，俗称“汤河川”。汤河川是满族聚集区。汤河汇入白河的三角地带是一个较广阔的盆地，形成了怀柔北部山区的重镇——汤河口镇。

怀柔境内的地表水除河流外，还有各类水泉 700 多个。其中，600 多个水泉旱季能测出流量。著名的水泉有响水泉、珍珠泉、龙潭泉、莲花泉、红螺寺珍珠泉等。众多水泉不仅为当地农民提供饮用和农田灌溉之用，近年来，也日益开发成为著名的旅游景点。

2. 地下水

怀柔很多地区，例如白河河谷南北两侧，怀沙河以西、潮白河与怀河冲积扇顶部等地，历史上都储有丰富的地下水资源。自 20

世纪60年代以后，怀柔先后兴建了怀柔水库和北台上、大水峪、沙峪口等水库，主要河道下游基流减少以至断流，地下水的补给减少。20世纪70年代以后，由于降水逐年减少，机井不断增加，尤其是自1999年至2003年连续5年干旱，地下水的开采量与补给量反差越来越大。最近十几年，每年地下水位下降超过1米。70年代地下水平均埋深为4米左右，2014年，地下水平均埋深达到25米左右，最低埋深达到45米以上。1978年，红林村第一眼岩石井深为150米，2011年新打的一眼井则深达350米。

（二）土壤

怀柔土壤分为棕壤、褐土、潮土、水稻土4个土类。棕壤为垂直带中分布的土壤类型，主要分布在海拔800—1000米以上的中山山地。褐土在全区分布最广、面积最大，除杨宋镇外，全区各乡镇均有分布，在垂直分布上位于棕壤以下，潮土以上，主要分布于低山丘陵的坡地上。潮土主要分布于河谷和平原。水稻土面积较小，主要分布在城区东南部一带。红林村土壤绝大部分为褐土。

四　自然灾害

新中国成立前，怀柔自然灾害频繁，最严重的灾害是旱灾和水灾，往往造成农业绝收，灾民流离失所，逃荒要饭。新中国成立后，灾民的生活都能得到及时妥善的安置。

（一）水灾

怀柔因季风气候的影响，夏季雨量高度集中，容易造成局部地区水灾。又因地形影响，来自海洋的暖气流，遇黑陀山、云蒙山等高山的阻隔，被迫抬升、接触冷气流后，在怀北镇北部一带形成暴雨易发区，短期的暴雨来势凶猛，极易造成山洪暴发及泥石流。北部山区主要河流汤河、白河在夏季暴雨情况下也易形成山洪，侵蚀两岸土地。平原地区杨宋、庙城一带南部因地势低洼，易形成沥涝。

新中国成立前，《怀柔县志》中有记载的造成严重灾害的水灾有40多次，其中，民国二十八年（1939）的洪灾是近代怀柔灾情最大、涉及面最广的沥涝灾害。据史料记载，当年7、8月有三次较大降雨：第一次为7月9—16日，降雨量为300毫米以上；第二次为7月24—28日，降雨量为360毫米以上；第三次在8月11—13日，较前两次降雨略少。在第二次降雨过程中，潮白河于26日起暴发山洪，苏庄水闸洪峰流量达每秒1.5万立方米。闸被洪水冲毁，怀柔境内公路及铁路桥梁被冲毁，交通全部中断，整个平原地区皆被水淹没。水灾共淹没村庄60个，死伤1700余人。水后幸免者，风餐露宿，收尸掩骨，未掩埋的人畜尸体，被日曝气蒸，腥臭难闻。红林村80岁以上的老人每当提起这次洪灾仍唏嘘不已。

1972年的水灾是新中国成立以来怀柔所遇较为严重的一次灾害。7月26—27日连降大雨，雨量100—300毫米，暴雨中心枣树林村出现日降雨479毫米，为北京地区日降雨量最高纪录。降雨过程中，山洪暴发，怀柔水库最大洪峰流量达每秒3970立方米，为1958年建成蓄水以来的最高峰值。许多桥梁被冲毁，县城通往山区的23条高压输电线路全部掉闸，洪水冲走和冲塌房屋660间，淹死39人，冲走牲畜140头、羊145只、粮食2.3万公斤、杏仁3000公斤、化肥7000公斤。八道河公社北湾大队碾盘洼自然村共9户50口人，被洪水泥石流冲走22人。

（二）旱灾

怀柔“十年九旱”，尤其春旱，几乎年年都会发生。因地形影响，南方来的冷湿气流遇高山阻隔，造成北部山区汤河口河谷地带的春旱更为严重。怀柔干旱频率高达88%。在早期干旱严重年代，水位下降，水井干枯，河水断流，山区人畜饮水困难，有时要到几里甚至十几里外人担、畜驮，大田播种需反复点种，耗用大量劳力、畜力和财力。例如，1972年发生的旱灾，从1971年11月—1972年6月，8个月的时间内降雨仅为66毫米。天河、汤河、怀九河、怀沙河四条河水断流。红螺镇水库、大水峪水库、沙峪口水库水位接近死水位，全县有 460 眼机井水位下降，210 眼井干枯。全县总耕地中，有水源的只剩下不足 7 万亩，全县受旱面积 19.4 万亩，减收粮食约 400 万公斤。

（三）雹灾

怀柔地形复杂，历年均有冰雹出现。怀柔冰雹源有 3 处，即西北部卯镇山、喇叭沟门北部帽山、黄花城北部凤驼梁。这些地区海拔均在 1000 米以上，雹云形成后，一般沿山谷、河谷移动，常形成一条狭长地带，从而有“雹打一条线”之说。

冰雹移动路线有三条：第一条由西北部卯镇山沿郑栅子等地进入天河北沟向东南转入汤河口及其以南地区。第二条由北部帽山开始，分成两路南下：一路从喇叭沟门沿河谷进入七道河、长哨营等地再转入密云境内；另一路由喇叭沟门直接南下，到达汤河口及其以南地区。第三条由凤驼梁开始，又分成两支：北支经沙峪、三渡河移向东南直至怀柔平原一带；南支经黄花城、一渡河、北宅向东南移动，以此支降雹次数最多。红林村便处于这一支降雹带中。冰雹降落时，小如豆粒、玉米粒，大如乒乓球、鸡蛋。

1984 年 6 月 2 日雹灾是一次比较严重的灾害，平原和西部果区出现了 60 年来罕见的大风和冰雹，12 个乡的 150 个大队受灾。2.3 万亩小麦被冰雹砸得颗粒无收，损失粮食约 1226 万公斤；秋粮受灾面积 2.37 万亩，减收粮食 355 万公斤；果树受灾面积 9 万余亩，损失各类果品约 413.5 万公斤；蔬菜受灾面积 2368 亩。冰雹砸死 1 人，伤 2 人，累计经济损失 1000 余万元。这次冰雹，红林村损失惨重，全村 200 多亩即将收获的小麦、春播的各种杂粮全部绝收，果树叶子、果实全部砸光，树干遍体鳞伤，屋顶的瓦几乎全被砸碎，红林村粮果直接经济损失达 40 余万元。据红林村老人讲，他们从未见过也从未听说过这么严重的雹灾。冰雹落下时的惨状许多村民仍然记忆犹新：

当年一进村的路上有一棵大迎宾松，只要有人照相都会和它合影。1984 年 6 月 2 日，下雹子，麦子都绝收了，造成的损失很大，迎宾松也被雹子砸得很惨。当时雹子非常大，门框被雹子砸得直摇晃，瓦都砸碎了，屋子里都是水，屋外面的柿子树叶子都打没了，天黑得几乎看不到人。下雹子时，南面离红林村有三里地的火车桥，晴天，丝毫不受影响；北边的石刺沟附近的井里面都是水，上面是雹子堆，有的地方雹子都打成了大坝；还有的山坡草皮被雹子打没了。（与村民丁学真访谈笔录）

雹子鸡蛋大，麦子绝收，阴处雹子七天未化，一渡河、苏峪口都没有。（与村民丁学信访谈笔录）

雹灾发生后，政府无偿调拨大米、白面，发动群众搞生产自救，并调来人力、物力帮助红林村播种玉米，从而将灾害造成的损失降到最小。

（四）风灾

怀柔地区大风主要有夏季雷雨大风和冬春冷气流侵袭大风。春季大风导致土壤风蚀，墒情锐减，禾苗枯萎，果树枝条抽干。夏季雷雨大风具有阵发性和局部性特点，时间短促，风力很猛，当风速超过 30 米/秒时，可飞沙走石，拔树倒屋，吹倒电线杆，给农作物带来毁灭性灾害。

怀柔境内大风易发地区有三处：一是山前桥梓、庙城、怀柔、杨宋等镇，风速大，次数多。夏季造成这一地区的风力，主要是雷雨大风沿山谷、河谷移进，由于狭管效应，使风速加大，移到离河谷不远的平原地区，风速仍较大。二是崎峰茶、琉璃庙部分地区，也是山谷的狭管效应，致使风力较大。三是喇叭沟门部分地区多大风，基本与雹线一致。

大风所造成的影响很大。以 1990 年为例，7 月 9 日 19—20 时，狂风、暴雨袭击了喇叭沟门、长哨营等地，最大风力达 8 级以上，并伴有冰雹，粮田受灾面积 9790 亩，蔬菜损失 12.6 万公斤，干鲜果品减收 1.5 万公斤，经济损失 84.7 万元。8 月 20 日和 21 日，平原和浅山区 14 个乡遭大风、冰雹袭击，最大风力达 9 级以上，许多大树被刮倒，粮田受灾面积近 5 万亩，蔬菜受灾面积 2193 亩，果品减产 56 万公斤，总计经济损失 600 余万元。

（五）虫灾

怀柔历史上多虫灾。例如，明嘉靖年间，仅《怀柔县志》记载的比较严重的虫灾就有三次，分别为嘉靖二十年、嘉靖三十七年和嘉靖三十九年，“飞蝗蔽天，日为之不明，禾稼殆尽”，农作物和果树的虫灾使许多农民破产。由于生产技术水平低，大面积的虫灾使农民束手无策。新中国成立后，随着农业和果树生产技术日益现代化，虫灾已得到有效控制。例如，1972 年的洪水过后，紧接着就是蝗灾。人每走一步就要踩死几只蝗虫。红林村村南新种的作物在几天之内被蝗虫吃光，连野草也未幸免。由于生产队及时防治，才没造成更大损失。1988 年下旬—9 月中旬，西部果区发生暴食性害虫，危害果林面积 15 万亩，尤以板栗、核桃、杏树为重，平均虫口密度达 43 只/平方米，严重的达 182/平方米。受害地区组织 3450 台喷粉、喷雾机械，出动人力 4 万人次，用药 3468 公斤，虫害基本得到控制。

第三节　红林村所在区县的经济发展概况

一　怀柔区的经济发展特征

怀柔区特殊的地理位置决定了全区的经济发展特征。

如前所述，怀柔区地处北京市东北部。北部的白河等河流是密云水库的重要水源，怀沙河、怀九河等河流是怀柔水库的重要水源。境域内98%以上的地区属于北京饮用水源保护区。

在怀柔水库修建前，怀柔地区经常遭受水灾和旱灾，农业基本上是靠天吃饭。1958年3月，怀柔水库开始修建，拦截了怀九河和怀沙河，出口为怀河。同年7月，水库修建完成，怀柔、顺义、通县等地大片土地得到浇灌，同时，对怀河下游的防洪安全发挥了重大作用，对潮白河也起到削洪错峰的作用。

随着首都建设的发展，城市供水不足的矛盾日益突出。1960年密云水库建成，白河引水渠扩建为京密引水渠，连通怀柔水库并向下游延伸，成为横贯密云、怀柔、顺义等区县向北京市城市供水的重要渠道，怀柔水库成为密云水库向北京供水的大调节库。密云水库、怀柔水库与京密引水渠的联合运用，部分解决了北京市的工业用水和生活用水。

为了加强对北京饮用水源的保护，1985年，北京市人民政府颁布了《密云水库、怀柔水库和京密引水渠的水源保护管理暂行办法》（简称《两库一渠管理办法》）。《两库一渠管理办法》将两库一渠流域划分为三级保护区，并对保护区内的一些活动予以禁止。例如，在一级保护区，禁止直接或间接向水体排污，禁止水上体育和娱乐活动，禁止网箱养鱼；在二级保护区，不得建设直接或间接向水体排污的项目；在三级保护区不得建设对水体有严重污染的项目。同时制定了对违反《两库一渠管理办法》的处罚措施。

1995年7月，北京市第十届人民代表大会常务委员会第十九次会议通过《北京市密云水库怀柔水库和京密引水渠水源保护管理条例》（简称《两库一渠管理条例》）。《两库一渠管理条例》对水源保护区范围的划定更为清晰。以怀柔水库为例：一级保护区为怀柔水库主坝分水线、长副坝、怀沙公路、京通铁路、怀黄三十五千伏高压线、山脊线一圈以内；二级保护区为一级保护区之外至两库的向水坡范围以内以及密云水库调节池的汇水范围以内；三级保护区为二级保护区以外上游河道的流域。

为防止水源污染，《两库一渠管理条例》明确规定：两库一渠一级保护区为非建设区和非旅游区，禁止新建、改建、扩建除水利或者供水工程以外的工程项目。禁止在怀柔水库坝上地区和京密引水渠两岸水利工程管理范围内设置商业、饮食、服务业网点。对一、二级保护区内水质的环境规划、管理和评价，执行国家《地面水环境质量标准》中的二级标准和国家《生活饮用水卫生标准》中的生活饮用水源卫生标准。

一级保护区内禁止下列行为：直接或者间接向水体排放污水、废液，倾倒垃圾、渣土和其他固体废弃物；在滩地和岸坡堆放、存贮垃圾、渣土和其他固体废弃物；在两库一渠水面游泳、进行水上训练以及其他水上体育、娱乐活动和未经市环境保护局批准的船只下水；设置禽畜养殖场；直接在水体内洗刷车辆、衣物和其他器具等；毒鱼、炸鱼、电鱼及在非指定的水域钓鱼；施用对人体有害的鱼药和高毒、高残留的农药；露营、野炊等污染水质的旅游活动；未经市水利局批准的车辆上坝。

二级保护区内不得建设直接或者间接向水体排放污水的建设项目。

三级保护区内不得建设化工、造纸、制药、制革、印染、电镀、冶金以及其他对水质有严重污染的建设项目。建设其他项目，必须遵守国家和北京市有关建设项目环境保护管理规定。

1999 年 7 月，北京市第十一届人民代表大会常务委员会第十二次会议决定对《两库一渠管理条例》进行修正，增加了在一级保护区内的重点地段设置防护网，禁止旅游者和其他无关人员越过网界，禁止任何人破坏防护网，禁止直接在水体内放养禽畜，禁止使用骡马等牲畜载客旅游。

《两库一渠管理办法》和《两库一渠管理条例》的相继颁布和实施，赋予怀柔地区保护首都饮用水源的重任，由此也决定了怀柔区的经济发展要与保护水源这一任务相契合。怀柔区的一切经济发展项目都要在符合“两库一渠”管理办法和管理条例下实施。

2005年初，国务院批准的《北京城市总体规划（2004—2020）》，把怀柔的功能定位为生态涵养发展区，承担着北京水源保护、生态涵养和绿色屏障的重任。立足于这一功能定位，无污染、低能耗产业便成为怀柔经济发展的首选，由此也构成了怀柔区这一水源保护区经济发展的特征。

二 怀柔区的产业发展概况

（一）工业

怀柔作为首都重要的水源保护区，结合自身的资源优势，大力发展无污染和少污染的环境友好型工业。首先，依托优质的水资源优势，发展食品饮料工业。目前，食品饮料行业有企业48家，主要生产西餐食品、果脯和红牛饮料、健力宝饮料、汇源果汁、茹梦果汁、黑加仑饮料等十几种产品，仅饮料的年生产能力就在100万吨以上。伴随食品饮料业的发展，与之相配套的包装印刷行业也应运而生，目前年产出能力达23亿元以上。其中，该行业中仅铝质易拉罐的年生产能力就达20亿只，占全国的1/6。与此同时，汽车及配件行业也得到发展，目前已有企业25家，年生产能力在22亿元以上，著名的“福田”汽车主要生产基地以及亚洲最现代化的重型卡车生产基地“欧曼重卡”就在怀柔。怀柔目前已经形成了以食品饮料、汽车及配件、包装印刷为支柱行业的工业结构布局。

建材行业也曾是怀柔的一大支柱产业。怀柔的建材业最初是以砂石、黏土砖生产为主，后转为以水泥及水泥制品为主，自20世纪70年代以来，怀柔先后建立了第一、第二水泥厂以及怀北水泥厂。随着全区环境治理向纵深发展，第一、第二水泥厂先后停产，怀北水泥厂则通过资产重组，成为目前的中外合资企业北京兴发水泥有限公司。公司生产的“法拉基”牌525号水泥，在怀柔家喻户晓，成为当地建筑施工的首选。尽管公司投资安装了先进的环保设备，严格遵守国际安全及环保标准，但仍在 2014 年 10 月北京 APEC 会议期间为保证北京的空气质量全面停产。

（二）农业

怀柔区根据小平原、大山区、耕地少、林果和水资源丰富的特点，大力发展养殖业和林果产业，建设特色农产品生产和加工基地，根据功能定位和市场需求，不断调整农业产业结构，开发农业的多功能性，促使第一产业向第二、第三产业延伸，发展都市型现代农业，已初步确立了板栗、冷水鱼、西洋参三大农业主导产业。

怀柔板栗栽培历史悠久。根据史料记载，明朝中期，朝廷在北方设防，不但大力修筑砖石长城，还投入巨大人力物力广植树木而"构筑"了另一道"绿色长城"，为的是"于边外广植榆柳杂树以延塞马突袭之迅速，内边则开果园栗林以济饥寒之戍卒"。为了加快发展怀柔板栗这一传统的名牌产品，怀柔区政府加大对板栗生产的扶持力度，先后制定了《怀柔县板栗主导产业发展规划》《板栗基地建设发展规划》《建立板栗优质丰产示范区的意见》等，做大做强板栗产业。一是引导农民由零散稀植向产业化、规模化、矮化密植转变，建立板栗生产基地；二是培育、推广优良品种，加强果树保护等方面的科研；三是建立专业服务组织，为栗农提供技术生产和销售服务；四是引进龙头加工企业，打造生产、加工和销售"一条龙"产业链。经过多年的发展，怀柔已经成为中国著名的"板栗之乡"，"怀柔板栗"成功注册原产地证明商标，成为北京市名牌产品。板栗产业成为包括红林村在内的怀柔山区农民家庭收入的重要来源。

冷水鱼产业是指虹鳟鱼和鲟鱼等冷水鱼的养殖和加工业。怀柔根据山泉多的特点，在 20 世纪 80 年代和 90 年代先后引进虹鳟鱼和鲟鱼冷水鱼种并试养成功。在当地政府的支持下，冷水鱼由 20 世纪 90 年代的仅有几家的小规模经营发展到目前以雁栖"不夜谷"和"夜渤海"为轴心，覆盖全区 11 个乡镇 76 个村庄的冷水鱼综合产业，创造了国内冷水鱼产业的三个第一，即产销量第一，苗种繁育覆盖面第一，都市型观光垂钓特色第一。

西洋参原产于美国和加拿大等国，怀柔与原产地在纬度、土壤、气候等方面极为接近，自 20 世纪 80 年代试种成功后，当地政府采取多项措施鼓励山区农民种植西洋参，并扶持成立了天惠参业有限公司，建立了稳固的西洋参种植基地。全区西洋参种植面积最多曾达 9000 亩，种植户达 3000 余户，西洋参产品曾获卫生部、国家科技部等十多个奖项。

近年来，大枣种植也逐渐成为怀柔区农业的重要支柱。大枣种植主要分布在桥梓镇，红林村也是大枣的重要产区。有关大枣产业将在后文详述。

（三）休闲旅游业

根据相关调查，怀柔是北京最受市民欢迎的旅游休闲区，连续多年被评为“最具旅游人气的区县”，是“全国休闲农业与乡村旅游示范区”。2012 年怀柔区旅游业综合性收入达 40 多亿元。

怀柔最著名的旅游景点当推慕田峪长城，怀柔建县历史几乎与修筑明长城的历史相一致，因此可以说，怀柔段长城的修筑也是怀柔发展的开端，对怀柔的影响巨大而深远。万里长城慕田峪段，是明初大将徐达在北齐长城遗址上督建而成，后经抗倭名将戚继光重新整修，并率兵镇守，是护卫京师皇陵的战略重地。1983 年，慕田峪长城旅游区开始修复，1988 年正式对外开放。

以深厚的长城文化为底蕴的慕田峪景区，是怀柔第一个对外开放的旅游区，对怀柔的经济腾飞，特别是对怀柔旅游业的发展起了重要作用。慕田峪景区曾被评为“北京旅游世界之最”、“北京市级风景名胜区”、国家 4A 级旅游区。慕田峪景区留下了英国前首相梅杰、美国前总统克林顿等 40 余位总统、总理、议长的足迹，并成功举办了“世界独轮车长城行”活动、“华远杯铁人三项赛”等国际赛事。怀柔也因为拥有国际知名度的慕田峪而名扬天下。

慕田峪景区的开放打开了怀柔对外开放的一个窗口，使红螺寺、雁栖湖、青龙峡、水长城等一批有着良好的生态自然景观和深厚人文景观的旅游区迅速崛起。目前，怀柔已建成旅游景区（点）26 个，宾馆饭店及各类培训中心 100 余家。在旅游景点发展的同时，也带动了民俗旅游业的发展，仅慕田峪长城旅游区沿途 17 公里两侧，就发展虹鳟鱼垂钓园 30 余处，果品采摘园近 40 个，带动了 1000 余户农民吃上旅游饭，形成了辐射力极强的长城旅游产业带。

（四）商务会展业

早在 20 世纪 90 年代，联合国第 4 届世界妇女大会’95 非政府组织（NGO）论坛的举办使怀柔蜚声海内外，由于接待能力及商饮设施的极大改善，凭借着自然优势和区位优势，怀柔达到了接待国际会议的能力，从而赢得了会展业广阔的发展空间。2005 年，国务院正式批准的《北京城市总体规划（2004—2020 年）》将怀柔确定为北京市国际交往的重要组成部分和首都“生态涵养发展区”，承担着引导发展会议、旅游、休闲度假、影视文化等功能。怀柔城区是新北京规划建设的 11 个新城之一。按照这一功能定位，怀柔区政府明确把会展业作为重点发展的产业，并为此专门成立了“怀柔区商务会展促进中心”，代表政府统筹全区商务会展产业的发展。此后，随着世界养生大会、国际青少年嘉年华、全国汽车拉力赛、国际小姐全球总决赛等一系列会议和赛事的成功举办，不仅为怀柔会展业的发展积累了经验，更为拉动区域经济的快速发展发挥了积极的作用。

论及怀柔的商务会展业，不能不提雁栖湖。雁栖湖原名北台上水库，位于怀柔城北 8 公里处的燕山脚下，北临长城，南偎华北平原，因每年春秋两季常有成群的大雁来湖中栖息，故而得名。自 1986 年以来，怀柔区政府不断加大对雁栖湖的资金投入，陆续建成了一些景区，成为北京市民休闲旅游的好去处，2000 年被国家旅游局评为国家 4A 级风景区。2010 年，雁栖湖生态发展示范区正式开工建设，在这个 21 平方公里的区域内，建起了一个集会议、会展、休闲于一体，具有中国文化特色、国际一流水平的综合性国际会都。2014 年 11 月 5 日 APEC（Asia-Pacific Economic Cooperation）峰会在雁栖湖圆满举行，从而使雁栖湖的美名享誉全球。

（五）文化科技产业

2005 年，中国电影集团影视基地暨国家数字化电影工程落户怀柔，由此拉开了文化创意产业发展的序幕。目前，中影基地覆盖了整个影视产业，占全国影视生产能力的 60%，并承担全国 1/2 以上的影视后期制作任务，已经成为中国最大最强的电影电视生产制作基地。以影视产业为核心，文化演出业、原创艺术业协同发展的多元文化产业格局已初步形成。随着中影二期及中影洗印厂、影视动漫、影视文化旅游等重大项目建设完成，一个集影视创作、专业技术服务、影视拍摄、后期制作、版权交易、动漫制作、教育培训、影视旅游等功能于一体的影视文化产业功能区将进一步推动怀柔的发展。

2006 年，中国科学院大学的前身中科院研究生院正式落户怀柔；2008 年，怀柔与中关村科技园区共建中关村雁栖高新技术创新基地，怀柔的科技研发产业由此加快聚集。目前，已有中科院等 17 个院所 36 个科教产业项目入驻怀柔，怀柔作为高端科技产业聚集区已经形成。

第四节　红林村所在镇的基本情况

一　桥梓镇的发展概况

（一）桥梓镇的自然概况

桥梓镇为怀柔区 14 个镇乡之一，地处怀柔区西南端，镇驻地前桥梓村，东北距怀柔城区 5.5 公里，东与庙城镇、东北与怀柔镇为邻，南与顺义区北石槽镇邻界，西南与昌平区接壤，西与九渡河镇毗邻，北与渤海镇相连，南距北京城区 50 公里，京承高速 13 出口距镇界仅 0.5 公里，全镇面积 112.62 平方公里。镇域南北长 14.26 公里，东西最宽处 14.34 公里（见图 1－4）。

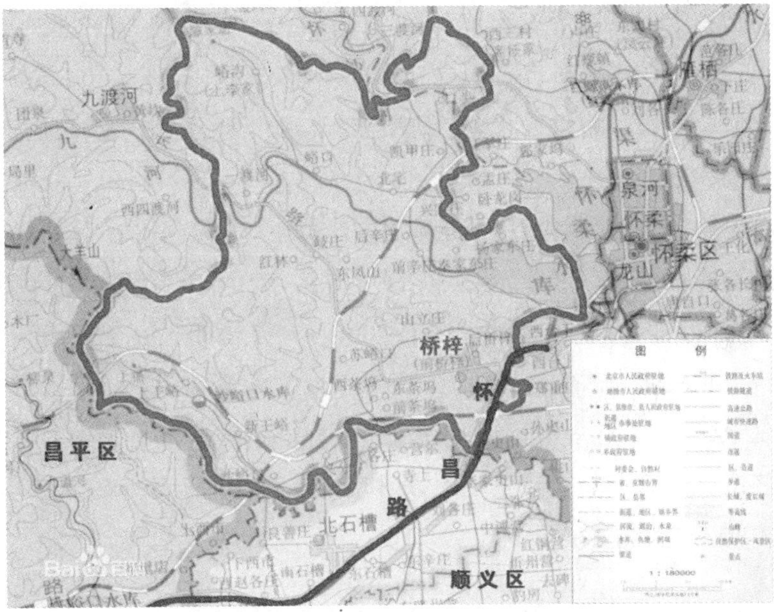

图 1－4　北京市怀柔区桥梓镇地图

桥梓镇地处怀柔区南部平原向北部丘陵山地过渡的阶梯地带，西高东低，由东向西依次为平原、丘陵、山区。镇域内最低点位于杨家东庄村东南怀柔水库，海拔 55 米；胖坨山为全镇最高点，海拔 659.1 米。镇域内主要河流有怀九河，发源于延庆县，经镇域一渡河、前辛庄、后辛庄等村流入怀柔水库，怀沙河则由镇域北部流过，由此使得桥梓镇成为重要的水源保护区。

1948 年，桥梓由昌平县划入怀柔县，为怀柔县第四区，驻地西茶坞，辖 30 个村；1956 年 7 月调整为辖 12 个乡；1956 年 8 月，撤销四区，分设茶坞、西北宅、辛庄 3 个乡。1957 年 12 月设茶坞、北宅两个乡。1958 年 9 月属八一人民公社，1959 年属桥梓人民公社。1961 年设茶坞、北宅人民公社，1983 年改社建乡，设桥梓、北宅两个乡，1990 年桥梓乡改为桥梓镇，1998 年撤销北宅乡，并入桥梓镇，全镇辖 24 个行政村。2008 年，成立茶坞铁路社区居民委员会，至此，桥梓镇辖 24 个行政村和一个居民委员会。24 个行政村为：上王峪、下王峪、沙峪口、平义分、前茶坞、西茶坞、东茶坞、前桥梓、后桥梓、山立庄、苏峪口、岐庄、东凤山、红林、一渡河、峪口、峪沟、北宅、凯甲庄、口头、后辛庄、前辛庄、秦家东庄、杨家东庄。

桥梓镇集山区乡镇和平原城镇的优势于一体，平原、浅山、高山呈阶梯状分布，东有怀柔水库，境内又有沙峪口水库等大小 7 座水库点缀其间，加之怀沙、怀九两条河流穿境而过，全镇山清水秀，交通便捷，区位优势明显。312 基地（中国航天科技集团公司一院十二所）、北京市宽沟招待所、中宣部全国干部培训中心都位于该镇。2012 年，全镇实现地方财政收入 10281 万元，农民人均纯收入 16793 元。

（二）桥梓镇经济社会发展概况

桥梓镇地处怀柔水库上游，山、水资源得天独厚，自然条件优越。镇域东部为平原地带，农作物多为小麦玉米轮作；镇域西北部为丘陵山地，以果林为主，是怀柔区重要的果品产区之一。近年来，桥梓镇围绕建设“花果之乡、宜居胜地、乐活桥梓”的镇域功能定位，在经济和社会发展方面都取得了显著成效。

在产业发展方面，桥梓镇按照“一产园区化、二产集中化、三产融合化”的思路，大力发展镇域经济，初步形成了以都市型现代农业、都市型工业、文化创意产业、旅游休闲产业为主的四大支柱产业。

在都市型农业方面，桥梓镇先后引进建设了核桃园、万亩大枣园等规模化农业种植园区，形成总面积 20 平方公里的凤山百果园区，2013 年开始建设华氏金地和乐义有机蔬菜生产基地，从而形成了以“农业大公园”为特色的都市型农业发展模式。

在都市型工业方面，桥梓镇强化金宇瑞科技产业基地的示范带动作用，大力发展以农副产品深加工为重点的都市型工业，全镇初步形成了以包装印刷、医疗器械、建筑材料、食品饮料为主导的都市型工业发展格局。

在文化创意产业方面，桥梓镇成功引进桥梓艺术公社、兵道园陶艺馆、沙峪口艺考培训学校等文化创意产业项目，全力推进国际乡村艺术长廊和华普国际现代文化产业园，成功举办了三届“桥梓艺术公社艺术节”，以影视文化和原创艺术为特色的文化创意产业集聚带基本形成。

在旅游休闲产业方面，桥梓镇以观光休闲、娱乐参与为重点，先后建成集旅游、餐饮、会议、娱乐于一体的“鹅和鸭农庄”“人济生态健康运动中心”“圣泉山”等旅游景区和北宅、新王峪、口头等 5 个市、区级民俗旅游专业村，连续 9 年举办“大枣节”“大枣采摘季”活动，“吃大枣到桥梓”已经深入北京市民的心中。

都市的扩散效应在桥梓镇表现得很充分。由于毗邻京承高速路，离京城只有半个小时的车程，许多企业，包括利用当地资源发展起来的企业纷纷建立。桥梓镇作为一个北京重镇，怀柔西南部经济中心，吸引了众多产业组织、人员入驻，集聚效应开始凸显，对周边乡村的经济拉动作用不断加大。

在社会事业方面，桥梓镇建有中学、小学、幼儿园各两所，建有中心卫生院 1 处、社区卫生服务站 7 处和村级卫生服务室 16 个，文化信息共享工程、数字电影放映厅、益民（农家）书屋、健身文化广场等设施实现行政村全覆盖，被文化部全国文化信息资源建设管理中心评为“扎实服务惠群众共享文化在基层”先进单位。

近年来，桥梓镇先后荣获“全国创建文明村镇工作先进单位”“全国亿万农民健身活动先进乡镇”“全国环境优美乡镇”“首都文明乡镇”“北京市思想政治工作优秀单位”“北京市环境生态优美乡镇”“京郊发展都市型现代农业先进乡镇”“京郊发展

（观光）旅游先进单位”和“北京市环境整治样板乡镇”等多项荣誉。

桥梓镇的经济发展指标及其在怀柔区的地位参见表1－1至表1－5。

表1－1　　2005—2012年桥梓镇财政收入在怀柔区所占比重　　单位：万元

	2012	2011	2010	2009	2008	2007	2006	2005
怀柔区	135241.2	93379	77413.4	66164.9	73108	66544	48136	38380
桥梓镇	10281	5372.3	6441.5	4017.2	4209	5185	3827	3190
比重（%）	7.6	5.8	8.3	6.1	5.8	7.8	8	8.3

资料来源：怀柔统计信息网（www.hrtj.gov.cn），各年度统计数据。

表1－2　　2012年怀柔区镇乡人口情况及桥梓镇所占比重

镇乡名称	村委会个数（个）	乡镇常住人口（人）	乡镇户籍人口（人）	#农业户籍人口（人）	乡镇从业人员（人）
怀柔镇	30	57398	31696	19568	30033
雁栖镇	21	20856	13788	9561	12405
庙城镇	18	25798	18343	12310	12981
北房镇	16	22811	17779	12486	10653
杨宋镇	15	19868	18021	9351	9930
桥梓镇	24	18289	20350	15057	9236
怀北镇	10	12310	11237	7791	6425
汤河口镇	22	9910	9441	7921	4951
渤海镇	21	15148	16188	13850	7787
九渡河镇	18	16196	17712	14914	8792
琉璃庙镇	25	7823	7752	6649	3859
宝山镇	25	9547	10473	9136	5716
长哨营乡	24	8138	10127	8560	5173
喇叭沟门乡	15	6017	7003	6001	3682
合计	284	250109	209910	153155	131623
桥梓镇占全区比重（%）	8.5	7.3	9.7	9.8	7.0

资料来源：怀柔统计信息网（www.hrtj.gov.cn），2013年度数据。

表 1－3　2012 年怀柔区镇乡经济发展情况及桥梓镇所占比重

镇乡名称	镇乡地域内年末耕地面积（公顷）	农民专业合作经济组织个数（个）	农林牧渔业总产值（现价，万元）	镇乡企业从业人员（人）	镇乡财政收入（万元）
怀柔镇	881.9	5	8255.9	13638	12709
雁栖镇	335.6	29	6631.1	1653	8029
庙城镇	724.6	32	8317	8554	35948
北房镇	1773.3	55	20030.9	8701	5572
杨宋镇	1121.7	18	17144.1	4684	13796.2
桥梓镇	1046.7	49	17814.2	3429	10281
怀北镇	332.9	32	13603.7	3175	6445.7
汤河口镇	628	22	8631	1320	7624
渤海镇	116	58	12959.4	648	5478.8
九渡河镇	118.5	47	15047.2	242	5952.6
琉璃庙镇	492.4	52	4771.1	1581	3570
宝山镇	912	31	12899.7	2370	7446.9
长哨营乡	754.4	20	7089.4	3062	7661
喇叭沟门乡	801.4	49	8360.1	1813	4727
合计	10039.4	499	161554.8	54870	135241.2
桥梓镇占全区比重（%）	10.4	9.8	11.0	6.2	7.6

资料来源：怀柔统计信息网（www.hrtj.gov.cn），2013 年度数据。

表 1－4　2012 年怀柔区镇乡农林牧渔业总产值及桥梓镇所占比重

单位：万元

镇乡名称	农林牧渔业总产值	#种植业	#林业	#牧业	#渔业
怀柔镇	8255.9	2885.2	141.5	5215.2	14.0
雁栖镇	6631.1	2664.1	1853.9	1458.6	654.5
庙城镇	8317.0	4919.8	321.7	2883.4	192.1
北房镇	20030.9	5962.3	504.9	13541.2	22.5
杨宋镇	17144.1	2518.0	798.9	12578.8	1248.4
桥梓镇	17814.2	10670.8	1563.0	5452.4	128.0
怀北镇	13603.7	7144.7	492.5	4250.5	1716.0

续表

镇乡名称	农林牧渔业总产值	#种植业	#林业	#牧业	#渔业
汤河口镇	8631.0	1524.7	1130.8	4983.5	992.0
渤海镇	12959.4	8034.3	198.5	1396.0	3330.6
九渡河镇	15047.2	9044.1	669.7	2945.4	2388.0
琉璃庙镇	4771.1	1934.2	625.3	808.1	1403.5
宝山镇	12899.7	2122.1	499.7	10189.9	88.0
长哨营乡	7089.4	2440.0	969.0	3680.4	
喇叭沟门乡	8360.1	1085.7	1709.4	5565.0	
合计	161554.8	62950.0	11478.8	74948.4	12177.6
桥梓镇所占比重（%）	11.0	17.0	13.6	7.3	1.1

资料来源：怀柔统计信息网（www.hrtj.gov.cn），2013年度数据。

表1-5　　2012年桥梓镇各村基本情况

村别	乡村户数（户）	乡村人口（人）	年末实有耕地面积（亩）	农村居民人均纯收入（元）	社会粮食总产量（吨）	干鲜果品产量（吨）	生猪出栏头数（头）	肉牛出栏头数（头）
桥梓镇	7890	18289	19436	16793	6749.8	8196.2	10609	258
前桥梓	836	1836	3400	19917	1082.2	135.0	1005	0
后桥梓	700	1564	2285	20588	553.1	108.0	6857	100
山立庄	166	459	281	15234	137.5	64.5	169	0
东茶坞	240	521	1310	16415	30.8	72.0	26	1
西茶坞	272	572	858	17782	80.3	1043.0	0	0
前茶坞	385	1005	882	17920	440.0	407.0	8	4
平义分	521	1456	1680	16018	1090.0	175.0	135	0
沙峪口	290	736	1375	17419	275.5	264.0	72	2
新王峪	142	247	134	16813	63.0	42.7	72	0
上王峪	96	248	166	15116	57.7	128.5	0	0
苏峪口	400	750	700	13908	390.6	161.0	200	11
岐庄	162	477	396	13963	135.7	437.5	57	4
东凤山	132	336	659	13495	205.6	996.0	0	7
红林	118	216	134	14079	57.9	415.0	0	0

续表

村别	乡村户数（户）	乡村人口（人）	年末实有耕地面积（亩）	农村居民人均纯收入（元）	社会粮食总产量（吨）	干鲜果品产量（吨）	生猪出栏头数（头）	肉牛出栏头数（头）
口头	621	1267	1000	18348	365.1	399.0	0	0
凯甲庄	315	610	781	15184	371.5	141.0	175	14
北宅	750	2238	656	21516	104.5	1051.0	259	70
峪口	295	586	727	16403	450.0	684.0	0	3
峪沟	193	402	160	16043	18.1	345.0	0	0
一渡河	279	693	385	17498	381.0	521.0	0	0
后辛庄	116	318	330	16383	124.5	266.0	145	0
前辛庄	300	760	804	17134	202.6	45.0	1429	16
秦家东庄	161	302	47	15711	74.1	82.0	0	26
杨家东庄	400	690	286	16798	58.5	213.0		
红林村所占比重%	1.5	1.2	0.7	83.8	0.9	5.1	0.0	0.0

二　桥梓镇的重点园区和企业

（一）凤山百果园

凤山百果园是北京市园区面积最大的观光采摘园。凤山百果园占地20平方公里，由中天瀚海、国色天香牡丹园、丹麦浆果园、雁来红冬枣园、核桃园等20多个特色农业采摘园组成，是一处集农业观光体验、民俗旅游、休闲度假、餐饮娱乐、科普教育、名优果品展示于一体的都市型现代农业园区。

桥梓镇的观光采摘游起步于2000年，形成于2002—2005年。2000年建成了宽沟8号院，推出了观光采摘游。2002—2005年，建成了园区面积500余亩的中天瀚海农业观光园、占地1000亩的雁来红冬枣采摘园，占地3000亩的观光赏花牡丹园，以及东凤山、红林、岐庄、北宅、前辛庄等一批集观光采摘于一体的农业园区。桥梓镇政府抓住机遇，统筹规划、整合资源，采取政府指导、企业运作、协会促进、典型示范、政策支持的运作模式，将各个园区整合为北京市占地面积最大、果品品种最多、设施最齐全、档次最高的果品园区——凤山百果园。凤山百果园成“8”字形，涉及19个村，有20余种南北果品、上千个果品品系。园区不仅可以采果，还可以摘菜、赏花、垂钓、烧烤、休闲。2006年，在怀柔区桥梓镇第一届大枣节上，桥梓镇正式推出了自己独特的旅游品牌——观光采摘游。

2007年，凤山百果园区投资5000余万元，建成了一渡河红色广场、峪口林下公园、鹅和鸭农庄门区、凤山百果园区农副产品批发市场等重要节点，并对中天瀚海、冬枣园等20多个采摘园进行全面改造升级，引进嫁接大枣新品种104个，建生态餐厅1座、日光温室114栋、钢架大棚52栋、停车场15处。凤山百果园的建设，带动了当地乡村旅游的发展，2007年当年，全镇发展乡村民俗农家院189户，发展乡村旅游专业村9个，实现旅游收入4058万元。

凤山百果园内一年四季果品飘香，“春摘油桃、夏采鲜杏、秋尝甜枣、冬品草莓”。在众多果品中，尜尜枣是最知名的品牌，其口感脆甜，曾作为皇宫里的贡果。尜尜枣两头尖、中间大，形似一种儿童玩具尜尜，因而得名。尜尜枣成熟期早，9月中上旬成熟，在枣类中属早熟鲜食优良品系。桥梓镇在怀柔水库上游地带，镇内村庄大都处于一二级水源保护区，镇里对环境治理尤为注重。此外，全镇地形地貌多样，平原、浅山、深山呈阶梯形分布，独特的气候和土壤非常适合花草果木尤其是大枣的生长。凤山百果园知名的尜尜枣采摘园有凤欢、凤迎、凤妮采摘园。三个采摘园于2008年北京奥运会举办前建成，名称寓意“欢迎你”。其中，凤妮采摘园位于红林村。

凤山百果园区带动了6000多户农民增收致富，并成功解决了当地农民1000余人的长年就业问题。

（二）金宇瑞科技园区

2000年，桥梓镇政府根据《怀柔区人民政府关于确立镇级工业区的通知》，确定了桥梓镇工业园区即金宇瑞科技园区的规划设计工作。园区规划占地 64.4 公顷，现已开发利用土地 33.54 公顷，包括产业用地 24.74 公顷、公共设施用地 0.6 公顷、绿地和道路用地面积 8.2 公顷。园区内已完成供水、供电、供气、通信、污水处理和两横两纵道路建设。

2012 年科技园区有工业企业 18 家，投资规模较大的企业有杰普莱斯医疗器械（北京）有限公司、颐寿园（北京）蜂产品有限公司、北京哈威工程材料有限公司、北京浩天日盛科技发展有限公司等（见表 1－6）。

杰普莱赖斯医疗器械有限公司 1999 年创立于美国佛罗里达州，2003 年成立了杰普莱斯医疗器械（北京）有限公司，落户桥梓镇金宇瑞科技产业基地。该公司从事研发生产医疗诊断用品，主要生产一次性无菌安全性采血针，产品获得 ISO 9000、ISO 13485 体系认证和 CE 证书，属专利产品，产品全部出口，主要销往美国、英国、印度、中东等地，是目前世界上第二大采血针生产基地。公司占地 28 亩，厂房 5000 平方米，有职工 249 人，其中，75% 为桥梓镇人。红林村有多人在该公司工作，当地人称该公司为针管厂。

颐寿园（北京）蜂产品有限公司于 2004 年入住金宇瑞科技产业基地。该公司投资 1700 万元，占地 32.5 亩，建筑面积 8000 多平方米，有存储 5000 吨蜂蜜的地下冷库，年生产能力超过万吨。主要产品有蜂王浆、蜂胶、蜂蜜等，在全国蜂产品市场占有较大份额。公司有职工 85 人。红林村也有人在该公司工作，当地人称该公司为蜂蜜厂。

北京哈威工程材料有限责任公司（简称哈威公司）是中外合资企业，投资 1000 万美元，注册资本 499 万美元，占地 68 亩，建筑面积 5600 平方米，公司主要研发、生产和销售环保型埋地管道，产品主要应用于市政通信工程、污水处理、建筑物和厂矿基础设施建设。公司引进加拿大、意大利设备及相应的专利技术，产品被中国国家质量协会评估为质量信用3A等级。公司年生产能力达2000吨，产品销往30余个城市。公司有职工80人。当地人简称该公司为哈威。

北京浩天日盛科技发展有限公司2005年入驻金宇瑞科技产业基地，总投资1300万元，占地15亩，其中，厂房3000平方米，生活用房500平方米。公司主要生产医疗器械零部件，产品主要销往法国和日本，年产值1000多万元，有职工41人。

表1－6　　　　桥梓镇金宇瑞科技园区入驻企业一览表

企业名称	资产总额（万元）	占地面积（亩）	建筑面积（平方米）	职工人数（人）
颐寿园	7318	32.5	8000	85
泛利亚联	500	45	800	5
浩天日盛	982	15	3000	41
田川水厂	996	18	7000	25
博华印刷	350	12	1200	21
哈威材料	7526	68	5600	80
鹏和祥	1110	10	2000	26
杰普莱斯	2247	28	5000	249
华研精粹	3000	28	7600	75
瑞先农	1668	5	1500	25
雅达彩印	854	8	2700	25
金桥租赁	1200	17.3	200	15
碧馥生物	0	30	0	0
电光紫	502	16.4	5300	1
太阳能厂	350	14	2900	1
宝丰羊绒	980	20	3000	1
美京酒业	1200	24	4000	1
中燃伟业	200	4	30	5
总计	30983	395.2	59830	681

（三）前茶坞工业大院

2000年，根据怀柔区政府建设工业大院和“保一产、抓二产、带三产”的发展思想，前茶坞村开始进行工业大院的规划和建设，将村内分散的企业聚集到工业大院，取得了显著的效果。前茶坞工业大院曾被怀柔区评为“先进村级工业大院”。入驻工业大院的企业有北京永刚工贸公司、北京誉方园制衣有限公司、北京金马化工厂、北京金瀑印刷厂、北京消毒液厂、山之栗食品有限公司、北京七色印务有限公司、北京金斯顿京贸技术有限公司、北京溢漾印刷有限公司等十余家工业企业。其中，北京永刚工贸公司、北京誉方园制衣有限公司、北京金马化工厂成立于20世纪80年代，为大院内历史最为悠久的企业。

（四）北京金桥建筑集团有限公司

北京金桥建筑集团有限公司始建于1976年12月10日，原名为茶坞建筑队，1998年改为股份制企业，2006年4月正式更名为北京金桥建筑集团有限公司。金桥集团承揽房屋建筑施工、房地产开发、建筑防水工程、金属门窗工程、起重工程、市政公用工程、工程造价咨询等业务。该公司承建的工程质量优良，先后被中国集体建筑企业协会评为“全面质量管理金屋奖”，被税务局评为“纳税信誉A级企业”，被金融机构评为“信用等级3A级企业”“守信企业”，被区政府连续多年评为“经济贡献百佳企业”，被北京市质量管理协会评为“用户满意企业”，利润以每年20%的速度增长。

1999年该公司即已通过ISO 9001质量管理体系认证，2002年通过了ISO 14001国际环境管理体系认证，2005年又通过了GB/T 28001—2001职业健康安全管理体系认证。从2006年至今，金桥集团每年都通过上述三项认证。

经过30多年的发展，金桥集团目前总资产达10亿多元，下设8个控股子公司，具有中高级职称的专业技术人员400多人，拥有建筑施工、市政工程各类大中型机工设备800多台件。金桥集团目前是房屋建筑施工总承包一级、房地产开发二级资质、市政公用工程总承包二级资质、建筑装饰装修工程专业承包二级、建筑防水工程专业承包三级、金属门窗工程专业承包三级、起重工程专业承包三级的企业。

金桥集团为桥梓镇历史最为悠久的公司，桥梓镇很多村民，包括红林村许多村民都在不同时期在该公司工作过，该公司采购员丁志生便为红林村人。金桥集团为桥梓镇乃至怀柔区的发展做出了重大贡献。

（五）桥梓艺术公社（上苑艺术馆）

桥梓艺术公社是中国第一个大型艺术家产业基地，坐落在桥梓镇沙峪口村。它是由中国一群著名艺术家（诗人、画家、雕塑家、摄影家、新闻人、电影电视人、舞蹈音乐人等）于2000年开始自主投资兴建的，2007年底落成。它由21个原创艺术建筑、梁思成方案陈列馆、文学会所、美术展览厅、艺术家工作室、艺术品商业用房、雕塑广场、地区艺术长廊、别墅、公寓、北京新型国际小镇等共同组成，总占地面积3万平方米，总建筑面积19700平方米，可对外展出、交流的公共艺术平台面积为6000平方米。在艺术公社内，建筑设计艺术化，环境规划艺术化，居住、生活、工作、展览、交流一体化。桥梓艺术公社落成后即开展了闻名全球艺术界的“国际驻馆创作计划”，整合全球各地的艺术资源，推动中国与世界各地艺术家的创作与交流，同时也提升了周边地产业的价值与品质。

三 桥梓镇的最新发展规划

2007年，北京市规划委审查并批复了《北京市怀柔区新城规划（2005—2020年）》。规划范围包括怀柔区全部行政区域，内容涉及城市规划性质与城市规模、城乡布局与发展策略、新城空间结构与功能布局、历史文化资源保护、城市综合防灾减灾等多方面内容。按照规划，到2020年，怀柔将建设成为商业、旅游业等服务业发达、基础设施齐备、城市功能完善的中等城市，总人口约 48 万到 50 万，引导发展会议、旅游、休闲度假、影视文化等产业。平原地区可发展科技含量高、无污染的都市型工业、现代制造业；空间上主要向东发展，呈组团式布局。

有关桥梓镇的规划，范围涉及镇域全部行政区域，总面积 112.62 平方公里。在规划区范围内实行城乡统一的规划管理。2020 年规划镇域总人口 2.5 万人，其中城镇人口 1.67 万人，农村人口 0.83 万人。城镇建设用地严格控制在 2 平方公里以内。批复指出，桥梓镇是北京丘陵与平原结合地带重点发展地区，是怀柔新城地区空间布局结构的重要组成部分，是新城重要的功能拓展区，是承接市区部分城市功能的预留发展空间，是以休闲旅游及生态型产业发展为主的小城镇。批复要求，桥梓镇的发展建设要按照怀柔新城建设的统一要求，以生态环境保护和建设优先为前提，促进城镇化健康有序发展；在规划的指导下，将桥梓镇建设成为生态环境协调、人居环境优美、城乡社会融合、百姓安居乐业、城镇经济发达的现代化小城镇。

2009 年，桥梓镇被批准为北京市 42 个重点小城镇之一，并成为北京市小城镇发展基金首批计划投资的 7 个镇乡之一。2013 年 6 月 8 日，北京市小城镇发展基金首批投资项目——“桥梓新城”开发建设项目签约。根据《合作投资意向书》，怀柔区人民政府和国开金融有限责任公司将联合北京市小城镇发展基金，共同投资设立桥梓城镇发展基金，并分三个阶段开发建设“桥梓新城”。

桥梓新城镇开发项目拟投资开发的区域面积约 50 平方公里，初步预计带动的社会总投资规模将达到约 1500 亿元。项目将分阶段完成：预计 2016 年初步建成桥梓新城镇，产业集群初步形成，配套基础设施和生活设施初步建成，产业与城镇建设一体化目标初步实现；到 2018 年基本建成桥梓新城镇，实现引入各类企业 210 至 270 家，聚集人口 10 万至 13 万人，届时，一个经济发展强劲、产业结构先进、基础设施完备、公共服务完善、生态环境优美的现代化桥梓新城镇将以国际水准亮相全国。该项目将把政府的政策和组织优势、国开行的理念和资金优势、市场化机构的运营和机制优势充分结合起来，不仅为怀柔区桥梓镇的建设提供充裕的资金保障，更将引导支持相关产业机构和城镇运营资源的进驻，树立城乡统筹、民生保障、环境优美、基础配套、产业发展、绿色智慧的中国城镇建设新典范。

桥梓城镇发展基金将引入相关开发商和运营商参与新城镇的建设工作，以“区域、城镇、农村”三位一体的架构规划城镇化建设，通过国际水准的规划和策划，把桥梓镇打造成彰显国际一流水平、具有较强辐射能力和国际交往能力的宜居宜业型现代化新城镇，成为距离北京城区最近、生态环境最好、人文环境最佳的生态小镇。

根据规划，桥梓新城镇将以集约、智能、绿色、低碳为理念，按照“产业先行、产城融合、高端引领、和谐生态”的原则，着重发展六大产业：一是建设国内一流、国际领先的云计算创新科技中心，以提供高端云服务为基础，大力发展智慧城镇、物联网、网络金融等智慧产业，打造具有国际影响力的智慧产业集群；二是以智慧产业为依托，打造企业总部集聚区，吸引国内外金融机构落户；三是打造区域领先的文化创意和教育产业园，形成建筑、时装和工业等专业设计机构的汇集地；四是引入大型国际商业连锁机构以及度假酒店、高端商务服务区等现代消费产业业态，打造多功能于一体的目的性消费地；五是依托桥梓镇山清水秀的自然环境，吸引全球领先的医疗、康体、养生及抗衰老等健康产业机构进入；六是重点引进大型国际知名的休闲旅游产业项目，大力发展高品位的现代休闲旅游产业。

桥梓新城镇的建设，必将辐射和带动周边村庄包括红林村经济的发展。

第二章

红林村历史

第一节　村名、姓氏及村庄沿革

一　村名的由来

红林村原名西坟村，清道光年间（1821—1850）建村。因村西有清朝名将哈尔布武墓，村址又位于先期建村的岐庄西侧，故名西坟。1980 年，因村名不雅，又因该地盛产红果，故更名为红林。

哈尔布武墓位于村庄的西部，胖坨山脚下。新中国成立初期，这里有哈尔布武家族坟墓多座，“6 个大坟头，无数小坟头，一个坟头一个碑”。大坟头直径在 5 米左右，高 3 米左右，用三合土（沙、黄土、石灰）筑成，墓碑很大。20 世纪 40 年代这里驻扎军队，进行操练，墓地损毁严重。“文革”时期，墓碑被砸，1976 年在墓地修建蓄水池，坟被平。现只存墓碑一座，碑高 3. 81 米，宽 1. 11 米，厚 0. 45 米，汉白玉面，螭首龟趺，碑阳面有满汉两种文字，记述哈尔布武及夫人简史，阴面无字。哈尔布武墓碑现为怀柔区二级保护文物。

哈尔布武，祖先混同江（黑龙江）人。他身材矫健，力大过人，16 岁跟随清太祖起兵建阳，因作战英勇，威震行阵。崇德元年（1636 年）授以骁骑校尉。后随清世祖进关，世祖福临定鼎燕京后，哈尔布武在取齐梁、收秦晋、平浙闽、定滇黔的战斗中，战绩卓著，受封为中宪大夫。康熙元年登六兖，后朝廷给予禄养终身。哈尔布武一生寡言，但不畏权贵，深得朝廷赏识。康熙六年以子贵封为光禄大夫都察院左副都御史。康熙十年九月病死，享年 70 岁，葬于京西南水头庄，后迁葬于此地。

有关哈尔布武墓，本地流传着这样一个故事：

有一天，清乾隆皇帝带领群臣去京西打猎，路过水头庄时，在风和日丽下，却听到墓地中呼呼作响，遂问身边随行大臣："这是谁家墓地，风水这么硬？"大臣答："是前朝名将哈尔布武墓。"乾隆又问："他有几个儿子？都干什么的？"当他得知哈尔布武的儿子都在朝中做官时，唯恐他们夺了他的皇位，便问身旁大臣："谁有好墓地，让他们赶紧把墓迁去！"一大臣说他在京北有一块地，可做墓地。他指的这块地就是现在哈尔布武墓所在的红林村。1984 年，该墓被列为怀柔县第一批文物保护单位。

岐庄历史悠久，宋朝时即已建村。由于地处山前暖区，这一带被视作风水宝地，周边分布着多座明清高官的墓地。由岐庄而得名的村庄，除西坟外，还有东坟，位于岐庄东侧，1980 年改为东凤山。

由于红林和东凤山规模较小，又分别在岐庄东西两侧，相距较近，三村很早就有三岐庄的称谓。据村民回忆，三岐庄这一称谓至少可以追溯到民国时期。当时，岐庄有个市场，人们通常用三岐庄指称三村。1956 年，三村联合办高级社，当时名称即是三岐庄高级农业生产合作社。尽管三个村在人民公社时期各自为独立的生产大队，公社解体后，又各自为独立的行政村，但为简化起见，人们也常以三岐庄指称这三个村庄。三村也经常以三岐庄名义从事一些活动，如联合组团参加镇里的体育比赛，组建联合支部等。三村间通婚也较普遍。在以后有关红林村的介绍中会经常提到岐庄和东凤山（东坟），尤其是岐庄。岐庄与红林村不仅土地相连，村落仅隔一条公路（怀长路），公路两旁的商业网点、公交车站等，也为两村所共享。

二　村庄姓氏

红林村姓氏以丁姓为主，村庄最初便是由丁氏先祖繁衍而来的，目前丁姓能占户数的90%以上。据老人讲，红林村先祖是从山西洪洞大槐树搬迁而来的。

红林村最早能够追溯到的人为丁进章，被称为红林村丁姓始祖。据红林村丁氏家谱记载，始祖丁进章，其妻为张氏，生有一子，名为丁国玺，被称为二世祖。二世祖娶有两妻：俞氏和柏氏，生有四子，分别为丁荣、丁华、丁富和丁贵，被称为三世祖。其中长子丁荣生有几子不详，次子丁华生有四子，三子丁富无后人记录，四子丁贵无后。

次子丁华娶有四妻，所生四子为文亮、文德、文全、文美，其后代人丁兴旺，构成红林村丁姓的主要组成部分，四子也成为村中丁姓的“四大门”（见表2－1）。

除了丁姓这一主要姓氏外，红林村其他姓氏还有李、王、黄、闫、杨、张等姓氏。

村中长者还记得王姓迁来的时间：民国二十八年。“王姓是在民国二十八年发大水时搬来的”。民国二十八年（1939）的这次大水在本书第一章中有过介绍，这次大水致使无数乡民流离失所，背井离乡。红林村由于位于山区，地势高，幸免受灾，所以有灾民逃荒到此。

对于黄姓迁来的时间，许多村民都记得或听说过，“是抗战时从岭西搬来的”。岭西指红林村西部的大山西侧。而李姓则要早于王姓和黄姓迁来，“至于具体什么时间迁来的不清楚，但至少要比王姓早十几年”。而闫姓是红林村的老户，“也许是同丁姓一起迁来的”，但人丁不旺，没有发展起来。

表 2－1　　红林村丁氏家谱（一至五世祖）①

<table>
<tr><th>始祖</th><th>二世祖</th><th>三世祖</th><th>四世祖</th><th>五世祖</th></tr>
<tr><td rowspan="18">男：
丁进章
妻：张氏

葬于西坟村西三老坟。</td><td rowspan="18">男：
丁国玺
妻：
俞氏（居里村）
柏氏（山立庄村）

葬于西坟村西三老坟。</td><td>男：丁荣</td><td>（兄弟几个不详）</td><td>男：丁启（兄弟几个不详）②</td></tr>
<tr><td rowspan="15">男：
丁华
妻：
陈氏（峪口村）
杜氏（岐庄村）
武氏（居里村）
杜氏（岐庄村）

葬于西坟村西三老坟。</td><td rowspan="5">长男：
丁文亮

葬于西坟村北西台东头。</td><td>长男：丁俊</td></tr>
<tr><td>次男：丁德</td></tr>
<tr><td>三男：丁保</td></tr>
<tr><td>四男：丁傅</td></tr>
<tr><td>五男：丁儒</td></tr>
<tr><td rowspan="3">次男：
丁文德
妻：
王氏
蒋氏
葬于西坟村南牛坨。</td><td>丁僩（过继）（井沿）</td></tr>
<tr><td>长男：丁住（上院）
妻：张氏（寺上）
葬于西坟村南牛坨。</td></tr>
<tr><td>次男：丁侃（下院）
妻：宋氏
王氏
周氏
葬于西坟村南牛坨。</td></tr>
<tr><td rowspan="3">三男：丁文全
妻：侯氏
（苏峪口村）

葬于西坟村南车道坟。</td><td>长男：丁備（读 bì，后头院）
妻：杨氏（六道河村）
葬于西坟村南车道坟。</td></tr>
<tr><td>次男：丁億（前头院）
妻：杜氏（怀柔）</td></tr>
<tr><td>三男：丁佩（北场）
妻：王氏（岐庄村，一说是东四渡河）
单氏（红铜营村）
王氏（岐庄村）
葬于西坟村南车道坟。</td></tr>
<tr><td rowspan="4">四男：丁文美
妻：温氏

葬于西坟村北西台西头。</td><td>四男：丁僩（读 xiǎn）
（过继给丁文德，丁文德生子后又回来）</td></tr>
<tr><td>长男：丁佐
葬于西坟村北西台西头。</td></tr>
<tr><td>次男：丁佑
妻：鲍氏
葬于西坟村北西台西头。</td></tr>
<tr><td>三男：丁伸
葬于西坟村北西台西头。</td></tr>
<tr><td>男：丁富</td><td></td><td></td></tr>
<tr><td>男：丁贵</td><td>（无后）</td><td></td></tr>
</table>

① 资料来源：丁兴魁：《北京市怀柔区红林（西坟）村丁氏家谱》（打印稿）。

② 丁兴儒说，只知道他太爷（曾祖）叫丁启，其他不知。

表 2-2　红林村丁氏辈分表

第一代：（名双字）进（晋）
第二代：（名双字）国
第三代：（名单字）荣、华、富、贵
第四代：（名双字）文
第五代：（名单字）人
第六代：（名双字）福
第七代：（名单字）木、艹、灬……
第八代：（名双字）兴、克
第九代：（名双字）学、德
第十代：（名双字）志……

注：从第十一代起取名已经不按辈分。

三　红林村的沿革

红林村自清朝道光年间（1821—1850）建村后，直至 1948 年，一直归属昌平。据清光绪十二年（1886）《昌平州志》记载，全州共有 423 村，州城东北 74 村，其中包括岐庄和西坟。据《昌平县志》记载，1948 年，昌平县有 595 村，其中县城东北 95 村，包括祁庄、东坟、西坟村。祁庄即今岐庄。

1948 年后，红林村划归怀柔县，隶属怀柔县第四区，区公所驻西茶坞。1949 年 10 月新中国成立时，红林村仍属怀柔县第四区，当时四区共辖 30 村，驻地仍为西茶坞。1949 年 12 月，四区驻地东茶坞，辖 39 个村，红林村仍为其中的一个村。

按照河北省的统一安排，怀柔县 1953 年 8 月开始基层选举。按照《中华人民共和国全国人民代表大会及地方人民代表大会选举法》规定，乡是普选的基层单位。而 1953 年前，怀柔县没有乡建制（当时华北地区都没有乡建制）。为了与国家政权组织形式相统一，根据河北省生产划乡会议精神，结合本县实际，怀柔县自 1953 年 4—7 月分三批完成了划乡工作。全县 222 个行政村划为 93 个乡（平原区 7 个，半山区 15 个，深山区 71 个）和 1 个县辖镇（城关镇）。怀柔县四区下辖桥梓、岐庄、沙峪口、西茶坞 4 个乡，红林村归属岐庄乡。1956 年 7 月，四区驻地西茶坞，辖 12 乡，红林村仍归属岐庄乡。1956 年 8 月，撤销区建制，原四区设立茶坞、西北宅、辛庄三个乡，红林村归属辛庄乡。

1958 年 9 月，怀柔县由 13 个乡镇合并成立 5 个人民公社，即八一人民公社、东风人民公社、红光人民公社、钢铁人民公社、红旗人民公社。红林归属八一人民公社。1958 年 10 月，怀柔由隶属河北改为隶属北京，红林也成为北京市的一个远郊大队；1959 年 3 月，八一人民公社改为桥梓公社，红林归属桥梓公社；1960 年，怀柔县分为四个公社，红林归属未变；1961 年 5 月，调整人民公社规模，全县分为 21 个公社，250 个生产大队，红林属于茶坞公社的一个生产大队（茶坞公社辖 14 个生产大队）。

1983 年怀柔县改社建乡，全县划分为 21 个乡，1 个镇，红林属于茶坞乡的一个行政村（茶坞乡共辖 14 个行政村）；1984 年 11 月，茶坞乡政府由茶坞村迁址前桥梓村，茶坞乡改称桥梓乡，红林村归属桥梓乡；1990 年，怀柔设 7 镇 14 乡 292 个行政村，红林村归属桥梓镇（桥梓镇共辖 14 个行政村）。1998 年，怀柔并乡设镇，北宅乡并入桥梓镇，全县的行政区划为 10 个镇 5 个乡，红林村仍归属桥梓镇（桥梓镇辖 24 个行政村）。2002 年，怀柔撤县设区，下辖 12 个镇、两个满族自治乡和两个街道办事处，红林村归属未变。

第二节　新中国成立前的红林村

根据红林村长者口述，结合相关史料，可以大体勾勒出新中国成立前不同时期的红林村的图景。

一　日军侵华前的红林村

清朝时期，丁氏先祖迁徙至红林，并于道光年间建村。随着人口的繁衍生息，丁氏家族不断兴旺。据称，丁氏兄弟在最初分家时，是“用斗分银子”。但是，随着分家析产，每户家庭所拥有的财产数量（其中主要表现为土地）也呈下降趋势：兄弟多的，分家时每户财产下降幅度就大些；兄弟少的，下降幅度就小些。红林村土改时期唯一的地主丁兴年，由于两代单传，所拥有的家产尤其是土地就相对多些。

随着外来逃荒者的迁入，也打破了丁姓一统村庄的局面。1915年，黄氏五口迁至红林村岭西时，岭西的山坡归冯子生所有。无地者，若想耕种土地，需与山坡坡主签下“米批”，约定交租数额。黄氏在岭西的山坡脚下盖了窝棚居住下来，并租种了附近的山坡地，与山坡坡主冯子生写的米批是“每年交租八斗，如若租子不够，将地拿回”。1941 年以后，黄氏搬到村里居住，但仍租种着岭西的土地，尽管打下的粮食交了租子之后就所剩无几了。

日本侵华前，红林村是典型的中国北方封建社会下的一个普通小山村，村民大多拥有或租佃一块土地，种地养家。尽管也有开棚铺、开窑的（参见第八章“非农产业”），但主要还是以种地为生。由于村西有清朝名将哈尔布武家族墓群，其后人时常来红林（时称西坟）祭奠先祖，并设宴款待村民。

二　日军侵华时期的红林村

1937 年七七卢沟桥事变后，怀柔县城及平原村庄成为日本的沦陷区，而红林村及周边村庄处于平原与山区的过渡地带，共产党领导的抗日武装经常活跃在这一地带。

1938 年 6 月，八路军第四纵队挺进冀东地区，并留下两支抗日武装大队，在怀柔等地建立抗日根据地。7 月，共产党领导的第一个平北抗日政权滦昌怀联合县政府成立。在部队的配合下，联合县政府组织工作组，深入农村，宣传抗日，并组建农村抗日政权。

为了“强化治安”，1942 年春，日伪军驱赶百姓 5000 余人，沿怀柔前山脚下开挖所谓的“防共治安惠民壕”，百姓称之为“毁民壕”。毁民壕一端从沙峪口村北到现在的怀北镇东北角的大水峪，途经22个村，全长80华里，4月初开工，10月底完工。毁民壕在桥梓镇境内经过11个村，长度30余华里。毁民壕宽3.6丈，深1.6丈，沿线三五里或七八里修一个炮楼，共修筑11座炮楼。

在毁民壕开挖时期，日伪军出动大批军警，逐村驱赶群众放弃春耕去挖壕。农民在刺刀下、皮鞭下劳动，终日劳累不得一饱。在挖壕施工中，有成千上万亩粮田、树木被毁。红林村村民曾有人被强迫去修建“毁民壕”。由黄振海口述、西坟工作组集体整理的《我的翻身史》，对这段历史曾有记载：在工地上，“从早到晚，不许休息。日本人、伪军的监工窜来窜去，看谁不顺眼就打，手稍一停，他们的棍子就落在头上”。有关黄振海的《我的翻身史》，笔者在第九章“村民的物质生活”中有详细介绍。

毁民壕从岐庄东部和东凤山北部穿过，在岐庄南部亦即红林村东南部山上建有一座炮楼，炮楼里的日伪军经常到村里收粮抓人。村民丁学敏还清晰地记得，“1945年腊月十五”那一天，有三个日本人和一个翻译在红林村将村民丁殿元当中共区干部开枪打死。“先是一枪打倒，后又补了两刺刀”。

红林村西山有多个溶洞。为了躲避日本人的暴行，村民们经常躲到溶洞中。

三 解放战争时期的红林村

1945年抗日战争胜利时，怀柔县除县城为日伪军占据外，广大农村地区均已解放。国民党政府进入县城后，不但不惩办汉奸，还公然利用原日伪军警势力，联合伪乡保人员，组织地主武装，配合国民党军队，抢占了交通要道附近的村庄，便衣特务、伙会（地主武装）到处活动，抓兵抢粮，杀人放火，解放区人民的生命财产遭到严重损失。

在中共怀柔县委领导下，县人民武装县大队得以建立，刘宗悦任大队长，在解放区民兵组织的配合下，对国民党军及伙会的“讨伐”给予有力打击。与此同时，各解放区发动广大群众支援前线，保证解放军所到之处有粮吃，有水喝，有担架可用。

为了阻断村民与解放军及人民武装的联系，1947 年秋至 1948 年春，国民党政府纠集军警及伙会在怀柔解放区的边沿地带制造了“无人区”，强迫农民迁移到国民党统治区。对不愿迁移的群众，有的被吊打，有的被烧了房子，有的被杀害。由于国民党政府强迫农民迁移，使全县大片地区变成了“无人区”。成为无人区的村庄有 40 多个，受害农民 4000 多户、2 万多人，荒芜土地 3.5 万亩。

红林村在抗日战争胜利后即组建起农民协会、民兵连、儿童团，并在农民协会的领导下开展土地改革。据丁学纯老人回忆，1946 年他 13 岁，曾赶着毛驴为解放军送公粮。解放军还曾在村里住过。“他们吃扫帚苗（一种野菜），睡在地上，孩子们睡在炕上”。在国民党及伙会联合讨伐时期，由于地处解放区边沿地带，1947 年秋至 1948 年春，红林村与岐庄、东凤山等多个村庄一起被划为“无人区”，村民被驱赶到国统区。时任农协主任的黄振海在《我的翻身史》中记载了 1948 年正月十一、正月十四和正月二十一伙会对村庄的三次讨伐：

> 四面枪响，村子被包围了，伙会把全村五分之四的人都裹走了，并背上了粮食，抢走了牲畜……长长的一条绳子绑着一串乡亲们。幸亏我去开会，不在村里，不然敌人抓去我，还能有我的命吗？就这样，咱们村的干部就有几名被吊、处死……

丁学纯老人也回忆了这段历史：

> 1948 年正月十一大讨伐。早晨天没亮敌人就围了整个村。

听到枪响，拉着马就跑，子弹在脚底下乱飞。我放下马跑也没跑了，就躲在小河沟里，子弹在头上飞。

丁学纯老人一家被赶到东部的白庄，寄人篱下，后来不得不投奔桃山的亲戚家。村里的土地大量荒芜。

那时种地收秋就像做贼一样，是在枪子儿下，收了就得跑。记得有一次我与大爷到地里收麦子，听到说话声，发现是中央军正往上开，便悄悄爬到一个大石头下躲着，一整天不敢动，就怕来搜山，直到天黑后才回家。

1946 年至 1948 年间，国民党军及茶北乡伙会经常到茶坞、苏峪口、岐庄等地讨伐，红林村村长丁安及村民张荣（其子张国全为中共区干部）就曾被伙会杀害。丁安当时为地下党员，是继任村长丁兴和的入党介绍人。“那时杀人不当回事。饿肚子是小事，保住命才是大事”。

1948 年初，红林村由昌平县正式划归怀柔县。县地方武装配合解放军取得了多场战役的胜利，并在茶坞、苏峪口等地开展地道战、地雷战，歼灭了大量国民党警队和伙会势力。1948 年底，被国民党军圈走和逃亡各地的群众陆续回乡，怀柔全境获得解放，红林村村民自此获得新生。

四　红林村早期中共党组织

新中国成立前，红林村就存在中共党组织，黄振海就是经人介绍加入了中国共产党：

1946 年，党员丁克荣秘密地串联我，发展我为中国共产党党员，和我单线联系。当时党还处于地下活动，随时都有遭到截杀

的危险。我虽和党保持单线联系，但我在党的教育下，了解了革命的道理，有了前进的方向。（摘自黄振海《我的翻身史》）

当时党组织并不公开开展活动，党支部成员一般都有一个公开的身份，并以此身份开展工作。笔者在怀柔区档案馆找到三份 1949 年 5 月 12 日填报的“怀柔县第四区西坟村支部干部登记表”。这三份登记表均以手写的形式对红林村当时的 3 名党组织成员做了登记（见表 2－3 至表 2－5）。

由干部登记表可知，红林村当时的村组织成员有村长、中队长、公安员；中共党组织成员有支部书记、组织委员和宣传委员。村长丁兴和为中共党组织组织委员；中队长闫瑞林为党支部书记；公安员李文明为党的宣传委员。他们都在 1948 年正月“大讨伐”时被强制驱赶到国民党统治区，几个月之后才陆续跑回来。这就是红林村老人记忆深刻的“无人区”时期。

表 2－3　　怀柔县第四区西坟村支部干部登记表（一）

<table>
<tr><td rowspan="2">姓名</td><td rowspan="2">丁兴和</td><td rowspan="2">年龄</td><td rowspan="2">46</td><td rowspan="2">性别</td><td rowspan="2">男</td><td rowspan="2">现任工作</td><td>公开</td><td>村长</td></tr>
<tr><td>党内</td><td>组织委员</td></tr>
<tr><td rowspan="2">出身</td><td rowspan="2">农/中农</td><td rowspan="2">成分</td><td>土改前</td><td>7 亩</td><td rowspan="2">文化</td><td rowspan="2">无</td><td>入党年月</td><td>1946 年</td></tr>
<tr><td>土改后</td><td>8 亩</td><td>何人介绍</td><td>丁安</td></tr>
<tr><td colspan="3">你家几口人？现做何工作？</td><td colspan="6">种地；3 口人</td></tr>
<tr><td colspan="3">你都做过什么主要工作？</td><td colspan="6">为农，别的事没做过</td></tr>
<tr><td colspan="3">从小到现在都做过什么事？</td><td colspan="6">种地</td></tr>
<tr><td colspan="3">你是否参加过其他党派、迷信道门团体？现在如何？</td><td colspan="6">无</td></tr>
<tr><td colspan="3">被捕过否？你表现如何？怎样出来的？</td><td colspan="6">1948 年正月十四日讨伐，被果（裹）过去，六月由卧龙岗回来的</td></tr>
<tr><td colspan="3">受过什么处分？取消否？</td><td colspan="6">到大乡××出来的，深受营（影）响</td></tr>
<tr><td colspan="3">你有何亲戚朋友？是哪村的？姓名、现在何处、做何工作</td><td colspan="6">东营姥家李福来出身扛活
岐庄岳父家，岳父王致满出身扛活</td></tr>
<tr><td colspan="3">备注</td><td colspan="6"></td></tr>
</table>

注：×为分辨不清的字。下表同。

表 2－4　　　怀柔县第四区西坟村支部干部登记表（二）

<table>
<tr><td rowspan="2">姓名</td><td rowspan="2">闫瑞林</td><td rowspan="2">年龄</td><td rowspan="2">42</td><td rowspan="2">性别</td><td rowspan="2">男</td><td rowspan="2">现任工作</td><td>公开</td><td>中队长</td></tr>
<tr><td>党内</td><td>支部书记</td></tr>
<tr><td rowspan="2">出身</td><td rowspan="2">农/贫农</td><td rowspan="2">成分</td><td>土改前</td><td>3 亩</td><td rowspan="2">文化</td><td rowspan="2">无</td><td>入党年月</td><td>1946 年</td></tr>
<tr><td>土改后</td><td>16 亩</td><td>何人介绍</td><td>丁兴富</td></tr>
<tr><td colspan="3">你家几口人？现做何工作？</td><td colspan="6">种地，10 口人</td></tr>
<tr><td colspan="3">你都做过什么主要工作？</td><td colspan="6">前年当过小队</td></tr>
<tr><td colspan="3">从小到现在都做过什么事？</td><td colspan="6">学过手艺××</td></tr>
<tr><td colspan="3">你是否参加过其他党派、迷信道门团体？现在如何？</td><td colspan="6">无</td></tr>
<tr><td colspan="3">被捕过否？你表现如何？怎样出来的？</td><td colspan="6">1948 年正月十一日被果（裹）过去三个月
跑回来的</td></tr>
<tr><td colspan="3">受过什么处分？取消否？</td><td colspan="6">在大乡被果（裹）过</td></tr>
<tr><td colspan="3">你有何亲戚朋友？是哪村的？姓名、现在何处、做何工作</td><td colspan="6">姥家山立庄村，孙×，表兄手艺××
岳父家峪口谢永顺，种地</td></tr>
<tr><td colspan="3">备注</td><td colspan="6"></td></tr>
</table>

表 2－5　　　怀柔县第四区西坟村支部干部登记表（三）

<table>
<tr><td rowspan="2">姓名</td><td rowspan="2">李文明</td><td rowspan="2">年龄</td><td rowspan="2">27</td><td rowspan="2">性别</td><td rowspan="2">男</td><td rowspan="2">现任工作</td><td>公开</td><td>公安员</td></tr>
<tr><td>党内</td><td>宣传委员</td></tr>
<tr><td rowspan="2">出身</td><td rowspan="2">农</td><td rowspan="2">成分</td><td>土改前</td><td>30 亩</td><td rowspan="2">文化</td><td rowspan="2">2 年</td><td>入党年月</td><td>1947 年</td></tr>
<tr><td>土改后</td><td>25 亩</td><td>何人介绍</td><td>张国全</td></tr>
<tr><td colspan="3">你家几口人？现做何工作？</td><td colspan="6">种地六口人</td></tr>
<tr><td colspan="3">你都做过什么主要工作？</td><td colspan="6">1943 年在村当中队长，当过 5 年</td></tr>
<tr><td colspan="3">从小到现在都做过什么事？</td><td colspan="6">从先种地</td></tr>
<tr><td colspan="3">你是否参加过其他党派、迷信道门团体？现在如何？</td><td colspan="6">无</td></tr>
<tr><td colspan="3">被捕过否？你表现如何？怎样出来的？</td><td colspan="6">在 1948 正月十四日讨（伐）被果（裹）过去
由廿五日××做饭，由四月跑回来</td></tr>
<tr><td colspan="3">受过什么处分？取消否？</td><td colspan="6">无</td></tr>
<tr><td colspan="3">你有何亲戚朋友？是哪村的？姓名、现在何处、做何工作</td><td colspan="6">岐庄村姥家，李常×表兄当农会主任
岳父家东庄村程义里中农出身种地</td></tr>
<tr><td colspan="3">备注</td><td colspan="6"></td></tr>
</table>

新中国成立后，红林村先后成立了互助组和初级社，党组织由

秘密转为公开，并成为村庄重要的领导力量。在合作化时期，中共党员为运动中的骨干力量。

据怀柔区档案馆保存的 1954 年 12 月 31 日用手写体填报的“西坟村党员登记名册”，红林村当时共有党员 32 名，其中男性 23 人，女性 9 人，均为汉族；最早入党时间为 1944 年 7 月（丁学清），最晚入党时间为 1950 年 1 月 3 日；有 3 人立过功；有 3 位家庭出身中农，二人所填报的字迹模糊或未填，其余均为贫农；社会职业和本人成分均填报的是“农”（一人未填）；文化程度最高为高小二年，有 17 人为文盲。1954 年红林村党员详细信息参见表 2－6。

红林村曾有两位烈士：丁兴茂，生于 1925 年，1948 年于河北新保安阵亡；丁兴廷，生于 1924 年，1949 年于广西阵亡。他们是否党员，无从考证。

表 2－6　　红林村党员登记名册（1954 年 12 月 31 日填）

姓名	性别	年龄	家庭出身	文化程度	入党时间	转为正式党员时间	备注
闫瑞年	男	59	贫	盲	1949 年 2 月	1949 年 8 月	
丁学青	男	37	贫	二年	1944 年 7 月	1944 年 9 月	1948 年立小功两个
李文明	男	32	中	四年	1946 年 6 月	1946 年 9 月	
丁兴和	男	50	贫	盲	1946 年 6 月	1946 年 9 月	
丁兴林	男	27	中	四年	1945 年 2 月	1945 年 8 月	
丁克政	男	55	贫	一年	1948 年 12 月	1949 年 3 月	
丁旺	男	62	贫	盲	1946 年 12 月	1947 年 6 月	
丁克成	男	51	贫	盲	1949 年 2 月	1949 年 5 月	
闫瑞增	男	50	贫	盲	1944 年 10 月	1945 年 4 月	
丁兴富	男	36	贫	盲	1944 年 10 月	1945 年 4 月	1948 年立小功一个
丁学孝	男	32	贫	四年	1950 年 1 月	1950 年 4 月	1949 年立功一次；1950 年立小功两个
丁学荣	男	30	贫	二年	1945 年 2 月	1945 年 8 月	
丁学礼	男	20	贫	三年	1954 年 2 月	*	
王淑芝	女	29	中	三年	1949 年 2 月	1949 年 5 月	

续表

姓名	性别	年龄	家庭出身	文化程度	入党时间	转为正式党员时间	备注
雷桂珍	女	36	贫	一年	1949 年 2 月	1949 年 5 月	
孟云英	女	32	贫	一年	1946 年 10 月	1947 年 1 月	
李桂香	女	46	贫	盲	1946 年 2 月	1946 年 8 月	
王淑英	女	32	贫	一年	1946 年 2 月	1946 年 8 月	
公淑英	女	34	贫	一年	1946 年 2 月	1946 年 8 月	
冯瑞英	女	37	贫	盲	1949 年 2 月	1949 年 8 月	
丁兴谦	男	37	*	高小二年	1946 年 9 月	1947 年 2 月	
丁克贤	男	50	贫	一年	1949 年 2 月	1949 年 8 月	
丁克生	男	61	贫	盲	1949 年 2 月	1949 年 8 月	
黄振海	男	57	贫	盲	1948 年 12 月	1949 年 6 月	
丁学海	男	42	贫	盲	1949 年 2 月	1949 年 5 月	
丁克 *	男	38	贫	盲	1949 年 2 月	1949 年 5 月	
丁学满	男	30	贫	盲	1946 年 7 月	1946 年 10 月	
闫瑞林	男	47	贫	盲	1946 年 7 月	1947 年 1 月	
丁克山	男	48	贫	盲	1946 年 3 月	1946 年 9 月	
孟淑兰	女	25	贫	盲	1949 年 2 月	1949 年 8 月	
杨福林	男	57	贫	盲	1949 年 2 月	1949 年 8 月	
段淑荣	女						

资料来源：怀柔区档案馆。* 表示字迹模糊，难以辨认。

第三节　土地改革与合作化时期

一　土地改革

解放前的怀柔县土地制度同全国一样，属半封建性质的私人占有制。依据县志《怀柔县 1933 年各阶层占有土地一览表》，全县有土地的农户 8617 户，其中拥有 9 亩以下土地的农民占总户数的 24%，拥有 9—27 亩土地的占总户数的 62.3%，拥有 27—45 亩土地的占总户数的 11.4%，拥有 45—90 亩土地的占总户数的 1.7%，拥有 90 亩以上土地的占总户数的 0.5%。占总户数 24% 的贫苦农民平均每户拥有土地 6 亩，占人口 0.5% 的大土地所有者平均每户拥有土地 112 亩。而与此同时还存在大量没有土地的农民。主要生产资料土地高度集中在少数大土地所有者手中，很多农民缺少土地或没有土地，靠租种地主的土地，或为地主当长工、打短工为生，有的靠向地主借债为生。

地主的土地一般分为两个部分：一部分自己经营，一部分出租给农民。地主自己经营的土地一般靠雇工耕作，牲畜的放牧也靠雇工。雇工有长年雇工和临时雇工两种，即“长工”和“短工”。长工一般农历正月二十上工，十月底下工，短工则相对灵活。黄振海在租种岭西山坡地时，由于难以养家，不得不到一渡河去打长工（也称扛活），一年辛苦劳作，挣五斗粮食；其儿子为地主丁兴年家打短工，“从早到晚，领到的是一小盆汤菜”。

一些无地农民为养家糊口，需要租种地主的土地，秋后向地主交地租。租种的土地许多是所谓的“赖地”，如山坡地、易涝地等，由于既费工夫产量又低，地主不愿雇工经营，便把这些遇旱、遇涝收成无保证的地出租给农民，自己秋后坐收租子。黄振海在红林村岭西租种冯子生的山坡地就属于这种类型：好年景，交租后还能剩些，勉强维持生活；年景不济，交租后就所剩无几了，只能忍饥挨饿。

在被饥饿逼得走投无路的情况下，有的农民向地主借了高利贷，由此就陷入了无底的深渊。黄振海父亲“咬着牙”借下的 50 元大洋，每年要交五斗粮的利。但山坡地打的粮食经常连吃的都不够，更别说还利还本了。这样，利滚利的高利贷压得黄家“再也抬不起头来”。

1944 年，抗日根据地开展减租减息、增加工资以及对地主开展说理斗争，使农民的苦日子有所减缓。正如黄振海所说，“不是共产党领导革命，减租减息，取消地租，勾销高利贷，分了土地，我家将永远不得抬头”。

红林村在抗日战争结束后就开始土地改革，“斗地主，分田地”。当时，红林村村民多数是中农，有一些贫农，有两三户上中农、两三户雇农，地主和富农各一个。当时的土地改革是“中间不动两头动”，即把地多的分给地少的。分地主要是分地主的地，红林村只有一个地主，“富农的地也没多少，富农和上中农的地也拿出一部分分给贫农和雇农”。

由于国民党军和伙会的侵扰，制造无人区，使红林村土地改革停滞。1948 年，桥梓地区由昌平划归怀柔。1948 年底怀柔解放后，村民们陆续回村，开始了“贯彻《土地法大纲》时的土地分配”：全部土地按人平均分配，每位村民，不分年龄性别，都获得了相同数量的土地，土地质量好坏搭配。据原红林村合作社社长丁学真介绍，此次土地重新分配的标准是“每人二亩半地，这个标准是全区的标准”。为此，红林村与周边村庄的边界也重新进行了划定：地多的村拨一部分地给地少的村，“好坏地搭配，大添大补”。

最初访谈村庄长者，笔者为其反复强调“土地改革时分地和《土地法大纲》时分地是不一样的”感到困惑。经过不断访谈和大量翻阅历史资料，得知怀柔县四区当时的土地分配基本上是在全区范围内按人分配，“每人亩数一定，人均两亩半地”，“以多补少，以肥补瘦”。西茶坞村当时是区政府所在地，迄今仍保留着当年分配土地时的全部地契。

1949 年 11 月，红林村土地改革运动结束，1950 年 3 月 5 日，县人民政府向村民颁发了由县长签名的《土地房产所有权证》，每个村民都分到了土地和生产生活资料。黄振海父子分到土地六块，总计 11.7 亩；分得房产五间（瓦房）。所分财产情况详见图 2－1。年过半百的黄振海掩饰不住内心的喜悦：

人们载歌载舞，庆祝胜利。那时，我这农会主任也不知怎有那么大的劲头，领导大伙分地、分房，白天黑夜从不劳累。看着天空中自由飘扬的五星红旗，看着穷哥们欢天喜地的分胜利果实，搬进自己的房子去住，精神快活地在自己地上耕种，心里有说不出的高兴和对党的感激。（摘自黄振海《我的翻身史》）

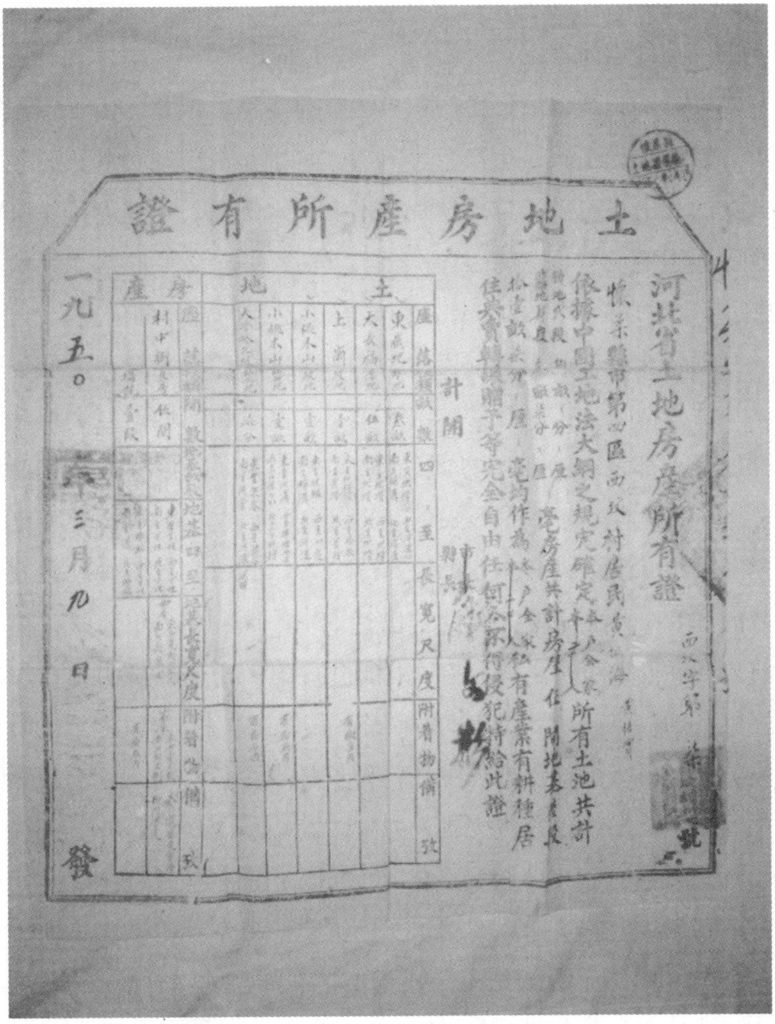

图 2－1　黄振海的《土地房产所有证》

土地改革，使广大贫雇农分得了土地，人们欢欣鼓舞。当时的一首传唱歌曲，可以描述出土改后广大农民翻身解放的喜悦心情以及对美好未来的憧憬："打倒地主和坏蛋，大块土地属于咱。彻底消灭老封建，牲口衣服分给咱。罐和柜，往家搬，赤贫搬进瓦房院。瓦房院，真方便，碾子磨子牲口圈。花红袄，身上穿，穷人孩子也要把书念。儿童拿起霸王鞭，锣鼓喧天闹得欢。"

二　互助组时期

农民分到土地以后，生产积极性空前高涨。但是，由于生产力低下，缺乏生产工具，生产手段落后，特别是缺劳动力的户，经不起天灾的袭击，出现了土地撂荒和出卖土地现象，雇工剥削也开始抬头。为了避免农民重新失去土地，怀柔县委及时贯彻中共中央"组织起来发展生产"的方针，引导农民走互助合作的道路。

互助合作最初的形式是互助组，一般每组 3—5 户，大活集体干，小活分散干，忙时互助，闲时单干。互助组有临时互助组和常年互助组，都是以换工的方式结算。1950 年，全县有临时互助组 275 个，桥梓地区有不同形式的互助组 19 个。1951 年，全县已有短期互助组 459 个，常年互助组 66 个，入组农民 2625 户，占农户总数的 8.8%。桥梓地区互助组已达 50 余个。1952 年 8 月，怀柔县对 200 名互助组长、118 名区干部进行集训，进一步明确合作社是克服贫困的唯一出路。1952 年底，县、区、村均建立了互助合作委员会，村级由村支书任主任，村长任副主任。90% 以上的党团员都参加了互助组，并成为骨干力量。

红林村第一个互助组成立于 1950 年，由新当选的红林村党支部书记阎瑞年发起组建。阎瑞年互助组实行科学种田，当年创造了玉米亩产 400 公斤的新纪录，比当时当地的常年产量增产一倍以上。闫瑞年在红林村历史上起过重要作用，在以后章节中还要提到。黄振海和丁克成也曾带领村民组建过互助组。丁克成与其父亲丁棚在19世纪三四十年代开棚铺，解放战争时期给解放军做饭，其间加入了中国共产党。由于“读过私塾，能写会算”，被大家选为互助组组长。供销社成立时，丁克成被选为供销社理事。

三　初级社时期

怀柔县从1952年春开始成立初级社，当时试办了两个合作社，其中一个为桥梓地区的东茶坞村农业生产合作社，共有10户，肖仕芳任社长，实行土地入股，全社统一使用土地、农具，社员共同劳动，分别记工，按劳五地五分配，适当留些公共积累。当年秋，肖仕芳社12亩玉米丰产田，单产218公斤，比1951年的150公斤增产87.3%。由于典型引导，当年冬，全县有50个村庄67个互助组申请办社，经审查批准了13个条件较好的互助组转为合作社，其中就包括红林村的初级社。

1953年4月，怀柔县委根据中共通县地委指示，对全县15个农业社进行整顿。1954年，农业社发展到91个、1388户、6298人，1955年春为388个、1.2万户、5.3万人，占全县总户数38.5%。同年8月，县委传达了中共七届六中全会关于《农业合作化的决议》，批判了在农业合作化运动中的所谓右倾保守思想和“小脚女人”的工作作风，随后抽调干部分片作报告，分批举办训练班，参观合作社丰产田，全县很快形成了群众性的报名入社高潮。到1955年底，全县90%以上的农民加入了合作社。

红林村所在的四区为“合作化区”。1953年，四区参加各种合作组织的农民即达到了93%。表2－7和表2－8是1954年3月30日填报的“怀柔县农业生产合作社统计表”。由表2－7和表2－8可以看出，全县七个区中，总户数为31076户，总耕地为368369亩，其中，四区的总户数为6371户，总耕地为72512亩，分别占全县的20.5%和19.7%；全县合作社总数为93个，而四区的合作社数竟达35个，占全县37.6%。

表 2-7　　1954 年怀柔县农业生产合作社统计表（一）

区别	总户数	总耕地	农业生产合作社基本情况				
			社数	户数	人口	劳力	土地
合计	31076	368369	93	1357	6129	2611	15909
一区	7831	120009	11	94	459	173	1269
二区	5657	38614	14	193	890	419	1224
三区	3804	57677	5	61	224	114	1083
四区	6371	72512	35	604	2614	1056	7785
五区	1695	10133	6	48	245	98	412
六区	2683	32755	16	221	1105	458	2539
七区	3035	36666	6	136	592	293	1595

资料来源：北京市怀柔区档案馆馆藏资料。

表 2-8　　1954 年怀柔县农业生产合作社统计表（二）

区别	社数	劳力土地分红比例						牲畜使用办法			农具使用办法	
		劳 7 地 3	劳 6 地 4	劳 55 地 45	劳 5 地 5	固定地租	超产归劳力	折抵入社利息	私有租用	私有伙用	折抵入社利息	私有伙用伙修
合计	93	1	1	3	86	1	1	28	4	61	49	44
一区	11				11			2		9	1	10
二区	14				14					14	6	8
三区	5				5			4		1	5	
四区	35		1	2	31	1		5		30	14	21
五区	6				6					6	5	1
六区	16	1			15			15		1	16	
七区	6			1	4		1	2	4		2	4

资料来源：北京市怀柔区档案馆馆藏资料。

1954 年 4 月，针对合作化过程中出现的“计划过高，要求过急，未坚持好入社自愿的原则”等问题，对合作社进行了整改，以巩固现有社为主，老社规模不扩大，控制发展新社。四区经过整顿，保留了 8 个农业生产合作社。

红林村最早的一个初级社成立于 1952 年，“由村长立旗组织合作社”。1954 年，退伍军人丁学青发起成立初级社，当时报名加入的很多，但很快便退出了，正式加入的农户有 12 户，丁学青为社长，丁学纯为队长。合作社共有土地 165 亩，人口 56 人，劳动力 27 人，是以死分活计的方式计工，分红比例为劳 5 地 5，牲畜和农具均是以私有伙用的方式入股。合作社中有中共党员 13 人，团员 2 人。初级社运作一年，效果显著，如同丁学纯所说：“地种得好，管得好，产量就高。地是有良心的。”第二年全村都加入了初级社。

初级社是在自愿互利的原则下将私有土地、耕畜、大型农具等主要生产资料交社统一使用，劳动力和土地的分配比例是 5∶5，其他入社的生产资料也付给一定的报酬。由于牲畜的特殊性，由自己饲养，归合作社统一使用，合作社支付一定的租金（按市场价以饲料黑豆折抵）。初级社对劳动力实行评分和计分，按所得工分参与分配。

初级社在工作组的指导下，经过与社员反复协商制定章程，合作社按照章程规定运作。遗憾的是，红林村的相关资料已经不复存在，但幸运的是，笔者收集到与红林村毗邻的一渡河村张永生农业生产合作社章程。该合作社成立于 1955 年，入社农户 13 户，入社人口 55 人，入社土地 90 亩。据介绍，该合作社章程主要内容与红林村合作社相差不大，现抄录如下：

张永生农业生产合作社章程

张永生农业生产合作社是响应党的号召，并在党和政府领导下组织建立的，是劳动农民自己的合作经济组织，坚持“自愿互利、等价交换、民主管理”三项原则，目的是使劳动农民永远摆脱贫穷和剥削，通过发展生产，逐步向更高级的社会主义社会过渡，使全体社员共同富裕起来。

（1）本农业社是劳动农民为了发展生产建设社会主义自愿组织起来的，以贫农为骨干巩固的联合中农和小手工业者，社员入社自愿，出社自由，需经社员大会讨论决定，坚决不要地富入社。

(2) 本农业社是半社会主义性质的，实行土地和果园入股，劳力和畜力出勤记工，按比例分红。①土地耕作收益，除去开支和农业税，其纯收入按劳五地五分配。②果园耕作收益，除去开支和农业税，其纯收入按劳三园七分配。③耕畜归个人饲养管理，社用带套股计工，纳入劳务工参加分配。④一般小农具，社员出勤自带，属于犁杖等大型农具由社借用，丢失损坏赔偿。

(3) 本农业社为了增产粮食，实行科学种田，合理利用土地统一安排种植，改进农业技术，引进良种，推广新式农具。

(4) 本农业社为了支援国家社会主义建设，巩固工农联盟，生产计划和产品销售计划，服从国家生产计划和收购计划。

(5) 本农业社以开展政治工作和劳动竞赛活动，调动社员生产积极性，提高劳动效果。支持不雇工剥削，不出租土地。

(6) 本农业社实行“民主办社、民主理财”，干部和社员紧密结合，遇事商量，公道明白，依靠群众把社办好，严禁干部独断专行、欺上瞒下、徇私舞弊。

(7) 本农业社以发展生产显示组织起来的优越性，注意团结社外农民，帮助社外农民走合作化道路。

(8) 本农业社的社员权利与义务：

权利五条：①参加社内劳动，取得应得报酬。②参加社务活动、社会监督、对社务提出建议或批评。③有权参加选举和提出罢免社干部的意见，少数服从多数，并有被选举权。④享受本农业社兴办的公共福利。⑤在不妨碍参加社内集体劳动的前提下，有权经营个人家庭副业。

义务四条：①守社章，执行社员大会和社管委会的决定。

②守社内劳动纪律，按时完成社分配的各项工作任务。③爱护国家的合作社的以及社员私有交社使用的各种财产。④爱护农业社的团结，同一切破坏人民利益的坏人坏事做斗争。

(9) 对于个别严重违反国家法纪和社章，经多次教育不改的，经社员大会讨论，报上级批准，可开除出社。

(10) 本农业社必须接受村支部、区委、县委的领导，坚决执行政府的政策法令。

(11) 本农业社的中共党员要明确全党办社的重要意义，坚定走社会主义道路的信心与决心，以自己的模范行动团结社员，把社办好。

四　高级社时期

1956 年 1 月 8 日，县委贯彻中央指示精神，召开了关于建立高级农业生产合作社座谈会，要求在一个月内，全县要实现半社会主义性质的合作社，在此基础上初步试办完全社会主义性质的高级社百余个。1 月 13 日，县委又下发《关于加速农业社会主义建设和社会主义改造的初步规划意见》，提出到年底，参加社会主义性质的高级农业合作社的农户要达到 98%，并大张旗鼓宣传按劳取酬，宣传生产资料集体所有的好处，随后在怀柔出现了办高级社的高潮。2 月底，全县入社农户就达到 98%，共建成 121 个高级社，其中，联乡社 1 个，1 乡 1 社 80 个，联村社 1 个，1 村 1 社 39 个。

由于高级社取消了土地分红（土地所有权归合作社），全部实行按劳分配，挫伤了部分农民的生产积极性，又加上虫灾和雹灾，造成粮食减产，年终分红发生困难，1957 年春出现社员要求退社的现象。由于加大了社会主义宣传教育力度和适当调整了办社规模，生产生活秩序很快恢复正常。1957 年底，全县高级社发展到 208 个。

1956 年，红林村与岐庄、东凤山联合组办了高级社，名称是三岐庄高级农业生产合作社。1956 年对于红林村意义重大，因红林村自此开始了集体经济时期。1956 年也成为 2009 年红林村社区股份合作制改革时劳龄股的起始年。

三岐庄高级社下设三个生产队，以三个村为单位。高级社设有一个书记，三个队长。书记和队长都是选举产生。高级社运行两年，岐庄和东凤山村民先后被选为书记。丁学青和丁学纯先后当选红林生产队队长。农户的土地、生产工具、牲畜等全部折价入社，折价额由三村干部协商确定，当时约定折价款逐年偿还，未确定偿还期限。“有钱就还点，没钱就不还。尽管最后都偿还了，但年头可不短。”当时红林村每家至少有一头毛驴，有的家有牛，最多有三四头牛。丁学纯家有一头毛驴，折价几十元。在牲畜中骡子最贵，“能抵三个驴”。由于长时间没有偿还折价款，有人抱怨：“说是猪（逐）年偿还，到了猴年还没还呢!”

高级社土地在全社范围内统一经营，劳动力全社调动。“土地在全社划片，离哪队近就由哪队劳动力种”。每队按规定的数量交粮，超产奖励。岐庄设有粮库，粮食都集中存放在粮库里。红林当时条件较好，每年上交粮食 5 万斤，余粮较多，超过上交的粮。高级社仍然实行评分和记分，“分分是命根”!

三岐庄高级社运行了两年。由于每个村庄的经济基础不同，产生问题较多。当时红林村经济条件较好，产谷子较多，红果也很有名，东凤山玉米较多，而岐庄经济较薄弱。当时有一段顺口溜来形容三村的经济状况：“东坟的棒子西坟的谷，岐庄坐在南台沿上哭。”南台沿是岐庄和红林村之间的一处地名。“是上面安排三个村一起入高级社，但村民不是很情愿”。此外，由于是三个村庄之间的联合，管理很艰难。那时“天天晚上开会，安排第二天工作”。“东坟的人到西坟看青，西坟的人到东坟看青”，都怕收了自己村的庄稼，相互提防。“书记也有私心，倾向自己村，总往自己村调劳动力。”

初级社时期土地等生产资料是以入股的方式归合作社使用，并没有改变生产资料私有的性质，合作社要支付生产资料所有者股金。初级社转为高级社，所有制性质发生了本质的变化：一是社员土地一律归集体所有，每人仅留 0.1—0.25 亩自留地；二是牲畜和大型农机具折价入社，经营方式实行集体统一经营。在管理方式上设管理委员会，下设生产队。依据国家、集体、个人三者利益和基本条件，制订实施生产计划，统一经营农、林、牧、副各业，对生产队实行“三包”（包公、包产、包投资）一奖（超产奖）。生产队由队长、会计、保管员等组成管委会，负责制订季节性的小段计划、作物种植计划等，实行民主管理和财务包干制度。高级社收益扣除公积金、公益金和农业税后，按“人七劳三”分配。对烈军属和困难户予以一定照顾。

笔者在此抄录一渡河所在高级社的转社政策。怀柔县初级社转为高级社的政策各合作社大体相同。

一渡河所在高级社的转社政策如下：

（1）除宅旁院落、坟地外的土地全部入社。凡是典当出的土地，属于农民之间的买卖，不论“死契、活契”一律不纠。如地主、富农买农民的土地，入社不付价款，卖给农民的土地要原数退还价款收归高级社所有。

（2）不论初级社或私人的牲畜，一律按照市场行情和牲畜的口齿、膘情、毛色作价入社，初级社和互助组的羊群由国家贷款买来的，收归高级社所有，并负责还贷，由原初级社分户名下，顶抵各户的生产股份基金。

（3）果树、林木入社，成方连片果树估算株数，根据树势品种，分别作价。零散果树逐棵作价，自育成片幼树付成品费，用材树除宅旁院落、坟头的归个人所有外，其余全部入社，作价办法与果树大体相同，从每年的果树收入中逐年还清价款（按收成大小确定比例）。

（4）凡是属于生产资料方面的运输工具、农具，主要包括马车、手推车、绳绳套套、大中农具全部作价入社。

（5）全社统一规定，入社农民一律交纳股份基金。公有化股份基金按劳力摊销，每个劳动力 80 元；生产股份基金，按劳力摊销，每劳力 120 元，女劳力按男劳力一半交纳。对于个别困难户，由村干部讨论，多数社员认可的，减半交纳。个别社员暂拿不出现金的，可由信用社贷款解决。多数户采取用入社财产折价款抵顶。

（6）在外职工、学生放假回村，应允许参加社里的劳动，按劳取酬，不摊股份基金。

（7）允许地富分子入社问题。①放弃剥削靠勤劳致富的可以入社。②表现一般的作为候补社员。③表现不好，又有破坏行为的，由法律制裁或由乡人民委员会交给合作社管制劳动。④不许在社内担任职务，但应坚持同工同酬的原则。⑤地富子女不应当作地主、富农分子看待，允许入社，作为社员，称为农民。

第四节　人民公社时期

一　人民公社体制的建立

1958 年 8 月，《人民日报》发表“人民公社好”的社论，全县掀起建立人民公社的高潮。208 个高级社合并为 5 个人民公社：八一人民公社、东风人民公社、红光人民公社、钢铁人民公社、红旗人民公社。其中，八一人民公社是在县城西部 6 个乡基础上成立的，下设茶坞、北宅两个管理区，两个管理区下设 24 个生产大队、79 个生产队。红林村是八一人民公社茶坞管理区下属的生产大队。

公社实行政社合一，工、农、商、学、兵五位一体的组织形式。劳动组织军事化，实行营、连、排编制；生活集体化，实行集体食堂吃饭不花钱；生产管理打破地域界限，劳动力统一调配，生产资料统一调用。

> 1958 年人民公社运动，在全县范围内吃食堂，到哪都可以吃，共产主义嘛！后来粮食不够吃，一个劳动力原粮才 28 斤。那时当干部很难，让干吧，大家躺着懒得动弹，不理你，难啊！（摘自与丁学纯的访谈笔录）

由于人力、物力和财力出现平调，严重损伤了农民积极性。1959 年 3 月 28 日，怀柔县贯彻六中全会精神，实行公社、大队（管理组）、生产队（村）三级核算，各计盈亏，但并未解决实质性问题。1960 年 10 月，全县 5 个人民公社又合并成 4 个人民公社：桥梓、青石岭、城关、王化，红林村为桥梓人民公社下属的生产大队。

1961 年 4—5 月，中共中央总书记邓小平、中央政治局委员彭真等根据中央的批示，在北京农村进行调研。彭真带领的工作组在怀柔县一渡河等村调研，广泛听取干部群众的意见，5 月，对公社规模进行调整，全县 4 个人民公社调整为 21 个人民公社，辖 245 个大队、766 个生产小队，以大队（村）为核算单位。红林是茶坞人民公社的一个生产大队，是基本核算单位。1962 年，基本核算单位下放到生产队，实行三级（公社、大队、生产队）所有，队为基础，并开始鼓励社员利用业余时间搞家庭副业，促进农业生产的恢复与发展。

二　短暂的生产小队历史

1962 年，全县要求基本核算单位下放到生产队后，红林村拟成立 3 个生产队，由农户自己报名。但由于“允许跳队”，其中一个生产队成员都“跳到”另外两个生产队，所以最后成立了两个生产队。这两个生产队是基本核算单位，这样就形成了茶坞公社—红林大队—生产队“三级所有、队为基础”的农业经营体制。

但是，由于红林村规模很小，农户很少，“人家小队就相当于我们大队”。两个生产队年终分配时表现出差异，“分少的生产队不说是自己没干好，而是说当初分生产队时没分均”。而实际上，析家分产也的确是一件非常麻烦的事。尤其是牲畜，“有大有小，有肥有瘦，大忙时节，仅分牲口就很劳神，分不清楚!”因此，两队时常产生矛盾。而红林大队的领导班子能力一直很强，社员都很认可，1972 年 12 月，县委正式批准了红林以生产大队为基本核算单位。

在正式批准红林以生产大队为基本核算单位之前，两个生产队也曾分分合合。

> 生产小队历史并不连贯，分了并，并了分，能有三四次。一般来说并好弄，分麻烦。土地、果树、牲口、生产工具都要分。尤其是牲口，有劲的没劲的，都要搭配好，难弄着呢!（摘自与丁学敏的访谈笔录）

当时红林村东有个饲养场，生产队分合的标志之一是牲畜的饲养方式：“两个饲养场时就是分开了，一个时就是合并了。”村民也是以此来回忆两个队的分合时间。

“三级所有、队为基础”的体制在红林村只有很短的历史，绝大多数村民对两个生产队没有印象，即使经历过这段历史的人，记忆也很淡漠，只有当过生产队长的人才依稀记得。他们通常用“某某年我当小队长”，或“某某年村里的饲养场是分开的”，来回应笔者一再的追问，从残存的记忆碎片中使这段历史回放。红林大队作为基本核算单位已经深入人心。

以生产大队为核算单位红林并不是个例。1972 年 12 月 31 日怀柔县委常委做出决定：鉴于有些大队班子强，生产好，群众愿意，仍保持大队核算。同意小杜两河、东茶坞、西坟、新王峪、后辛庄、一渡河、秦家东庄、峪口等大队核算。笔者也正是循着这一线索开始了对红林村生产小队的历史“追究”。

村庄的分合自有其生成逻辑。笔者最初也有疑惑：岐庄、东凤山、红林，三村相距很近，为什么没有形成一个生产大队下的不同生产小队格局，而是各自为一个生产大队？合作化运动时，三岐庄共同成立了高级社，尽管这是“上面的意思”，是人为捏合的，但最后还是分为三个生产队。在人民公社时期，尽管一再强调“三级所有，队为基础”，大队下面要有生产队，而且也的确将红林大队划分为两个小队，但历史很短暂，最终也是合二为一。这种分合本身是否昭示了三村间及村庄内部内在的吸引与排斥力量？红林村自建村以来就是一个独立的村落，规模很小，村民间大多有血缘关系，村庄的基础较好，与岐庄、东凤山一直界线分明，而村庄内部利益相互交织。多种因素共同作用最终促成了村庄长期以来的独立地位。

红林村书记王雅君用现实版的例子诠释了村庄的独立逻辑：

听说桥梓周围7个村并村。并村是不可能的，哪弄那么多钱啊！村民也不会干。像岐庄、东坟、红林，这么近的三个村，想并都不可能。我们村人少地多，岐庄地少，东坟更少。我们仅生态林补偿每年每人就500多元，岐庄才200多元。并在一起，咋弄啊?！谁干啊?！（摘自与王雅君的访谈笔录）

三　村民记忆深刻的事件

（一）农田水利基本建设

人民公社时期，兴修水利、大搞农田基本建设，在村民心中留下了深刻的记忆。

为了实现“涝时拦洪蓄水，旱时灌溉农田”，1965年前，怀柔县先后组织修建了红螺镇水库、黑山水库、怀柔水库、北台上水库（今雁栖湖）、沙峪口水库等水库14座，解除了怀河、雁栖河等河流下游的水患。而水库的修建，大多是在全县范围内调动人力，红林村许多人都被调去参加建设。

修建怀柔水库是人们记忆最深刻的。怀柔水库的建设是在河北省和北京市范围内调动劳动力，各县民工自带工具、自带工棚、自带生活用品，在没有外援和施工机械的条件下，人们不分昼夜、不顾日晒雨淋，靠自己的双手，使用铁锹、扁担、土筐、手推车等简陋的工具，从1958年3月9日到7月18日，大干130天，最后建成蓄水。每当提起修建水库的情景，红林村的老人们都要发出一番“想当年”的感慨。修建怀柔水库时，外县的农民白天修建，怀柔县的农民夜里修建。据丁学信老人回忆，当年他参加怀柔水库、北台上等水库以及相关引水渠的建设，仅用坏的胶鞋就有二十来双。

> 那时（修怀柔水库时——笔者注），白天在生产队干活，晚上去修水库，用小推车推土，用扁担挑土，一干就是一宿，累着呢！好劳动力都要轮流去，我轮了两次。当时说水库修好后我们可以受益，可以吃鱼，可以浇地，但都是下游受益了，我们并没受益。

1964年，怀柔县掀起了农业学大寨运动，全县各村开始平整土地、兴修水利。红林村本着“先治坡，后治窝”，推迟村民住房建设，开展水土整治，冬闲变冬忙。在没有任何机械设备的情况下，靠人工镐刨、肩挑、车推，克服天寒地冻的困难，经过十几个冬春的奋战，在沟壑林立的丘陵地带，平整土地240亩，打坝十余条，动用土石二万余方。

> 咱村的农田基本建设是第一位的，发展比较快。岐庄的干部时常来红林学习。（摘自与丁学敏的访谈笔录）

> 我初级社时就是生产队长。修水库没去，县委书记、公社书记发话，不许调生产队长，免得误了粮食生产。那时冬闲变冬忙，打井、垒坝、垫地。原来村里到处是河沟，河沟里都是大石头，用大石头垒坝，再从山坡往下拉石头和土垫高，再从别处拉来好土垫平。县委书记都夸奖："这坝打得万年牢!"，既可以当坝，又可以当路，一举两得。（摘自与丁学纯的访谈笔录）

20 世纪 60—70 年代，红林村的农田水利基本建设为全村的农田路网建设奠定了基础。

（二）"四清"运动

红林村一些老人在对过去事件的回忆中，"四清"运动是他们提及率非常高的。

1963 年，怀柔县农村开始了"四清"运动。"四清"运动分别在公社、大队及学校和企事业单位进行。大队一级"四清"分"小四清"和"大四清"。"小四清"即清工分、清账目、清财务、清仓库，始于 1963 年 6 月，是根据中央《关于目前农村工作若干问题的决定（草案）》（即《前十条》）精神开展的。红林大队所在的茶坞公社是怀柔县"小四清"的两个试点地区之一，运动开展得比其他公社早。尽管运动中也强调"阶级斗争"的严重性，但总体上没有对社会生产产生大的震动，干部群众比较满意。

"小四清"之后是"大四清"。"大四清"即清政治、清经济、清思想、清组织，始于 1965 年。怀柔县成立了由 3000 多人组成的"四清"工作队，进驻各生产大队，平均 20 户就有一个工作队人员，规模之大，前所未有。工作队通过调查研究，对生产大队的干部进行初步的分类和排队。在提高觉悟的基础上，领导干部放下包袱（"下楼"），采用不同形式向群众检讨，解决四不清问题。

"四清"运动对于解决农村干部工作作风和经营管理方面的一

些问题起了一定的作用，但也存在打击面过大的问题，挫伤了农村干部的生产积极性，人为地制造和加剧了干部和群众之间的对立和隔阂。据介绍，红林大队当时几乎所有干部都“下楼”了。

（三）“文化大革命”

出生于20世纪70年代以前的红林村人，对于“文革”的记忆是始终挥逝不去的。

“文革”初期，村里也贴大字报，开批斗会。

> 我1964年当兵，两年后赶上“文革”，被批过，说我当兵是给蒋介石当的。（摘自与王林义的访谈笔录）

“我们小孩子爱凑热闹，看到有批斗会，也跟着瞎起哄，喊一阵口号，扔一通东西。”每逢周五，生产大队停产半天，组织学习毛主席著作，而且“雷打不动”。在破旧立新中，村西的具有重要文物价值的哈尔布武墓碑、墓群被砸、被平，现只存墓碑一座，也是损毁严重。据出生于1954年的丁志权回忆：“小学期间赶上‘文革’，没有书本，学著作、百家姓、珠算。中学期间整天开荒、斗私批修。”

“文革”时期，农业学大寨运动被纳入了阶级斗争的轨道，大批所谓资本主义倾向、割资本主义尾巴，只要粮食作物，忽视经济作物生产，社员自留地也曾被取消，房前屋后自有林木也归了集体，家庭副业也被取缔，生产劳动实行大帮轰，吃大锅饭，社员出工不出力，由此造成粮食增长缓慢，副业生产受挫，劳动日值很低，影响了群众生活水平的提升。

第三章

人口与就业

第一节　人口发展

一　历史回溯

在本书第二章红林村历史中曾提及，红林村姓氏以丁姓为主，目前丁姓能占户数的90%以上。村庄最初便是由丁氏先祖繁衍而来的，红林村最早能够追溯到的人为丁进章，被村庄丁姓人称为始祖。丁进章有一个儿子（被称为二世组）、四个孙子（被称为三世祖），四个孙子分别名为丁荣、丁华、丁富和丁贵。其中长孙、三孙和四孙或无后，或无后人记录，只有二孙丁华有后人记录：所生四子分别名为文亮、文德、文全、文美。其后代人丁兴旺，构成红林村丁姓的主要组成部分，四子也分别成为村中丁姓的“四大门”。

丁姓始祖、二世祖和三世祖中均无生卒年份记录，死后均葬于村西山沟口外，后人称此处为三老坟。三老坟在“文革”时期被铲平，栽植了果树，1983年承包给个人。四世祖和五世祖中也无生卒年份记录，只有在第六世祖时，才有最早的生辰记录：丁福瀛，丁姓第三大门丁文全之三子丁佩的长子，生于1868年，卒于1942年。其子丁芬，据丁氏家谱记载为清朝宫廷画师。据红林村老人介绍，丁芬早亡，留有独子丁兴年。由于拥有较多土地，丁兴年在土改时期被划为地主成分，也是红林村唯一的地主。丁兴年生于1907年，于1947年被政府镇压。丁兴年生有三子二女。三子均迁入北京，二女均外嫁。

据生于1936年的丁学信老人回忆，“听我爷爷说，在他小的时候，村里只有十几户人家”。而他爷爷丁棚是当时有名的“棚铺带厨师”，生于1895年。由此可以推断，红林村在刚进入20世纪时全村有十余户。据生于1933年的丁学纯老人回忆，在他记事的时候，村里只有二十多户。也就是说，在20世纪30年代末期，红林村户数20多户。至于有多少人口不清楚，“有的人家绝户，有的人家生七八个孩子，不好推算”。由于均为丁氏家族，男性基本留在村里，女性基本外嫁。据村中老人回忆，新中国成立前后，红林村有30多户，150多人。

红林村最早有明确人口记载的年份是1951年。在怀柔区档案馆保存一份“怀柔县区村基础数据调查表”，调查表填报日期为1951年12月29日。在这份调查表中，有关红林村的人口数据是：总户数35户，总人口181人，其中男90人，女91人。

最详细记载红林村人口情况的是1964年7月19日填报的“人口年龄普查统计表”。这次茶坞公社人口普查，红林村总户数为47户，总人口为277人，其中男性138人，女性139人。人口年龄普查统计表详细记载了填报日红林村所有村民的年龄、人口数和男女比例。

改革开放以前，怀柔区较大的户口迁移有两次：一是1965—1980年，来怀柔县插队落户的知青有14202人，1969—1982年，按政策招工、顶替、参军、返城等迁出13585人；二是1969年城市无职业者下放怀柔农村449户、1910人，到1981年通过招工、征兵、投亲靠友返城449户1812人。红林村在20世纪70年代开始接收知青和下放人员，有记录的1973年和1974年先后有知青7人和10人，下放人员人数没有记录，但最后也大多返城，有个别人员由于与村民结婚留在了红林村。红林村先后接收过三批知青，第一批分在村民家中居住，以后则集中居住。

综合红林村老人碎片化的回忆，结合怀柔区档案馆的馆藏资料以及红林村村委会提供的资料，笔者绘制了红林村乡村人口发展情况表，见表3－1。

表3－1　　红林村乡村人口发展情况　　单位：户；人

年份	总户数	总人数	男	女
20世纪初期	十余户			
20世纪30年代末期	20余户			
1949年前后	30余户	150多人		
1951	35	181	90	91
1963	49	269	137	132
1964	47	277	138	139
1971	69	353		
1973	78	369（含知青7人）	179	190
1974	77	374（含知青10人）	181	193
1975		369		
1976	80	358		
1980	79	312		
1981	81	302		
1983	93	328	160	168
1988	109	326		
1989	116	325		
1991	117	323		
1999	106	258		
2000	106	250		
2001	106	250	120	130
2002	108	244	119	125
2003	105	250	118	132
2004	115	243	118	125

续表

年份	总户数	总人数	男	女
2005	115	243	118	125
2006	114	240	116	124
2007	119	238	114	124
2008	116	217	110	107
2009	116	221	113	108
2010	115	218	111	107
2011	114	215	110	105
2012	114	214	109	105

资料来源：1949 年以前数据根据红林村老人估算；1951—2000 年数据根据怀柔区档案馆各年度存档资料整理；2001 年以后数据根据红林村村委会提供的资料整理。

需要说明的是，以上人口数据只是红林村的农业人口数。在 21 世纪以前，非农业人口在红林村微乎其微，几乎忽略不计。进入 21 世纪后，由于小城镇户籍人口的开放，尤其是 2002 年红林村发生征地以后，一些村民用征地款购买了非农业户口，但仍住在村里，由此红林村的非农业人口才开始增加。但红林村一直没有非农业人口统计。直至 2006 年，非农业人口才纳入统计范围。但由于非农户籍与农业户籍独立统计，于是便出现了一家多户的现象。2005 年，红林村的户数为 115 户，农业人口为 243 人，尽管非农人口未单独统计在总人口中，但人口也基本上分散在这 115 户之中。有了非农业人口统计后，原来的一户家庭被分解为农业户和非农业户两户，由此也使红林村的家庭户数骤然增多。红林村户数增加最多的年份为 2008 年。在这一年，红林村由于征地有了 21 个农转非指标，从而使非农户数进一步增加，进而导致总户数大幅增加，由 2007 年的 143 户增至 158 户。尽管统计的户数增加，但实际的家庭数并没有增加。红林村在 2002 年也有征地发生，但没有农转非指标。红林村非农人口数见表 3－2。

表 3－2　2006—2012 年红林村总人口与非农业人口统计表 单位：户；人

年份	总户数	其中：非农业户数	总人数	其中：非农业人数	非农业（男）	非农业（女）
2006	138	24	268	28	17	11
2007	143	24	268	30	19	11
2008	158	42	269	52	22	30
2009	156	40	271	50	20	30
2010	156	41	269	51	20	31
2011	152	38	265	50	17	33
2012	152	38	264	50	17	33

资料来源：根据红林村村委会提供的资料整理。

二　红林村的人口密度

明清时期，怀柔人口分布最集中的是长城沿线，其次是县城和京承御道两侧的村庄，其他地区人口居住分散，人烟稀少。据 1990 年统计，怀柔沿长城一线 22 个村庄平均每村 355 户、1179 人，而未在长城沿线的浅山丘陵区的 22 个村庄，平均每村为 224 户，735 人。红林村属于未在长城沿线的浅山丘陵地区，历史上人口就很稀少，1991 年户数为 117 户，人口为 323 人，远低于这一地区的平均数。

即使从全镇情况看，红林村也属于人口稀少的村庄。据 2010 年的统计数据，桥梓镇的人口分布呈现三个特点：①人口集中在镇机关所在地。前桥梓、北宅和后桥梓是桥梓第一、第二、第三人口大村，2010 年三个村合计人口 5709 人，占全镇人口（20284 人）的 28%。②人口向生产条件好、经济较发达村庄聚集。地处平原，或依山傍水，或工业企业发达村庄，吸引了较多人口。③山区人口少、密度低。全镇 500 人以下的村庄有 8 个，均处于山区。红林村就属于这 8 个村庄之一，人口只有 269 人，仅略高于新王峪村，详见表 3－3。

表 3 - 3　　桥梓镇 2010 年 500 人以下村庄一览表

行政村	户数（户）	人口（人）	村域面积（平方公里）	耕地（亩）	人口密度（人/平方公里）
红林	156	269	2.67	193.7	100.7
峪沟	189	401	6.88	160	58.3
上王峪	195	337	13.22	122.8	25.5
新王峪	141	240	3.82	134.1	62.8
东风山	178	340	1.23	659.2	276.4
岐庄	232	422	1.59	280.5	265.4
后辛庄	150	316	1.27	254.8	248.8
秦家东庄	153	300	1.29	68	232.6
小计	1394	2625	31.97	1873.1	

三　红林村的人口发展特点

怀柔区档案馆收藏的 1964 年红林村人口年龄普查统计表为人们提供了 1964 年以前红林村较为详细的人口发展信息。为了写作本书，笔者于 2012 年对红林村 106 户家庭进行了问卷调查。106 户家庭涉及人口 264 人，占红林村全部人口 91% 左右。① 为了与 1964 年红林村人口年龄普查相对比，笔者将 2012 年问卷调查的村民的年龄和人口分布情况以及男女比例制成与 1964 年普查时相一致的表格，并将两个年度的表格合并为表 3 - 4。通过对比分析两个年度的人口年龄，同时参考前文人口的发展情况，可以看出红林村人口发展的特点。

表 3 - 4　　1964 年和 2012 年红林村人口年龄统计表　　单位：人

年龄	1964 年 7 月 19 日 红林村人口年龄普查统计表			2012 年红林村 106 户调查		
	合计	男	女	合计	男	女
不满 1 岁	9	4	5	0	0	0
1	15	8	7	0	0	0

① 笔者通过调查所推测的总人口数与红林村村委会提供的总人口数有些差异，其原因参见本章第二节的分析。

续表

年龄	1964年7月19日 红林村人口年龄普查统计表			2012年红林村106户调查		
	合计	男	女	合计	男	女
2	8	4	4	4	3	1
3	7	7	0	2	1	1
4	10	4	6	2	1	1
5	9	5	4	1	0	1
6	6	2	4	0	0	0
7	7	1	6	1	1	0
8	5	3	2	0	0	0
9	12	6	6	0	0	0
10	9	7	2	1	0	1
11	4	3	1	5	2	3
12	9	4	5	0	0	0
13	12	6	6	0	0	0
14	3	3	0	1	0	1
15	1	0	1	3	3	0
16	5	1	4	1	0	1
17	7	5	2	1	0	1
18	1	1	0	5	4	1
19	5	2	3	3	3	0
20	6	2	4	0	0	0
21	2	1	1	3	1	2
22	3	1	2	0	0	0
23	1	0	1	3	0	3
24	7	3	4	2	2	0
25	3	2	1	3	3	0
26	2	1	1	5	0	5
27	6	2	4	2	1	1
28	5	4	1	5	1	4
29	4	3	1	5	3	2
30	0	0	0	4	1	3

续表

年龄	1964 年 7 月 19 日 红林村人口年龄普查统计表			2012 年红林村 106 户调查		
	合计	男	女	合计	男	女
31	4	2	2	4	2	2
32	2	1	1	4	3	1
33	1	0	1	2	0	2
34	5	0	5	1	0	1
35	3	1	2	2	1	1
36	3	1	2	2	1	1
37	2	1	1	1	1	0
38	1	1	0	4	2	2
39	2	1	1	5	2	3
40	2	1	1	3	3	0
41	4	3	1	4	2	2
42	3	1	2	6	2	4
43	1	1	0	7	4	3
44	2	0	2	7	1	6
45	3	1	2	3	2	1
46	2	1	1	3	2	1
47	3	2	1	9	5	4
48	1	1	0	6	1	5
49	2	0	2	9	6	3
50	1	1	0	5	3	2
51	0	0	0	4	4	0
52	3	2	1	6	5	1
53	3	0	3	13	3	10
54	3	0	3	11	5	6
55	1	1	0	0	0	0
56	2	1	1	1	0	1
57	1	1	0	6	3	3
58	3	1	2	7	5	2
59	2	1	1	7	2	5

续表

年龄	1964 年 7 月 19 日 红林村人口年龄普查统计表			2012 年红林村 106 户调查		
	合计	男	女	合计	男	女
60	0	0	0	3	2	1
61	2	1	1	6	4	2
62	2	2	0	5	1	4
63	1	0	1	1	0	1
64	4	3	1	2	0	2
65	1	1	0	4	2	2
66	1	1	0	3	3	0
67	4	3	1	3	1	2
68	1	0	1	3	1	2
69	2	2	0	3	1	2
70	3	1	2	2	2	0
71	1	0	1	1	0	1
72	2	1	1	3	2	1
73	0	0	0	3	2	1
74	2	0	2	1	1	0
75	0	0	0	2	0	2
76	0	0	0	4	1	3
77	0	0	0	3	3	0
78	1	0	1	0	0	0
79	1	0	1	2	1	1
80	1	1	0	1	1	0
81	0	0	0	0	0	0
82	0	0	0	3	2	1
83	0	0	0	1	0	1
93	0	0	0	1	0	1
合计	277	138	139	264	130	134

（一）人口增减情况

由表 3－4 可以看出红林村人口出生变化情况。1950 年以前出生的，亦即在1964年普查时大于14岁的人口较少，1949年、1950年两年仅出生4人。1951年以后出生，亦即1964年为小于14岁的，人口有较大幅度的增长，1951年、1952年两年新出生21人，是前两年的5.25倍。这主要是因为新中国成立后结束了内乱，人们安居乐业，安定的环境促使人口迅速增加。1958年人民公社化后，在人多好办事和农村按人口分配的政策主导下，红林村一直维持较高水平的人口增长。

1963年，也就是人口年龄普查的前一年，是红林村有记录以来人口增加最多的一年，这一年有15人出生，是前一年新出生人口的1.88倍。三年困难时期的结束，促使了人口的激增。怀柔区的人口统计数据也应合了这一结论：1963年，怀柔县共出生8555人，出生率4.8%，为全县人口出生和自然增长最多的一年。

由表3－4也可以推断，1964年或1965年也可能是红林村人口出生的高峰年。1964年仅在7月19日普查日之前出生的人口就达9人，其中男孩为4人，女孩为5人。如果加上7月19日以后出生的孩子，1964年出生的人口会达到十几人。而在1965出生的人，在2012年调查时年龄为47岁，而表3－4中2012年年龄为47岁的人口有9人，其中男性为5人，也就是说，当年出生的男孩至少在5人以上。当然，如果考虑到2012年调查时的误差（村民填报的是年龄，而非出生年月），也不排除2012年年龄为47岁的人口是出生在1964年或1966年。

20世纪70年代是红林村人口发展的鼎盛时期，人口最多达到370多人。以后，随着计划生育措施的实施，人口出生率开始下降，加之招工、参军及升学等所致的人口迁移，红林村的人口总量开始逐年下降。80年代人口降至300人左右，90年代人口降至260人左右。进入21世纪后，尤其是几次征地，致使全村的非农业人口数不断增多，农业人口数不断减少。近几年，全村总人口维持在260人左右，其中农业人口210多人，非农业人口50人左右。

（二）人口年龄结构变迁

依据表3－4，笔者分别统计出1964年和2012年红林村不同年龄段的人口比例，见表 3－5。通过对比可以看出，48 年间，红林村的人口年龄结构发生了巨大变化，其主要表现就是年轻人比重大为减少，老年人比重大幅上升。

1964 年，20 岁以下的人口占 54.2%，超过总人口的一半，其中 5 岁以下人口占 20.9%。而 2012 年，20 岁以下的人口只占总人口的 11.4%，5 岁以下人口仅占总人口 3.4%。而与之相对应的是，老年人口的比重不断上升。1964 年，60 岁以上的老人只占人口的 10.5%，70 岁以上老人只占 2.9%，人口最高年龄为 80 岁，且只有一位。而 2012 年，60 岁以上老人占总人口的 21.6%，其中，70 岁以上老人占 9.5%，80 岁以上老人占 1.9%，人口最高年龄为 93 岁。随着 20 世纪 50—60 年代人口高峰时期出生的人口逐渐进入老年，人口老龄化问题将日益突出。2012 年，红林村 51—60 岁人口占总人口比例为 22%，这也就意味着，如果不考虑其他因素，未来 10 年，红林村 60 岁以上老人将占总人口的 40% 以上。

表 3－5　1964 年和 2012 年红林村不同年龄段人口结构比较

年龄段	人口数（人）		所占比重（%）	
	1964	2012	1964	2012
0—5	58	9	20.9	3.4
6—10	39	2	14.1	0.8
11—15	29	9	10.5	3.4
16—20	24	10	8.7	3.8
21—25	16	11	5.8	4.2
26—30	17	21	6.1	8.0
31—40	25	28	9.0	11
41—50	22	59	7.9	22.3
51—60	18	58	6.5	22
61—70	21	32	7.6	12.1
71—80	8	20	2.9	7.6
81 以上	0	5	0	1.9
总计	277	264	100	100

（三）家庭人口变迁

为了便于对不同年代家庭人口变迁的对比，在此选择农业人口作为基数进行分析。

新中国成立前后，红林村家庭人口平均在5人左右，20世纪60年代以后，随着新生儿的增多，家庭人口迅速增加，1964年达到高峰，家庭人口将近6人。70年代以后，随着计划生育的实施以及招工、参军、求学等所致的人口迁移，家庭人口数开始下降，家庭平均人口在四五人之间。80年代实施"一对夫妻只生育一个孩子"政策，家庭人口数开始锐减，80年代中期以前，家庭人口平均在三四人之间，80年代末90年代初，家庭人口维持在三人左右。进入21世纪后，随着独生子女进入婚育年龄，纷纷组建自己的家庭，并独立门户，家庭人口进一步减少，平均在2人左右。自2008年以后，家庭人口下降到不足2人。红林村家庭人口变动情况见表3-6。

表3-6　　红林村家庭人口变动情况

年份	总户数（户）	总人数（人）	家庭平均人口（人）
1949年前后	30多户	150多人	大约5人
1951	35	181	5.2
1963	49	269	5.5
1964	47	277	5.9
1971	69	353	5.1
1973	78	369（含知青7人）	4.6
1974	77	374（含知青10人）	4.9
1975		369	
1976	80	358	4.5
1980	79	312	3.9
1981	81	302	3.7
1983	93	328	3.5
1988	109	326	3.0
1989	116	325	2.8
1991	117	323	2.8

续表

年份	总户数（户）	总人数（人）	家庭平均人口（人）
1999	106	258	2.4
2000	106	250	2.4
2001	106	250	2.4
2002	108	244	2.3
2003	105	250	2.4
2004	115	243	2.1
2005	115	243	2.1
2006	114	240	2.1
2007	119	238	2.0
2008	116	217	1.9
2009	116	221	1.9
2010	115	218	1.9
2011	114	215	1.9
2012	114	214	1.9

资料来源：1949 年以前数据根据红林村老人估算；1951—2000 年数据根据怀柔区档案馆各年度存档资料整理；2001 年以后数据根据红林村村委会提供的资料整理。

四 红林村的计划生育

1963 年是红林村乃至全国的人口生育高峰年。之后，全国开始推行计划生育政策，推广节育措施。“文化大革命”开始后不久，由于党政机构瘫痪，计划生育工作被迫停止。1971 年后，计划生育工作恢复，怀柔县根据国家和上级有关规定，实行“晚、稀、少”的生育政策，即结婚年龄要求男年满 25 岁、女年满 23 岁，生育第二胎要和第一胎间隔 4 年以上。1978 年又进一步贯彻一对夫妇“最好生一个，最多生两个”的生育政策。

1980 年，国家开始实行“一对夫妇只生一个孩子”的政策。生育政策的进一步收紧，加大了计划生育的难度。1983 年，中央发布了允许生育第二个子女的条件：第一个孩子是非遗传性病残，不能成为正常劳动力的；重新组合家庭，一方只有一个孩子，另一方初婚；婚后多年不育，抱养一个孩子后又怀孕，要求生育一个孩子者；农村社员几个兄弟只有一个有生育能力的；男到独生女家结婚落户的。1984 年，国家计生委又做出补充规定：再婚夫妇双方，婚前各有一个子女的依法判给对方抚养，新组成家庭无子女者和夫妇双方本身均为独生子女者，可安排一个生育指标。这些人性化的生育政策，减轻了育龄人口的抵触心理，使计划生育工作的难度有所降低。

1985 年，怀柔县根据有关规定，结合本地区实际，做出可生育第二个子女的补充规定：山区计划生育率高的乡村（一般在 95% 以上），农民家庭只生一个女孩的，可按以下比例安排生育第二个孩子：长城以北 9 个乡镇按 70%；沙峪、黄花城两乡按 60%；黄坎、三渡河两乡及其他乡镇的山区按 50%。桥梓属于平原、山区结合乡镇，其辖区内的上王峪、峪沟等村被认定为山区，可按 50% 安排。红林村属于丘陵地区，被认定为由平原向山区过渡的浅山地带，没有享受生育二胎的政策。

作为北京市所辖地区，桥梓镇的计划生育工作做得非常到位。1973 年，成立计划生育领导小组。根据县计划生育工作领导小组《关于计划生育管理问题的试行规定》，生育子女需按程序取得生育指标方可怀孕，初婚或再婚未生育子女的夫妻，第一胎生育指标由女方户口所在地的镇（乡）政府计划生育办公室办理，并发给准生证。1980 年起，桥梓镇计划生育管理实行责任制，逐级签订计划生育责任书，把各层级干部完成指标的情况同工资、奖金挂钩，同单位和个人评优挂钩。

1988 年，桥梓镇设立计划生育工作办公室，设主任 1 名，工作人员 3 人，实行岗位责任制。1990 年，镇党委专门发文要求，各村计划生育专干享受村级副职工资待遇，参与村级事务管理，并为其办理养老保险和意外伤害保险。

桥梓镇对于实行计划生育的人员实行休假奖励和就诊费用报销

制，并免费发放各种避孕药具。对于农村独生子女户在经商办照、招工、招生、新建、翻建房屋、子女入托入园等方面给予优先照顾，独生子女还可享受双份自留地等优惠。对于年满 60 岁的独生子女父母，一次性发放 1000 元的奖励。计划外生育的村民要缴纳超生子女费，不按规定缴纳超生子女费者，可收回其承包的果树、山场及工副业摊点等，拍卖其非生活必需品。对各村当年未达到计划生育管理目标的，采取年底一票否决制，一律取消评优资格，同时扣除主管领导一定数额的工资和奖金。

尽管红林村处于浅山区却没有享受到山区生育二胎的政策，但由于区镇政府制定了严格的奖惩制度，加之红林村计划生育工作做得好，村民大多也能理解并贯彻执行。多年来，只有 2001 年、2010 年先后有两户违规生育二胎，分别缴纳了社会抚养费。由于未住在村内，且都是在事后发现的，因此，超生人数没有统计在计划生育完成情况调查表中。红林村对于生育二胎的家庭在福利待遇方面没有差别。

红林村的计划生育与中国许多农村地区“抢着生、躲着生、毫无尊严地赖着生”形成鲜明对比。红林村多次被评为计划生育先进村，镇政府对计划生育先进村有 2000 元的奖励。

> 我从 2004 年 3 月开始进支部，做宣传工作，2004 年 6 月进村委、支委做计划生育工作。2010 年，村里有一家生了个二胎。我就羡慕人家有女儿的。有二胎会罚款，村里对二胎不严格，村里的福利二胎还是有的……
>
> 计划生育先进村，有 2000 元奖励，我干了两年得了两次。桥梓镇山区允许生二胎，有规定的。如果一家有姐三，三个姐妹之间可允许一个有二胎。二胎主要是花钱多，成本开销大。现在买完房子，基本就变成了穷光蛋。（摘自与尚书龄的访谈笔录）

红林村计划生育完成情况见表 3 -7。从表 3 -7 可以看出，十多年来，育龄妇女人数比较稳定，基本维持在 70—80 人，已采取计划生育措施人数有所降低，从 69 人降至 50 人，采取长效措施的人数更为减少，由 56 人降至 16 人。这主要是由于在 20 世纪 80 年代以后采取长效措施的妇女纷纷进入老龄，而年轻的育龄妇女多采取非长效措施的缘故。

表 3 -7　　2001—2012 年红林村计划生育完成情况　　单位：人

年度	育龄妇女数	已采取措施数	长效措施数	当年出生数	
				计划内	计划外
2001	80	69	56	2	0
2002	83	63	45	2	0
2003	79	63	46	1	0
2004	78	58	42	0	0
2005	78	58	42	0	0
2006	76	55	30	1	0
2007	76	52	27	1	0
2008	78	46	28	5	0
2009	81	56	22	3	0
2010	74	47	21	0	0
2011	—	48	20	3	0
2012	76	50	16	4	0

资料来源：根据红林村村委会提供资料整理。

由表 3 -7 可知，2001—2012 年红林村累计出生人口 22 人。表 3 -7 列明的各年度出生人口与笔者问卷调查时孩子的年龄有些出入，可能的原因是：①新生人口家庭未在问卷调查之中。②有的村民习惯报虚岁年龄，而不是周岁。虚岁有很大的弹性，有时相差一两岁，调查员在调查时鉴于时间的原因也未仔细核对。

第二节　红林村人口现状分析

一　总人口、农业人口与非农业人口

本章第一节曾介绍，2012 年红林村总户数为 152 户，总人口为 264 人，农业人口为 214 人，非农业人口为 50 人。总户数的统计是将红林村农业户和长期在红林村居住的非农业户累加得出的。长期在红林村居住的非农业户都曾经是红林村的农业户，通过不同途径农转非后，他们虽然仍居住在红林村，但是户籍已不在村里，因此，红林村的户籍人口仅包括农业人口，不包括非农业人口。红林村的各种福利分配、资产量化等都是以户籍人口即农业人口为准，在进行各种统计时，只要没有非农业人口一项，统计的也都是农业人口。按照村统计员的说法："农业人口以外的人不归我管，他们的户口不在村里。"

在红林村的人口统计中，总人口中没有包括近年在红林村居住的非农业人口。这些人口或是以前通过升学等途径迁出红林村的，或是这些迁出人口的子女。

一直以来，红林村的孩子考入中专以上的学校都要办理农转非，将户口转出。长期以来，农转非曾是村民的梦想，只要有机会农转非，村民都不会放弃，甚至有村民不惜重金买农转非指标。但近年来，由于农村资产确权确利，农业人口所承载的福利也不断增多，孩子升学后，家长也不再趋之若鹜为之办理农转非，而是根据具体情况考量，不乏一些家长选择放弃："孩子农转非后，户口是放在镇里，镇里什么都不管，而村里的福利又享受不到。"

一些农转非的学生在外工作一段时间后，尤其是在成家有了孩子以后，为了方便照顾孩子，他们或者选择全家回村，或者选择将孩子留给父母照管。这样，红林村就有了一些未被统计在总人口中的常住人口。而笔者在对红林村问卷调查时则将这部分人口统计在

内，若按照笔者的统计口径，红林村的总人口数要大于村委会的统计人数，这也就是为什么竟然出现这样一种现象：笔者统计的106户的人口数量为264人，与村委会统计的152户的人口数（264人）相当。这真是一个巧合！

在前文也已分析过，红林村有一家多户现象：既有农业人口也有非农人口的家庭是作为两个户来统计的，这也导致了红林村的户数与实际家庭数不一致，户数要远多于家庭数。按照村委会介绍，红林村的152户中，实有家庭为116家，笔者问卷调查了106家，占总家庭数的91%，有10家没有调查。如果按照红林村每家2.5人这一平均数计算，还有25人没有调查。也可以换一种说法，红林村的实际家庭数为116家，总人数或是289人，或在280—290人之间。笔者问卷调查的人数为264人，占红林村总人数的91%左右。

二　人口结构

由于缺乏全村人口的详细统计，本节主要依据笔者所做的问卷调查所得数据对红林村人口结构进行分析。问卷调查涵盖红林村91%的家庭和人口，具有一定的代表性。

（一）婚姻、民族与宗教

在所调查人口中，绝大多数为已婚，占调查人口的74.2%，另有5.7%的人丧偶，还有1.9%的人离婚。详细的婚姻状况见表3－8。

表3－8　　所调查人口的婚姻状况

婚姻状况	已婚	未婚	丧偶	分居	离婚	合计
人数	196	48	15	0	5	264
所占比重（%）	74.2	18.2	5.7	0	1.9	100

在所调查人口中，除1人为少数民族外，其余均为汉族。村民

绝大多数无宗教信仰，占调查人口的 87.9%。在有宗教信仰的人中，主要信仰佛教，占调查人口的 10.6%。村民宗教信仰情况详见表 3－9。

表 3－9　　所调查人口的宗教信仰情况

宗教信仰	佛教	基督教	其他宗教	无宗教信仰	合计
人数	28	3	1	232	264
所占比重（%）	10.6	1.1	0.4	87.9	100

（二）文化结构

在所调查人口中，在校生人数为 15 人，其中多数为初中和高中，分别为 6 人和 4 人，大专以上有 2 人，小学 2 人，还有 1 人未填。在校生各学习阶段的人数及所占比重详见表 3－10。

表 3－10　　所调查在校学生的学习阶段

学习阶段	小学	初中	高中	大专以上	未填	合计
人数	2	6	4	2	1	15
所占比重（%）	13.3	40.0	26.7	13.3	6.7	100

非在校者中，小学以下学历占 20% 以上，近一半人为初中毕业，高中毕业不足 20%，大专以上学历占 3%。详细的调查人口受教育情况见表 3－11。

表 3－11　　所调查非在校者受教育程度

受教育程度	未上学	未上学可读写	小学	初中	高中	中专	职高	大专以上	合计
人数	17	5	28	120	47	8	8	8	241
所占比重（%）	7.1	2.1	11.6	49.8	19.5	3.3	3.3	3.3	100

（三）在本地居住时间

在所调查人口中，有 20% 以上的人未在村中居住，近三分之一的人在村中居住时间不足半年，在村中居住半年以上的占68%，全年在村中居住的占65%。所调查人口在本地详细的居住时间见表3－12。

表3－12　　　　所调查人口在本地居住时间

居住时间	未居住	1—2个月以内	3—4个月	5—6个月	7—8个月	9—11个月	12个月	未填	合计
人数	59	19	1	1	8	0	171	5	264
所占比重（%）	22.3	7.2	0.4	0.4	3.0	0	64.8	1.9	100

（四）户籍所在地

在所调查人口中，有262人填报了户籍所在地，其中199人（占76%）户籍在本村，户籍在桥梓镇的有31人（占11.8%），户籍在怀柔区的有26人（占9.9%），北京市其他区的户籍有4人（占1.5%），还有两人在北京以外地区。所调查人口户籍所在地详见表3－13。

表3－13　　　　所调查人口户籍所在地

户籍所在地	本村	村外镇内	镇外区内	区外市内	河北	内蒙古	合计
人数	199	31	26	4	1	1	262
所占比重（%）	76.0	11.8	9.9	1.5	0.4	0.4	100

三　家庭结构

按照所调查的106户、264人计算，调查户平均家庭人口为2.5人。在所调查家庭中，人口最少为1人，最多为6人，2人和3人家庭均超过1/3，合计占比为73.5%。不同家庭人口所占比重详见表3－14。

在调查户中，1人的家庭有16户，占调查户数的15.1%，这类家庭多为独居老人。2人家庭有40户，占调查户数的37.7%。这类家庭一般为中年夫妇或老两口家庭：在中年夫妇家庭，子女因升学或成家等原因户口迁出；在老年夫妇家庭，其儿子多在村内，老两口独自生活，与子女分家单过。3 人家庭多为夫妇与子女构成的家庭，占调查户的 35.8%。4 人以上家庭多为夫妇与成家的子女共同生活，或祖孙三代共同居住。其中，6 人家庭属于重组家庭，原家庭有一位老父亲、男主人和一对双胞胎，重组家庭后女方又带来一个孩子。红林村详细的家庭结构可参见表 3-15。

表 3-14　　家庭人口数及所占比重

家庭人口	1 人	2 人	3 人	4 人	5 人	6 人
家庭个数	16	40	38	8	3	1
所占比重（%）	15.1	37.7	35.8	7.5	2.8	1.0

表 3-15　　2012 年红林村调查户基本情况

户编号	户主性别	年龄	家庭人数	常住人数	户籍人数	家庭人员组成	收入分组	备注
HL-001	女	36	2	0	2	母女	低收入	户主离异
HL-002	男	52	3	2	2	夫妇和一个外孙	中等收入	
HL-003	男	39	1	0	1	户主一人	中等收入	户主离异
HL-004	男	51	2	2	2	夫妇	中等收入	
HL-005	男	58	3	3	2	夫妇和 1 女儿	高收入	
HL-006	女	76	1	0	1	户主一人	低收入	
HL-007	男	43	3	3	3	夫妇和一个儿子	高收入	
HL-008	女	67	2	0	1	夫妇	中等收入	丈夫为非农业人口
HL-009	女	64	2	2	1	夫妇	中等收入	丈夫为非农业人口
HL-010	男	45	3	3	3	夫妇和一个儿子	中等收入	
HL-011	女	76	1	1	1	户主一人	低收入	儿子轮养
HL-012	男	50	2	2	2	夫妇	高收入	
HL-013	男	79	1	1	1	户主一人	低收入	两个儿子轮养
HL-014	女	43	2	2	2	母子	低收入	
HL-015	女	59	2	2	1	夫妇	高收入	丈夫为非农业人口

续表

户编号	户主性别	年龄	家庭人数	常住人数	户籍人数	家庭人员组成	收入分组	备注
HL－016	男	73	2	0	2	夫妇	低收入	
HL－017	男	61	2	2	2	夫妇	中等收入	
HL－018	男	38	3	3	3	夫妇和一个女儿	中等收入	
HL－019	男	41	3	3	3	夫妇和一个儿子	中等收入	
HL－020	男	40	1	1	1	户主一人	中等收入	
HL－021	女	62	4	2	3	夫妇、女儿和一个孙女	中等收入	丈夫为非农业人口
HL－022	男	47	3	3	2	夫妇和一个儿子	中等收入	
HL－023	男	49	3	2	2	夫妇和一个女儿	低收入	
HL－024	男	49	3	2	1	夫妇和一个儿子	中等收入	
HL－025	男	82	1	1	1	户主一人	低收入	四个儿子轮养
HL－026	男	53	4	2	3	夫妇、女儿、女婿	中等收入	
HL－027	男	47	2	2	1	夫妇	中等收入	
HL－028	男	51	3	3	2	夫妇和一个女儿	高收入	
HL－029	女	53	2	0	1	夫妇	中等收入	丈夫为非农业人口
HL－030	男	58	4	0	2	夫妇、女儿、女婿	中等收入	
HL－031	女	73	2	2	1	夫妇	中等收入	丈夫为非农业人口
HL－032	男	30	3	0	1	夫妇和一个女儿	中等收入	
HL－033	男	69	2	2	2	夫妇	低收入	
HL－034	男	47	3	3	3	夫妇和一个儿子	中等收入	
HL－035	男	54	2	2	1	夫妇	中等收入	
HL－036	男	48	2	2	2	夫妇	中等收入	
HL－037	男	82	2	2	2	夫妇	低收入	
HL－038	女	59	1	1	1	户主一人	低收入	丧偶
HL－039	男	65	2	2	2	夫妇	低收入	
HL－040	男	40	1	1	0	户主一人	中等收入	户主为非农业人口
HL－041	男	68	2	2	2	夫妇	中等收入	
HL－042	男	80	1	1	1	户主一人	低收入	自己独立生活

续表

户编号	户主性别	年龄	家庭人数	常住人数	户籍人数	家庭人员组成	收入分组	备注
HL－043	男	50	3	2	1	夫妇和一个女儿	中等收入	
HL－044	男	50	2	2	2	夫妇	中等收入	
HL－045	女	53	3	2	2	夫妇和一个女儿	中等收入	
HL－046	男	57	3	2	3	夫妇和一个儿子	中等收入	
HL－047	男	74	2	2	2	夫妇	低收入	
HL－048	男	38	3	3	3	夫妇和一个女儿	中等收入	
HL－049	男	73	2	2	2	夫妇	低收入	
HL－050	女	67	1	1	0	户主一人	低收入	户主为非农业人口
HL－051	男	58	2	2	1	夫妇	中等收入	
HL－052	女	48	2	0	1	夫妇	高收入	丈夫为非农业人口
HL－053	男	37	3	3	3	夫妇和一个儿子	中等收入	
HL－054	男	70	3	2	2	夫妇和一个女儿	中等收入	
HL－055	男	39	3	0	2	夫妇和1女	中等收入	
HL－056	男	72	6	6	6	父、夫妇、两个孙子和一个孙女	低收入	两个孙子为双胞胎，孙女为继孙女
HL－057	男	42	3	3	2	夫妇和一个儿子	中等收入	
HL－058	男	72	3	3	3	夫妇和一个儿子	低收入	
HL－059	男	54	3	2	2	夫妇和一个儿子	中等收入	
HL－060	男	45	3	3	2	夫妇和一个女儿	中等收入	
HL－061	女	32	3	0	2	夫妇和一个女儿	高收入	丈夫为非农业人口
HL－062	男	60	5	3	5	夫妇、女儿、女婿和一个外孙	中等收入	
HL－063	女	59	3	3	2	母、夫妇	中等收入	
HL－064	女	39	2	2	2	母、儿子	中等收入	离异
HL－065	男	54	3	2	3	夫妇和1女	中等收入	
HL－066	男	43	1	0	1	户主一人	低收入	离异
HL－067	男	51	4	4	3	夫妇、女儿、女婿	中等收入	
HL－068	男	49	3	0	3	夫妇和一个儿子	高收入	
HL－069	女	79	1	1	1	户主一人	低收入	

续表

户编号	户主性别	年龄	家庭人数	常住人数	户籍人数	家庭人员组成	收入分组	备注
HL－070	男	53	2	2	2	夫妇	中等收入	
HL－071	男	53	4	4	2	夫妇、儿子、儿媳	低收入	
HL－072	女	58	2	0	1	夫妇	低收入	丈夫为非农业人口
HL－073	女	53	2	2	1	夫妇	中等收入	丈夫为非农业人口
HL－074	男	57	2	2	2	夫妇	高收入	
HL－075	女	61	3	3	2	夫妇和一个儿子	中等收入	丈夫为非农业人口
HL－076	男	70	2	2	2	夫妇	低收入	
HL－077	男	60	2	2	1	夫妇	中等收入	
HL－078	男	62	5	2	4	夫妇、儿子、儿媳和一个孙子	中等收入	
HL－079	男	52	5	2	4	夫妇、儿子、儿媳和一个孙子	高收入	
HL－080	男	52	3	3	3	夫妇和一个儿子	中等收入	
HL－081	男	77	2	2	2	夫妇	低收入	
HL－082	女	44	2	2	1	夫妇	中等收入	丈夫为非京籍人口
HL－083	男	43	3	3	3	夫妇和一个女儿	中等收入	
HL－084	女	31	3	0	1	夫妇和一个儿子	中等收入	
HL－085	女	31	1	0	1	户主一人	中等收入	在本村落户，不享受村民福利
HL－086	男	40	3	0	2	夫妇和一个女儿	低收入	
HL－087	男	42	3	0	1	夫妇和1女	中等收入	
HL－088	男	61	2	2	2	夫妇	中等收入	
HL－089	男	46	3	2	2	夫妇和一个女儿	中等收入	
HL－090	女	65	2	2	1	夫妇	中等收入	丈夫为非农业人口
HL－091	女	53	2	2	1	夫妇	中等收入	丈夫为非农业人口
HL－092	男	49	3	0	2	夫妇和一个女儿	中等收入	
HL－093	男	49	2	2	2	夫妇	低收入	
HL－094	女	82	4	4	2	户主、夫弟、儿子、儿媳	中等收入	夫妇与老母亲和叔叔一起生活
HL－095	男	52	3	2	2	夫妇和一个女儿	高收入	

续表

户编号	户主性别	年龄	家庭人数	常住人数	户籍人数	家庭人员组成	收入分组	备注
HL－096	男	66	2	2	1	夫妇	中等收入	
HL－097	女	76	1	1	1	户主一人	低收入	儿子轮养
HL－098	男	77	2	2	2	夫妇	低收入	
HL－099	男	58	2	2	2	夫妇	中等收入	
HL－100	男	24	3	0	1	户主、父母	中等收入	
HL－101	女	57	4	4	1	夫妇、儿子、儿媳	中等收入	丈夫为非农业人口
HL－102	男	46	2	2	2	夫妇	高收入	
HL－103	男	43	4	0	1	夫妇和两个儿子	中等收入	两个儿子为双胞胎
HL－104	女	75	1	1	1	户主一人	低收入	
HL－105	男	61	4	2	4	夫妇、女儿、外孙女	中等收入	
HL－106	女	93	1	0	1	户主一人	低收入	在儿子家住
合计			264	187	199			

第三节　村民就业

一　村民就业的演变

（一）改革开放前村民职业

据怀柔县志记载，1949 年，怀柔县从事工业、商业、文化、交通、教育及机关行政等各业干部、工人仅 482 人，其余均从事农业。红林村作为怀柔县的一个村庄，基本上没有农业以外的人员，村民基本上是在村庄内从事农业生产。合作化时期，劳动力由合作社统一调配，也主要是从事农业生产。人民公社化时期，劳动力在全公社范围内统一调配，大批人力被调去修建水库、搞农田基本建设。

“三级所有、队为基础”的人民公社体制确立后，劳动力在生产小队范围内统一调配。红林村生产小队的历史很短暂，劳动力多是在生产大队即红林村这一范围内统一调配。生产大队内部也存在农、林、牧、副各业的分工，例如红林村当时有农业队、林业队，也有饲养员、铁匠、木匠等，公社后期还有队办企业。生产大队根据农、林、牧、副各业以及队办企业的实际需要安排劳动力，并根据全队的盈余情况以及劳动力在各业的投入情况在全队范围内统一分配。劳动力不存在失业问题。

20 世纪 70 年代，贯彻学生毕业后必须下乡锻炼的原则，城镇青年由学校毕业后不能直接就业，支援城市建设只能在农村青年中招收。招收的方法是：先由大队推荐，再经公社审核，县领导批准后，招工单位方可录取。审查合格被录取的青年，招工后转为城镇户口。1970—1990 年，怀柔县从农村共招工 8627 人。红林村也有青年被招工转为城镇户口，这些被招工转为城镇户口的人，多在城镇安家落户，但也有一直居住在红林村的，由此构成红林村最早的农转非人员。

> 村民就业一开始是公社“戴帽”——名额制，村民推荐的多，个人找工作的少。“文革”时期都是推荐。我家老大被推荐到水泥厂，没去，学芳去了。改革前，被推荐出去的有十几个，其中代课老师 4 个，酒厂、建筑公司等有几个。改革开放以后，根据个人能力、特长找工作。改革开放四五年之内还限制外出，有工作需要上面下名额，自己报名。90 年代以后，出去的多了。（摘自与丁学敏的访谈笔录）

在国家没有招工指标的情况下，相关单位还通过在农村招收社员工、合同工等方式补充新建和扩建的工厂所需劳动力。这种用工形式，劳动力户口不变，社员的身份不变。1975 年，怀柔县革委会颁布《关于县办企事业使用社员工的意见》，规定社员工每月向户口所在生产队交纳公积金 10 元，不计工分，不参加生产队分配，实行厂方评定工资。

1958—1990年底，全县共招收社员工、合同工2.37万人。

红林村以社员工等形式被抽调的劳动力有多人。这些社员工和合同工有很多最后转为正式职工。以下分别是红林村两位村民被怀柔县水泥厂和建设局招为社员工的协议书。从协议书中可以详细看出社员工与所在生产队以及用工单位的关系。

社员工协议书（一）

遵照伟大领袖和导师毛主席关于“以农业为基础，工业为主导”发展国民经济的方针，全面贯彻落实英明领袖华主席提出的抓纲治国的战略决策，努力发展五小工业，迅速把国民经济搞上去，加速社会主义建设，根据市关于招用社员工参加工业生产建设和招用社员工有关问题的通知精神，特签订以下协议：

一、由贫下中农推荐，社、队审查，招收单位政审、体检合格，报县劳动部门批准，招收西坟大队丁志勤为社员工并签订协议书一式四份。

二、工资待遇

1. 社员工实行月工资制，并向生产队交纳公积金的计酬办法，即技工月工资45元，壮工月工资40元，企业按每月每人10元—12元向社员工所在生产队交纳公积金，其余为个人所得，不参加生产队计分分配。

2. 社员工试工期为三个月。三个月后根据政治思想表现，劳动态度和工种分工，评定等级工资。技工为31元、33元、35元；壮工为28元、30元、32元；学徒工和科室人员为27元、29元、31元各三个等级。定级前暂发工资27元，定级后予以追补，以后每年评定一次。

三、政治、劳保福利待遇和劳保用品

1. 社员工在厂期间和正式职工享受同等政治待遇。社员工是党、团员的，应将党、团关系转厂，过组织生活。

2. 社员工的工伤和病假工资待遇参照劳动保险条例中临时工、季节工的规定和北京市劳动局107号文件执行。社员工家庭困难时，由生产队按社员解决。

3. 根据工作需要，发放同工种劳动保护用品。

4. 社员工在厂期间，在参军、上大学和招收正式职工时，应和所在生产队劳动的社员享受同样权利。本企业有增人指标时，根据其政治思想表现、劳动态度可优先从中选招。

5. 企业对社员工不得任意解雇。如因违反纪律和规章制度等经教育无效、需返回生产队时，与社、队协商并报劳动部门批准后，方可退回。生产队也不能任意抽调，如遇特殊情况必须调换时，由双方协商解决。

四、粮食补助

社员工入厂后，带足本人定量（平均口粮水平），不足部分按正式职工的同工种的定量给予补助。

五、本协议自一九七七年六月四日生效，厂队共同遵守，社、县主管部门监督执行。若本条文与上级规定有出入时，按上级规定执行。

北京市怀柔县第二水泥厂筹备小组
茶坞人民公社西坟大队革命委员会
怀柔县茶坞人民公社革命委员会
北京市怀柔县革命委员会劳动科

社员工协议书（二）

怀柔县建设局因工作需要，报经上级批准，在本县茶坞公社西坟大队招用丁志军为社员工，现签订协议如下：

（一）社员工在建设局录用后，必须刻苦学习，积极参加政治活动，遵守建设局规定的各项制度。

（二）社员工工资根据规定，双方协商确定，实行月工资，每月工资——元（此处为空），其中每月交队款10元。

（三）社员工假休和劳保福利享受本单位正式职工的同等待遇，旷工、事假不发工资或抵顶假休。

（四）社员工在批准期限内，公社、大队除招工、服役、上大学外不准换人或要回；使用单位也不得辞退。

（五）社员工在使用期内，发生疾病，医疗费如实报销。一个月以内发现严重疾病，使用单位事先通知出人单位，将人退回。一个月以上不满三个月，有病休息不发工资，连续工作三个月以上有医生证明需要休息，休息期间不满三个月发50%工资，超过三个月未愈，发本人1—3个月工资为生活补助费即行辞退；因病死亡，发本人6个月工资埋葬费和家属生活补助费；如因工负伤，除使用单位积极治疗外，造成残废或死亡，得参照国家劳动部门的规定，双方协商，妥善解决。

（六）社员工在本队享受平均口粮水平，到使用单位后，除自带指标粮外，使用单位按工种规定，报粮食部门批准予以补助粮食。

以上协议有效期从1977年8月10日起至1979年底止。

北京市怀柔县革命委员会劳动科
怀柔县茶坞人民公社革命委员会
北京市怀柔县建设局革命领导小组
茶坞人民公社西坟大队革命委员会

（二）改革开放以后村民就业

20世纪80年代初期，怀柔县的农村劳动力还不能在生产队以外自由寻找就业机会。按照1983年怀柔县政府制定的《关于加强农村劳动力管理的规定（试行）》：①个人自寻就业门路，要经生产队批准。②自营专业户和承包专业以外时间从事劳务、运输、经商等都必须向集体交积累。③社队之间不得乱拉技术员和劳动力。④社员工、协议工仍要向队交积累。⑤对违反劳动力管理制度者，收回承包的项目，取消社员享受的某些福利待遇。机关企业事业单位使用劳动力要有审批，加强银钱收据使用的管理。

为每个劳动力安排工作是生产队的职责，这一职责随着20世纪80年代中期家庭承包制的实行以及生产队的解体而宣告终结。由于耕地和果树承包到户，农户家庭承担起安排家庭内部劳动力投入的职责。由于分户经营后劳动效率得到提高，农业中的剩余劳动力问题便凸显出来，村民开始在农业以外寻找就业机会。农业外就业途径主要包括以下几个方面：

1. 在乡镇企业就业

改革开放后，桥梓镇的乡镇企业得到较大发展，吸纳很多村民就业。乡镇企业既有乡镇办和村办集体企业，也有个体和联户办企业，而吸纳劳动力较多的还是乡镇办和村办集体企业。当时桥梓镇有建筑队、陶瓷厂、养鸡场等镇办企业，红林村也有果脯厂等村办企业，这些企业都留下了许多村民青春的记忆：

> 我25岁去陶瓷厂上班，当时是去建厂，在那干了20多年。我中途生孩子回来了，厂名叫罗兰陶瓷有限公司，是镇办公司，后来承包给个人了。咱们村有十多个人在陶瓷厂干过。当时我在那，厂子很红火。青花料需要十多种料配成。我主要负责检查半成品，查看瓶子是否有裂口等，画花也有好几年。（摘自与尚书龄的访谈笔录）

北京罗兰陶瓷厂是镇办企业，1978年建设，1979年投产，主要生产青花瓷，产品全部出口。该厂在20世纪80—90年代是桥梓镇骨干企业。1988年12月30日，该厂生产的产品在全国乡镇企业展销会上获得金杯奖。据1990年统计，陶瓷厂共有职工128人，年产值115万元。红林村多位女性曾在陶瓷厂工作过，目前村民家中留存的各式青花瓷，是当时厂里内部处理的微有瑕疵产品，不时唤起人们对往昔的回忆。

> 我1962年生，学过木匠。在乡养鸡场待了七八年，在那干了电工，后来干到厂长。当时集体养鸡，国家有补贴，后来国家把副食补贴撤了，鸡场就倒闭了，大概在80年代倒闭的。之后在金桥建筑公司开了两年车。（摘自与丁志坚的访谈笔录）

2. 自谋职业

除了在乡镇企业工作外，还有许多村民自谋职业。自谋职业的种类很多，有的跑运输、做买卖，有的开饭店，还有拉着一帮人外出做建筑工作。红林村许多村民都有自谋职业的经历，这些经历，为他们日后的财富积累和职业选择奠定了基础。

> 生产队一解体，我就买四轮拖拉机，干副业、搞运输，拉砖、沙子、石子儿等。后来又卖菜，在附近农村收菜，也去过河北地区收菜卖菜。90年代初开始嫁接大枣。那时候有30多亩，几万棵，是和卖菜的时候一起拉出去卖，2001年花了四万多买了农用车。（摘自与丁志红的访谈笔录）

但是，从总体来说，由于红林村山林较多，果树管理需要较多的劳动力，尤其是在20世纪80年代果品价格较高时期，村民农外就业的积极性并不高，这也就导致红林村农外就业人数并不是很多，绝大多数人还是靠果树为生。

我1983年3月去建筑队，1984年底回来了，干了两年，就是金桥建筑队的前身，原来叫茶坞建筑队。不在建筑队干回来的原因是：建筑队每月小工90元，大工120元，而当时山里红一斤9毛钱，一年能有上万元，在建筑队一年只有上千元，家里的诱惑太大了。当时建筑队的总裁也不舍得我走，来客人就让我陪，但是工资太低，所以选择离开。（摘自与丁学友的访谈笔录）

二　村民就业现状

按照村书记王雅君的说法，红林村目前没有剩余劳动力，每户家里都有果树。不满足现状的可以到外打工。民政部门也会招工，解决部分劳动力就业问题，但有许多年轻人不愿意去，现在年轻人一般都接受过中等职业教育，择业机会特别多。相对而言，中年人就业有一定难度，长期务农以及由此养成的散漫习惯，难以适应对技能、纪律性要求都较高的现代产业。

红林村村民就业可以分为以下几种情况：

（一）农业

红林村自2002年以来先后被征地700多亩。尽管被征收的土地较多，但大多为散生果林，每户的口粮田基本未征收，绝大多数农户还有相当数量的果树。口粮田当初是按照人口数分配的，人均占有口粮田大体相当。果树也是按人分配的，只是由于征地，各户人均拥有果树有了差异。被征地多的户，所剩果树就少些，劳动力就相对富余一些。在这些相对富余的劳动力中，年轻人可以很容易找到农外就业机会，而50岁以上年龄偏大的人群则找工作相对难些，这些人便成为村庄农业生产的主力。

在笔者所调查的264人中，有134人仍然从事家庭农业生产，占所调查人口的50.8%。而在从事家庭农业生产的人中，并非都是专职从事农业生产。其中，年从事农业生产11个月以上的只有15

人，从事农业生产半年以上的有 40 人，有 33 人只从事一两个月的农业生产。村民具体从事农业生产的时间详见表 3－16。

表 3－16　　村民从事家庭农业生产的时间

从事家庭农业的时间	1—2个月	3—4个月	5—6个月	7—8个月	9—10个月	11—12个月	合计
人数	33	39	22	16	9	15	134
所占比重（%）	24.6	29.1	16.4	11.9	6.7	11.2	100

在从事家庭农业生产的 134 人中，从事种植业生产的为 57 人，其中有相当一部分为妇女；从事林业的为 74 人，其主要为男性村民。村民从事家庭农业的种类详见表 3－17。

表 3－17　　村民从事家庭农业的种类

从事家庭农业种类	种植业	林业	养殖业	未填	合计
从业人数	57	74	1	2	134
所占比重（%）	42.5	55.2	0.7	1.5	100

红林村还有一部分人在家庭以外从事农业生产，这部分人主要是受雇于果树较多的村民。在问卷调查中，有 4 人在家庭以外从事农业生产，年平均从事农业生产的时间为 4 个月。

（二）非农产业

在所调查的村民中，有 122 人从事非农产业，占所调查人口的 46%。从事非农产业的村民年平均从业天数为 298 天。

红林村村民在非农产业就业的行业分布比较广泛，包括制造业、交通运输业、商业、餐饮业、居民服务业、其他服务业等多种行业，其中以居民服务业居多，占 20% 左右，其次为交通运输业、制造业、其他服务业等，分别占比 12%—13%。在居民服务业中，有相当一部分是在村庄内为村民提供服务的人员，例如村委会成员、水管员、乡村医生等；在交通运输业中，有一些是在县城或北京从事出租车行业人员；在制造业中，多是在桥梓镇和怀柔区相关行业就业人员；在其他服务业中，有许多是在村庄内提供相关服务的人员，例如防火员、保洁员等。村民在非农产业就业分布情况详见表 3－18。

表 3－18　　村民在非农产业就业分布情况

行业分布	制造业	能源、水生产及供应	建筑业	交通运输	批发零售业	住宿餐饮业	居民服务业	其他服务业	其他行业	合计
从业人数	15	6	3	16	14	11	24	15	18	122
所占比重（%）	12.3	4.9	2.5	13.1	11.5	9.0	19.7	12.3	14.8	100

村民从事非农产业的地点比较集中，主要在怀柔城内，占从事非农产业人数的一半，其次是在红林村内，占从业人员的25%。桥梓镇吸纳的人数并不多，这主要是因为桥梓镇的非农产业相对城区而言不是很发达，同时，由于桥梓镇离怀柔城区很近，大体相近的距离，怀柔城区可以提供更多的就业选择。在区外市内从业可以分为在北京市区内从业和在北京其他区县从业两部分。在北京市区内从业人员主要是出租车司机，他们大体上是两人一车，轮换工作。村民从事非农产业的地点详见表 3－19。

表 3－19　　村民非农产业从业地点

从业地点	红林村	村外镇内	镇外区内	区外市内	港澳台	合计
从业人数	31	12	61	17	1	122
所占比重（%）	25.4	9.8	50.0	13.9	0.8	100

在非农产业就业途径方面，村民自己和中介机构起着决定性的作用。在中国农村，通过亲友介绍在非农产业就业占有相当的比重。而在红林村，依靠自己和中介机构解决就业分别占 37% 和 34%，亲友介绍仅占 13%，由此凸显红林村与其他农村地区的差异。红林村被调查人员非农产业就业途径详见表 3－20。

表 3-20　　村民非农产业就业途径

就业途径	依靠自己	亲友介绍	中介机构	政府社区	合计
人数	44	16	40	19	119
所占比重（%）	37.0	13.4	33.6	16.0	100

（三）社区就业

社区就业就是在村庄内就业，这在前文已有介绍。社区就业既可以包括农业领域就业，也可以包括非农领域就业，在此主要介绍社区非农领域就业。村民在社区非农领域所从事的行业已经涵盖在前文的居民服务业和其他服务业之中。由于社区就业成为北京市解决农村劳动力就业的一大特色，故在此作为重点单独加以介绍。

红林村社区就业主要有以下几个组成部分：

1. 村两委工作人员

2012 年村两委工作人员有 4 人：村书记、副书记、会计、妇女主任。

2. 由村里出资雇用的社区服务人员

村里出资雇用 5 位社区服务人员：1 个电工，1 个水管员，3 个保洁员。保洁员是经过抓阄确定的。

3. 由政府财政出资聘用的服务人员

政府财政出资聘用人员有 19 人。红林村有 3000 多亩生态公益林，护林防火工作很艰巨，为此，相关部门在红林村设有 8 个护林防火岗位。此外，红林村还有财政出资的水管员 2 位，环境整治协管员 2 位，全科农技员、民政协管员、村邮员、图书管理员、残疾人协管员、动物防疫协管员、乡村医生各 1 人。以村邮员为例，尽管村邮员由村委会聘用，但补贴资金由区县财政局统筹安排。村邮员负责接收邮政部门的邮件、报刊等，并将其及时完好投送到户。村邮员补贴按照每人每月不低于本区县农村居民最低生活保障标准核定，区县财政局根据邮政局月考核结果核定村邮员补贴资金，乡镇财政部门负责发放。

4. 生态公益林维护用工

生态公益林维护用工十余人。国家拨专款用于生态公益林的抚育和维护，只要年龄在 60 岁以下的男性村民，都可以加入到生态公益林的维护队伍之中，在需要出工的时段，按天计酬，一般一天 100 元。红林村每年都能有十几人，自入秋以后，直到大雪封山，都会在山里进行森林抚育工作。怀柔区和桥梓镇有专门的人定期或不定期前来检查这项工作。

5. 村庄临时用工

村庄临时用工量很大，没有固定人员，一般是根据工程需要临时找人。环境整治、修路、临时施工等，都需要临时用工。临时用工每人一天 100 元。

以上用工人员，男性一般都在 60 岁以下，女性在 55 岁以下。男性 60 岁以上和女性 55 岁以上基本上不在村里安排工作。

从以上用工情况不难看出，除了农业生产以外，红林村在社区就业的人数有 50 人左右。随着北京市对农村社区服务支持力度的加大，社区就业人数还将不断攀升。

三 社区及政府对农村劳动力就业所提供的服务

（一）奖励用工单位，建立基层就业服务组织

怀柔区尤其是桥梓镇非常重视农村劳动力就业问题，2005 年桥梓镇就制定了《关于促进农村富余劳动力就业的奖励办法》。奖励办法规定：用工单位每新增加 1 名本镇农村富余劳动力，奖励该单位法人代表 50 元；新招用本镇农村富余劳动力在 50 人以上的，镇政府颁发“劳动力就业贡献奖”，再奖励该单位法人代表或企业经营者 3000 元；招用本镇农村富余劳动力累计达到 100 人以上的，镇政府颁发“劳动力就业突出贡献奖”，再奖励该用工单位法人代表或个体经营者 5000 元。桥梓镇通过各种奖励措施，提升了用工

单位招录本地农村劳动力的积极性。

为了促进农村劳动力农外就业，北京市自2007年起实行农民转移就业登记制度，将有转移就业意愿的农村劳动力全部纳入城乡统一的就业管理服务范围。2009年，实现了基层就业服务体系的全覆盖，各乡镇100%建立社保所，行政村100%建立就业服务站，以此鼓励和支持农村劳动力转移就业。

村级就业服务站承担了最基本的农村劳动力就业服务职能。在红林村村委会的墙上写有醒目的“村级就业服务站的主要职责”：

（1）宣传贯彻、执行国家、本市和区内有关社会保障、劳动就业的法规和相关政策；

（2）本行政村劳动力就业动态跟踪管理及网络信息更新；

（3）为行政村富余劳动力、“零就业家庭”建立就业台账、收入台账及培训劳动力台账；

（4）协助镇乡社会保障事务所为劳动力办理求职登记、转移就业登记手续，定时发布就业、培训信息，组织本行政村失业人员及农村富余劳动力参加职业技能培训；

（5）协助社会保障事务所做好城乡居民养老保险工作；

（6）协助社会保障事务所做好无保障老年人福利养老金核实发放工作；

（7）协助社会保障事务所开展本行政村退休人员社会化管理与服务工作；

（8）开展城乡低保、优抚等各类民政服务对象的管理服务工作；

（9）完成镇乡社会保障事务所布置的其他社会保障工作。

（二）政府对农村劳动力技能的培训

首先，开展农村劳动力创业培训。例如，2011年8月，桥梓镇社保所联合怀柔职业技术学校在镇文化中心举办了“创业培训班”。培训班老师就创业意识、农村创业准备、农村创业选项三个主题展开授课，指导村民改变传统的就业观念，主动寻找创业机会，唤起村民自主创业意识。培训班上，老师与学员互动，课堂气氛活跃，得到了学员的一致赞誉。桥梓镇包括红林村在内的 24 个村的富余劳动力参加了培训。

其次，开展农村劳动力技能培训。例如，2012 年桥梓镇结合民俗旅游、设施农业、特色林果等涉农产业，有针对性地开展面点、保洁员、果树工等多种类型的培训，培训人员达 200 多人。

最后，开展专项培训。例如，2013 年 3 月，怀柔区水务局管水员办公室组织桥梓镇 72 名管水员进行“水资源管理与节水工作”“农村用水计量管理”以及“污水处理技术”等多项培训，提高了管水员的履职技能。红林村的管水员全部参加了此次培训。

红林村不少村民通过政府提供的服务，提升了劳动技能，或者找到了工作，或者在原岗位发挥了更好的作用。

四　村民就业存在的问题

（一）就业的不稳定性

尽管红林村村民在非农产业就业较多，但很不稳定，很多村民都有失业或多次择业的经历。导致村民下岗、再择业的原因有多种：有的是由于单位裁员，例如村内有几个参军退役后通过招工进了公司，工作多年后被裁；有的是由于企业破产重组，例如怀柔第一水泥厂、第二水泥厂，先后在环境治理中被关停，殃及数位村民。至于早期的乡镇企业，例如桥梓镇养鸡场、陶瓷厂、红林村果脯厂等，倒闭或重组后，致使许多村民失业。由于已经在原企业工作若干年，再择业面临着技能的更新以及年龄的挑战，很难找到理想的工作。

（二）交通问题

从事非农产业的村民大多在怀柔城区工作，也有一部分在桥梓镇区工作，通勤上下班普遍存在着交通问题。有私家车的方便一些，而没有私家车的，只能乘坐公交车或骑电动车上下班。

怀长路上过往的公交车在红林村都设有一站，为村民出行创造了方便。但在早晚高峰时段异常拥挤，经常上不去车。职工上下班，学生上下学，尤其是老人可以免费乘车，增加了出行的人次，通勤上班面临很多困扰：

> 老年人坐车不要钱，不好。老年人旅游、外出等，赶在高峰时期，耽误年轻人上下班。不如给他们补贴。坐车难，都是长辈，还要让着他们。没办法，只好买车。（摘自与丁学芳的访谈笔录）

开私家车和骑电动车上班的则面临着通勤的风险：怀长路上，包括其他一些路段都没有路灯，早晚开车或骑车要异常小心。

> 对面大车欺人，亮着大灯，自己险些栽在路边的沟里，车灯摔坏了，只好打电话让家人来接。

这样的事故，或与此类似的事故，不少村民都遇到过。

第四章

土地承包及林地确权

第一节　家庭承包制的确立

一　家庭承包制的实施过程

1978年十一届三中全会后，怀柔县贯彻《中共中央关于加快农业发展若干问题的决议（草案）》，开始进行农村经济体制改革，实行各种形式的农业生产责任制。

1979年怀柔县开始对山地和果树实行联产承包试点，并于年底发布了《关于加强人民公社劳动管理，建立生产责任制的试行办法》，提出农业生产规模较大的核算单位建立常年作业组，边远山区的单家独户可以实行包产到户。

1980年部分生产队开始实行联产到组和包产到户责任制。1982年，县委召开了贯彻中央1号文件精神的三级领导干部会议，提出让群众自己选择责任制形式，由此促使全县农业生产体制发生了重大变化，当年全县实行联产到劳、包产到户的生产队占全县生产队总数的57%。1983年7月县委召开完善农业生产责任制的三级干部会议，指出以分户经营或家庭承包为基础的联产承包责任制应作为全县农村责任制的基本形式。当年，全县885个生产队，实行家庭承包的生产队 860 个，占总数的 97%。

家庭承包制是在坚持基本生产资料公有的前提下，将土地承包到户，实行分户经营、自负盈亏，给农民以充分的生产经营自主权。农民的生产所得“交够国家的，留足集体的，剩下都是自己的”。家庭承包土地的具体方式在不同生产队各不相同，有按人口分配，有按人、劳比例分配，有按劳动力分配。各村自行确定土地承包方案，经群众讨论后上报乡政府批准。

1983 年，红林大队根据县里的指示精神，实行家庭联产承包责任制。

红林大队的果树最初是按劳动力分配。当时红林大队是茶坞公社实行家庭承包制的试点，全大队划分四个林业组，每组 25 个劳动力，各组选出一个组长。全大队果树相应划为四片，由四个组长抓阄。之后，四个组内按照抓阄所得到的果区再通过抓阄的方式分给 25 个劳动力。1983 年所分的果园大概有 1000 多亩，包括红果、杏、栗子等。耕地分口粮田和责任田。口粮田是按人分，一等地一人五分，二等地一人六分五。分完口粮田剩余的地作为责任田，再划四片，按劳动力分下去。

二　家庭承包制的具体内容

1983 年红林大队实施的家庭联产承包责任制，是将土地和果林按劳动力分配到户，以地和果林定产，签订承包合同，农户自主种植和管理，秋后除交足国家订购任务和集体提留外，剩余全部归自己。集体管的，有种子、水电、耕种，主要是秋种。脱粒是无偿的，还有浇树、打药、技术指导、运输等。红果滞销时，集体出面跑销。供销社不常收，且收管理费。

当时的承包合同是一个小红本，封面写有“生产合同书”，内页包括生产合同书正文及附件。生产合同书正文是格式化印制，而附件是另加的一页纸，手写体。生产合同书详细记录了红林大队与农户的权责利关系，在此抄录如下：

生产合同书

红林大队（甲方）与社员户丁学信（乙方）经协商，签订合同如下：

1. 甲方将土地、果林（详见附表）交乙方承包。乙方只有使用权，没有所有权，不准出租、买卖、转让；不准随意取土、建房、葬坟或作他用；不准毁林开荒和二十五度以上陡坡开荒。砍伐林木必须按批准权限办理，不经批准不得私自砍伐。

2. 凡用机耕机播的土地由甲方统一安排种植计划，其他土地在不影响他人的情况下由乙方自选安排。技术传授、防治病虫害由甲方负责。

3. 乙方上缴国家税金和粮、油、菜、果、猪等征购、超购、派购任务及集体的各项提留（详见附表），必须按时完成，实行钱物单独结算。

4. 农机、运输工具及灌溉设施等由甲方统一安排使用，乙方按规定付款（劳动定额、付款标准见附表）。使用中乙方如不服从甲方合理安排，造成损失，乙方要负经济责任。

5. 农业基本建设由甲方统一组织，乙方保证按甲方的规定和要求按质按量完成。根据乙方的劳力增减逐年摊派核实基建工、建勤工（见附表）。年终按工日____元（此处空白）齐工找价。乙方从事果林基本建设，补助办法是：(此处为空白)

6. 合同签订后，甲乙双方必须共同信守。任何一方不履行或不适当履行都要承担经济或法律责任。

7. 补充说明：三年个别调整（此处为手写）

本合同经甲乙双方及鉴证单位签章后生效，一定6（此处为手写）年不变。

甲方（签章）（此处为“怀柔县茶坞人民公社红林生产大队”印章）

乙方（签章）（此处为空白）

鉴证单位（签章）（此处为空白）

一九八三年四月二十三日

本户各项上缴指标见合同书附件

本户口粮田、责任田见合同书附件

本户承包林果定产：山红 1264 斤；山楂 255 斤；杏 310 斤；梨 342 斤；柿子 95 斤；核桃 19 斤；栗子 30 斤；大桃 27 斤。

合同书附件

大队：甲方　　　社员户：乙方　丁学信

一、口粮田部分

甲方负担浇地电费、交纳农业税。

乙方按小麦、玉米总产量每 100 斤提交积累 0.50 元（应交 0.83 元，甲方负 0.33 元）。

总产除口粮以外，交甲方小麦、玉米每斤加价百分之五十。小麦每斤 0.264 元，玉米每斤 0.1845 元，口粮标准每人小麦 200 斤，玉米 350 斤。

您户人口 5 人，口粮田 4.03 亩，产小麦 1068 斤，玉米 2300 斤，全家口粮 2750 斤，其中小麦 1000 斤，玉米 1750 斤。应交积累 16.84 元，余小麦 68 斤，玉米 550 斤。

二、责任田部分

甲方负担定项投资指：肥料、种子。水浇地每亩投资 41.20 元，旱地每亩投资 24.60 元，林业带地每 100 斤按投资 7 元，并负担浇地电费。

您户包责任田水浇地0.4亩，旱地2.5亩，林业带地产粮（此处空白）斤，包产小麦152斤，玉米826斤，应交征购粮小麦108斤，玉米180斤，交甲方小麦44斤，玉米646斤。

三、责任树部分

甲方负担交纳林业税，浇地电费。乙方产果应摊的派购任务按指定地点交售，其余部分自行销售。

您户包果总产值740.47元，扣除工资413.48元，交甲方金额326.99元。

应摊红果的派购任务754斤，交大队任务436斤。

红林大队

一九八三年度

家庭承包制运行一年后，暴露出一些问题，例如义务工难摊、违约及掠夺式经营等。1984年，针对出现的问题，重新制定了合同书附件。第二年的合同书附件仍为手写复印件，与第一年不同之处为：

（1）在口粮田部分，乙方按小麦、玉米总产量每100斤提交积累由0.5元提高到1元。

（2）在责任田部分，没有提及交征购粮任务。乙方交甲方的任务变更为：小麦152斤，玉米826斤。

（3）在责任树部分，取消了红果派购以及包产总产值和工资，交甲方的积累额未变，上交任务额未变，但明确了上交红果的收购价，其中，754斤按0.45元收购，436斤按0.5元收购。

（4）增加了义务工部分、违约规定等四项内容。

1984年的合同书附件如下：

合同书附件

一、二、三（除上述不同之处外，基本同上年合同，在此从略）

四、义务工部分

凡属于本大队的男女整半劳动力，都有义务工任务。男女整劳动力每年应向甲方摊义务工各10个，男女半劳动力每年向甲方摊义务工各5个。

您户有整劳动力2个，应向大队摊义务工20个。

五、违约规定

每少交1斤小麦扣款0.30元，每少交1斤玉米扣款0.20元，每少交1斤红果扣款0.80元，每少出1个义务工，男整劳动力扣款3.00元，女整劳动力扣款2.40元。凡是红果树都要招树（松土——笔者注），其他果树在身高1米以上的都招，凡不招的，每棵树扣款0.10元。

六、每年必须接活十棵红果树，树苗自筹。每棵大队付款0.50元，其他果树不在任务之内，每棵付款0.30元。

七、合同随着国家政策的调整而调整。

红林大队

一九八四年度

第二节　土地的调整与延包

一　1998年以前的土地调整与延包

1983年的土地承包，在生产合同书中的补充说明中，写有“三年个别调整”，“经甲乙双方及鉴证单位签章后生效，一定6年不变”。但据村民反映，所承包土地经常有调整。

口粮田三年一调，重新抓号，大排队。我的口粮田至少调过三次，直到1999年才固定下来。责任田在1999年前后就收回去了，一部分退耕还林，分给了各户，一部分租出去了，最后变成了牛场。（摘自与黄长生的访谈笔录）

百亩果园（地名）有近100亩，属于责任田。以前是旱地，最早种玉米、高粱、豆子等。种地经济效益不好，又开始种红果，集体出一部分资金，承包者自己栽红果树。红果价格下来后又都砍了。接着又改种黄杏，集体也出钱出力，但没有效益。最后分给老百姓管理了。（摘自与王雅君的访谈笔录）

1983年土地承包合同期限为6年，口粮田、责任田以及果林都体现在一个承包合同中。1989年合同到期后，进行了延包。不同品种的承包地，签订不同的承包合同。1989年签订的土地承包合同，村集体还拥有对承包地的收回权，对于乱砍滥伐、丧失承包能力、掠夺性经营，包括计划外生育，集体都有权收回承包地。

以下是果林的承包合同。合同正文为打印件，附件为手写复印件。合同期限为十年。在承包书中，明确规定了上交林业积累的数量（为当年收入的40%）。

果林承包合同

甲方：红林村委会　　　　乙方：丁学信

一、甲方将果林（详见附表）交乙方承包，乙方只有使用权，没有所有权。不准出租、买卖、转让，不准随意取土、建房、葬坟或作他用。

二、有以下情形之一者，甲方有权收回果树，转包他人：

1. 果园内一切柴树未经批准，乱砍滥伐者。

2. 由于死亡、年老或因其他意外情况，丧失承包能力者。

3. 树下管理放弃三分之一，树上人为造成无叶或掠夺经营，使果树造成损失者。

4. 不执行计划生育或出生计划外二胎、多胎，不按时交齐罚款者。

5. 违背村规民约和国家有关政策的行为，不按时交齐罚款者。

6. 不按时交纳税金、电费、林业积累者。

三、1. 税金征收时间以上级征收时间为准。

2. 林业积累征收时间在本年十一月二十日前如数交给甲方。

3. 林业积累征收数量：每年征收当年收入的40%（合同中规定的产量×当年平均销售价格×40%），遇到不可抗拒的特大自然灾害除外。

四、承包期满后，自栽、自结的幼树分别以地表粗度、脑结以刀口粗度为准，3厘米以下（不包括3厘米）每厘米补价1.5元；3—4厘米每厘米补价2元；4—6厘米（不包括4厘米）每厘米补价3元；6厘米以上（不含6厘米）无偿收归集体所有。

五、合同期满后，经甲方批准原承包人继续承包的果园，园内的幼树不予补价、作产。承包人变更的果园，园内的幼树按合同中规定给予补价。

六、本合同经甲乙双方及鉴证单位签章后生效。双方必须共同遵守，任何一方不履行合同，都要承担经济或法律责任。

七、此合同一定拾年（八九年元月一日至九八年十二月三十一日止），甲乙双方各执一份。

甲方：怀柔县桥梓乡红林村村委会

乙方：丁学信

鉴证单位：怀柔县桥梓乡农村合作经济经营管理站

1989年2月28日

丁学信承包果树合同附件

红果	山楂	杏	柿子	栗子	梨	核桃
1264	246	310	95	30	136	19

注：据笔者与丁学信确认，此附件为村委会规定的所承包果树的产量，单位为斤。

二　30年不变政策的确立

1997年中央《关于进一步稳定和完善农村土地承包关系的通知》，即中办发（1997）16号文件，明确提出在第一轮土地承包到期后，土地承包期再延长30年。在延长土地承包期中，要使绝大多数农户原有的承包土地继续保持稳定，不能将原来的承包地打乱重新发包，更不能随意打破原生产队土地所有权的界限，在全村范围内平均承包。已经做了延长土地承包期工作的地方，承包期限不足30年的，要延长到30年。

根据上级政策规定和要求，红林村自1998年开始进行土地家庭联产承包的延包工作，“允许农民不要地，不允许集体不给地”，使农民吃上定心丸，舍得投入。1989年签订的十年期合同到期后，1998年10月和1999年1月，村合作社又分别与村民签订了为期30年的口粮田承包合同和散生果树承包合同。合同书（见附件1和附件2）由怀柔县经管站印制，并附有编号。合同中详细标明了承包户所承包土地的地点、品种、数量及核定的产量，并规定承包户要按照核定产量的40%上交果树承包款，口粮田则按照固定数额上交承包费。红林村由此与村民确立了30年不变的土地承包关系。

尽管承包合同规定了合作双方即村合作社及村民的权利与义务，如集体统一提供机耕、浇水、植保等服务，村民上交承包费等，但相应的权利与义务并未如约履行。集体由于缺乏经济实力，并未承担起对村民提供服务的职能，很多村民也没有履行上交承包费的义务。2005年，随着全国范围农业税的取消，红林村也取消了村民的承包费，但并未在合同中体现出来。

附件1：

口粮田承包合同书（编号：44）

订立合同双方：

发包方：红林村合作社法定代表人：丁学真（以下简称甲方）

承包方：红林村合作社社员：丁学信（以下简称乙方）

经社员代表大会民主议定，甲乙双方协商同意，特订立此合同，双方共同信守。

一、承包项目、位置、数量及等级评价（详见附表）

二、承包期限：为30年。自1998年10月1日起至2028年9月30日。

三、承包款：（详见附件）

乙方承包期间，上交承包款时间为每年的10月1日以前交齐。以现金的形式于村合作社会计室支付给甲方。如逾期不交齐，每推迟一天，按所差金额的1%向甲方加付滞纳金。

四、双方的权利、义务

（一）甲方的权利、义务

1. 对土地和附属生产设施，享有所有权。

2. 享有统一种植计划、统一机耕、统一品种、统一浇水、统一植保的权利。

3. 有按时收缴承包款、服务费和督促乙方及时向国家纳税的权利。

4. 有对乙方的生产经营情况进行检查、监督和指导的权利。

5. 有为乙方提供农机、水电、有偿服务的义务。

（二）乙方的权利、义务

1. 在承包期内，享有对所承包土地的经营使用权和收益权。

2. 在承包期内，经甲方批准，享有土地承包经营权的流转权。

3. 有服从甲方的统一管理要求，实行科学种田，增加土地投入的义务。

4. 有及时纳税和向甲方交纳承包款、服务费的义务。

5. 有保护好土地及附属设施的义务。

五、因不可抗力的自然灾害，造成粮食减产减收，损失程度超过定产总产量的50%以上（含50%），经乡（镇）科技站、鉴证机关核定后，甲乙双方协商核减上交款，造成绝产绝收的免交承包款。

六、违约责任：

1. 变更或解除合同要经双方同意，或经社员代表大会决定，否则任何一方擅自变更或解除合同，由违约方向守约方支付违约金500元。

2. 任何一方不履行合同规定的义务，由违约方向守约方支付违约金500元。

七、双方议定的其他事项：

详见补充条款

此合同一式三份，甲乙双方各持一份，副本一份，交鉴证机关存档。

甲方：怀柔县桥梓镇红林村经济合作社　　法定代表人：丁学真

乙方：红林村合作社社员　丁学信

合同签订日期：1998年10月1日

补充条款

1. 市、县、镇经济发展需要占地或集体统一规划改造粮田而导致必须调整的，需经过村党支部研究，社员代表大会讨论通过，报镇人民政府批准，予以调整，乙方必须服从。

2. 乙方对所承包的土地要按照有关主管部门的要求种植，加强经营管理，造成地荒芜的，由村经济合作社报请镇政府批准，加收土地荒芜费，确系无力经营的，集体收回土地。

3. 乙方所承包的土地要接受村经济合作社的指导，统一品种、植保、收割，不得影响他人种植；如确实需要种植其他作物的，由本户申请，村经济合作社视其情况，予以答复，未经批准，私自调整种植规划，给他人造成损失，应该赔偿。

4. 乙方要按时足额交纳承包费和提留，逾期未交纳的，甲方可以根据具体情况依法终止合同。

5. 乙方要按时、按质、按量完成国家征购粮任务，无正当理由抗粮不交的，甲方有权终止合同，所造成的后果由乙方承担。

6. 土地承包费的增长应按土地增值价和土地综合效益而增长，原则上自此合同签订之日起，每三年调整一次。需要调整时，村经济合作社要将调整方案提交社员代表大会讨论，报镇政府批准，由合同主管机关监督执行。

7. 乙方有权在所承包的土地上投资兴建水利设施，如建其他地上建筑物，需经村经济合作社同意，报镇政府批准方可施工，否则一经发现立即无偿自行拆除，并给予罚款。

村合作社口粮田分户经营统计表

承包经营户主	顺序号	地块名称	人口	亩数	四至长（米）	四至宽（米）	总产量（斤）	上交提留款（元）	备注
丁学信	44	大猪圈北	3	1.49	72	13.78	540	60	总产指小麦

附件2：

散生果树承包合同书（编号：39）

订立合同双方：

发包方：红林村合作社，法定代表人丁学真（甲方）

承包方：红林村合作社，社员丁学信（乙方）

经社员代表大会民主议定，甲乙双方协商同意，特订立此合同，双方共同信守。

一、承包项目、位置、数量及上交指标。（详见附表）

二、承包期限为30年　自1999年1月1日起至2028年12月31日止。

三、上交承包款时间、地点及支付形式

乙方承包期间，每年向甲方上交果树承包款按年度上交果品量实物折价，以现金的形式支付给甲方。

上交承包款时间为每年的12月31日以前交齐，交款地点于村合作社会计室，如逾期不交齐每推迟一天，按所差金额的1%向甲方加付滞纳金。

四、双方权利、义务：

甲方的权利、义务：

1. 对果树、土地、山场享有所有权。

2. 对乙方的生产经营活动，有监督、检查、指导的权利。

3. 有为乙方果品生产提供有偿服务的义务。

4. 有及时收缴承包款、服务费和督促乙方按时向国家纳税的义务。

乙方的权利、义务：

1. 有在承包期内对果树的经营管理权。

2. 有果品销售权。

3. 有及时纳税和向甲方交纳承包款、服务费的义务。

4. 有对所承包果树增加投入加强管理和在果树空档补植幼树的义务。

(1) 树上管理指标：乙方要做好病虫害的防治和果树的修剪、抚育。

修剪要求：(此处为空白)

(2) 树下管理指标：

招刨要求：(此处为空白)

做好等高条田、形成一树多库。如不按时招刨，每少招刨一株罚款5元。

施肥要求：(此处为空白)

五、因不可抗力的自然灾害造成减产减收，超过定产50%以上（含50%），经乡果林工作站、经管站勘验核实后，甲乙双方协商核减上交承包款，如造成绝产绝收免交承包款。

六、违约责任：

1. 变更解除合同，必须经双方协商同意或经社员代表大会决定并写出书面协议书，否则任何一方擅自变更或解除合同，由违约方向守约方支付违约金500元。

2. 甲乙双方任何一方未按合同条款履行义务，由违约方向守约方支付违约金500元。

3. 乙方不按合同规定上交果树承包款或不按规定的措施进行管理又不付违约金，除限期交还欠款外，甲方有权申请合同管理部门收回果树。

七、双方议定的其他事项：详见补充条款

本合同自双方签字之日起生效，一式三份。正本两份，甲乙双方各持一份，副本一份，交鉴证机关存档。

甲方：怀柔县桥梓镇红林村经济合作社（公章）

法定代表人：丁学真（签字印章）

乙方：丁学信（签字印章）

合同签订日期：1999 年 1 月 1 日

鉴证机关：怀柔县桥梓乡经营管理站

鉴证日期：1999 年 4 月 1 日

散生果树承包补充条款

1. 合同在履行期间，遇有国家、市、县、镇经济发展需要占地或集体统一规划、开发等导致必须调整的，经村党支部研究，社员代表大会讨论通过，报镇人民政府批准，予以调整，乙方必须服从。

2. 乙方对所承包的果园应加强投入和管理，合理修剪，合理植保，对造成果园荒芜或掠夺性经营的，由村经济合作社报请镇政府批准，加收土地荒芜费或罚款，确属无力经营的，果园由集体收回。

3. 乙方要按时足额交纳承包费、提留和税金。逾期未交纳的，甲方可以根据具体情况依法终止合同。

4. 果园内各种果品定产的增长应以承包年限的增加而增长，原则上自合同签订之日起，每五年增加果品定产的5%，需要调整时，经村合作社社员代表大会讨论报镇政府批准，由合同主管机关监督执行。

5. 乙方有权在所承包的果园内投资筹建水利设施，如建其他地上建筑物，需经村合作社同意，报镇政府批准方可施工，否则无偿自行拆除，并给予罚款。

红林村经济合作社（印章）　丁学真（签字）

红林村社员：丁学信（印章）

1999 年 1 月 1 日

附表　　　　散生果树承包指标明细表（丁学信）

地点	品种	棵数	定产（斤）
南锅头 8 段	杏	7	10
	红果	15	84
	栗子	25	25
石层沟 6—8 段	杏	11	300
窑玉	梨	3	80
小岭西 4 段	红果	20	344
	核桃		5
小桃木山坝上 13—18	红果	7	104
杏地西边 10 号	红果		75
窑玉 19—20	核桃	3	14
坟南沟 4—6	柿子	5	95
小桃木山 7 段	红果	40	167
	栗子	5	5

定产合计：红果 774 斤，杏 310 斤，柿子 95 斤，栗子 30 斤，梨 80 斤，核桃 19 斤。

上交承包款 = 定产 × 当年平均价格 ×40%

第三节　土地流转

农村土地流转其实是一种通俗和省略的说法，全称应该称为农村土地承包经营权流转。也就是说，在土地承包权不变的基础上，农户把自己承包村集体的部分或全部土地，以一定的条件流转给第三方经营。

对于农村土地流转，党的十七届三中全会和 2013 年中央 1 号文件专门出台了政策：加强土地承包经营权流转管理和服务，建立健全土地承包经营权流转市场。按照依法、自愿、有偿原则，允许农民以转包、出租、互换、转让、股份合作等形式流转土地承包经营权，发展多种形式的适度规模经营。有条件的地方可以发展专业大户、家庭农场、农民专业合作社等规模经营主体。

红林村历史上的土地流转有代为管理、土地互换、土地转包以及土地租赁等几种方式。前三种方式主要存在于土地家庭承包制实施的早期阶段，土地租赁则伴随家庭承包制的整个历程。目前红林村的土地流转方式主要为租赁，在全国各地方兴未艾的土地入股形式在红林村并没有出现。从整体上看，红林村的土地流转并不活跃。由于红林村有过几次征地，拉高了村民对土地流转价格的预期，使得土地流转变得很艰难。

一 代为管理

代为管理主要是指林地的管理，是指暂时无力或不愿经营承包地的农户，经协商临时把自己所承包的林地交由别人（大多是亲友）代为管理，原承包关系不变，代为管理时间和条件一般由双方口头约定。农业税费免征之前，由于承包经营土地的负担较重，收益较低，农民经营土地的积极性不高，林地代为管理的现象较多。但由于代为管理多为口头约定，没有可追溯的文本，同时，代为管理往往与未办手续的口头转包难以区分，这便为以后的纷争埋下了伏笔。

林地的代为管理与耕地的代耕代种不同。在耕地代耕代种情况下，由于农作物的生长周期较短，往往当年投入，当年即可见效。而在林地代为管理下，由于果树的生长周期较长，往往当年投入，多年后才能见到效益。代为管理者在进行大量投入后，在尚未见到效益或正值获益之时，如果遇有重大变故，例如征地，由于当初的口头约定难以追溯，各执一词，纠纷便会产生。

二 土地互换

土地互换是指承包户主动或在集体组织指导下，为方便管理，与本集体中的其他承包户自愿调整地块，使承包地连片集中的行为。30 年前的土地家庭承包责任制，使农民享有了土地的承包经营权。但由于土质不一，距离远近有别，为追求公平，土地往往被分割成条条块块分到各户，为农户管理带来不便。于是，土地互换这种最为原始的土地交易方式便进入了村民的视野。通过土地互换，使零散的土地变得相对集中，从而便于农户管理。但是，随着征地的出现以及人们对土地权属观念的强化，土地互换这种方式在目前已经少有发生。

三　土地转包

红林村自 1983 年分户经营后，就有土地转包现象，累计能有 40—50 宗。其中，耕地转包比较少，仅占 5%，大部分是林地转包。由于林地承包时是以地块为准，以地块上的果树棵数为计量单位，所以无法计算准确的亩数。

土地转包分转出和转入。土地转出一般发生在农转非人员或老人去世之后，土地转入大多为本村邻近地块的农户，愿意在家从事农业经营。“想在家干就要有充足的生产资料。自己能干就干，不能干就雇人”。

最初的土地转包很不规范，口头协议居多，由此也导致很多纠纷。1989 年后，土地转包程序逐渐规范。需要自己写协议，一式三份，流转双方各一份，集体留存一份。办理土地转包程序比较简单，“只要写个协议，到大队盖个章就行了”。

土地转包分有偿和无偿两种。有偿转让一般都是以现金形式支付。先对拟转包地块上的果树产量进行评估，再结合果品的市价，大体估出一个数。例如，1998 年的一个散生林地块，大约 50 亩，100 多棵成树，最后的转让费为 1000 元。

无偿转包一般发生在直系亲属之间：年迈的父母将土地分给儿子，或者兄弟姐妹之间的土地流转。无偿流转在土地流转中占比重较大，一般占 80% 以上。在家庭承包初期，由于承包土地要缴纳各种税费，土地转包后，转入者要相应承担各种税费，所以，土地转包都是无偿的。取消各种农业税费以后，无偿转包大幅减少，“人们认识发生了变化，开始要钱了”。在征地发生之后，土地转包很少出现。

四 土地租赁

土地租赁可以分为集体土地租赁和农户间的土地租赁。集体土地租赁是指村集体将集体所有的土地出租，定期或一次性收取租金。红林村的集体土地租赁包括红林奶牛场的40亩土地以及村集体的4亩机动地。有关红林奶牛场与集体的租赁关系在第六章“种植业与养殖业”中会有详细阐述。村集体的4亩机动地则是由集体租给农户，租金一年800元，不能改变土地用途，只能种玉米和麦子。

农户间的土地租赁是指在市场利益驱动下和政策引导下，农民将其承包土地经营权出租给大户、业主或企业法人等承租方，出租的期限和租金支付方式由双方自行约定，承租方获得一定期限的土地经营权，出租方按年度或一次性以实物或货币的形式获得土地经营权租金。红林村农户间土地租赁不是很多。少量的土地租赁方式只是发生在亲属之间以及关系较好的村民之间。红林村个别比较大的采摘园部分土地属于租赁经营，但采摘园主要还是以农户自家承包的土地为主，租赁的土地只占比较少的比重。

> 采摘园有200亩，有租别人的，自己的有100多亩。饭店这边的地是租的，租两户的地。地在别人家效益不高，在我这会有价值。饭店这边是成片租的地，有10亩左右，一亩地租金800元。(摘自与丁学玉的访谈笔录)

土地转包需要在村委会办理手续，而土地租赁则不需要在村委会备案。

第四节　集体林权制度改革

一　红林村集体林权制度改革背景

2008年5月，北京市委、市人民政府正式颁发了《关于推进集体林权制度改革的意见》。2009年9月，北京市林业工作会议暨集体林权制度改革动员大会召开，由此拉开了北京市集体林权制度改革的序幕。

2010年6月，怀柔区召开了推进集体林权制度改革工作大会，颁发了《关于实施集体林权制度改革的意见》和《怀柔区集体林权制度改革实施细则》。7月，桥梓镇成立了由镇党委书记任组长、镇长任常务副组长的集体林权制度改革工作领导小组，并组织召开了“推进集体林权制度改革动员大会”，镇领导班子全体成员、驻村干部、24个行政村的党支部书记、村主任及林业主管人员参加会议。会议发布了桥梓镇集体林权制度改革实施方案，并对全镇的集体林改工作进行了全面安排和部署。动员大会之后，全镇24个村全部成立了领导小组，桥梓镇又组织了集体林改工作培训班，对驻村干部及各村集体林改领导小组成员进行培训。各村、有关部门按照“区级督查指导，镇组织实施，村具体操作，部门做好服务”的工作机制，推动集体林权制度改革。

按照上级的统一部署，红林村成立了以村书记王雅君任组长，村主任丁志俊任副组长的集体林权改革领导小组。领导小组成员同时又是具体工作人员。村林改工作领导小组负责红林村林改工作全过程的组织协调和工作推进，处理改革中出现的各种问题。

按照北京市及怀柔区和桥梓镇有关集体林权制度改革的规定，红林村制定了以下集体林权改革的原则：①依法推进，权益平等。以《森林法》及《土地承包法》等法规以及上级林改相关政策为依据，坚持以家庭承包经营为基础、统分结合的双层经营体制，坚持农村集体经济组织成员享有平等的承包经营权益。②尊重历史，维护稳定。必须遵守国家法律和政策的有关规定，坚持改革与稳定并重原则，保持原有政策的稳定性和连续性。对已经由集体经济组织通过发包或其他形式流转到个人、法人或其他经济组织的林地林木，原则上不打乱重来，不重新分配。③以人为本，透明公开。尊重农民意愿，充分发挥农村集体经济组织成员的改革主体作用，保障村民的知情权、参与权、监督权和决策权，做到改革的内容、程序、方法和结果四公开，严禁暗箱操作。④分类指导，分区施策。按照林业分类经营管理制度，根据生态环境建设和经济发展需要，采取相应的管理体制和经营机制，放开搞活商品林，管好管严生态公益林。

北京市的集体林权制度改革主要包括全面推进商品林放开搞活机制和建立山区集体公益林生态效益促进发展机制两大方面。按照规定，对于完成集体林权改革的村庄，给予生态促进发展机制效益补偿，由市、区两级财政共同负担，列入财政预算，资金用于本村集体经济组织成员的利益分配和村集体生态工程建设。对于发生乱砍滥伐、火灾、过度放牧等破坏生态环境的行为，扣除村集体及当事人生态促进发展机制效益补偿金，并对当事人依法进行处理。

二 林权制度改革的主要内容

根据国家有关规定，集体林权制度改革的主要内容是明晰产权、放活经营权、落实处置权、保障收益权。红林村的集体林地一共分为两大部分，即山区生态公益林和商品林。按照相关文件精神，结合本村实际，红林村确定了本村的林改内容，即山区生态公益林明晰股权，完善商品林家庭承包经营机制。

（一）山区生态公益林明晰股权

红林村的山区生态公益林一直由村集体经济组织统一管理，没有承包到户。按照怀柔区关于实施集体林改的意见和桥梓镇集体林改实施方案，红林村的山区集体生态公益林以确定股权为重点，按照“均股不分山，均利不分林”的原则，明晰所属集体林地产权，对村集体经济组织成员进行股权确认，均股确利到户。

1. 股权分配的原则

按照相关规定，红林村制定了如下股权分配原则：①依法分配，规范操作原则。股权分配必须符合区、镇有关集体林改股权分配精神，严格按规范程序进行操作，重要环节要进行民主决策，防止因程序不严而产生矛盾。②收益激励原则。在保障村集体森林健康经营管理资金的前提下，对于村集体经济组织成员按照股份进行收益分配，以调动村民营林、护林、爱林的积极性。③公平、公正、公开原则。股权人在村集体收益分配中以其股份比例享有合法权益，村集体林地资源收益、股权人及其所享受利益情况应当及时公开。

2. 股权人员范围

经红林村成员代表大会民主讨论决定，红林村的林权改革基准日为2010年7月20日。

红林村于2010年6月30日完成了村集体经济产权制度改革，将村集体可量化的资产全部量化到村集体和农民个人，并转为村集体和农民个人在产权制度改革后新组建的社区股份合作社的股份。有关红林村社区股份合作社的股东确定方式详见第十二章第五节。此次红林村集体林权制度改革参照村社区股份合作社股东名单，核对改革基准日时股东及其衍生人口户籍变动情况，以股东家庭现有户籍人口为准，并进行7个工作日的公示。享有村集体生态公益林股权人员，由村集体经济组织每年核定一次，核定结果需提交村集体经济组织成员大会或成员代表大会讨论通过并给予公示。

3. 股份份额及利益分配

（1）村域内山区集体生态公益林按照“均股不分山，均利不分林”原则，每名股权人享有同等的生态公益林面积，以后每年7

月20日核定一次并公布增减情况。

（2）对于集体统一经营管理的林地资源，林地征占用补偿、多种经营收入以及承包和流转所得收益的二次分配的收益，纳入村集体收益，按照林改时确定的股东股份份额进行分配。

（3）山区集体生态公益林效益促进发展资金的60%用作股权人的利益分配，资金的40%用于村集体山区生态公益林的林木抚育、资源保护、生态用水保障、作业道路修建等林业建设。

（4）集体统一经营管理的林地资源，林地征占用补偿、多种经营收入，以及承包和流转所得收益的二次分配，原则上所得收益的60%用于农村集体经济组织成员的分配，其余部分用于村集体公益事业和林业发展。

4. 根据林地保护利用规划和森林经营方案，对生态公益林进行必要的抚育、低效林改造或更新性质的采伐，禁止商品性采伐。

（二）完善商品林家庭承包经营机制

红林村的商品林均已承包到户。按照此次林改的有关规定，红林村的商品林以确定经营主体和梳理合同为主，在不改变林地性质的基础上可以全面放开经营。

（1）对通过合法程序承包到户，或由村集体经济组织以外的其他组织、个人经营管理的商品林，依法保持经营关系不变。

（2）商品林由经营管理者依法自主决定种植结构、经营方向、经营模式和经营目标，但不得改变林地性质。

（3）通过家庭承包方式取得的集体林地使用权，可以依法采取转包、出租、互换、转让、股份合作等方式流转。但流转的期限不得超过承包期的剩余期限，且林地流转后不得改变林地用途。

三 林地权属界线认定

由于商品林在承包到户时就对林地的权属界线进行了划分，而集体生态公益林界线一直以来比较模糊，因此，组织人力对村域内山区集体生态公益林边界界线进行认定，便成为此次林改中最重要的一项工作。勘界确权参加人员范围包括：区园林绿化局、区民政局、国土分局、镇集体林改工作队、村集体林改工作人员、林权权利人及相邻地块权利关系人。林改领导小组要组织专业人士对林地的四至界线进行认定，做到界线清楚、有明显标志，同时做好四至面积的记录。

在进行本村林地所有权勘界和外村勘界涉及本村边界时，桥梓镇政府都要发送“林地所有权勘界通知单”，将相关人员召集在一起，进行实地勘界确权。以下分别为红林村林地所有权勘界和岐庄村林地所有权勘界时红林村所收到的“林地所有权勘界通知单”。

林地所有权勘界通知单（一）

桥梓镇红林村：

为做好林权勘界确认工作，根据有关政策法规，镇政府拟于2010年9月26日8时组织相关人员开展对桥梓镇红林村集体林地所有权边界的勘查确认工作，拟勘界林地四至界线与你村相关，被列为指界人。现该宗地

原林地所有权权利人：桥梓镇红林村

毗邻林地所有权权利人：桥梓镇岐庄村　桥梓镇苏峪口村

届时请务必前往桥梓镇红林村集合，参与实地勘界确权工作。如无正当理由不准时参加林权勘界工作，将视为同意林权勘界结果，请予以配合。

特此通知

北京市怀柔区桥梓镇人民政府

林地所有权勘界通知单（二）

桥梓镇红林村：

为做好林权勘界确认工作，根据有关政策法规，镇政府拟于2010年10月10日9时组织相关人员开展对桥梓镇岐庄村集体林地所有权边界的勘查确认工作，拟勘界林地四至界线与你村相关，被列为指界人。现该宗地

原林地所有权权利人：桥梓镇岐庄村

毗邻林地所有权权利人：桥梓镇红林村

届时请务必前往桥梓镇岐庄村委会集合，参与实地勘界确权工作。如无正当理由不准时参加林权勘界工作，将视为同意林权勘界结果，请予以配合。

特此通知

北京市怀柔区桥梓镇人民政府

在村庄之间的边界勘界清楚后，要召开村民代表大会对勘界结果进行确认，之后，村庄之间要签订“林权边界协议书”。协议书内要记录双方边界指认人，并详细列明双方林地的四至界线，最后要由双方村委会盖章，法定代表人签字。以下是红林村与岐庄村的“林权边界协议书”。

林权边界协议书

甲方：桥梓镇红林村

乙方：桥梓镇岐庄村

根据中共中央国务院关于全面推进集体林权制度改革的意见（中发［2008］10号），中共北京市委、北京市人民政府关于推进集体林权制度改革的意见（京发［2008］9号），本着尊重历史、承认现实，便于森林资源管理，互谅、互让的原则，2010年9月26日，由红林村丁志俊和岐庄村李仕国等人对双方林地所有权边界进行了指认，取得了一致，并经2010

年11月23日红林村村民代表大会通过，达成如下协议：

一、甲方东界：红林牛坨；　　　乙方西界：岐庄牛坨（村界）

二、甲方南界：红林二扬坑；　乙方北界：

三、甲方西界：红林牛坨顶；　乙方东界：

四、甲方北界：红林牛坨山脚；　乙方南界：

五、涉及双方行政村边界以国土分局二调成果资料为准，镇乡行政边界以区民政局的界定为准 。

六、以上文字所表述的林地所有权的具体边界界线以双方法定代表人签字盖章的地形图为准。

七、甲、乙双方应严格遵守此协议，不得因法定代表人的更换而改变。

八、本协议书同林地所有权边界地形图一式四份，甲、乙双方各执一份，镇乡人民政府一份，区县人民政府一份。

甲方：（盖章）　　　　　　乙方 ：（盖章）

法定代表人：丁志俊（签字）　法定代表人：李仕国（签字）

2010年12月25日　　　　　2010年12月25日

在勘界确权结束后，在区园林绿化局的技术指导下，镇集体林改工作队具体负责对经过边界确认后的林地开展详细调查，并结合调查结果绘制林地小班图、填报小班调查表，报区园林绿化局审核确认。在镇林改办监督指导下，村集体林改工作领导小组将林地调查结果在村务公开栏内进行公示，公示内容包括林地位置、林种、四至、面积、经营权属等，公示过程要进行现场拍照。

四 自查总结

集体林改工作结束后，村组织要对本村的林改情况进行自查总结，并将总结报桥梓镇集体林改工作机构。怀柔区林改办还要组织有关成员单位在镇、村自查的基础上进行抽查验收。

在此次集体林权制度改革中，红林村涉及林改的有 119 户、216 人，全村林业用地 4817.4 亩，其中生态公益林 3163.6 亩，商品林 1653.8 亩。生态公益林可以获得政府每亩 24 元的生态促进发展机制效益补偿金。以下是红林村林改工作自查总结报告：

桥梓镇红林村集体林权制度改革工作自查总结报告

我村集体林权制度改革工作开展以来，严格按照镇党委、政府关于《怀柔区桥梓镇集体林权制度改革工作实施方案》《桥梓镇集体林权制度改革工作的意见》的要求，提早动员，周密部署，对照林改工作流程，层层深入，深挖细刨，确保每段工作落到实处，不留死角。尊重农民意愿，充分发挥农村集体经济组织成员的改革主体作用，保障村民的知情权、参与权、监督权和决策权，做到改革内容、程序、方法、结果四公开。报告如下：

此次林权制度改革完成后，我村涉及林改的户数 119 户，216 口人。全村林业用地 4817.4 亩，其中有生态林林地面积 3163.6 亩，商品林面积 1653.8 亩。

林改工作开展以来，我村成立了林改工作领导小组，开展专业培训班，并通过广播宣传、刷写标语、悬挂横幅、召开会议等多种形式宣传林改工作相关政策。截至目前，全村已全部完成了三榜公示、微机录入、档案归档工作。在林改过程中，我们严格按照林改相关规定，支持政府指导，群众参与，上门入户，召开群众大会，广泛征求群众意见，力争把矛盾化解在村内。

附件：

《中共北京市怀柔区桥梓镇委员会北京市怀柔区桥梓镇人民政府关于集体林权制度改革的实施方案》

中共北京市怀柔区桥梓镇委员会
北京市怀柔区桥梓镇人民政府
关于集体林权制度改革的实施方案

为积极稳妥有序推进我镇集体林权制度改革工作，本着促进我镇现代林业发展，扩大农民生产就业，促使农民增收致富的方针，结合我镇实际，制订本实施方案。

一、基本原则及要求

（一）依法推进，权益平等。以《中华人民共和国森林法》《中华人民共和国农村土地承包法》等法律法规规定和上级相关政策文件精神为依据，坚持以家庭承包经营为基础、统分结合的双层经营体制，坚持农村集体经济组织成员享有平等的承包经营权，依法稳步推进改革。

（二）尊重历史，维护稳定。集体林权制度改革必须遵守国家法律和政策的有关规定，坚持改革与稳定并重的原则，要保持原有政策的稳定性和连续性。对已经由集体经济组织通过发包或其他合法形式流转到个人、法人或其他经济组织的林地林木，原则上不打乱重来，不重新分配。

（三）以人为本，透明公开。尊重农民意愿，充分发挥农村集体经济组织成员的改革主体作用。保障村民的知情权、参与权、监督权和决策权，做到改革内容、程序、方法、结果四公开，严禁暗箱操作。

（四）结合产权，稳步推进。集体林权制度改革是农村产权制度改革的重要组成部分，是产权制度改革的进一步深化。林改工作要在产改完成的基础上稳妥推进，实施中可适当借鉴产权制度改革的工作机制。

二、改革范围

本次改革范围是农村集体所有的商品林、山区生态公益林。改革重点是山区生态公益林。其中第一道、第二道绿化隔离地区、五河十路绿色通道的林地林木及平原地区的公益林，暂不纳入本次改革范围。

国有、集体、个人之间对林地林木权属有争议的，要以“稳定为主、适度调整”为原则调处解决争议。对林地林木权属不清，争议未解决的，不纳入本次改革范围。

三、总体目标

从2010年7月至2010年12月，用6个月时间，基本完成我镇24个村的集体林权制度改革任务。基本完成明晰产权、确立主体、放活经营、保障收益的改革任务，在此基础上逐步建立健全和不断深化完善配套措施建设。建立以家庭承包经营为基础、多种经营形式并存、权责利相统一的集体林经营管理体制，使“林有其主、主有其权、权有其责、责有其利”。初步构建“产权归属清晰、经营主体到位、权责划分明确、利益保障严格、流转顺畅规范、监管服务有效”的现代林业产权制度，实现资源增长、农民增收、生态良好、社会和谐的目标。

四、社会概况

我镇辖24个行政村，总人口2.04万人，共计10142户，其中农业人口15509人，镇域面积112.62平方公里，林地面积124638亩，其中生态林64800亩，商品林面积50125亩。

五、方法步骤

桥梓镇集体林权制度改革自2010年7月开始至2010年12

月。工作分四个阶段进行：

（一）组织准备阶段（7月1日至8月15日）

1. 成立组织（7月1日至6日）。各村要成立由党支部书记任组长的集体林权制度改革领导小组，小组成员包括党支部副书记、村民委员会主任、副主任、村会计等。同时根据本村集体林改的工作量可组建专门的林改工作队伍，从事村级林改工作的摸底调查、外业勘界等工作，并将名单上报镇林改办公室备案。

2. 学习动员（7月7日至12日）。各村集体林改宣传由村集体林改工作小组负责，可通过广播、张贴标语、召开会议、橱窗宣传等多种形式展开。各村集体林改宣传工作要由专人负责，确保政策宣传到位，并保证集体林改解释、宣传口径的一致性。

3. 确定集体林改基准日（7月13日至7月20日）。各村召开村集体经济组织成员大会或成员代表大会，讨论通过村林改组织机构和基准日时间。

4. 调查摸底（7月21日至8月6日）。各村林改工作小组进行摸底调查。对现有村域的林木资源、经济组织成员、林地流转、林权现状等基本情况进行调查登记，重点是现有集体经济组织成员情况、林地资源及林权现状，并将本村现有经济组织成员及参与集体林改的面积、林种、相关权利人等材料一并在村务公开栏进行公示，公示期7个工作日。

5. 制订方案（8月7日至8月15日）。此次改革要认真贯彻落实中央、市、区委、区政府有关集体林权制度改革文件精神，把握政策方向，在调查研究和科学论证的基础上，做好改革方案的制订工作。各村集体林改工作方案，由本村集体林改工作领导小组负责，方案应包括组织机构建设、界定集体林改人员范围、工作制度、工作流程、改革方式、改革时限、阶段任务等主要内容。方案经镇集体林改工作领导小组审核同意后，由村集体经济组织成员大会或成员代表大会民主讨论通过，形成决议，公布7个工作日后予以实施。

（二）勘界确权阶段（8月16日至11月15日）

1. 实地勘界确权（8月16日至9月15日）。我镇根据制订的林改工作方案，组织林改办公室工作成员深入改革一线，现场指导村集体林权制度改革工作小组进行勘界确权。逐地块进行调查登记和地形图小班勾图，核实林地权属、面积和四至，落实林地使用权和林木所有权，确保四至界线清楚，权属明确。区、镇界以区民政局勘界为准；各村界以怀柔区国土资源分局勘界为准。

2. 争议纠纷调处（9月16日至9月30日）。林权争议调处工作必须服从“改革、稳定、发展”的大局，以维护社会稳定为目标，重点解决现存积案，对林权争议和承包经营权或林权流转等争议引发的矛盾纠纷，应依据《中华人民共和国森林法》相关法律规定，按照“属地管理、分级负责、依法调处”的原则，各村要责成专人负责争议纠纷调处工作，制订调处方案，加大调处力度，要确保村与个人之间、个人与个人之间问题不出村，村与村之间问题不出镇，努力把林权争议解决在基层。经认真调解仍达不成协议，主管部门制作处理意见书，报镇人民政府做出决定，当事人不服从争议处理决定的，可依法申请行政复议或向人民法院提起诉讼。

3. 林权勘界公示（10月1日至10月20日）。村集体经济组织将林权登记的程序、方法、内容、结果以及实施过程每一步进行公开。村集体林权制度改革工作小组依照规定拟订承包方案，依法召开村集体经济组织成员大会或成员代表大会，讨论通过确权或承包方案，并公开组织实施。实施过程中当事人应当在勘界确权书及附图上签字或盖章。村集体经济组织对确权的林木林地权属、地理位置、面积、四至、林种等内容在本村及邻村采用张贴通知、告示等方式进行公开公示，公示时间7个工作日。在公告期内，有关利害关系人如对登记申请提出异议，登记机关应当对其所提出的异议进行调查核实。有关利害关系人提出的异议主张确实合法有效的，登记机关对登记申请应当不予登记。

在勘界确权过程中要采取“三榜公示”制度。对林权现状、纠纷情况、临山（林）踏界、提交的证明材料等基础情况摸底造册，进行第一榜公示；制定讨论、通过、批复明晰产权方案后，进行第二榜公示；确权或签订（完善）承包合同后进行第三榜公示。

4. 签订承包协议（10月21日至11月15日）。经公开公示后，确无异议的林权，由农村集体经济组织与农户逐一签（补）订林地承包合同书，明确双方权利、义务，再将权属落实情况造册，连同与农户签订的合同书一并报镇政府批准。按照《农村土地承包法》的规定，承包合同具体内容一般包括六个方面：一是发包方、承包方的名称，发包方负责人和承包方代表的姓名、住所；二是承包林地的名称、坐落面积、四至界线以及林木状况等；三是承包期限和起止日期；四是承包林地的用途；五是发包方和承包方的责任、权利和义务；六是违约责任等。

（三）建档发证阶段（11月16日至12月20日）

勘界确权完成后，镇林权制度改革办公室将审核无误的林权登记基础材料报区园林绿化局进行林权审核登记。具体操作办法应当按照国家林业局《林木和林地权属登记管理办法》的申请、受理、公告和登记的程序及技术规范规定执行。区园林绿化局在受理林权登记申请后，需依法公示30天，核实确无林权纠纷后报区政府批准发放全国统一制式的《林权证》，做到图、表、册一致，人、地、证相符。因流转或其他原因造成林地林木权属发生变化的，进行变更登记或换发《林权证》。对权属不清或纠纷尚未解决的，不予发放《林权证》。

在林改过程中形成的各种会议材料、文件、实施方案、检查、汇报、总结材料，由主办单位按文书档案归档保存；森林资源调查图表、林权界线图表、各种汇总清册、统计表，林权登记申请表、林木林地权属证明文件、公告材料，现场勘验认界材料、附图或者地块示意图、登记的核准文件、林权管理信息系统的备份等材料由区级以上地方人民政府承办林权登记发证事宜的区园林绿化局归档保管；落实产权中的各村调查图表、清册、实施方案、合同、协议、村集体经济组织成员大会或成员代表大会记录、决议、公示等材料，由镇、村有关单位归档保管并报区园林绿化局备案；林权争议、来信来访、矛盾纠纷调处等材料，由受理机关或单位归档保管。

（四）验收总结阶段（12 月 21 日至 12 月 31 日）

镇集体林权制度改革领导小组加强对各村林权制度改革实施情况的跟踪调查，及时发现和解决改革过程中出现的新情况、新问题，坚持边改革、边总结、边完善。林权制度改革工作基本结束后，各村要对林改中确权承包情况、外业区划勘界、林权证本发放情况、林权流转、档案管理、改革成效等进行自查总结，并将总结报告报集体林权制度改革领导小组办公室。

主要通过下列综合指标检验改革成效，包括：一是组织机构是否健全，有无出台相关的指导意见或实施方案；二是村林改方案是否依法经过村集体经济组织成员大会或成员代表大会民主讨论通过，林改程序、内容、方法、结果是否做到公开、公平、公正；三是林权确权四至清楚无争议的准确率；四是林权纠纷的调处率；五是档案是否齐全、完整，林改文件资料、合同台账的收集整理、分门别类保存的建档率；六是各级领导、农民群众对林改的满意率；七是其他有关文件规定的考核内容等。

2010 年 7 月 3 日

第五章

土地征收

第一节　土地征收概况

土地征占对红林村老人来说并不陌生。据村中老人回忆，红林村最多时耕地在600亩左右。20世纪60年代怀长路建设、供销社建房等都占用了村庄土地。

> 原来咱村与岐庄之间以河沟为界，往北去都是咱们村的土地，山往南还往东也都是红林村的土地。……那时村口、怀长路一带、供销社周围都是庄稼。（摘自与丁学纯的访谈笔录）

新中国成立初期，国家建设征用土地的补偿费标准，怀柔地区一般是以占用土地的常年产量计算，每亩约补偿10元、30元、50元不等。1962年以后，改为按被征占土地3年的实际产量的总和予以补偿。那时的土地补偿费很低，而且是打入生产队的账上，不直接与农民发生牵连。

土地承包到户后，随着城镇化的推进，许多地区都曾出现过的征地及征地风波并没在红林村出现。红林村是一个远郊山村，城镇化建设的步伐还未及踏进，在21世纪前一直没有发生过土地征收现象，大部分村民对土地征收还是一片空白。2002年，国家312工程建设征地，打破了这个小山村的宁静，抗征、两派对峙、上访、一夜暴富的神话，陆续在这个小山村上演。而由征地所引发的对村庄及村民的影响则更是全方位的，对此，本书在不同章节都有涉及。

21世纪红林村共有三次规模较大的征地经历：312工程两次征地和怀长路改建一次征地。

312工程征地涉及桥梓镇红林、岐庄、苏峪口三个村庄，2010年前累计征地827亩，其中，在红林村征地700.7亩。

312工程在红林村大规模征地共有两次，即所谓的一期征地和二期征地。

312一期征地发生在2002年，共征地230.7亩，涉及农户29户，其中占地规模较大的有20户左右。一期征地，土地补偿费每亩8000元，全部归村集体；果树等地上物补偿，40%归集体，60%归个人，个人最低补偿100元，最多48万元。一期征地尽管在补偿数额上不如二期，但对村庄和村民的冲击是史无前例的，抗征、上访也是发生在这次征地之中，其曲折的过程笔者将在后文详述。一期征地后，312工程由于架线等原因还在红林村征过地，但属于零星占地，数量很少，只涉及个别农户。

312二期征地开始于2006年，于2007年征地完毕，共征地470多亩，涉及农户90余户。二期征地，土地补偿费每亩4.1万元，全部归村集体，果树等地上物补偿，全部归个人，个人最低补偿几万元，最多300多万元。尽管二期征地有一期征地的铺垫，总体上“动静”不大，没有一期征地那么曲折，但由于征地规模较大，涉及农户较多，尤其是巨大的财富效应，对于村庄经济生活的影响也是空前的。

第三次征地发生在2012年，怀长路改建占用红林村十多亩土地，共涉及农户十多户。此次征地，土地补偿费每亩14万元，全部归村集体，地上物补偿全部归个人。由于此次征地为公益性征地，加之所占用农地多为耕地，地上物补偿较少，农户最低补偿一万元，最高十多万元。相对于同期312工程在邻村的征地，怀长路改建征地地上物补偿较少，因此在征地过程中遇到部分农民的抵制。

> 有几位村民对怀长路征地有很多不同意见，他们对自己种植在土地上的果树期望值很高，对补偿款不满意。对于种牧草的土地，政府实行一亩地一千五的补偿，此外还有一万五千块钱的肥料补偿钱，根据合同期限来补偿。有部分百姓不知足，对征用土地的收益期望太高。（摘自与王雅君的访谈笔录）

为了保证怀长路改建如期进行，桥梓镇将红林村第一个签订拆迁补偿协议的被拆迁户丁志勤树立为典型，在全镇范围内掀起学习丁志勤的热潮。与此同时，村两委构建了支委联系党员，党员联系群众，村委联系村民小组长、村民小组长联系群众的双重管理模式，入户征求意见，做群众工作，从而保证了征地工作的顺利进行。

312一期征地，除了土地及地上物补偿之外，再无其他补偿。而312二期征地及怀长路改建征地，除土地及地上物补偿外，还有农转非指标。第二次征地有23个农转非名额，怀长路改建征地，有1个农转非名额。农转非人员均是在公证人员的公证下，在全村农业户口人群中抓阄产生。

按照有关规定，征地单位应当将征地补偿费专户存储，接受土地行政主管部门的监督，依法支付。市土地行政主管部门负责征地补偿管理工作；市劳动保障行政主管部门负责转非劳动力就业和社会保险管理工作；市民政部门负责超转人员管理工作。区、县土地、劳动保障、民政部门按照分工负责本行政区域内征地补偿安置具体管理工作。

第二节　“刻骨铭心”的一期征地

312 工程征地均为山坡地，属于散生果林性质，栽种着红果、杏、李子、栗子等干鲜果品，其中以红果居多。这些果林自 20 世纪 80 年代承包到户后，尤其是 30 年不变政策实施后，作为红林村主要的生产资料，承载着村民对未来生活的无限向往，许多村民投入了大量的人力和物力对果林实施维护和管理。

2002 年对于红林村来说是个不同寻常的一年。在这一年，怀柔撤县设区，从此告别了 600 多年的县建制历史，开始了城乡一体化建设时期。但是，对于红林村村民来说，对撤县设区并没有什么概念，他们记忆深刻的是 2002 年这一年 312 工程在村庄征地以及围绕征地所发生的故事。

当征地消息传来后，整个村庄沸腾了。尽管改革开放以来，许多地区都发生过征地现象，因征地而一夜暴富的神话人们也有耳闻，当这种幸运降临到红林村时，被征地村民和未被征地村民都陷入一片躁动之中。当时人们并不清楚征地是如何操作的，更不清楚征地补偿还分为土地补偿和地上物补偿，村里也没有及时发布有关信息，人们所知道的就是到处流传的果树补偿价格。据村民回忆，当时流传的补偿价格大概是：栗子每斤 8 元，枣每斤 5 元，核桃每斤 10 元，山里红每斤 2 元，杏每斤 2 元，补若干年。按照这个补偿价格核算果品产量，所得出的补偿款对于当时的村民来说无疑是笔巨款。

围绕补偿款如何分割，人们即刻分成两派：被征地村民和未被征地村民。被征地村民认为，征的是我的地，补偿款理应归我；未征地村民认为，征的是集体的地，补偿款应该在全体村民中平分，人人有份。当时村里曾有一个想法：把土地收回去，重新分，每人每年给2000元，但未获同意。两派各执一词，毫不相让，并各自发动村民上访，陈述自己的诉求。

当时镇里、区里、市里都去上访了，大概有三四十人，不管是否占地的人都去了。第一批占的全是好地、好树，有枣、栗子、杏之类的，地理位置好，比较平坦。（摘自与丁学友的访谈笔录）

由于补偿款分割问题未达成一致，工程建设也遇到阻碍：

没有任何说明，直接就来量地，说是要建设，社员不让。30年承包期没到就不允许占，得有个说法。县里带着公安局的人来现场，让村干部做社员工作。不给钱，社员就不让进自己家的树园子，一整天都在那把着，还把镇里和县里的人锁在屋里，要求给一个说法。（摘自与丁学信的访谈笔录）

当村民得知征地补偿不仅包括对果树等地上物的补偿，还包括土地补偿，并且土地补偿归集体时，未占地村民的不满情绪有所平抚。接着就是关于地上物补偿的分割问题。未占地村民认为，果树承包每年都有上交任务，规定的比例为40%，所以地上物补偿也不能完全归占地户，应该有一部分归集体。最后确定的分割方案为：果树补偿费40%归村集体，60%归个人；树苗款全部归个人；土地附属设施补偿款归投资者所有；用材林补偿款归集体。具体的补偿款分割方案见本节附录《国家312工程征占土地红林村被征占对象承包合同的变更、解除和地上附着物补偿分配方案》。

征地补偿费分割方案确定下来后，接着就是补偿标准的确定。土地补偿费标准比较明确，即每亩补偿8000元，地上物尤其是果树补偿则有很大的弹性。经过多方协商，最后确定了地上物的补偿标准（详见《征地补偿协议书》中的《征地补偿费计算清单》）。

镇里过来找占地农民谈话，主要是协商价格。最初栗子每斤8元，枣每斤5元，核桃是每斤10元，山里红是每斤2元，杏是每斤2元，都是大概。而实际上补偿，枣是每斤3元，栗子是每斤6元……大体能降百分之二三十。在此基础上百姓分60%，剩下40%归村。第一期占地200多亩，每亩8000元归村里，一分钱都没分给村民，全部还贷款补窟窿了。一期占地补偿太低。（摘自与丁学友的访谈笔录）

征地补偿标准及补偿费分割方案确定下来后，就开始确定果树的产量，“看树的大小来估产”，“干果补四年，水果补三年”，最后核算出每个农户的果树补偿额。这一点有别于二期征地。二期征地是评估公司现场评估、作价，评估公司和个人签订合同，比较规范。补偿价格按市场价格，根据树干的尺寸算产量。干果是按8年补偿，水果是按6年补偿。表5－1和表5－2是红林村一期占地农户的估产情况及补偿清单。

表5－1　　红林村一期征地农户的估产情况　　单位：斤

农户	红果	柿子	核桃	栗子	李子	枣	杏	梨	黑枣
农户1	5140					40	3	100	30
农户2	14775						60	160	
农户3	1350	3000	399	135	80	125	150		
农户4	6300			2170			500		
农户5	54480	915		3660	100	8800	9300	300	
农户6	41600	1020		2145	60	10	1146	600	
农户7	480			555	100	120	3600	40	
农户8	11400			40		250	820	100	
农户9	7380	450		660		140	750		

续表

农户	红果	柿子	核桃	栗子	李子	枣	杏	梨	黑枣
农户 10	1440			1820	40		1650	50	
农户 11	3354			1254		15	14100	350	
农户 12				1512			9360		
农户 13	150	260		960		3840	6740		
农户 14	10296			1087	90	33		880	
农户 15		20		256	396	17.5	2960	450	
农户 16	20100			564		105	4636	3	
农户 17	13650	100		6755	7752	10	25800	400	
农户 18	11005			8742	4950	159	17688		
农户 19	29928		1125	7124	13350	331	19776	1800	
农户 20	2430	400		2693	3150	25	4510	1500	
农户 21	2482	600	40	4591	3440	1700	13394	1376	
农户 22	3790			80		160	70		
农户 23	800			2779	1240	672	1720	6600	
农户 24				2880			300		
农户 25	70			1000		160	5792		
农户 26	9900			520		94	2420	180	
农户 27	360								
农户 28	12080		60	194	240	40	680		

资料来源：根据怀柔区档案馆馆藏资料整理。

表 5－2　　红林村一期征地农户的补偿情况　　单位：元

农户	果树补偿款	按 60% 个人应得金额	果苗款	合计
农户 1	20751	12450.6	110	12560.6
农户 2	54498	32698.8	260	32958.8
农户 3	43400	26040	1485	27525
农户 4	140020	84012	350	84362
农户 5	635280	381168	430	381598
农户 6	294150	176490	1260	177750
农户 7	66240	39744	150	39894

续表

农户	果树补偿款	按60%个人应得金额	果苗款	合计
农户8	55480	33288	890	34178
农户9	72318	43390.8	750	44140.8
农户10	115274	69164.4	50	69214.4
农户11	206132.4	123679.4	846	124525.4
农户12	162864	97718.4	140	97858.4
农户13	181488	108892.8		108892.8
农户14	99217.6	95530.6	130	95660.6
农户15	46087	27652.2	75	27727.2
农户16	145293	87175.8	1900	89075.8
农户17	704948	422968.8	145	423113.8
农户18	700806	420483.6	30205	450688.6
农户19	801045.8	480627.5	315	480942.5
农户20	227294	136376.4	250	136626.4
农户21	439618	263770.8	1000	264770.8
农户22	21314	12788.4	1800	14588.4
农户23	243724	146234.4	2070	148304.4
农户24	152460	91476		91476
农户25	107260	64356	250	64606
农户26	87016	52209.6	55	52264.6
农户27	1296	777.6	51	828.6
农户28	64496	38697.6	320	39017.6
农户29			100	100

资料来源：根据怀柔区档案馆馆藏资料整理。

一期征地，尽管补偿数额不如二期，集体又从个人补偿中抽走40%，但是，对村民的冲击是空前的。“那时的钱值钱，十几万可以买栋楼”。也正是巨大的心理落差，补偿额较多的家庭“房子曾被放火，鸡也曾被烧死”，人与人之间的关系达到前所未有的紧张状态：“人心散了，父子、兄弟反目，两派上访”，“至今刻骨铭心，提起来就血压上升”。

附件 1

国家 312 工程征占土地
红林村被征占对象承包合同的变更、解除
和地上附着物分配方案

因国家 312 工程在我村地域内设立和实施，需占用我村部分土地及承包果树，为支持国家重点工程建设，现将我村被征占对象承包合同的变更、解除和地上附着物补偿分配方案公布如下：

一、法律依据

1. 依据《北京市农业承包合同条例》第四章第二十四条第二款之规定："承包的土地依法由农用地转为建设用地的"，允许变更和解除合同。

2.《中华人民共和国土地管理法实施条例》第五章第二十六条规定：土地补偿费归农村集体经济组织所有；地上附着物及青苗补偿费归地上附着物及青苗的所有者所有。

3.《北京市农村集体资产管理条例》第二章，农村集体资产所有权的第九条：乡联社、村合作社的集体资产包括：（一）乡联社村合作社集体所有土地、山场、森林、草原、水面等自然资源。第十条：乡联社、村合作社的土地、企业和其他资产，实行承包经营或者租赁经营的，资产的所有权不变。

4.《北京市村合作社经济组织财务会计制度实施细则》第四章固定资产及其他资产，第二十七条：固定资产是指使用期限在一年以上的房屋、建筑物、机器、机械、运输工具、产畜和役畜、经济林、防护林、养殖池以及其他与生产经营有关的设备器具、工具等。第二十八条：村合作经济组织应按下列规定确定固定资产的入账价值。经济林木开始有正常收入时转作固定资产，按实际支出的全部定植培育费用计价。

5. 怀政发［2001］32 号《怀柔县农村集体资产变现收益

管理办法》第七条：变现资产达到下列数额标准之一的，须出具资产评估报告：面积在10亩以上的土地、果园及“四荒”等资源性资产。第二十一条第二款：地上附着物补偿费，属于乡村集体经济组织所有的冲减固定资产原值后列入资本公积；属于生产经营组织、农户或个人的计入内部往来。

二、根据以上国家有关政策、法律法规，对我村312工程的占地户做出以下方案：

1. 征用土地补偿费依据《土地管理法实施条例》第五章第二十六条规定，土地补偿费全部归属村合作社所有。

2. 依据国家政策及签订《散生果树承包合同书》的甲、乙双方权利与义务的有关条款和“承包果树补充条款”中关于上交承包款40%的规定，对国家划拨的一次性果树补偿费，村集体与被占用果树承包户按承包合同约定补偿款的40%归村集体，60%归承包者。经评估认定的幼树苗款全部兑现承包户。

3. 土地附属设施依据《资产变现管理办法》第二十一条规定，属于个人投资兴建的，补偿款全部补偿给个人，属于村集体投资兴建的，补偿款归属集体。

4. 征用土地内的用材林全部归属村集体所有。

5. 对被征占果树承包户的合同进行解除或变更，不再补给其他生产资料。承包期满后按政策规定执行。

红林村村委会、合作社

附件2

征地补偿协议书

征用方：××国营企业（以下简称甲方）

被征用方：北京市怀柔县桥梓镇人民政府（以下简称乙方）

××国营企业因312工程建设需要，经北京市建设委员会批准（2002京建计规10号），现征用怀柔县桥梓镇所辖土地。依据中华人民共和国《土地管理法》和“北京市土地管理局关于贯彻执行《北京市实施〈中华人民共和国土地管理法〉办法》第四章、第五章实施细则的通知”，双方本着友好协商、相互支持的原则，就征地补偿的有关事宜协议如下：

一、征地地点和期限

本次征地地点为北京市怀柔县桥梓镇所辖三个村的土地，具体为：红林村、岐庄村、苏峪口村。征地期限按国家规定确认。

二、征地范围和面积

本次征地457.739亩（含市政道路代征47.709亩），其中：红林村230.7亩，岐庄村153.35亩，苏峪口村73.689亩。具体范围详见红线图（略）。

三、补偿内容

1. 土地补偿费：3668464元

2. 果树补偿：7586895.80元

3. 材树及柴树苗、果树苗补偿：104507元

4. 地上物补偿费：557340元

上述各项补偿费总计11917206.80元。大写人民币壹仟壹佰玖拾壹万柒仟贰百零陆元捌角整。详细计算过程见“征地补偿费计算清单”。

四、补偿费的结算方式

本协议生效后，甲方于十个工作日内将全部补偿款付清。款项汇怀柔县房屋土地管理局，由怀柔县房屋土地管理局将补偿款拨给乙方。

五、双方的权利和义务

（一）甲方的权利与义务

1. 甲方有按协议规定付清补偿费的义务。

2. 本协议生效后，乙方征地范围内的土地及其地上物归甲方所有，乙方及其村民对土地及其地上物无任何处置权（包括使用、砍伐、移栽等权利）。

3. 本协议生效后，甲方有权进入征用范围内按相关程序对地上物进行处置。同时，甲方有权按国家规划进行建设。

（二）乙方的权利与义务

1. 乙方有按协议规定收取补偿费的权利。

2. 乙方负责其所辖三个村的一切征地补偿事宜，征用方不再与其所辖村签订协议。本协议生效后，由于征地补偿引起的一切纠纷由乙方负责。

3. 乙方的坟墓在公告规定的时限内，由坟墓所有者自行迁移，逾期不迁的，征用方将按照民政部门的有关规定处理。公告由乙方负责公布。

六、违约责任

双方违约按国家有关法律规定执行。

七、发生争议的解决方式

双方发生争议协商解决。

八、其他约定

本协议未尽事宜，双方签订补充协议。补充协议与本协议具有同等法律效益。

本协议附件包括“征地补偿费计算清单”“2002 京建计规 10 号”文件和相关批复文件。

九、本协议一式十五份，甲方六份和乙方九份。

十、本协议自签订之日起生效。

甲方（公章）	乙方（公章）
法人（委托代理人）（签字）	法人（委托代理人）（签字）
2002 年 3 月 28 日	2002 年 3 月 28 日

附表　　征地补偿费计算清单

项目	名称	数量(棵)	单价(元)	总产量(斤)	金额(元)	备注
果树	板栗树	1419	6.50	55436	2882672	
	核桃树	47	4.00	2002	64064	
	红果树	5077	0.60	497790	1792044	
	枣树	7409	3.00	19827	356886	
	杏树	1707	1.50	197349	1776141	
	梨树	332	0.80	48376	232204.8	
	柿子树	48	0.80	10285	49368	
	桃树	151	1.50	4084	36756	
	李子树	625	1.50	39640	356760	
	材质费				40000	
小计					7586895.8	
材柴树苗	材树	683	6.00		32832	
	柴树苗	1390	2.00		2780	
	果树苗	3009	5.00		15045	
	板栗苗	3468	10.00		34680	
	枣树苗	1190	3.00		3570	
	杨树苗	5200	3.00		15600	
小计					104507	
地上物	岐庄截留坝	1			500000	残值作价
	水井	2	3000		6000	
	石坝	1	3940		3940	
	蓄水池	1	30000		30000	
	坟墓	29	600		17400	
小计					557340	
土地	土地补偿费		457.739		3661912	
	耕作费		163.8		6552	
小计					3668464	
合计					11917206.8	

第三节　征地对村庄的影响

征地对村庄的影响可以说是全方位的。本节主要从四个方面阐述征地对村庄的影响。

一　收入的全面提升

2002 年 312 一期征地，征地单位只对村庄进行了经济补偿，没有人员安置。其中，经济补偿包括：土地补偿，每亩 8000 元，全部归村集体；果树等地上物补偿，40% 归集体，60% 归个人。个人最多补偿 48 万元。集体所得的收入基本上用于清偿因果脯厂亏损累计的银行贷款，没有分给村民。

2004 年 7 月 1 日《北京市建设征地补偿安置办法》开始实施，自此，征地及征地补偿都有了明确的制度保障。按照《北京市建设征地补偿安置办法》，经批准征用农民集体所有土地的单位应当支付征地补偿费。征地单位支付的征地补偿费包括土地补偿费和安置补助费。本市征地补偿费实行最低保护标准制度。征地补偿费最低保护标准由市土地行政主管部门以乡镇为单位结合被征地农村村民的生活水平、农业产值、土地区位以及本办法规定的人员安置费用等综合因素确定，报市人民政府批准后公布执行。征地补偿费最低保护标准应当根据社会、经济发展水平适时调整。征地单位与被征地农村集体经济组织或者村民委员会应当在不低于本市征地补偿费最低保护标准的基础上，协商签订书面征地补偿安置协议。

2007 年 312 二期征地，涉及农户 90 余户，共征地 470 多亩，土地补偿费每亩 4.1 万元，全部归村集体，果树等地上物补偿，全部归个人，个人最低补偿几万元，最多 300 多万元。此外，村集体又分给村民每人 8 万元。2013 年，村委会以 312 一期征地补偿过低为由，又从 312 追回 550 万元，其中，村里留下 40%，60% 分给了村民，每人分1.5万元。

312两次征地，凸显出巨额的财富效应。首先，村庄面貌得以改善。村集体利用土地补偿费对村庄进行大面积的环境治理，修路，建牌楼，绿化环境，并在村庄开展各项文体活动，村庄面貌焕然一新。其次，村民的福利得以提升。村集体为每位有农业户籍的人员上了新农合保险，并在资金富余的情况下为符合条件的村民上了城乡居民养老保险；为超过60岁的老人每月发放100元的生活补助；每逢节假日，为村民发放节日补助；农户的电视收视费等也由村里支付。

而变化最为显著的则是农民家庭，除了被征地农民得到的征地补偿，全体村民均从村里分得不少收入，所有村民的生活水平都得到大幅提升，买房、建房、买车、置备家用电器，在村里一时形成高潮。以下是一位村民在得知笔者要写一本关于红林村的书时，直言不讳说的话：

> 咱村没什么可写的。若没有占地，五间房，过一辈子。现在有钱了，敢消费了，买车、盖房、买房，如同中大奖。别的村没有像咱村的。（摘自与丁德顺的访谈笔录）

占地补偿对于经济困难的家庭来说无疑是雪中送炭：

> 三个孩子，还有老父亲，一顿饭一大锅。儿子能吃八个包子，一锅包子一会儿工夫就没了。老父亲能动时还能帮点，动不了了，还得搭上媳妇，全天照看。只我一人干，真难！靠果树养不了家。幸亏有占地补偿，否则真难支撑下来。（摘自与丁富源的访谈笔录）

还有村民利用占地收入进行人力资本投资，谋求新的发展：

2002年4—5月份，312的征地补偿金到位。手里有钱了，开始考虑家里人的养老保险问题。从以前的名片本里，翻到保险公司，萌发了学习保险的念头。2002年先是做新华保险的业务员，一年后做到新华保险的正式业务员，准备荣升新华保险的主管时，有人介绍到保险代理公司（嘉信保险代理公司）工作。

由于受到非典影响，公司没有业务，员工也无法出去跑业务，大家都在公司里闲着。自己利用这段时间学习了电脑。因为占地有钱，花了6000元买了一台二手笔记本电脑，当时在怀柔还是很超前的。卖我电脑的人很好，告诉我不会用就问他。通过不断问和自己摸索，最终掌握了电脑。（摘自与丁志会的访谈笔录）

二　村民身份得以改变

按照《北京市建设征地补偿安置办法》，征用农民集体所有土地的，相应的农村村民应当同时转为非农业户口。应当转为非农业户口的农村村民数量，按照被征用的土地数量除以征地前被征地农村集体经济组织或者该村人均土地数量计算。农村集体经济组织或者村民委员会应当自征地公告之日起60日内确定应当转为非农业户口人员、转非劳动力、超转人员名单，向农村村民公示，并分别报区、县公安、劳动保障和民政部门。各有关部门应当依照职责办理相关手续。超转人员安置办法依照市人民政府有关规定执行（详见后文）。不满16周岁的未成年人及16周岁以上正在接受义务教育和学历教育的学生，只办理转为非农业户口的手续，不享受本办法规定的转非劳动力安置补偿待遇。实行非货币补偿的，农村集体经济组织或者村民委员会应当保证转非劳动力和超转人员安置补偿所需费用。转非劳动力的就业应当坚持征地单位优先招用、劳动者自主择业、政府促进就业的方针。

《征地补偿安置办法》同时规定，转非劳动力在征地时被单位招用的，征地单位应当从征地补偿款中支付招用单位一次性就业补助费；转非劳动力自谋职业的，一次性就业补助费支付给本人。一次性就业补助费不低于下列标准：①转非劳动力年满30周岁、不满40周岁的，为征地时本市月最低工资标准的60倍；②转非劳动力男年满55周岁、女年满45周岁的，为征地时本市月最低工资标准的48倍，年龄每增加1岁递减六分之一，至达到国家规定的退休年龄时止；③其他转非劳动力为征地时本市月最低工资标准的48倍。农村集体经济组织或者村民委员会应当在转非劳动力办理转为非农业户口手续后30日内，到所在区、县社会保险经办机构为其办理参加社会保险手续，补缴社会保险费。转非劳动力补缴的社会保险费，由征地单位从征地补偿费中直接拨付到其所在区、县社会保险经办机构。农村村民转为非农业户口后，不丧失对农村集体经济组织积累应当享有的财产权利。

在红林村，通过征地转为非农业户口的有两种人群，即转非劳动力和超转人员。转非劳动力是指征地转为非农业户口且在法定劳动年龄范围内具有劳动能力的人员，不包括16周岁以上正在接受义务教育和学历教育的学生。超转人员是指征地转为非农业户口且男年满60周岁、女年满50周岁及其以上的人员和经认定完全丧失劳动能力的人员。两种转非人员分别被简称为转工和转老。

红林村的征地转非人员的确定并不是根据每户被征地的多少，而是把符合条件的相同年龄段的农业人口组织起来，在公证处的公证下抓阄产生。由于北京市转非劳动力在补交一定数额的保险金后就可以在退休后按月领取养老金，尤其是征地超转人员不用缴纳任何费用就可以享受生活和医疗补助，这对于村民来说是改变身份和提高生活水平的大好机遇，很多人都希望能抓住这一机遇，因而参与抓阄的人很踊跃。

前已述及，312一期征地没有转非名额，二期征地有23个转非名额。2013年怀长路占地也有一个转非名额。

2002年312一期征地时，征地补偿费较低，也没有转非名额，2013年，经村两委努力，从征地单位找回了550万元，外加两个转非名额，其中转非劳动力一个，超转人员一个。这两个转非名额也是通过抓阄产生的。具体的抓阄过程见“抓阄事宜告知书”。

抓阄事宜告知书

一、2013年3月29日

转老：9：00—10：00 抓顺序号

10：00—10：30 正式抓阄，如有二、三轮，现场待定

转工：13：00—14：30 抓顺序号

14：30—15：30 正式抓阄，如有二、三轮，现场待定

二、抓阄程序

1. 叫号；2. 验证；3. 抓阄；4. 登记

三、注意事项

1. 第一轮抓阄结束后，如有转非名额未抓出，将组织未抓到名额的人员进行二次或三次抓阄，直到名额抓完为止，时间现场定。未参与一轮抓阄的人员视为放弃抓阄权利，不能再参与二轮抓阄，以此类推。

2. 抓阄时，须携带本人身份证或户口本，代抓人员还需带保证书及被代理人的身份证或户口本，在规定时间内未到场的视为本人自动弃权。

3. 正式抓阄时，村民应持顺序号等待叫号抓阄，无顺序号人也须排在有号人后面抓阄。

4. 转非名额全部被抓出后，后面人员将不再进行抓阄。

望村民认真阅读本告知书，如有不明请及时到村委会咨询。

北京市怀柔区桥梓镇红林村村民委员会

三　征地超转人员生活和医疗待遇

2007年5月，为了贯彻执行《北京市建设征地补偿安置办法》，进一步做好建设征地转非人员的接收安置工作，怀柔区结合本区实际，制定了《征地超转人员生活和医疗补助办法》。按照该办法，凡因国家建设征地农民户转为居民户的原农村劳动力中年龄超过转工安置年限（男满60周岁，女满50周岁），以及其他无人赡养的孤寡老人及法定劳动年龄范围内经有关部门鉴定完全丧失劳动力且不能进入社会保险体系的病残人员，按照规定标准享受生活和医疗补助，其补助办法如下：

（一）生活补助

全区新老超转人员补助按统一标准支付，即2007年7月1日起，一般超转人员每人每月527元，孤残人员每人每月675元。

（二）医疗补助

一般超转人员每人每月医疗补助30元，按照年内享受区、镇（乡）、村大病统筹补助后，医疗费超过360元的部分报销80%，全年累计门诊、急诊报销最高限额2万元。住院医疗费、恶性肿瘤、放射治疗和化学治疗、肾透析、骨移植后抗排异药的门诊医疗费报销80%，全年最高限额10万元。病残人员享受区、镇（乡）、村大病医疗统筹补助后，余额部分3000元（含3000元）以下报销80%，超过3000元部分报销90%，全年累计门诊急诊报销最高限额2万元，住院医疗费、恶性肿瘤、放射治疗和化学治疗、肾透析、骨移植后抗排异药的门诊医疗费报销80%，超过3000元部分，报销90%，全年最高限额10万元。孤寡超转人员享受区、镇

（乡）、村大病医疗统筹补助后，余额部分实报实销。

怀柔区《征地超转人员生活和医疗补助办法》同时规定，超转人员丧葬补助按每人200元标准支付，待北京市出台新的文件后按新标准执行；今后新老超转人员生活补助标准，依据北京市最低退养费标准和最低基本养老金标准的变化适时调整，一般超转人员执行最低退养费标准，孤老、病残人员执行最低基本养老金标准，调整标准时间以市政府发布公告时间为准。

自2007年5月怀柔区制定《征地超转人员生活和医疗补助办法》后，怀柔区超转人员生活待遇和医疗待遇经过了多次调整，补助水平不断提高。2013年，超转人员生活待遇每月超过1000元，医疗待遇开始参照《北京市基本医疗保险规定》及相关政策规定实施。按照“就近就医”原则，超转人员可在基本医疗保险定点医疗机构范围内选择4家个人就医的定点医疗机构，其中必须有一家社区卫生服务中心。超转人员就医实行普通门诊定点社区卫生服务机构首诊制度。

对于超转人员的各种待遇，许多村民心生羡慕。但是，超转人员也有自己的衡量标准：

> 转老还不属于工人退休，工人退休金高。转老补助还是很低，属于最低生活保障。以前种地可以维持生活，靠地可以养活全家，现在这些钱养不了家，自己花都很紧。（摘自与丁学信的访谈笔录）

四　由征地所引发的问题

由征地所引发的问题表现在诸多方面，几乎在本书的每一章节都会涉及。此处只集中阐述在各章节较少涉及的几个问题：

（一）征地在村庄埋下了矛盾的种子

正如前文所述，征地的财富效应对村民形成强烈的冲击，尤其是312一期征地，被征地村民和未被征地村民形成巨大的反差，并由此导致上访、相互攻击，村民间关系达到空前的紧张状态。征地时所埋下的矛盾的种子，至今仍是影响村民关系的一种隐伤。

312占地时，西坟村横着走路，占地的与不占地的彼此不说话。（摘自与丁志海的访谈笔录）

不应什么都上公堂。人心散了，父子、兄弟反目，两派上访……一期征地，争议很大，至今刻骨铭心，提起来就血压上升。我家房子曾被放火，鸡也曾被烧死。

征地后，村里有人盖房子，有人旅游，有人买车。经济充裕了，生活提高了，环境也改善了。但村的凝聚力不如从前。人都有仇富心理，本来都是在一个起跑线，就因为钱比别人多了，所以就恨你；你挣的钱多，就有差距，产生怨恨。这也是富人行善的原因。（摘自与丁学友的访谈笔录）

今天，一位老人向我抱怨，说她儿子不孝，连父亲住院也不去探望。经过详细了解得知，她有三个儿子，占地得补偿上百万元，老夫妻因如何使用这笔资金产生了矛盾，最后夫妻分居，资金每人一半，老两口分别与两个儿子一起过，并先后帮两个儿子翻盖了房子。而另外一个儿子尽管自己得到40万地上物补偿款，但由于没有从父母处分到钱，从而心生不满。"他自己已经分了40万了，这两个儿子未分到，应帮他们"。父母有父母的处事逻辑，但儿女有儿女的衡量标准。一笔巨款导致夫妻之间、父（母）子之间以及兄弟之间自此结下怨恨。（摘自2013年11月24日《红林村调研日记》）

（二）果品品质下降

征地所带来的财富效应，使村民对于占有土地以及土地上果树的多少给予了应有的重视。由于一些村民预期 312 工程还要不断征地，因此纷纷想出应对之策。征地是按照果树的数量及大小确定补偿数额的，而在短期内能够收到立竿见影效果的就是密植：见缝插针，多栽树。在红林村，果树密植屡见不鲜，尤其是在邻近 312 工程的林地，人们期待 312 工程的扩建，大量种植果树，一米一棵树，甚至一步之内可见数棵果树。果树密植必然带来果品品质的下降，而品质下降必然导致价格的下降。红林村已经开始尝到因果树密植所带来的苦果：2013 年，桥梓镇大枣丰收，邻近村庄的大枣品质好，价格高，村里的出租司机宁可在收获时节停止拉客也在自家果园里组织人力摘枣，慕名而来的商贩应接不暇。而红林村密植的大枣却少有人问津。

这个村都是以丘陵山地为主，要是百十亩平地，那就好发展了。咱村的地不好租，租地价格太高了。一米一棵树，为了占地多点补偿，太密了！我是想发展，种树间距肯定大，所以没法租地。很多人种树都是为了占地补偿，而不为摘果。（摘自与丁学玉的访谈笔录）

（三）村民不思进取

征地带来的巨额收益改变了人们的思想和行为，一些人小富即安，不思进取，好逸恶劳，用村民的一句通俗的语言形容就是“人变懒了”。

咱村好混些：占些，分些。过去有干泥瓦匠的，现在不干了，有钱了。（摘自与丁志林的访谈笔录）

村里 50—60 岁的几乎无营生可做。有雇工的，别的村都出去干干，我们村没人干，因为有占地收入。没有被占的还一

人分9万呢！有被占的就更别说了。（摘自与丁志红的访谈笔录）

咱这的人怕吃苦还得要活轻。果树价格上不去，人们还不愿意出力，手里都有点钱，也懒得干活。咱们村有钱的，基本都待着玩。真要是干还是有很多活可以干的。我都是从外地找人，咱村的人不干活。钱是死的，花了就没了。（摘自与丁海洋的访谈笔录）

312占地给补偿款了，现在没有什么人干活了。占地把咱们村的人占懒了。我们家今年（2012年）的果树收入两千多元，枣没有收入，栗子今年只卖了600多元。爱人征地抓阄农转非了，每月有1300元。我家主要是我抽烟花钱。靠农业，一年最多五千元，真正实打实地花钱肯定不够。现在这个社会，有一个医疗保障，但看病时你得先拿出钱来，那个报销也保证不了。这样吃老本，再有老本也有吃完的一天。（摘自与丁志红的访谈笔录）

（四）对未来预期的不确定

征地为村庄带来了巨额的财富，使“这一代人”迅速致富，而这是以牺牲“下一代人”的生产资料为基础的。失去生产资料的“下一代人”如何生存，将是一个未决的问题。

征地对咱们村的影响：近看，个人有收益；远看，下一代就没有生产资料了。地都卖没了，下一代不可能都找到工作，还要有一部分人回村。村里的地越占越少，占地对国家有好处，这一代人有收益，享福了，但是下一代人就比较难说。将来全国都是大学生，肯定有回村里干活的。（摘自与丁学芳的

访谈笔录）

征地也为合同到期后的土地承包增添了不确定性：

没占地的还有发展，树在长，被占地的发展几乎不可能；没被占地的还可以新栽树，被占地的就失去了发展机会。因此，30 年合同到期后将会产生矛盾。没被占地的土地还在，不希望重新分地；被占地的土地少了，希望重新分地。（摘自与丁学信的访谈笔录）

第六章

种植业与养殖业

第一节　种植业

尽管红林村村域面积为2.67平方公里，但由于大多为丘陵山区，能够耕种的土地并不多。据1951年底填报的“怀柔县区村基础数字调查表”显示，红林村时有耕地513亩。当然，在丘陵地区，坡地和耕地的区分并不十分严格，在耕地缺乏地区，坡地作为耕地也是常事。

20世纪60年代红林村开始平整土地，耕地面积不断扩展，据村中老人回忆，红林村耕地最多时在600亩左右。“那时住房也没这么多，村口、怀长路一带、供销社、住房周围都是庄稼”。随着公路建设、村庄建设、群众建房以及退耕还林等，耕地面积越来越少，2012年红林村共有耕地面积134亩，主要用于种植粮食和各种蔬菜。

一　粮食生产历史

（一）粮食生产的发展历程

粮食生产曾在红林村历史上占有重要地位。

解放前，红林村土地属于私人所有，农民靠土地为生，但由于大量土地集中在地主富农手中，加之生产条件差，耕作原始，农作物产量很低，亩产不足百斤，农民常常吃不饱，忍饥挨饿，糠菜半年粮，粮食生产几乎是当时农耕的全部。

抗日战争和解放战争时期，红林村作为根据地，为保证前线用粮做出了重要贡献。据史料记载，1948 年 7 月，红林村所在地区普遍降雨，区政府动员群众抢播。7 月下旬，红林村在雨后突击抢种荞麦等农作物，为支援前线和自救做出了贡献。

新中国成立后，红林村先后成立了互助组、初级社、高级社，农业生产有了一定发展。从春耕夏收开始到秋收，村里组织农忙托儿所，腾出妇女劳动力参加农业生产。而当时的农业生产主要是粮食生产。

人民公社初期，由于“大跃进”和自然灾害，红林村乃至全县曾出现粮食短缺状况，公社党委贯彻县委发出的《安排好社员生活，办好食堂的指示》，提出要求：抢收杏叶、野菜和一切可食用的代食品，执行“低指标、瓜菜代”的方针；“以人定量、指标到户、粮到食堂、凭票吃饭、节约归己”。

为了扩大耕地，解决粮食问题，红林村党支部确定了治坡为主，“先治坡，后治窝”，带领社员向荒山开战。寒冬腊月，天寒地冻，一镐刨下去，火星四溅，只凿出一道道白印。棉衣渗出的汗冻成冰，手上裂口出血。经过社员共同努力，共垒大坝十余条，扩展耕地 240 亩，动用土石二万余方。

为了提高粮食产量，1963—1965 年，北京市委书记、市长彭真在邻村一渡河村搞果树下小麦高产试验，每亩产量达 400 斤，这个经验在全市得以推广。70 年代，全县掀起了农业学大寨热潮，兴修水利，大搞农田基本建设，并推广东茶坞大队“三种三收”种植方法，以提高复种指数。

红林村缺少地表水，粮食作物一直以来是以抗旱作物玉米、谷子等为主。为了解决农业灌溉问题，红林村在1978年打了第一口深井，从此红林村有了水浇地，开始了种植小麦的历史，玉米亩产也随之不断增加。当时红林村的粮食作物是玉米与小麦套种。在上一年秋天播种小麦，第二年春天在小麦没有成熟前播种玉米，6月收获小麦，9月底10月初收获玉米，玉米收获后即种小麦。由此循环往复。

红林村属于丘陵地区，山场面积较大，耕地面积稀缺。有限的耕地主要用于粮食生产。在满足粮食作物种植的基础上，才剥离出少量耕地用于其他作物生产。果品生产也要在保证粮食生产基础上才能得到兼顾。

> 每届书记都抓粮食生产。生产队长被打，县长亲自过问，因为影响了粮食生产。林业队队长只有一个，生产队队长有正副两人，劳动力也多。
>
> 打仗不吃粮食怎行？断粮就打败仗。1949年建国，1950年入朝，当兵的都挨饿，吃点土豆就高兴了，粮食宝贵着呢！粮食永远得重视！粮食少时都没处买。粮食有余才卖，没粮哪买去？三年自然灾害时，凡是能往嘴里填的都值钱。一米度三关。集体时哪年都重视粮食。先国家，后集体，剩下才是自己的。（摘自与丁学纯的访谈笔录）

> 过去红林村种地，通常一茬小麦一茬玉米，浅山种杂粮。过去以农业为生，基本都种植小麦、玉米、杂粮，还有就是收些果。（摘自与王雅君的访谈笔录）

表6－1显示，在20世纪90年代以前，红林村耕地的90%以上是用于粮食作物生产的。当时生产的粮食不仅要满足社员的需要，还要作为牲畜的精饲料，同时还要完成国家的征购任务。

表 6-1 红林村 1964—1989 年粮食作物占农作物播种面积的比重

单位：亩；%

年份	耕地面积	农作物播种面积	粮食作物播种面积	粮食作物所占比重
1964	599	609	573	90.1
1972	—	809	769	95.1
1976	592	880	833	94.7
1983	—	834	813	97.5
1989		845	810	95.9

资料来源：根据怀柔区档案馆各年度存档资料整理。

由于国家粮食征购任务涉及种类很多，加之地形复杂，红林村历史上的粮食作物很杂，从大项上可以分为夏粮和秋粮两大类。夏粮主要是冬小麦和春大麦。在 20 世纪 70 年代以前，由于没有灌溉设施，红林村基本没有夏粮。水利问题解决以后，红林村开始有了夏粮（主要是小麦）。进入 21 世纪以来，由于红林村水利灌溉日益趋紧，加之小规模经营不利于机械化的开展，劳动强度较大，夏粮也在逐渐减少，甚至有的年份没有夏粮。秋粮主要是玉米、谷子、高粱、白薯等。由于产量低，劳动强度大，谷子、高粱等作物逐渐为玉米等高产作物所代替，农作物种植主要是小麦和玉米轮作。

家庭联产承包制实施后，农民有了生产自主权，由于果品生产的经济效益好于粮食生产，加之国家取消了粮食征购，他们将更多的精力投入林果生产。2002 年国家开始实行退耕还林政策，红林村先后有近 100 亩耕地退耕还林，粮食播种面积和产量也相应减少（在退耕还林的最初几年里，由于栽种的果树还小，林间还可以种植粮食）。

家里没有劳动力的，基本没人种地。最近几年有退耕还林和粮食直补，种地少了，基本都是种一茬玉米，政府给点米和面基本可以满足平时的生活消费。粮食直补按照实际发生的情况给补助。大约三分之一的人不种地，有些人把地给别人种，

还有在耕地上种树。(摘自与王雅君的访谈笔录)

目前，红林村的粮食作物主要为秋粮，而秋粮中主要是玉米。红林村的粮食作物生产历史见表6－2。

表6－2　　红林村1964—2012年粮食产量统计表　　单位：亩；吨

年份	粮食作物合计			一、夏粮			二、秋粮		
	播种面积	亩产(公斤)	总产量	播种面积	亩产(公斤)	总产量	播种面积	亩产(公斤)	总产量
1964	573	126	71.57				573	126	71.57
1972	769	126	97.12	222	126	27.91	547	127	69.21
1973	746	169	126.50	220	171	37.40	526	169	89.00
1976	833	178	147.86	283	179	50.83	550	177	97.07
1983	813	281	155.15	294	198	58.30	519	187	96.85
1988	802	294	236	—	—	—	—	—	—
1989	810	—	—	280	—	—	530	—	—
1999	700	169	118	120	362	43	580	129	75
2001	310	300	93	50	295	15	260	300	78
2002	340	300	102	30	300	9	310	300	93
2003	390	262	102	20	360	7	370	257	95
2004	390	232	90	10	300	3	380	230	87
2005	281	282	79.31	105	286	30.03	175	280	49.28
2007	197	307	60.4	0	0	0	197	307	60.4
2008	215	298	65	5	300	2	210	298	63
2009	210	316	66.3	8	250	2	202	318	64.3
2010	153	359	54.9	3	300	0.9	150	360	54
2011	168	340	57.1	7	300	2.1	161	342	55
2012	176	329	57.9	4	350	1.4	172	329	56.5

资料来源：2000年之前的数据根据怀柔区档案馆各年度存档资料整理；2001年之后的数据根据红林村村委会提供的资料整理。

(二)种粮补贴政策的落实

2003年12月，中央在全国范围内免除农业税，2004年起开始实行粮食直补，对种粮农民进行补贴。中央的一系列惠农政策，调动了农民种粮积极性。

按照国家有关规定，种粮补贴最初的原则是：谁种地补给谁，承包地转包给他人的，按承包协议处理；抛荒地和非农业用耕地不予补贴；补贴不得用于高效农业，成片粮田转为设施农业用地常年不种粮的，不予补贴。2010 年，北京市根据中央 1 号文件精神及财政部等《关于进一步完善农资综合补贴动态调整机制的实施意见的通知》，提出了新的粮食直补和农资综合补贴意见。

北京市新的补贴原则为：坚持促进生产、普惠农民的原则，以促进农业增效和农民增收为宗旨，以提高种粮农民积极性为目标，确保种粮农民受益；坚持存量不动、增量倾斜的原则，新增农业补贴要适当向种粮大户、农民专业合作社倾斜，在遵循“自愿、规范、有序”的基础上，鼓励粮食规模化、集约化生产经营，提高综合生产能力和经济效益；坚持动态调整、只增不减的原则，农资综合补贴标准按照化肥、柴油等农资价格上涨变动进行动态调整，只增不减。

北京市种粮补贴的范围为北京市农户及农场在耕地内种植的小麦和玉米。粮食直补标准：小麦为每亩 70 元，玉米为每亩 32 元。农资综合补贴标准：小麦和玉米均为每亩 45 元。如遇中央调整农资综合补贴政策将随时上调补贴标准。粮食直补按照“农户自愿申请，村委会公示确认，乡镇政府审核、区县政府批准、市农业局备案”的工作程序进行。2011 年仍然维持在上年的补贴标准。

按照北京市委的要求，粮食直补要坚持全过程透明、公开，严格程序，确保补贴资金及时、足额发放到农民手中。各级政府要加强对农业补贴对象、种类、资金结算的监督检查，确保补贴政策落到实处，不准将补贴资金用于抵扣农民交费。

2011 年红林村粮食直补面积（玉米）为 109 亩，均承包到户，共涉及农户 52 户，每户最少 0.4 亩，最多 6.5 亩。

二 各种粮食作物的生产

（一）玉米

红林村种植玉米的历史悠久。新中国成立后，玉米不但是村民食用的主粮，而且由于水利设施的缺乏，自然环境适宜玉米生长等因素，玉米成为红林村历年种植面积最广、产量最高的粮食作物。表6－3是人民公社时期红林村各年度玉米生产情况。人民公社解体之后的玉米生产情况则包含在秋粮的生产之中。

表6－3　　红林村1964—1983年玉米产量统计表

年度	播种面积（亩）	亩产（公斤）	总产（吨）
1964	184	154	28.3
1972	286	176	50.3
1973	232	223	51.7
1976	320	220	70.4
1983	428	205	87.7

资料来源：根据怀柔区档案馆各年度存档资料整理。

进入21世纪后，随着夏粮生产的减少，玉米成为红林村主要的粮食作物，表6－2所统计的秋粮几乎全是玉米。由于种子更新换代，加之化肥农药的使用，玉米的产量很高。每到玉米收获季节，村里的大街小巷堆满玉米棒子，人们稍有闲暇就坐在玉米堆旁扒玉米皮。在一堆玉米旁，几个人围坐一圈，边聊天边扒玉米皮，已经成为金秋十月红林村的一个景致：

> 现在正是收玉米时节，家家户户门外或院里堆满玉米棒。往往是三两个姐妹围坐在玉米棒前，一边剥玉米，一边聊天，有的还伴有悦耳的歌声。剥完玉米后，少的可在院内直接晾晒，多的则将玉米棒装入网袋中，一袋袋堆起来。因网袋透气、通风，玉米棒可慢慢晾干。如遇下雨，可盖上塑料布。待

玉米棒干透后，就可以脱粒了。（摘自 2012 年 10 月 25 日《红林村调研日记》）

尽管相对于其他农作物而言，种玉米较为轻松，“撒上种子，用脚踩踩，就行了”。但收玉米还是比较辛苦的事。红林村耕地都是散落在山间，地块很小，加上分地时又是好坏搭配，每户耕地规模很小，难以实行机械作业。夫妻俩从早忙到晚，一棵棵掰，然后装车，运到家里，要持续几天。有的召集亲朋好友一起掰棒子，集中一天运到家，主人提供午餐或晚餐，然后约定哪日再一起帮另一家收玉米。亲友之间的互助行为在单家独户经营中起了很大的作用。

（二）冬小麦

在 20 世纪 70 年代前，红林村缺乏灌溉设施，耕地均为旱地，没有冬小麦生产历史。自 70 年代解决了耕地灌溉问题，有了水浇地后，才开始了种植小麦的历史，至此“村民也能吃到白面了”。由于有了水利设施，又有种植的动力，冬小麦播种面积不断扩大，产量稳步增长，逐渐成为仅次于玉米的粮食作物。红林村小麦的种植情况见表 6－4。

表 6－4　　　红林村 1964—1988 年冬小麦产量统计表

年度	播种面积（亩）	亩产（公斤）	总产（吨）
1964	0	0	0
1972	164	127	20.8
1973	160	156	24.9
1976	240	203	48.7
1983	254	200	50.9
1988	252	250	63.0

资料来源：根据怀柔区档案馆各年度存档资料整理。

小麦是在秋分时节播种。当地有“白露早，寒露迟，秋分种麦正当时”之说。小麦的种植，丰富了红林村的种植结构，也提升了村民的生活水平。但是，种植小麦很辛苦，“晴天一身汗，雨天一身泥。六月连天，得在大道上晒，还得扬场，累着呢!”随着村民收入水平的提升，能够随时购买到白面后，人们也就不再种植小麦了。近年来，红林村只有一两户老人家出于“自食其力”“不使化肥农药”的考虑仍在种植小麦，每年播种面积也只有几亩，成为红林村夏粮中唯一的品种。

（三）谷子

谷子是红林村种植历史最悠久的粮食作物。清光绪年间《直隶工艺初编》中记载，谷子是当时怀柔播种面积占第一位的粮食作物。1937 年，日伪冀东道各县调查，怀柔谷子播种面积为 4.92 万亩，1949 年播种面积为 5 万亩，亩产 55 公斤。

谷子曾是红林村最主要的粮食作物。据村中长者介绍，在 20 世纪三四十年代，村子周围种植的都是谷子。谷子非常耐旱，适合在红林村这样的干旱地区种植。解放战争时期，红林村支援前线送缴的粮食主要是小米。

据村民介绍，谷子的用处很多：小米可以食用，且营养丰富，“是妇女月子里吃的”食物；谷秸可以喂牲畜，谷糠可以喂猪。但谷子产量低，亩产 30 公斤到 100 公斤左右，且收割时劳动强度很大，需“镰刀割、晾晒、扬场”等。此外，由于小米是鸟类的最爱，损耗较大。随着生产条件的改善，尤其是高产且劳动强度小的粮食作物种植面积的扩大，谷子种植面积逐年减少，谷子在 20 世纪 80 年代以后的红林村已经很少种植，只有少量勤劳的农户小面积种植用于自食。红林村谷子种植情况见表 6－5。

表 6－5　　　红林村 1964—1976 年谷子产量统计表

年度	播种面积（亩）	亩产（公斤）	总产（吨）
1964	138	103	14.2
1972	30	30	0.9
1976	100	96	9.6

资料来源：根据怀柔区档案馆各年度存档资料整理。

（四）高粱

高粱在红林村的种植历史也很悠久，品种也很多。但由于产量低、劳动强度大且口感不佳，在20世纪70年代后期逐渐被淘汰。红林村高粱种植情况见表6－6。

表6－6　　红林村1964—1976年高粱产量统计表

年度	播种面积（亩）	亩产（公斤）	总产（吨）
1964	41	104	4.3
1972	85	78	6.6
1976	60	147	8.8

资料来源：根据怀柔区档案馆各年度存档资料整理。

（五）春大麦

春大麦是与小麦同时间在红林村开始种植的。当地有“豌豆大麦不出九”之说，“要抢冰碴种”，意指大麦是在“十九”期间，冰还未完全融化时开始播种，是全年所有作物中最早种植的作物，可以为其他作物种植抢出农时。大麦粒大，可以密植，产量较高，但价格不如小麦高，口味也不如小麦，“发黏，人们不爱吃，牲口也不爱吃”，20世纪80年代以后也就不再有人种植。红林村春大麦种植情况见表6－7。

表6－7　　红林村1964—1976年春大麦产量统计表

年度	播种面积（亩）	亩产（公斤）	总产（吨）
1964	0	0	0
1972	58	122	7.1
1976	43	51	2.2

资料来源：根据怀柔区档案馆各年度存档资料整理。

（六）红薯

红薯在民国年间就有种植。1958年“大跃进”时期为解决粮食短缺问题，曾深翻土地、打大垅、施用动物肉汤等，以进一步提高红薯产量。20世纪60年代，特别是三年困难时期，由于红薯产量高而成为农民的主要口粮之一。进入70年代后，红薯种植减少，到70年代末以后，红薯在境内已少有种植，只有个别农户种植一些，为改善生活“吃个鲜儿”。红林村红薯种植情况见表6-8。

表6-8　　　　红林村1964—1976年红薯产量统计表

年度	播种面积（亩）	亩产（公斤）	总产（吨）
1964	103	173	17.8
1972	60	132	7.9
1976	40	143	5.7

资料来源：根据怀柔区档案馆各年度存档资料整理。

（七）豆类

豆类包括黄豆（俗称大豆）、黑豆、绿豆、红小豆、杂豆等。豆类适合在丘陵和山区种植，红林村的地质地貌为种植豆类提供了条件。20世纪50年代到60年代中期，红林村豆类种植较多，主要有黄豆、黑豆和杂豆。豆类不仅可以满足人类食用，而且可以喂食牲畜，尤其是黑豆，当时主要是用作牲畜饲料。黄豆往往是与高秆作物如玉米、高粱等套种。80年代以后，随着小麦收割后，播种夏玉米的面积扩大，套种豆类的面积减少。由于豆类产量很低，收割辛劳，目前大部分村民已不再种植。只是出于营养和品种多样化，才有个别农户少量种植，用于自食。红林村豆类种植情况可参见表6-9。

表6-9　　　　红林村1964年和1972年豆类产量统计表

年度	播种面积（亩）	亩产（公斤）	总产（吨）
1964	105（黑豆）	64	6.7
1972	12（大豆）	20	0.2

资料来源：根据怀柔区档案馆各年度存档资料整理。

（八）其他粮食作物

红林村历史上的粮食作物还有荞麦、黍子等。“头伏萝卜，二伏菜（白菜），三伏种荞麦”。荞麦是一年所有作物中种植最晚的，“三伏天种荞麦”，作为一种可以抢种的作物，在粮食短缺时期具有重要作用。但由于产量低，口味不佳，70 年代以后已不再种植。黍子即黄米，也由于劳动量大、产量低等原因不再种植。

三　其他作物

（一）油料作物

红林村境内油料作物品种主要有芝麻、花生等。20 世纪 60 年代以后，农民生活用油实行国家定量供应，家庭辅以动物油等，油料作物种植进一步减少。80 年代以后，只有少量村民种植油料作物。

芝麻在红林村的种植历史比较久远，主要是用于制作香油。早年间村民自己做香油，芝麻炒熟后，用碾子碾压，加水搅拌，放在锅里熬制成油。近年，有人来村进行香油加工，用村民自己的芝麻，当场加工出油，“连渣子都给你留下”，很受村民欢迎。也有村民用芝麻换香油。但由于产量低，收割繁杂，目前只有个别村民种植芝麻。

花生在早年主要作为油料作物售卖。20 世纪 60—70 年代，生产队也种植花生，分给社员食用或榨油。近年，只有少量村民种植，作为休闲食品自用。

红林村芝麻与花生的种植情况见表 6－10 和表 6－11。

表 6－10　　红林村 1964—1983 年芝麻产量统计表

年度	播种面积（亩）	亩产（公斤）	总产（公斤）
1964	26	31.25	813.2
1972	11	35.45	389.55
1976	11	8.79	96.7
1983	12	34	405.5

资料来源：根据怀柔区档案馆各年度存档资料整理。

表 6 - 11　　红林村 1972—1976 年花生产量统计表

年度	播种面积（亩）	亩产（公斤）	总产（公斤）
1972	12	52.35	628.25
1976	15	50.1	751.5

资料来源：根据怀柔区档案馆各年度存档资料整理。

（二）蔬菜

红林村种植蔬菜的历史较早，解放前就有一些人家小面积种植，用于自己食用。新中国成立后，种植蔬菜的农户增多，“那时全村有一半人能吃上菜”。蔬菜品种主要是青萝卜、白菜，此外还有葫芦、青椒、大葱、茄子等。村民买菜吃的现象很少见。

现在过年都是买菜。小时候买几棵菜就了不得了，得去县里或牛栏山买。我曾经赶毛驴冒大雪去牛栏山买菜，为过年。肉好办，过年杀猪。喝酒就炒点花生豆，有豆腐坊，用自己豆子去加工。（摘自与丁学纯的访谈笔录）

人民公社时期，生产队根据家庭人口数量集体种植蔬菜，然后分给社员食用。60 年代中期后，允许社员有自留地或菜园，面积很小，但人们可以自由选择种植品种。生产队有菜地用于种植青椒、架豆、大葱、茄子、西红柿、菠菜等，也种植萝卜、白菜等大路菜，分给各家食用。当时各家都有大缸，用于汲酸菜，留待冬天食用。人民公社时期红林村蔬菜生产情况参见表 6 - 12。

表 6 - 12　　红林村 1964—1983 年蔬菜产量统计表

年度	播种面积（亩）	亩产（公斤）	总产（公斤）
1964	10	4500	45000
1972	12	6642	79700
1983	7	5000	35000

资料来源：根据怀柔区档案馆各年度存档资料整理。

家庭承包制实施后，农民有了生产自主权，蔬菜种植品种日趋丰富。较常见的品种有：越冬根茬菜，以葱和韭菜等为主；春夏露地菜，主要有架豆、黄瓜、茄子、青椒、西红柿等；秋播菜，主要为大白菜、萝卜等。

村民种植的蔬菜大都规模较小，主要在自留地和宅院内种植，用于自食。蔬菜的生长季节从清明前后一直可以持续到11月上旬。

> 11月7日立冬。村里有句俗语：立冬不砍菜，必然受损害。昨夜北风刮了一夜。今晨一早起来发现结冰了，昨日绿油油的芹菜全部躺倒在地上。但一夜北风将雾霾吹散，湛蓝的天空无一丝云彩。在暖阳的照耀下，躺倒的芹菜虽仍带有冰碴儿，但也挺立了起来，显出勃勃生机。（摘自2013年11月10日《红林村调研日记》）

（三）棉花

新中国成立前，红林村境内没有棉花种植。新中国成立后的1951年，红林村互助组组长阎瑞年带领13名男女劳动力完成点种6亩棉花计划任务后，又顺利完成了20亩植棉任务。这件事被记录在1951年5月22日怀柔县委向通县地委报送的《关于四五月份的综合报告》中。1952年到1954年阎瑞年又组织人力种了两年棉花之后，因气候寒冷，霜期早至，致使花蕾多不成熟，产量很低，以后停止种植。

第二节　养殖业

红林村养殖业历史悠久，主要养殖品种包括役畜、肉畜及家禽等。

一　役畜饲养

（一）役畜的品种

役畜是指牛、马、骡、驴等大牲畜，主要用于拉车、运输、耕地等，长期以来是村民重要的生产工具。役畜以谷草、麦秸、玉米秸为饲料，配以黑豆、玉米等作为精饲料。村民还在夏秋季上山收割青草，为牲畜储备饲草。红林村饲养的役畜主要包括以下品种：

1. 牛

牛供耕地拉车之用，少量用于家庭副业，以放牧饲养为主。牛拉犁耕地，人扶犁扬鞭，是红林村传统的农耕图景。

2. 马

马力气大，跑得快，主要用于拉车。马食量很大，以谷草及豆秸为上等饲草，每年秋收后农户要集中时间进行铡草，以备足半年以上的饲草。马易染病，红林村曾发生马属炭疽病，有人也感染此病。马属动物的传染病还有破伤风、马鼻瘟、马流感、马腺疫等。

3. 骡

骡的品种有两种，即公驴与母马交配所生的马骡和公马与母驴交配所生的驴骡。骡自身不能繁衍后代。骡体壮力大，性情温顺，少疾病，役用时间长。骡主要用于农业生产和运输，经常与马配在一起拉车。

4. 驴

驴在红林村使用最为普遍，既可以耕地，也可以拉车拉磨，还可以驮物品，非常适合在丘陵山区使用。红林村几乎家家都有饲养驴的历史。村民记忆最深的是用驴驮薪柴，从山里割完柴后用驴驮运回家。解放前，驴的品种多是世代混交的黑灰驴，适于粗放饲养，但体形较小，耐力差。经过多年引进杂交，驴的品种有所改善，有夏县驴、关中驴和渤海驴。

（二）役畜的发展情况

据村民回忆，新中国成立前后，红林村骡、马较少，驴、牛较多，多数人家都会有一头驴。农业合作化以后，大牲畜均为集体所有，集中饲养，以农业生产和副业运输为主。生产队建有饲养场，设专门饲养员，副业运输的马车和农田耕作使用畜力均设专职人员作业驾驶。红林村曾有三辆马车，一般是由一匹马和两头骡配套牵引。

1958 年“大跃进”，在大炼钢铁中换人不换马，造成役畜瘦弱死亡。三年调整时期，纠正了“左”的做法，畜牧业有所恢复。60 年代以前，役畜主要以驴、牛为主，用于耕地和驮运物品。70 年代，生产队从事多种经营，用骡马拉车从事副业生产，骡马的数量开始增加。这一时期，役畜在红林村的作用尤为突出，其饲养量达到峰值。80 年代以后，随着农业机械化的发展，役畜的数量不断减少，尤其是 90 年代以后农用车的普及，农户已很少饲养役畜，只有一些年长者，出于饲养情结和驮运零星物品的需要，仍饲养少量牲畜。目前，红林村已没有农户饲养役畜。红林村役畜的饲养情况见表 6－13。

表 6－13　　1951—1988 年红林村役畜饲养情况　　单位：头

年份	合计	牛	马	驴	骡
1951	42	21	0	21	0
1964	55	18	1	35	1
1976	70	25	5	33	7
1983	36	0	3	22	11
1988	44	2	0	8	34

资料来源：根据怀柔区档案馆各年度存档资料整理。

20 世纪 80 年代以前，役畜作为农业生产工具，在红林村历史上发挥了重要作用。那一时期，对役畜的饲养和管理很细致，对役畜的统计也很详细，不仅涉及役畜的头数，而且涉及役畜的状态，例如是否参加劳役，配种与繁育情况等。表 6－14 至表 6－16 分别反映了红林村役畜在不同时间内所处的状态。

表 6－14　　1963 年 6 月红林大队实有适繁役畜情况　　单位：头

队名	合计	马	驴	牛
红林大队	19	0	12	7
一队	9	0	7	2
二队	10	0	5	5

资料来源：根据怀柔区档案馆存档资料整理。

表 6－15　　1963 年 1—6 月红林大队役畜配种情况　　单位：头

队名	合计	其中：未怀孕				其中：已怀孕			
		小计	马	驴	牛	小计	马	驴	牛
红林大队	15	9	0	5	4	6	0	5	1
一队	7	4	0	3	1	3	0	3	0
二队	8	5	0	2	3	3	0	2	1

资料来源：根据怀柔区档案馆存档资料整理。

表 6－16　　1976 年和 1983 年红林村役畜所处状态　　单位：头；只

年份	役畜总量	实际参加农事劳役	能繁育母畜	当年生仔畜			
				牛	马	驴	骡
1976	70	11	1	1	0	2	0
1983	36	28	2	0	0	1	1

资料来源：根据怀柔区档案馆各年度存档资料整理。

二　肉用家畜养殖

（一）养猪

解放前，红林村比较富裕的家庭都养猪，基本上过年时都能杀头猪。20 世纪 50 年代初，中农以上的农户家庭都养猪，但饲养量很少，主要是自食。1953 年国家实行奖励养猪的政策，养猪量有所增加。1955 年国家将生猪划为二类物资管理，由供销社独家经营，农民不再自宰自食，而成为商品。1959 年以后，收购生猪实行奖励料票和工业品购物券等，还可以按比例留肉，料票可购粮食等，一系列奖励措施使养猪业有了较大发展。

人民公社时期，红林村有集体养猪场，但集体养猪满足不了市场需求，政府大力提倡农户家庭养猪。由于在计划经济时期，养猪是农户家庭少有的“能够卖钱”的商品，农户养猪的积极性很高，每家都会养两三头。有的勤劳的农户能养数头猪，为子女盖房、上学等积累资金。

红林村早期饲养的猪属于华北民猪，嘴长、腿高、腹下垂，生长周期较长，出肉率低。饲养方法以做饭洗碗的泔水加谷糠、麦麸、野菜等为饲料，出栏一头猪需一年时间。1983 年实行家庭承包制后，农民有了富余粮食，加之国家收购肥猪实行奖励粮食政策，红林村又引进了一些优良猪种，农户养猪稳步发展。20 世纪 90 年代以后，随着外地猪肉进京和环境卫生等问题，养猪量不断减少。目前，红林村已无养猪户。

单干时，中农以上过年时都能杀头猪，困难家庭用柴火换肉过年。集体时几乎家家养猪。杀猪时一般在冬天，能储存，冻上后放入缸里。一多半的家庭可以杀猪。困难家庭把猪卖了，买点肉或用木材换点肉过年。集体时曾不允许自己杀猪，要交给收购站。解体后不养猪了，种地管树，没工夫养猪。宁养三四只羊也不养猪。养羊省粮食，也可以卖钱。（摘自与丁学纯的访谈笔录）

表 6－17　　红林村某些年份的生猪饲养情况　　单位：头

年份	年末存栏	其中：		年内出栏
		集体饲养	农户饲养	
1964	120	19	101	—
1983	223	66	157	188
1988	168	0	168	128

资料来源：根据怀柔区档案馆各年度存档资料整理。

表 6－18　　1964 年红林村生猪饲养情况　　单位：头

年末存栏	年内增减情况					全年累计养猪
	繁殖窝数	繁殖头数	商品猪	自食	死亡	
120	9	68	37	24	15	181

资料来源：根据怀柔区档案馆存档资料整理。

表 6－19　　1983 年红林村出售商品猪统计

合计		集体		社员户	
头数	毛重（公斤）	头数	毛重（公斤）	头数	毛重（公斤）
188	18890	11	1153	177	17737

资料来源：根据怀柔区档案馆存档资料整理。

表 6－20　　1983 年红林村母猪与种猪饲养情况　　单位：头

成年母猪		后备母猪		种公猪	
合计	其中：集体	合计	其中：集体	合计	其中：集体
39	32	2	2	3	3

资料来源：根据怀柔区档案馆存档资料整理。

（二）养羊

红林村为丘陵地带，山地面积广阔，村民素有养羊习惯。据村民介绍，红林村在三岐庄中养殖业最发达，其主要标志就是红林村有成群的羊，最多时可达 200 多只，由四人负责放养。其中，大羊群由两个壮劳动力去远山放养，小羊群由两位妇女在近山放养。由于妇女经常忙于家务，放养羊群的任务经常落在其孩子身上。

据当年在放学之后和节假日经常代替母亲放羊的人回忆，放羊很辛苦，从早晨到傍晚一直在山上放羊，没有午饭，所养羊只有山羊，也有绵羊。“山羊好放些，成群，有头羊带着。绵羊不好放，带着小羊羔，扎到一处就找不到了”。尽管放羊辛苦，但对于一些勤劳的村民来说，放羊仍是一个美差：“到山上放羊不仅能够赚工分，还可以给家里搂柴火、刨药材。”

土地承包到户后，由于养羊与造林、果树种植之间发生了矛盾，为了护林，减少村民间的矛盾，农户养羊数量有所减少。目前尚有三四户人家养羊，其中有一户养殖规模较大，有二三十只，其他户各养几只。

养了6只羊。去年（2012年）价高，每斤十五六块，今年价格下来了，每斤十一二块，一只羊七八十斤，有上门收购的。不好养，有树，春天不敢放，怕吃了人家的树苗。自己割草太费力，不能多养，所以最后也没几个钱。（摘自与丁富源的访谈笔录）

表6－21　　红林村某些年份养羊情况　　单位：只

年份	年末实有山绵羊					商品羊	自宰自食
	合计	山羊		绵羊			
		集体	户养	集体	户养		
1964	80						
1976	60	50	0	0	10	0	11
1983	12	0	3	0	9	0	3
1988	20					5	

资料来源：根据怀柔区档案馆各年度存档资料整理。

三　家禽饲养

（一）养鸡

长期以来，养鸡在红林村一直作为农户的家庭副业。传统的饲养方法是用糠皮、菜叶等喂养，品种为世代杂交的柴鸡。养鸡主要为生蛋，鸡蛋多用于待客、馈赠亲友和改善生活。少量鸡蛋用于换购盐、油、酱、醋及针线日用品等。“文革”期间，批判所谓的“资产阶级法权”，农民养鸡被作为“资本主义尾巴”加以割除。“文革”结束后，红林村附近许多村庄养鸡开始向集体产业发展，乡里也办起了养鸡场。但是，红林村一直没有集体鸡场，养鸡仅仅是农民的家庭副业。随着鸡蛋供应量的增加及购买的便利，加之村庄环境治理，农民家庭养鸡数量不断减少。表 6－22 反映了红林村 1983 年饲养蛋鸡情况。

表 6－22　　1983 年红林村饲养蛋鸡情况

年份	年末实有（只）	全年产蛋量（公斤）	其中：专业（重点）户养蛋鸡		
			户数	年末实有（只）	全年产蛋量（公斤）
1983	768	1436	3	280	270

资料来源：根据怀柔区档案馆存档资料整理。

近几年，乡村旅游在北京兴起，红林村也出现几户农家院、采摘园等。农家院一般都养一些鸡，为招待客人之用。采摘园里也散养着鸡，向游客售卖活鸡和鸡蛋。红林村广袤的山林及便利的交通，也吸引了外来投资者。2011 年，来自甘肃的范建民在村西北利用村民闲置的房屋，并整合村民的土地，开办了“范家村生态农场”，种植有机蔬菜，林下散养土鸡。由于养鸡规模较大，村民一般将农场称为鸡场。

（二）鹅和鸭

红林村没有河流和湖坝，所以养鸭的很少。以前有零星饲养的，由于卫生原因，逐渐放弃。由于鹅蛋营养丰富，鹅还可以看家护院，目前还有个别农户家中养有两三只鹅。

四　特种养殖

（一）养蜂

红林村所在地区多山，荆条、刺槐、枣树等蜜源植物丰富，养蜂有得天独厚的条件。红林村在 20 世纪 80 年代曾派人外出学习养蜂，并办起了集体养蜂场。养蜂人员为一对夫妇，春、夏、秋在当地养蜂，冬天则南下逐花而居。也有个人依托本地蜜源养蜂。表 6－23 反映了 1983 年红林村养蜂情况。

表 6－23　　1983 年红林村养蜂情况

年末养蜂（群）			产蜜量（公斤）		王浆产量（克）	蜂蜡产量（公斤）
蜂群	集体	个人	小计	其中：个人		
73	20	53	1436	836	1500	15

资料来源：根据怀柔区档案馆存档资料整理。

（二）养野生动物

红林村地处山区，野生动物丰富。有村民尝试将野生动物如狐狸、野兔、野鸡等捉回家中饲养，但由于不了解习性，均未成功。“狐狸打洞逃跑了，野兔死了，野鸡什么都不吃，活活饿死了”。

第三节　红林村种植业与养殖业个案

一　范家村生态农场

范家村生态农场是由曾在北京温都水城酒店负责销售的范建民所创办，是以土鸡生态养殖为主，完全按照范建民家乡甘肃农家土办法养鸡。由于农场所用人员都是来自范建民家乡的范氏族人，所以称为范家村生态农场。

范家村生态农场以前在北京房山区，2012 年迁至红林村北部，租种村民十余亩土地从事种养殖业，并采取与村民合作的方式（利用村民的果园），发展观光旅游业。农场以林下生态养殖为主，有机蔬菜种植为辅，并提供北京市区高端家庭配送和来农场参观体验等服务。范家村生态农场拒绝激素、化肥、农药，完全在自然的状态下养殖和种植。农场建有网站，但主要通过微信的方式进行销售。由于农场主以前在酒店做过销售，有比较固定的客户。

农场主选择在红林村落户，按照其介绍，是由于“村环境好，交通方便，治安好，有基础养殖条件，村民友善”。农场与村民关系比较融洽，村民购买产品享有优惠价。

目前农场正在进行多方融资。农场未来的养殖计划是以北京郊

图 6-1 范家村生态农场（一）

图 6-2 范家村生态农场（二）

区为窗口，以发展京外养殖为基础。具体办法是在北京郊区选择自然条件较好的山区进行小规模以市区客户参观考察为目的的养殖，与此同时，在京外通过考察选取适宜的地区与之签署合作协议进行基础养殖，利用当地的山地资源和劳动力，通过与农民合作代养的方式发展养殖业，为当地申请政府农业扶持资金创造条件。

农场未来的市场宣传及客户开发计划如下。

（1）在养殖基地架设摄像头、布高速网线、租用独立服务器，实现网络实时直播养殖现场，以增加客户的可信度；进一步发挥网站、网店、微店的作用，吸引高端客户直接购买；在各大门户网站发帖子、视频、论坛等以增加品牌知名度。

（2）定位中高端，寻找都市 3% 的有意愿、有能力消费生态健康食材的客户。例如，以北京市朝阳公园一带及相应高端楼盘入住业主为对象，向其介绍农场情况，以增加其品牌印象；与各楼盘物业建立联系，适当做一些直观宣传。有针对性地开发客户可以为将来的配送降低成本。

（3）为现有客户做好服务，使其重复消费并介绍新的客户，以维持农场的发展。根据实际进展情况可稳步提高产品价格以及客户标准，慢慢舍弃一些老客户（交通偏远、要求苛刻、订货量少、不做宣传、没法接受高价位的）。

（4）利用明星效应宣传农场，与一些演艺明星建立联系，争取邀请他们来农场做客，与其合影、录制小视频等。

（5）利用现有农场的接待能力积极组织各种活动，比如亲子游捡鸡蛋、蔬菜水果采摘、植树、爬山等，增加客户与农场的直接交流机会。

二　红林奶牛场

1998 年，国家出台养殖业扶持政策，鼓励兴建养殖小区，凡是兴建养殖小区的，国家给予 30 万元的奖励。红林奶牛场就是在这种背景下建立起来的。1999 年，红林村将南沟源 40 亩土地出租给一渡河村的刘某，从事奶牛养殖，租赁期限为 50 年，即自 1999 年 12 月 1 日至 2049 年 12 月 1 日止。在合同期内的前 10 年，刘某每年上交租金 1 万元，以后的 40 年，按照土地的增值和土地的综合效益每个 10 年段增加租金 1000 元，以此类推。国家给予的 30 万元奖励作为红林村在牛场的股金，刘某每年支付红林村一万元的股息。

2003 年，红林牛场由三元绿荷养殖场（以下简称三元）承租经营。当时三元直接将牛场的厂房、设备及牛等一起租过来，与刘某签订租赁合同，租赁期限为十年，并由三元派人负责经营。2012 年笔者调研时，三元正与刘某在洽谈续签合同事宜。2012 年，牛场共有奶牛 410 头，每天产牛奶 6.1 吨。“这个产量在国内的奶场中也是比较高的”。

牛场奶牛一天挤三次奶，早上 6：30—9：30，中午 13：30—15：30，晚上 20：30—23：00。挤奶和喂牛同步进行。牛奶直接送到位于大兴的三元绿荷养殖场，由其加工销售，每天送一次。一头牛一天产奶 30 公斤，基本达到国际水平。

牛的品种是黑白花牛。牛场使用的都是优质饲料，这样才能保证牛奶的质量。由美国进口的苜蓿作为产奶牛的饲料，产奶牛吃剩的饲料会给不产奶的牛吃。小牛要打针防疫。牛场兽医负责牛的人工授精。从蒙牛买的经过加工处理过的冷冻精，可以保证产出的是母牛。

绿荷在北京周边有近 40 个奶牛场，在本镇后桥梓村也租了一个奶牛场，两个奶牛场的饲草饲料都由三元统一供应。奶牛的防疫都是三元自己做。按照与刘某签订的合同，承租期内每年需要增加若干牛的数量。

牛场一共有17个职工。职工中除了有几个从三元调过来的外，大部分都是临时工，来自河北、河南等省。会计、司机、技术员、后勤管理等重要岗位都是三元的正式职工。职工基本都是在院内住。牛场内有食堂，厨师来自岐庄。牛场职工中没有红林村村民。

牛场不愿意用当地人，是出于以下考虑：一是当地人事情比较多，经常回家；二是从防疫角度考虑，减少人员流动。外地职工一般都很少出去。“防疫搞好了，牛场基本上就出不了大问题”。职工都是在劳务市场上找的，有的是夫妻两人，在牛场工作时间最长的有十多年，人员比较固定。牛场对一些岗位的技术要求较高，需要进行培训。职工都要签合同、上保险，工资2000多元。

牛场由刘某经营时，每年能给每户村民提供一桶油或一袋面。由三元经营时，牛场与村里基本没有什么关系。但由于土地是红林村的，“远亲不如近邻”，平时与村里也有走动。笔者来牛场调研，也是通过红林村书记安排的。

附件：

土地租赁合同

甲方：红林村经济合作社

乙方：刘某

为维护甲乙双方的权利义务，经双方共同协商制定本合同。

一、租赁项目

乙方租用甲方南沟源四十亩土地，经营养殖业生产。

二、租赁期限

乙方租用土地的使用期为50年，即自一九九九年十二月一日至二〇四九年十二月一日止。

三、租金及交款方式

在合同期内的前 10 年，乙方以每年租金 10000 元上交款支付给甲方。以后的 40 年，按照土地的增值和土地的综合效益每个 10 年段增加租金 1000 元，以此类推。

四、权利、义务

1. 甲方对土地享有所有权，有按期向乙方收缴租金的权利；有为乙方正常生产经营提供便利条件的义务，含水、电、路等。

2. 乙方对土地享有使用权、经营权，对地上自建设施享有所有权；有及时向甲方交纳租赁费的义务。

五、违约责任

（一）乙方如有下列行为之一，甲方有权终止合同，造成的损失由乙方自负。

1. 违反国家有关法律、政策规定，进行非法经营活动。

2. 逾期不向甲方交纳租金。

（二）甲方违约或无故中途终止合同，应赔偿乙方直接及间接损失。

六、其他约定事项

1. 乙方经营期间的水电费由乙方自负。

2. 乙方应优先安排甲方劳动力就业。

3. 本合同未尽事宜，由双方协商解决。

七、本合同自双方签字之日起生效，如遇与国家有关政策相抵触，以国家政策为准。

八、本合同一式三份，甲乙双方各执一份，鉴证部门一份。

甲方：怀柔县桥梓乡红林村经济合作社（印章）

乙方：刘某（签字）

一九九九年十一月二十日

第七章

林　业

红林村地处丘陵山区，地域面积292公顷，其中农地面积236公顷，而在农地面积中，林地为231公顷，占农地面积的98%。①林业在红林村经济发展中占有举足轻重的地位。

第一节　林业发展历史

一　改革开放前林业发展概况

新中国成立前，红林村林业以自然散生为主。果林主要分布在丘陵、浅山坡地，以自然散生的野果为主，基本没有平地大块果园，少量用材林也多在积水易涝、地头宅旁栽植，品种多以杨、柳、榆树为主。至于远山，则主要为荒山。据老人回忆，20世纪三四十年代，红林远山曾发生过一次火灾，烧了半个月，加上当时薪柴是农户的主要能源，上山打柴是村民的一项主要营生，致使植被遭到严重破坏。

---

① 有关红林村的地域面积有多种资料来源。既有口口相传的数据，也有每年上报的统计数据，也有有关部门的航拍数据，等等。此处采用红林村2012年上报的数据。

小时候山顶上是光秃秃的，烧柴都把山弄干净了，可以拉着爬犁搂柴火。（摘自与丁学纯的访谈笔录）

1949 年 10 月，怀柔县人民政府成立，县政府设实业科，主管农林牧副渔各项生产事业。1950 年 3 月，怀柔县进行普选，成立区、村两级人民政权，区设实业助理，村设实业委员，主管农村各项生产工作。红林村丁兴和当选为村长，闫瑞年当选为党支部书记，闫瑞增当选为实业委员。“那时的实业委员管的事情可不少”。实业委员直接负责村庄的经济发展。

由于 1949 年和 1950 年连续干旱，人民政府发放小米，救济灾民，并鼓励农民生产自救，用小米换树种，或自采树种，绿化山区。红林村在村长丁兴和等人的带领下，全体劳动力上山挖坑，义务植树。

1951 年 1 月，怀柔县委做出指示：“农村的中心任务是生产救灾，在生产救灾中注意保护林木，恢复和发展林果生产。长城以北地区以嫁接大扁为重点，长城以南地区多栽核桃、栗子，在一切有条件的地方都要进行封山育林，保护村庄的照山和风景林，严惩毁林事件”。怀柔县政府还发放贷款、喷雾器等，支援果区发展生产。

在闫瑞年的带领下，红林村开始生产自救、荒山造林。闫瑞年组织全村劳动力在西山直播油松 500 多亩。怀柔县荒山多为干旱石质山，土层薄，含水量低，加之山地面积大，不易管护，造林成活率很低。而闫瑞年造林队创造了顶陵播种法，采取人工拌种、小灌木覆盖、压石板、制作假人、设专人巡逻值守等多种措施护理树苗，使造林成活率达 90% 以上。目前红林村的西山油松多数是那一时期种植的。由于成绩突出，1951 年 3 月，闫瑞年被选为县林业劳动模范。1952 年，闫瑞年先后被评为河北省和全国劳动模范，受到了毛泽东、刘少奇、周恩来、朱德等领导人的接见。

1953 年，中央宣布执行第一个五年计划之后，河北省农林厅颁发林业发展纲要，怀柔县政府也制订了林业发展计划。全县共划分为七个区，根据各区不同的立地条件，明确发展重点。其中四区以岐庄、红林一带为基地，主栽红果和风景林。

早年间，红林村所在丘陵地区野果、灌木丛生，山杏、野山楂、酸枣、黑枣等分布较多，人们通过嫁接方式可以培育不同品种的杏、红果、鲜枣、柿子等。在确定红果为重点发展的果品以后，红林村在闫瑞年的带领下，嫁接野山楂，发展红果林，为红林村林果业发展奠定了基础。1954—1956 年，闫瑞年带领村民在沟谷坡地栽植松柏、槐树 60 余亩，嫁接红果 1000 多棵。20 世纪 80 年代红果为红林村带来了巨额财富和声誉，村民由此致富，村庄由此易名，某种程度上也得益于那时的植树造林。

> 1956 年入社。入社时，村里的果园品种很齐全，只是数量上不多。1957 年，村里产了 16 万斤杏，杏大丰收，还去北京城去卖。庙城是小部分收点山里红，绝大部分山里红送到北京水锥子市场，供销社收购的不多。生产队一直都是自己销售红果等水果。红果慢慢发展起来了。红果最高峰时，产量有 60 多万斤。（摘自与丁学敏的访谈笔录）

在粮食统购统销初期，红林村承担了较重的统购粮任务，林果业发展受到一定影响。1961 年 4 月，县委决定从统购统销的粮食指标上照顾林果产区，以鼓励山区发展林果业。1963 年 7 月，县政府发文，决定对林业生产项目给予粮食补助，具体标准是：①对投工刨树碗、垒树盘、打坝阶、修梯田，每个标准用工补助粮食 0.25 公斤；②对集中连片造林成活率在 80% 以上者，按成活面积给予粮食补助。面积在 10 亩以下者，每亩补粮 2 公斤；超过 10 亩者，每超过 1 亩，增补粮食 0.5 公斤；成活率达不到 80% 者，补助粮减发 50%。③嫁接大杏扁，每接活 40 株，补粮 0.5 公斤。④直播造林每亩补粮 1.5 公斤。

在上级政府的支持下，红林村成立了林业队，育苗、栽树、嫁接果树、修剪枝，林果业得到迅速发展。1950 年到 1978 年的 28 年中，红林村村民通过多种方式植树造林，使村庄两千多亩荒山披上绿装。

但是，在“文革”期间，由于片面强调以粮为纲，“粮食不过江，造林顾不上”，不收完麦子不能收果品，林业发展受到一定影响。

二　改革开放以来林业发展概况

1980 年 4 月，怀柔县林业局根据国务院（1979）142 号文件精神和北京市农业资源调查及农业区划委员会办公室“关于开展北京市农业资源调查”以及北京市林业局调查队制定的北京市林业及植被资源调查技术规程的要求，对全县林业资源进行普查。1982 年完成普查。普查结果是：全县总土地面积为 3173919 亩，其中林业用地 2207903 亩，占全县总面积的 69.6%。按全县 1980 年人口计算，每人平均有林地 3.95 亩，其中：每人有用材林 1.7 亩，防护林 0.06 亩，经济林 1.6 亩，平均每人占有荒山 6.3 亩。红林村作为丘陵地区，各项指标均超过全县平均水平。

根据全县的具体情况，怀柔县政府确定了以下林业发展方针：在大搞荒山造林的同时，注意对现有次生林的更新改造，依据不同情况对全县进行林业规划，将全县划分为六个林业区，不同林业区将发展不同的林业品种。六个林业区包括：①北部中山油松、栎类、水源、用材林区。②北部低山水土保持、杏扁苹果经济林区。③中部中山油松、栎类水土保持，杏扁经济林区。④西部丘陵板栗经济林区。⑤前脸低山丘陵风景林、鲜果经济林区。这一地区又根据具体情况规划两个亚区：第一亚区为红螺山丘陵油松、侧柏风景林苹果、梨经济区；第二亚区为岐庄低山丘陵油松、侧柏、风景林、红果经济林区。在这两类地区以前山脸常绿树风景林绿化及鲜果发展为主，同时保护好现有次生林，促进种子更新。⑥平原农田防护林网区。

红林村作为全县第五林业区的第二亚区，即岐庄低山丘陵油松、侧柏、风景林、红果经济林区，这一时期重点发展侧柏防护林和红果经济林。

红林村作为侧柏防护林发展区，于20世纪80年代中期开始进行侧柏苗木的培育，村民利用义务工开展植树造林。北京第二外语学院也将红林村作为该校的义务植树点。村民们还清晰地记得外语学院的师生们在村里植树的情景。他们自带苗木，先是自己挖坑，自己背水，自己栽种，但由于成活率低，后来改为只挖坑，村民选择合适时机栽种。村里统一培育侧柏树苗，并分配给每户一定量的树坑由农户自取树苗栽种。红林村西山的柏树多为这一时期所种植。

四旁植树在红林村的林业发展中也占有一定地位。

20世纪50—60年代，政府提倡四旁（宅旁、河渠旁、路旁、村旁）植树，在很长一段时间内，农户纷纷在村内空闲地、院落内外开展植树活动，所植树木包括杨树、槐树、榆树、香椿、柿树等，这些树木在70—80年代有的成为农民建造房屋的主要材料，少量幸存的树木也成为目前村庄重要的景观，大树下的阴凉处成为村民聊天、聚会的休闲场所。1958年曾将四旁植树收归集体，严重挫伤了群众植树积极性，1961年后落实了“谁种谁有”政策，并对无偿占有行为进行了清理退赔。1964年开展的四清中，颁发了林木确权证，从而调动了群众植树积极性。1973年全国林业工作会议提出“四旁”植树上《纲要》，红林村也开展了村内绿化工作。80年代确定了全县林业发展方针后，针对村庄绿化，提出“先见林，后见村”“林在村中，村在林中”的口号，村庄绿化工作得到加强。县人民政府还向各户和单位颁发了林木确权证书。表7－1为村民丁学信1982年自家宅院所植树木的林权证。

表 7－1　　　　怀柔县人民政府林权证编号：88

树主		丁学信
树木坐落地点		宅院
四至	东	院墙
	南	房前 13.34 米
	西	房山外 2 米
	北	房后滴水
树种		杨柿
面积		
棵数		19 棵

上述树木归社员个人所有，

填发此证为凭

一九八二年四月二十二日

公社管委会（盖章）主任（盖章）
大队管委会（盖章）大队长（盖章）

资料来源：怀柔区档案馆。

红林村作为红果经济林发展区，红果种植在 20 世纪 80 年代初也掀起高潮。红果在红林村的果品生产历史中占有重要地位，有关红果的生产情况在后文有详细阐述。

家庭承包制实施初期，由于经常调整承包关系，果林存在掠夺性经营问题。1999 年土地承包 30 年不变政策实施以来，人心稳定，村民加大了对果林的投入，根据市场行情发展林果生产，果品品种不断增加，产量不断提升。有关果品生产情况将在本章第二节有详细阐述。

第二节　果品生产与管理

红林村地处怀柔水库上游，属于水源保护区，空气和水质都分外洁净。同时，由于属于浅山丘陵地区，昼夜温差大，光照时间充足，适合多种干鲜果品的生长。复杂的地形、适宜的气候和土质，赋予红林村丰富的果品品种。各类果品生产构成红林村林业的一大特征。

一　果品生产

（一）果品生产概况

清朝光绪年间，包括红林村在内的周边13个村村民集资建立了岐庄市场，主要进行果品交易。1947年6月，冀热察供销社办事处在岐庄开办山货站，山货站初始阶段也专门进行果品交易。当时交易的品种都是传统果品，主要有大扁、山杏、沙果、酸梨、毛桃、柿子、核桃、酸枣等，多为散生、坡生。新中国成立后，怀柔县将中西部丘陵、山区的果品生产作为恢复、发展生产的重点，大力发展红果、板栗、大枣、核桃等果品，红林村也自此形成了自己的特色果品生产。长期以来，村民是以果树的生长特征及季节安排农业生产的。

> 过去林业主要是杏和红果，后来一点一点发展起来，又有了枣和核桃，主要还是红果和杏。近几年，大枣开始发展，已经发展五六年了。桥梓镇的大枣是以咱们村的大枣为主发展起来的。过去村里到处是酸枣，个人嫁接后，吃着感觉很好，最后家家都有了，枣多时大家都吃不完，后来商贩过来收，起初枣有10元一斤，这是七八年前的事情。桥梓镇的枣是从红林村发展起来的，红林村应该算是发源地，开始没有得到足够重视，后来渐渐形成了产业。过去，全国有一次红果评比，本村红果获第一，口感第一，当时获得金奖。（摘自与王雅君的访谈笔录）

春天是果树萌芽开花时节。这一时期，进入红林村就进入了百花园。杏花未落桃花开，桃花艳罢梨花浓，五月山楂花满园，整个春季，置身红林村就是置身于花的海洋。村民忙碌的劳作也就此开始：松土、嫁接、打药，等等。村民曾有“春招秋搂”之说，即春天深挖土，秋天浅翻土，这样有利于果树的生长。但由于劳动强度较大，加之果品效益越来越降低，近几年，村民已不再人力松土，一些村民则用旋耕机代之。据 2012 年对 106 户家庭统计，全村共有 39 户购买了旋耕机，占调查农户的 36.8%。果树嫁接是果树品种换代的重要方式，多年的果品种植经验培育了红林村村民娴熟的果树嫁接技术，满山遍野的小山楂、小酸枣树可以被嫁接成红果树和大枣树，还可以做到在一棵树上嫁接多种果品，使一棵树开多种花，结多种果。

夏季，桃、杏、李子等水果陆续成熟，村民开始进入忙碌的采摘时节。由于此时成熟的是鲜果，不易储存，这时，为鲜果找到买家是村民的头等大事。夏季也是果树除草施肥时节，一些果树也需要在夏季打药。

果树的病虫害很普遍，在果树生长季节需要多次打药，尤其在春季和夏季，否则就会减产或绝收。

> 现在正是新一轮给枣树打药时节，打药机发出的嗡嗡声不绝于耳。“如果不打药，虫子就会钻进果核里，果子在成熟前就会掉落”。门前的核桃树前一段时间果实累累，现在果实已所剩无几，就是由于没有打药生了虫子。今年恐怕要与去年相同，颗粒无收。（摘自 2012 年 8 月 5 日《红林村调研日记》）

秋季承载着村民一年的期望，也是村民最忙碌的季节。核桃、枣、栗子、红果、柿子、梨等大量干鲜果品开始收获。核桃剪枝也是在秋季，是在果实收获之后，因为核桃树在没长树叶时剪枝有流浆，会造成水分和养分流失，对树木造成伤害，而果实收获后剪枝既不流浆，也不损失果实。

本想9月带晓艳（笔者的研究生）来村里调研，可没想到此时村里如此繁忙：摘枣（七月十五花红枣），收栗子（寒露过后收栗子）。枣逐渐成熟，挂红的枣才能采摘，味道脆甜。过早采摘，虽用化学制剂可以催红，但味道远不如自然成熟。栗子的成熟期也有差异。有的栗篷已裂口，有的还很青涩，若统一收采，需等待大部分栗子成熟。这就需要看管好或及时收捡成熟的栗子。此时老人和孩子便发挥了重要作用。（摘自2012年9月10日《红林村调研日记》）

冬季相对来说较为轻松，忙碌了一年的村民开始松口气。但是，冬季也是果树修剪的时节。由于冬季树皮收缩，修剪时伤口容易愈合，水分流失少，村民往往选择风和日丽的一天上山修剪果树。

桃三杏四梨五年，枣树当年就挣钱；七月枣八月梨，九月柿子红了皮；有枣一竿子，没枣一棍子；处暑打核桃……

以上是村民们基于长期的生产经验总结出的农事谚语，并口口相传，至今仍在果品生产和管理中起着作用。

红林村干鲜果品产量参见表7－2。

表7－2　　1976—2012年红林村干鲜果品总产量　　单位：吨

年份	干鲜果品总产量	干果	鲜果
1976	67.9	4.64	63.26
1983	252.6	7.5	245.1
1984（计划）	252	12	240

续表

年份	干鲜果品总产量	干果	鲜果
1988	137. 5	5	132. 5
1988（商品量）	133. 5	4. 5	129
1999	324	14	310
2001	353	12	341
2002	354	19	335
2003	382	19	363
2004	349	24	325
2005	610	31	579
2006	419	51	368
2007	398	20	378
2008	400	25	375
2009	425	29	396
2010	409. 5	36. 5	373
2011	410	61	349
2012	415	60	355

资料来源：2000 年以前根据怀柔区档案馆各年度存档资料整理；2001 年以后根据红林村村委会提供资料整理。

（二）干果生产

干果易储存，且经济价值较高，长期以来一直是村民重要的收入来源。红林村的干果主要有板栗、核桃和杏核。

在本书第一章即已介绍，怀柔板栗是全国著名的干果。尽管红林村不是怀柔板栗的主要产区，但也是重要产地之一。2000 年，怀柔县在板栗生产区推广种植密植板栗，目前已经进入盛果期。红林村每年的板栗产量在 30 多吨，是村里产量最多的干果。早期栽种的栗子，成熟时间较晚，在白露前后，经过品种改良，现在很多栗子成熟期提前了。栗子的成熟期差异较大，不同品种的栗子成熟期不同，即使同一棵树上所结的栗子成熟时间也不一样。村民往往根据栗子成熟程度分批将树上的栗子打下，每棵树一般要打 3—4

次。由于栗篷刺尖，易伤手，村民都是将打下的栗子用夹子拾起，与先期拾起的栗子堆放在一起，用麻袋盖严，不时洒些水，待十几天栗子篷裂口后，再用工具将栗子取出。

板栗脱篷是很艰辛的工作。在一些板栗主产区，已有使用板栗脱篷机进行脱篷，取得了较好的经济效益。但是，红林村属于“百果村”，各类果品都有一些，但各类果品又不是很多。红林村尽管是怀柔板栗的重要产区，但由于不是主产区，使用板栗脱篷机不具有规模效益，目前尚未见有使用板栗脱篷机的。

核桃在红林村的种植比较分散。“处暑打核桃”，意指处暑前后核头开始成熟，该收获了。核头收获时，全家出动，用长杆将核桃打下来，堆放在一起，等十几天核桃外皮易剥离时再用小铲将外皮剥下。为加快核桃脱皮时间，且不黑皮，村民也经常往核桃上喷洒一种脱皮剂。近年来，由于核桃价格上扬，红林村核桃种植面积有所增加，但尚未进入盛果期。目前红林村每年的核桃产量在十余吨。

杏核是怀柔区的特产，其中以大扁为主要品种。大扁杏肉薄核大，是专门生产杏核的果品，主要分布在怀柔区的西部山区。桥梓镇口头村专门成立了大扁协会，负责大扁杏核的生产、收购、加工和销售。红林村不是大扁的主要产区。但在人民公社时期，大扁杏种植也比较多，是红林村重要的收入来源。公社解体后，少有种植，只是维持原有的规模。近年来，由于大扁核大易储，价格走高，村民又开始扩大种植。

除大扁外，还有另外两种杏核产品，即甜杏核和苦杏核。这两种杏核主要是鲜杏的副产品。鲜杏收获以后，如果行情较好，价格较高，则以鲜杏售卖；如果价格较低，则去除杏肉，只保留杏核。近年来，由于水果价格走低，鲜杏收获时节，经常看到农家门前堆着一堆杏，女主人或老人坐在杏堆旁“挤杏核”。早些年，村民将挤出杏核后的杏肉晾干后制成果脯，近年来，由于水果品种增多，去核后的杏肉多被作为肥料弃于树下。杏树多的村有杏仁加工点，村民将杏核运去，经过机器粉碎后，将混在一起的碎核和杏仁装袋运回，在空闲时进行分拣。甜杏核可以直接食用，或直接烹饪成各种食品；苦杏核则经过水煮、脱皮、浸泡后，也成为上乘佳肴。

今天与一户村民一起去口头村粉碎杏核。本想去稍近的北宅村，但由于北宅村只有一家加工点，怕不开机扑空，便来到口头村。两家有粉碎机的农户去收杏核了，不开机，第三家夫妻俩都在。一进门，首先看到的就是院里堆成小山状的一袋袋鼓鼓的麻袋，里面装满杏核。这些杏核都是他们自己收来的，称作“大扁”，大扁杏肉很薄，专门用作生产杏仁。这是一个小型杏仁加工作坊，自己进山收杏核，自己粉碎、分拣，最后将杏仁卖给饭店、商店或商贩。我们拿来的杏核很少，不足40斤，分成两袋，苦杏仁、甜杏仁各一袋。尽管很少，他们也开机加工了。先将一袋杏仁倒入容器中，开动机器，粉碎的杏核从机子一头涌出，未碎的杏核从另一头出来，然后再将未碎的杏核重新装入容器，这样，周而复始，直到杏核全部被粉碎为止。“尽管量少，但也得过这些遍，程序不能少”。这也许是前两家不愿开机的原因吧？最后他们收了十元加工费，我们一再道谢。村民们还是很朴实的。（摘自2012年8月26日《红林村调研日记》）

红林村的干果生产情况参见表7－3。

表7－3　1976—2012年红林村干果产量　单位：吨

年份	干果产量	核桃	栗子	杏核
1976	4.64	2.8	1.56	0.28
1983	7.5			
1984（计划）	12	6	6	—

续表

年份	干果产量	核桃	栗子	杏核
1988	5	4	1	—
1988（商品量）	4.5	4	0.5	—
1999	14	3	10	1
2001	12	2	10	—
2002	19	3	15	1
2003	19	4	15	—
2004	24	3	20	1
2005	31	—	—	—
2006	51	—	—	—
2007	20	—	—	—
2008	25	—	—	—
2009	29	—	—	—
2010	36.5	—	—	—
2011	61	—	—	—
2012	60	—	—	—

资料来源：2000 年以前根据怀柔区档案馆各年度存档资料整理；2001 年以后根据红林村村委会提供资料整理。

（三）鲜果生产

红林村鲜果生产历史悠久，品种也很多，有红果、鲜枣、柿子、李子、桃、梨等。各年度各种鲜果产量参见表 7－4。

表 7－4　　1976—2012 年红林村鲜果产量　　单位：吨

年份	鲜果产量	红果	鲜枣	梨	柿子	鲜杏
1976	63.26			10.15		
1983	245.1					
1984（计划）	240	185	—	—	10	30
1988	132.5	100	—	10	12.5	10
1988（商品量）	129	100	—	10	10	9
1999	310	262	1	3	15	25
2001	341	280	3	10	15	30

续表

年份	鲜果产量	红果	鲜枣	梨	柿子	鲜杏
2002	335	275	5	10	20	20
2003	363	268	10	10	25	40
2004	325	200	40	15	30	40
2005	579	—	250	—	—	—
2006	368	—	80	—	—	—
2007	378	—	145	—	—	—
2008	375	—	144	—	—	—
2009	396	—	155	—	—	—
2010	373	—	140	—	—	—
2011	349	—	110	—	—	—
2012	355	—	98	—	—	—

资料来源：2000 年以前根据怀柔区档案馆各年度存档资料整理；2001 年以后根据红林村村委会提供资料整理。

说明：鲜果中有些水果未在分项中列出或统计，但计入了总产量。

1. 红果

红果曾是红林村的标志性产品。红果是由野山楂嫁接而成。由于红林村土质适宜种植红果，早在 20 世纪 50 年代初，在闫瑞年的带领下，红林村就开始大面积种植红果。在之后的 30 多年里，红林村党支部、村委会为实现年产红果 25 万公斤的奋斗目标，数次发动村民广栽红果树，先后累计栽植面积达到 1500 亩，年产量也由过去的几十吨逐步增加到 300 多吨。

提到红林村的红果，不能不提及沈阳农学院毕业的王文都。1969 年王文都大学毕业后来到怀柔工作，并在县里的一个公社当了 10 年林业员。1981 年，王文都来到红林村蹲点，一年后写出了提高红果坐果率的试验报告，获得怀柔县科技成果二等奖。1983 年，他又总结了红林村红果试验园的丰产经验，被评为怀柔县先进科技工作者，获得市林业技术改进三等奖。1985 年，王文都任职县林业局副局长，主管全县的果树生产，在总结红林村及各地果树栽培及管理经验的基础上，于 1987 年先后写出“怀柔县果树栽培技术规程”和“怀柔县红果整型修剪”两个较大型的果树科技材料。

在王文都的指导下，红林村红果生产迅速发展。红林村红果出浆率高，各食品厂纷纷前来收购，供不应求，到 1984 年，红林村所有可栽植的地方都栽了红果，村民也在发展红果当中致富。20 世纪 80 年代中期，红果价格最高时每斤可达 1.5 元，“那时猪肉才 7 毛钱一斤，一斤红果可以换 3 斤大米”，“捡个红果就等于捡五分钱的钢镚”。1986 年，红林村的红果在全国质量评比中获得金奖，被列为全国林果产品展销会上的展销产品。

由于红林村红果远近闻名，村庄由此更名，村民也由此致富，各地村民纷至沓来前来取经，红林村的山楂树苗也成为抢手货，各地纷纷购苗种植后嫁接红果。随着各地红果产量的上升，红果价格连年下滑，至 20 世纪 90 年代，每公斤仅为一两角钱，甚至有时无人收购。而与此同时，其他果品价格上扬，村民于是便放弃了对红果树的管理，甚至有的村民还砍树种植其他果品。由于近几年怀柔区重视发展农产品加工业，同时也让农民在农产品加工链条上受益，红果价格趋于稳定，价格维持在每公斤四五角钱的水平，个别年景（如 2006 年）达到每公斤 1 元，仅怀柔御食圆食品有限公司、红螺食品有限公司一年收购就达 1000 吨。但由于总体效益低，“找人采摘一天卖的钱还不够管顿饭”，红果生产基本处于粗放经营。目前，全村的红果产量在 130 吨左右。

笔者在 2013 年 10 月 19 日《红林村调研日记》中曾有村民对红果的心态转变的感悟：

> 红果曾是村民收入的主要来源，人们对红果呵护有加，采摘都是小心翼翼。经手采摘的红果，没有擦伤，易储存，能卖高价。但由于劳力投入大，遂为木杆敲打所取代。用长木杆在

树枝上一阵敲打，红果便纷纷落下。由于敲打和落地时的冲撞，很多红果都有擦伤，不易储存，但并不影响加工厂榨汁，所以也能及时销出。

如今在富裕起来的红林村，人们的心理也发生了变化。摘红果的人已难觅踪迹，随风落地的红果，与秋日的枯叶一起，将成为来年果树的肥料。尽管村口有小贩收购（今年每斤6角），但也鲜有人售卖。人们心里都有一笔账：一天做小工少说100元，还管饭。而摘捡红果一天最多200斤，也才120元，还“累个半死”。也只有比较勤劳节俭的老人，闲来无事，捡回一些，多则卖出，少则自己食用，或送亲友，也可以切成片，制成保健饮品，但这非常费时费力，一般人难以承受其苦。

2. 鲜枣

在红果失去往日风采之时，鲜枣成为红林村的又一致富源泉。

“七月十五花红枣，八月十五枣红山”。意指到了农历七月十五，山里的大枣陆续泛红，而到了农历八月十五，熟透了的大枣染红了山野。农历七月十五到八月十五一般是在每年的九月前后，在这一时期，红林村漫山枣林已经被金色与红色占据，一颗颗成熟和尚待成熟的大枣像无数红色和金色的玛瑙缀满枝头。

红林村所在地区的丘陵浅山特质非常适合各类果品的生长，其中最具生机的一种果品便是漫山遍野的野酸枣。但是，由于粒小、多刺、采摘难，需求量又少，一直以来，酸枣树是作为一种灌木自然生长，村民偶有将其作为薪材或设障之用。“披荆斩棘”中的“棘”指的就是酸枣树。20世纪90年代初期，有村民尝试在野酸枣上嫁接红枣，获得成功后，村民纷纷效仿，并在三岐庄乃至整个桥梓镇得到推广。

高中毕业后就在村里做林业技术员，1990年开始嫁接野山枣。那时候有几万棵枣树，30 多亩。开始是和菜一起拉出去卖，后来大量产枣时，有商贩过来收。我现在有 70 多亩果园，是杂果园，以枣为主，还有红果、栗子等。三岐庄的枣是由我这发展起来的。（摘自与丁志红的访谈笔录）

桥梓镇党委、政府因势利导，适时将大枣作为全镇的重点产业，并出台了相关的奖励政策。在政府政策的推动下，全镇有上千户农民上山嫁接大枣，镇政府还出资 100 多万元给农户提供奖励，并聘请林业技术专家到树下为农民进行枣树嫁接、病虫害防治、冬季剪枝等培训。经过几年的发展，目前桥梓镇已建成优质大枣基地 3 万亩，其中可采摘面积 2 万亩，年产量达到 250 万公斤，被誉为"京郊大枣第一镇"。自 2006 年开始，每年在大枣成熟时期都举办大枣节活动，迄今已举办 9 届，红林村也成为桥梓镇大枣的重要产区，最高时产量达 200 多吨。

红林村的大枣品种很多，包括尜尜枣、马牙枣、脆枣、金丝枣、冬枣等多个品种，其中尤以尜尜枣最为著名，也最为传奇。

尜尜枣是北京的特色果品，两头小、中间大，形似过去的儿童玩具尜尜。尜尜枣果皮光滑，皮薄肉厚，水分足，糖分高，咬上一口又甜又脆，满口清香，让人一吃难忘。据明代《皇帝起居录》中记载，从明代时起，尜尜枣就已经开始供皇家食用，但由于不易储藏且不耐运输，20 世纪 90 年代濒临绝迹，尜尜枣在桥梓镇乃至整个怀柔区一度只剩下一棵枣树。据桥梓镇副镇长肖在良介绍，怀柔区 3 万亩枣树中所有的尜尜枣树都源自红林村的最后一棵尜尜枣树。通过酸枣嫁接名枣的办法，使得怀柔尜尜枣这一濒临灭绝的皇家贡枣恢复了规模化生产，并先后被评为"中华名果"和"奥运推荐果品"，成为桥梓镇万亩大枣中的"明星"。

大枣是红林村继红果之后又一大收入来源，价格最高时可达每斤 10 元以上。2010 年由于春寒，冻死许多枣树，大枣减产，每斤 8

元，2011年气温适宜，雨水充沛，大枣产量大增，但价格也随之下滑，上等好枣每斤5元，在中秋节前后大枣集中上市时期，由于枣贩纷纷压价，枣价每斤只有1元多。由于近几年价格下滑，枣树管理处于粗放状态，2012年大枣产量在100吨左右，价格每斤1元左右。

3. 其他鲜果

鲜杏：鲜杏是红林村悠久的土特产品，也是红林村收入的重要来源。据老人回忆，早年间，红林村遍布杏树。战乱时期，人们躲在山里，“砸杏仁吃，可以一天不饿”。在食物短缺时期，人们将杏叶煮后，用水泡，脱去苦涩味后食用。传统的鲜食杏以大扁杏皮（大扁杏主要产品是杏核，皮是副产品）、香白杏、白土杏为主，近年来引进了专供鲜食的红太阳、珍珠杏等新品种。鲜杏也有从价高到价低的转变过程。鲜杏价格最高时达每斤十几元，随着传统水果价格的下滑，鲜杏的价格也降至每斤几角钱，甚至时常处于无人收购状态。好在鲜杏难销时可以取杏核，村民由此可以获得一些收益。红林村鲜杏每年的产量在四五十吨左右。

柿子：柿子也是红林村的传统果品，由黑枣嫁接而成。由于柿树在深秋落叶时节，金黄色的果实仍挂在枝头，成为一道美丽的风景，村民习惯在院里栽植柿树，林间更是布满柿树。柿子可以在冬天冷冻后长期储存。但是，由于近年气候变暖，柿子也很难长时间储存。与其他鲜果一样，柿子的销路也是一大难题。在柿子成熟时节，山间经常见到金黄色的果实挂满枝头，无人采摘，最后，鸟啄、风吹，落在树下，成为来年的肥料。

一路走来，看到山上很多柿子金灿灿地挂在树上。再有几天就该收柿子了，但村民们现在很少采摘柿子。一来柿子树很高大，采摘较困难，至少需要两个人，一个人用带钩子的杆子将柿子钩下来，另一人用麻袋接着，费时费力；二来柿子也不好卖，以前还可以晒柿饼，现在也少有人做，也无人食用。各种时令鲜果很丰富，柿饼已远离了人们的视线：有采摘柿子的时间，还不如做点别的更赚钱。（摘自2012年10月3日《红林村调研日记》）

桃：桃树是红林村一年中最早开花的果品之一。桃花盛开，为初春的红林村点缀上艳丽的色彩。解放前的红林村仅有少量毛桃，20世纪60年代后期开始引进并推广九宝等新品种。但桃树在红林村并不普遍，只是部分村民家中有桃树。

李子、黑枣等也是红林村的传统果品，随着价格的走低，也基本上处于初放经营状态，少有商贩来村收购。

二 果树技术服务

（一）集体统一提供技术服务时期

在生产大队时期，果树技术服务都是由集体统一提供。红林大队设有林业技术员，负责果树管护的技术服务。即使是在公社解体后的一段时间，按照承包合同，村集体仍然承担对农户果树的技术服务、防治病虫害等职责。直到1999年签订30年期承包合同时才规定，农户要做好果树的病虫害防治以及修剪、抚育等工作。

据生产大队时期就担任林业技术员的丁志红介绍，公社解体前和解体后的一段时间，他都要负责全村果树的病虫害查检、配药以及指导社员打药、剪枝、施肥等。我们也可以从1985年12月12日丁志红所写的工作总结中看出当时林业技术员所起的作用。

总　　结

我向各位领导和同志们汇报我一年来所做的工作：

在冬季修剪时，我不但把我的果树修剪好，我还帮助村里不会修剪的社员修剪，并且还告诉他们我的修剪方法。

在春季，我为本村和外村社员烧制“石硫合剂”，我去北京为他们购买“920”，而且向他们传授使用方法。打药时，到地里给社员们配药，还在广播里向社员们讲如何打药，打什么药，能防治什么病虫害，并叫在打药时加上少量肥料。

在夏季，我还给村里培育果树苗的社员户搞嫁接，并且把嫁接技术毫无保留地传授给他们。

在秋季收果前，我还向社员们宣传新农药的使用方法和好处：如“乙烯利”催熟剂等，既省工又不会损伤结果枝和果实，还能提早成熟，成本低，收益大。

我又配合县林业局，在我村查清了山楂白小食心虫的生活习性。如 1983 年，我村山楂虫果率高达 73% 左右，今年(1985 年)，根据食心虫生活习性及时进行打药防治，虫果率只有 10% 左右。

在这一年里，我还做了几个小小的试验：

1. 山楂炭疽病的防治方法。自 60 年代就在我村发生了病害，近 20 多年，无法防治。山楂炭疽病越来越多，今年我用了药剂涂干法，已初见成效。根据我的初步试验观察是能够防治的。

2. 早期叶面喷肥。在 1982 年我就做了试验，近四年观察，效果很好。方法是：头山楂开花一星期喷尿素 0. 3% 或磷酸二钾 0. 3%，也可以在打药时结合进行，过五天左右，就可见效，叶子肥大，黑又亮，坐果多，果树也显得旺盛。

3. 山楂储藏。1984 年我用食品袋储藏，效果很好（每袋装 5—6 斤）。今年我改用大塑料袋，一袋装 60—70 斤，共装三袋，由于果多，热量大，引起伤热，全部坏了。

以上是我一年来所做的工作，还很不够。以后在新的一年里，我还要把我的工作做得更好，提高技术水平，为广大群众服务，为四化多做贡献。

于一九八五年十二月十二日

红林大队：丁志红

（二）公益性服务制度的建立

20 世纪末，不少基层农技服务组织处于“网破、线断、人散”的边缘，农技服务受到削弱。进入 21 世纪，政府加强了农技服务组织建设，积极推进农技推广机构改革，强化政府农技推广部门的公益性服务职能。2012 年，第十一届全国人大常委会通过决议，对《中华人民共和国农业法》做出修改，删除了“国家农业技术推广机构可以提供有偿服务”的规定，将第五十一条第一款修改为：“国家设立的农业技术推广机构应当以农业技术试验示范基地为依托，承担公共所需的关键性技术的推广和示范等公益性职责，为农民和农业生产经营组织提供无偿农业技术服务。”按照有关部署，怀柔区在林业技术服务方面建立了较为完善的公益性服务体系。

1. 面向果农及技术人员提供公共服务

首先，邀请专家为果农提供技术培训。例如，2012 年 5 月，为提高果农的枣树管理技术水平，有关部门在红林村举办了大枣枣疯病防治培训会，邀请中国枣业研究中心专家和北京市林保站的果树技术人员就大枣种植、培育过程中遇到的枣疯病进行了详细讲解。专家在树下林间开展培训，不仅对枣树的枣疯病如何防治、枣树如何修剪进行了现场示范，还针对枣农提出的枣树管理过程中出现的问题进行了详细的解答。

其次，开通“农业科技网络书屋”。“农业科技网络书屋”（www.nongye.cnki.net）是由农业部科教司、中国农业科学院农业信息研究所、中国知网（CNKI）为了满足农业生产的科技需求联合推出的，是依托全国基层农技推广体系改革与建设补助项目建立的。该书屋于 2013 年 5 月 20 日在怀柔区正式开通。书屋直接用于“三农”的文献多达 675 万篇、图书 2 万多册、视频节目 5000 个，包括农村实用新技术、新品种、农村管理、农村文化、农业企业管理、经济信息、市场信息等。同时，书屋还具备农业实用技术信息查阅、农业技术在线咨询辅导、农资农产品供求信息发布等功能。农技人员凭借专属账号和密码，可实现24小时自主学习，随时查找需要的农业知识和技术，接触农业前沿信息，从而提高农技人员的技术水平及业务能力，加速农业技术及信息进村入户，提高农技推广效率。

2. 建立村级全科农技员公益性岗位制度

为了加快完善基层农技服务体系建设，切实解决科技入户“最后一公里”问题，北京市于2010年开始在房山等5个区县开展村级全科农技员队伍建设试点工作，2011年则在北京10个远郊区县开展试点。从2013年起，在10个远郊区县全面推进村级全科农技员队伍建设工作，为从事农业生产的农户达50户以上，且由本村农户自主经营的行政村每村选聘1名全科农技员，实现全市村级全科农技员全覆盖。

怀柔区自2011年开始试点村级全科农技员，2013年全面铺开，先后开展多次大型培训活动，强化全科农技员为民服务意识。红林村是怀柔区全科农技员试点区，在2011年就设置了全科农技员岗位。红林村的全科农技员为丁学玉，中专文化程度，从20世纪80年代末就开始自学农业技术，2011年7月1日通过考试正式上岗。

村级全科农技员由村委会推荐，并逐级审核测试产生。全科农技员必须是高中以上文化程度，具有较高的农业生产技能和较强的带动和辐射能力。北京市农业局统一组织全市新选聘全科农技员的上岗培训，考试合格的颁发培训合格证书。上岗人员与服务村村委会签订年度聘用协议。村支书或村委会主任担任村级农业综合服务站站长，为村级全科农技员开展农技服务提供必要的设施设备条件，做好相关组织协调工作。

市、区县两级财政共同负担全科农技员的人员补贴、教育培训、队伍建设及日常监管经费。全科农技员的人员补贴标准为基本补贴1000元（含人身意外伤害险）和绩效补贴500元两部分。基本补贴由区县财政负担，绩效补贴由市级财政负担。教育培训经费由市、区县两级共同负担，每年度列入部门预算。市级财政负担新选聘人员上岗培训及骨干人员培养经费，区县财政负担日常知识更新及技能提升培训经费。日常监督服务、服务手段提升、村级农业服务站等经费根据年度工作安排和实际需要，由区县财政负担。

按照要求，村级全科农技员要建立村民联系卡，村委会要统一设立公告栏，公示村级全科农技员的个人信息和服务信息，接受群众监督。

在红林村村委会的墙上，张贴着本村全科农技员的信息：

北京市村级全科农技员信息告示牌

基本信息　姓名：丁学玉　联系电话：1352183＊＊＊＊

服务对象　怀柔区桥梓镇红林村全体种植养殖农户

工作职责　（1）负责本村种养业产前、产中、产后日常的技术指导与服务，帮助农户解决技术难题。

（2）上传本村农业产业发展动态、农户基本公共服务需求，下达并传播农技推广部门、专家团队各类信息。

（3）带头示范推广新品种、新技术、新产品。

（4）完成农技部门相关工作。

服务标准　（1）入户率100%

（2）解决农民问题有效率100%

（3）农民满意率80%以上

监督电话　桥梓镇：69675594

怀柔区：69631285转8414

北京市农村工作委员会

北京市财政局

北京市农业局

怀柔区农业局

三　红林村的果品采摘园

（一）绿色红林采摘园

绿色红林采摘园的创办人为丁学玉，目前为红林村的全科技术员。绿色红林采摘园包括三处：凤妮大枣采摘园、绿色农情红果专业合作社、绿色红林杂果采摘园。

丁学玉2000年前后开始专门从事果树种植，并于2006年在镇林业站的帮助下，自费注册了“绿色红林”商标，开始接待游客，开展果品采摘活动。在游客的建议下，在怀长路边、红林村村口附近开办了餐饮和住宿。当年，桥梓镇为了迎办奥运会，兴办凤山大枣采摘园，对于面积比较大且能提供住宿的采摘园给予资助。丁学玉的大枣采摘园被选中，并被命名为“凤妮采摘园”。三岐庄地处凤山，桥梓镇对其在三岐庄所资助的三个大枣采摘园分别用“欢迎您（妮）”三个字命名。凤欢、凤迎采摘园位于东凤山村，凤妮采摘园位于红林村。政府免费为大枣采摘园做广告牌、围围栏，提供修路用的水泥，采摘园自己出修路用的沙子和工钱等。采摘园成立的第一年政府免费提供包装盒，以后年份所有费用都是自付。

丁学玉采摘园的产生恰逢其时，抓住了大好时机。2006—2007年，餐饮业在桥梓镇还不被认识，“让大家弄也不弄”，而现在发展餐饮业已经不允许了。红林村一带是怀柔水库的水源保护地，限制发展餐饮业。而且，目前也严加限制耕地转做非农用地。

大枣在红林村乃至桥梓镇已经形成了一个产业。大枣产业在红林村曾有一个鼎盛时期。但目前效益下降了。不断下滑的大枣价格和传染性很强的疯枣病是困扰大枣产业的两大难题。

桥梓镇在2006年和2008年分别成立了大枣协会和大枣合作社，丁学玉也先后成为协会会员和合作社社员。据果农反映，大枣协会在当时起了一定的作用，但是对大枣合作社却很有看法：“大枣合作社不收枣！”

2009 年，在政府扶持合作社政策的推动下，丁学玉出资 13 万元，联合四位村民，牵头组建了绿色农情红果专业合作社，并出任合作社社长。四位村民分别象征性出资 100 元。丁学玉承诺：如果以后有效益，他们可以追加股金。但是，大家对合作社并不看好，村民加入合作社缺乏积极性。

成立合作社可以方便采购农资和销售果品，“因为可以直接去厂家谈价格”。合作社也便于在打药、施肥等方面找专家咨询，果品质量能得到提高，“个人出面是没有人管的”。

合作社成立第二年，红果价格有所上涨。红林村的红果在 20 世纪 80 年代远近闻名，并得过北京市金奖，村庄也由此更名。目前红果质量和效益远不如从前。在大枣、杏等果品价格都比红果高、大家都改种这些果品的情况下，丁学玉正在考虑怎样才能改变红果质量，提高经济效益：“80 年代吃过咱这红果的还在找，但现在达不到原来的质量了。如果能注册咱们自己的品牌，统一管理，有一定产量，产品的价值就会提高。如果再过几年，品种退化了，得过什么奖都没用。”“我引进了几个品种，个头不大，但品质好。优良品种保存下来，就是财富。如果产量上去了，可以做广告，接订单。但村民观念没有转变，总认为小的不如大的好。”

红果现在价格低迷，做村民的工作难度较大。合作社达不到一定规模，政府不予扶持。“如果国家每年给 20 万—30 万元，可以相应地补点水费等，我可以给果农提供技术。”但由于村民眼下见不到实惠，不愿意加入，这样，红果合作社也就没有大的发展。但丁学玉对红果产业还是充满信心的：“我估计五年之后会有发展。”“如果有政策扶持，对村里的空地和老树进行改造，把老树都挖了，重新栽新树。现在发展红果肯定不晚！”

绿色红林杂果采摘园以枣和杏为主，此外还有李子、柿子、葡萄等，注册的商标名是“绿色红林采摘园”。最早采摘的果品是杏，是 2000 年丁学玉亲自去市农科院引进的新品种。采摘价格最高时一斤 10 元，5 元一斤也维持一段时间。采摘园收入最多的一次是同时来了几个人，一人 10 斤，“一下子就赚了好几千块钱”。目前采摘量较大的是枣，10 元一斤，最高达 20 元一斤。枣树的刺很多。为了方便游客采摘，要对枣树进行削刺和矮化。为了延长果品采摘时间，对杏、李子等果树进行品种嫁接，使其在不同时间段成熟，从 6 月到 10 月都有果品可供采摘。游客在采摘的同时，也可以在采摘园自己开的饭店用餐。

采摘园的果品游客采摘仅是一小部分，大部分还要雇人采摘，用于售卖。采摘园一般是从邻村雇人采摘果品，最多时达十几人，少时也有几个人。果树剪枝也需要雇人，但摘果的时候用人最多。雇人有临时和长期两种。临时雇人，干活结束时就给钱；长期雇人则是每月结钱。2012 年采摘园长期雇工有两个，忙不过来就临时雇人。男工每天 120 元，女工每天 100 元。2012 年采摘园剪枝用工 200 多个，摘枣用工 300 多个。摘枣时间最长，前后可以持续 20 多天。

杂果采摘园面积有 200 亩，其中有几十亩是租赁的。饭店周边占地 10 亩左右，是以每亩 800 元价格租赁的。“地在别人家效益不高，在我这儿会更有价值”。采摘园累计投入 200 多万元。

采摘园还设有钓鱼场，养有鲤鱼、草鱼等，垂钓价格每斤十元；园内还有散养柴鸡 300 多只，公鸡一只 150 元，6 斤左右，母鸡 100 元一只，4 斤左右；园内还有野兔、鸽子等供观赏，如果游客需要也可以食用。餐厅可以容纳 300 人就餐，最忙的时候是“五一”和“十一”两个节日，平时有采摘的游客前来就餐，天气不好时则全天可能没有客人。

（二）其他采摘园

1. 祥红采摘园

祥红采摘园的所有者为王林祥，而实际经营者是其两个儿子：红林村党支部书记王雅君和其弟弟。采摘园面积有 100 多亩，杏、李子、核桃等各类杂果，一应俱全。采摘园位于怀长路边，在怀柔旅游政府网上有登录。采摘园在每年果品收获季节都有人前来采摘，有固定客户。采摘的人每人收 50 元，随便摘。客户采摘之后自己再采摘、售卖。每年卖杏收入能有三四千元。固定客户还会带来新的客户。好年景每年收入 6 万元左右。

果园是雇人管理，每月 1800 元。雇人工资和果园收入都由哥俩平均分摊。采摘园里有房子、水电，以后准备在园里散养鸡。由于人工成本不断增长，采摘园准备雇用短工，以替代长期雇工。

由于采摘园没有停车场，食宿也不能很好安排，所以不能接待大型旅游团，但可以接待小规模游客。

2011 年采摘园雇人费用一万元，实际收入为五千元。“虽然收入才一半，但树得到了管理，树是活的，没有被荒废，还能结果，所以这样做是值得的。”

2. 智慧采摘园

智慧采摘园是由村民丁志会于 2006 年在其承包地上兴建的。由于是在怀长路边，远远地就可以看到“智慧采摘园”的牌子。采摘园里有简易的房子，果树绝大部分是新栽的。采摘园建起来后，准备扩大规模，向农家院发展，但政府已经不允许在承包地上建筑房屋了。采摘园里有桃子、李子等，最近几年开始结果，但由于量比较少，也没有去采摘。2012 年，采摘园的一部分对外出租，租期 15 年，租金每年一万元。目前的采摘园租赁者在园里散养了很多鸡。据丁志会介绍，在 15 年的租赁期内他不会在果园投入太多的精力，“只是剪剪枝维持着果树，等着年龄大了，果园租赁到期，再继续管理”。

第三节　林业生态保护

一　早期林业生态保护

为加强林木保护，怀柔县在新中国成立初期即提出生产救灾，保护林木的口号，建立起县、区、村三级护林防火委员会。1953年4月县政府严肃处理了岐庄村烧山50亩的毁林事件，主犯被当即逮捕法办。当年，县政府颁发保护山林布告：①有计划地进行次生林抚育，严禁乱砍滥伐；②为保持水土，严禁在宜林荒山开荒种地；③奖励植树造林和封山育林；④建立健全护林防火组织，严禁烧山，严惩毁林事件。红林村响应政府的号召，成立护林防火小组，制定村民护林公约，并在劳模闫瑞年的倡议下开展护林竞赛活动。

1954年12月，怀柔县委根据农业合作化进程中出现乱砍滥伐现象做出紧急指示：①要求各级党政领导认真执行河北省木材管理办法，严禁私人出售木材；②加强对生产救灾工作的具体领导，帮助群众开发生产门路，要想方设法扭转已经出现的大量砍伐树木现象；③有关部门要严加控制抚育间伐，加强技术指导，木材站要切实检查，严加管理；④讲清政策，解除群众对合作化的顾虑，说明树木暂可以不入社。

随着高级社和人民公社时期所有制的不断变动，乱砍滥伐现象加重，县人民政府发布一系列文件，加强林木保护，进一步明确社员个人在房前屋后栽树谁栽谁有，任何人不得非法侵占。1963年，怀柔县政府发布文件指出：1958年以来，人畜毁林现象比较严重，因此必须从贯彻政策入手，发动群众，严肃处理毁林事件；健全与加强护林防火组织；制订出合理的可行规划，正确解决农林牧之间的矛盾。红林村在党支部的领导和监督下，乱砍滥伐现象显著减少。

1966年“文革”开始后，毁林事件逐渐增多，县革委会先后发布文件，加强对林木的管理。“文革”结束后，县政府先后颁发护林通告，并从1981年起，县林业局严格控制采伐量（不以超过生长量为准），1985年县政府又发布《关于执行北京市林木资源保护条例》的具体意见。在上级组织的号召下，红林村组建了护林队，在山林间开展看山巡逻，村域内没有发生一起毁林烧山事件。与此同时，开展植树造林活动，丁学昌、丁学敏先后被评为首都绿化积极分子。

二 生态涵养区建设

1998 年，怀柔县开始实施生态示范县工程，国家计委等 4 部委批准怀柔县为国家级生态环境综合治理示范区，重点对怀柔水库上游通过建水平条田、垒树盘、建沟坝等手段进行水源涵养保护工程建设，山区还开展了生态清洁小流域建设。2001 年后，开始进行京津风沙源治理。2003 年，怀柔被确定为国家生态示范试点区。根据国家环保总局的要求，怀柔区成立了由 17 个部门主要领导组成的工作领导小组，并编制完成了《怀柔区国家生态示范区建设规划》。生态示范区建设重点实施大气环境治理、水环境建设、绿色生态屏障工程建设和精品卫星城建设。经过多项建设，怀柔区的生态环境得到明显提升，2008 年，被国家环境保护部命名为“国家级生态示范区”。

在怀柔区的生态示范区建设中，与红林村关系最为密切的是绿色生态屏障工程建设，而绿色生态屏障工程建设又是与国家退耕还林工程和京津风沙源治理工程融为一体的。

（一）退耕还林工程

长期以来，由于盲目毁林开垦和进行陡坡地、沙化地耕种，造成了我国严重的水土流失和风沙危害，洪涝、干旱、沙尘暴等自然灾害频频发生，人民群众的生产、生活受到严重影响，国家的生态安全受到严重威胁。退耕还林工程就是从保护生态环境出发，将水土流失严重的耕地，沙化、盐碱化、石漠化严重的耕地以及粮食产量低而不稳的耕地，有计划、有步骤地停止耕种，因地制宜地造林种草，恢复植被。

退耕还林工程是我国乃至世界上投资最大、政策性最强、涉及面最广、群众参与程度最高的一项重大生态工程。

2002 年 1 月，国务院西部开发办召开全国退耕还林工作电视电话会，宣布退耕还林工程全面启动。4 月，国务院下发《关于进一步完善退耕还林政策措施的若干意见》（国发［2002］10 号）。2003 年，《退耕还林条例》正式施行。国家林业局在深入调查研究和广泛征求各有关省（自治区、直辖市）、有关部门及专家意见的基础上，按照国务院西部地区开发领导小组第二次全体会议确定的 2001—2010 年退耕还林 1467 万公顷的规模，国家林业局会同国家发展和改革委、财政部、国务院西部开发办、国家粮食局编制了《退耕还林工程规划》（2001—2010 年）。2004 年，国家根据形势的发展，对退耕还林工程年度任务进行了结构性、适应性调整，退耕还林工作的重心由大规模推进转移到成果巩固上来。4 月 13 日，国务院办公厅下发《关于完善退耕还林粮食补助办法的通知》（国办发［2004］34 号），原则上将向退耕农户补助的粮食实物改为补助现金。

退耕还林政策规定主要有：

——国家无偿向退耕农户提供粮食、生活费补助。粮食和生活费补助标准为：黄河流域及北方地区每公顷退耕地每年补助粮食（原粮）1500 公斤。从 2004 年起，原则上将向退耕户补助的粮食改为现金补助。中央按每公斤粮食（原粮）1.40 元计算，包干给各省（自治区、直辖市）。具体补助标准和兑现办法，由省政府根据当地实际情况确定。每公顷退耕地每年补助生活费 300 元。粮食和生活费补助年限：还草补助按 2 年计算；还经济林补助按 5 年计算；还生态林补助暂按 8 年计算。尚未承包到户和休耕的坡耕地退耕还林的，只享受种苗造林费补助。退耕还林者在享受资金和粮食补助期间，应当按照作业设计和合同的要求在宜林荒山荒地造林。

——国家向退耕农户提供种苗造林补助费。种苗造林补助费标准按退耕地和宜林荒山荒地造林每公顷 750 元计算。

——退耕还林必须坚持生态优先。退耕地还林营造的生态林面积以县为单位核算，不得低于退耕地还林面积的80%。对超过规定比例多种的经济林只给种苗造林补助费，不补助粮食和生活费。

——国家保护退耕还林者享有退耕地上的林木（草）所有权。退耕还林后，由县级以上人民政府依照森林法、草原法的有关规定发放林（草）权属证书，确认所有权和使用权，并依法办理土地用途变更手续。

——退耕地还林后的承包经营权期限可以延长到70年。承包经营权到期后，土地承包经营权人可以依照有关法律、法规的规定继续承包。退耕还林地和荒山荒地造林后的承包经营权可以依法继承、转让。

——资金和粮食补助期满后，在不破坏整体生态功能的前提下，经有关主管部门批准，退耕还林者可以依法对其所有的林木进行采伐。

——退耕还林所需前期工作和科技支撑等费用，国家按照退耕还林基本建设投资的一定比例给予补助，由国务院发展计划部门根据工程情况在年度计划中安排。退耕还林地方所需检查验收、兑付等费用，由地方财政承担。中央有关部门所需核查等费用，由中央财政承担。

——国家对退耕还林实行省、自治区、直辖市人民政府负责制。省、自治区、直辖市人民政府应当组织有关部门采取措施，保证按期完成国家下达的退耕还林任务，并逐级落实目标责任，签订责任书，实现退耕还林目标。

怀柔区作为京津风沙源区以及重要湖库集水区成为全国856个退耕还林工程建设重点县之一。自2002年开展退耕还林工作以来，怀柔区每年都按照《退耕还林工程建设检查验收》的规定对全区退耕还林项目进行检查，验收合格后及时将各种补助发放到农户。2014年怀柔区退耕还林验收合格面积5.97万亩，涉及13个镇乡的

195 个村 2.6 万余户，共发放补助粮 2020.8 吨，其中大米 1016.1 吨，面粉 970.6 吨，小麦 34.1 吨。

红林村共有耕地 194 亩，一直用于种植粮食作物。怀柔区退耕还林工作启动后，红林村先后有近 100 亩耕地退耕还林。村民每亩地得到政府 20 元的补助，并在退耕的土地上种植了红果树、桃树、杏树、栗子树、核桃树等。2005 年和 2008 年，国家先后对退耕还林地域进行了检查和验收。红林村退耕还林共涉及农户 66 户。

退耕还林以后，农户不仅能得到果品收入和林下种植收入，还能得到政府的补助。最初每亩地能够得到原粮（小麦）补助 100 公斤，目前每亩补助原粮 50 公斤。

> 十八亩地（地名）属于退耕还林范围。原来叫十八亩地，其实发展到了 100 亩左右。我家三口人大概 3 亩地，一年会分到 8 袋面。退耕还林会有人来检查，若不合格不给粮食等补偿，目前红林村退耕还林各部分加起来能有 100 亩左右。（摘自与王雅君的访谈笔录）

（二）京津风沙源治理工程

京津风沙源治理工程是国家为固土防沙，改善北京、天津的大气质量而出台的一项针对京津周边地区土地沙化的治理措施。一期工程于 2001 年启动，2010 年完成。工程区西起内蒙古的达茂旗，东至内蒙古的阿鲁科尔沁旗，南起山西的代县，北至内蒙古的东乌珠穆沁旗，涉及北京、天津、河北、山西及内蒙古等五省（自治区、直辖市）的 75 个县（旗）。工程区分为四个治理区，即北部干旱草原沙化治理区、浑善达克沙地治理区、农牧交错地带沙化土地治理区和燕山丘陵山地水源保护区。工程采取以林草植被建设为主的综合治理措施。涉及林业措施的主要有：退耕还林，包括退耕地造林，同时匹配荒山荒地荒沙造林；营造林，包括人工造林、飞播造林、封山育林等。二期工程于2013年启动，2022年完成。工程区由北京等五省（自治区、直辖市）的75个县扩大至包括陕西省在内的6个省（自治区、直辖市）的138个县（旗）。按照二期工程的规划，到2022年，全面完成工程区内沙化土地的治理，进一步完善工程区生态防护体系，使工程区农牧民收入稳定在全国农牧民平均水平以上，生产生活条件全面改善。

红林村作为“燕山丘陵山地水源保护区”，被纳入了京津风沙源治理工程之中，主要的工程项目就是对集体生态林进行封山育林。

新中国成立以后，政府就提倡治理荒山、封山育林，红林村也是积极响应。在20世纪80年代以前，薪柴一直是红林村的主要能源，村民取暖、做饭等主要靠薪柴，用量很大。红林村近山的薪柴经常被村民砍光，而远山都属于封山区，不许村民进山砍柴。每年村里确定某片山场开山两三天，在这两三天里，农户往往全家出动，“带着干粮进山砍柴”。村民们还能回忆起孩提时为进山砍柴与看山人“捉迷藏”的趣事。

京津风沙源工程启动后，集体生态林封山育林进入了制度化建设时期，封山育林实行“四立一延续”制度。四立，即立牌（在每个封山育林的地段沟口、梁顶设立醒目的封山育林标记）、立法（以村为单位建立封山育林制度和村民公约）、立档（对封山育林的地区建立封育管护档案）、立人（各村根据封山育林范围大小设立专职的管护人员）；一延续，即不论乡、村干部如何调整变换，封山育林的“四立”制度必须长期延续，不许中断。

红林村集体生态林的封山育林责任人是村支书王雅君，封山育林面积2000亩。按照封山育林责任区标注，红林村的封山育林区域“东至山脚，南至苏峪口交界，西至山顶，北至岐庄交界”，基本上是果林以外的所有山区。在封山育林区域内严禁打柴、放牧、狩猎、挖药材、开荒、野外用火、取苗和破坏林木资源等一切违法行为。违反以上规定按《森林法》进行处罚，严重的追究刑事责任。

红林村的远山基本上都拉起了封山围栏，山间也能见到封山标牌和工程介绍牌，如图 7 – 1 和图 7 – 2 所示。封山围栏和封山标牌均由政府出资。但是，走在山间也时常会发现被推倒的围栏，“山里有村民种的树，需要管理。是在封山前种的”。村支书如此解释。

> 生态林就是山上的植被，不种地不种果，小庙那边都是生态林、涵养林，属于封山造林项目。保护生态环境，国家会出钱进行奖励，这个资金叫生态维护林资金。按照生态林匹配的防护员也会有工资，防护员一个月大概几百元的工资。生态林验收后就没有人再管理，会有人为的破坏。政府出钱修水泥杆圈出大概位置。（摘自与王雅君的访谈笔录）

> 生态林的边界是由飞机航拍确定的，边界范围内的就是生态林。生态林每年国家给补助。原来可以砍树，现在不可以。1984 年以前，上级还要求砍一部分树，现在是上面下来检查，需要修剪了，就修剪，平时不允许砍伐树木。森林管护员负责割防火道、修路和剪枝等。（摘自与丁志明的访谈笔录）

图 7 – 1　红林村京津风沙源治理工程标牌

图 7－2　红林村封山育林责任区标牌

三　林木管护

（一）专业护林防火

新中国成立前，怀柔区的山林防火十分薄弱，发生火灾主要由村民自发组织扑救。据红林村老人回忆，20 世纪三四十年代，村西边的大山曾发生火灾，“眼看着火着起来，顺着风势蔓延，烧了半个月，都着到昌平去了”。在他们的记忆里，这次火灾损失惨重。

新中国成立以后，怀柔各村组建了民兵队伍，发生火灾主要由民兵组织扑救。20 世纪 90 年代后，桥梓镇政府负责本辖区内的护林防火工作，组建了由镇机关干部、各村青壮年组成的半专业化扑火队。2004 年，林业局组建了桥梓镇专业化扑火队，有扑火队员 21 名，由桥梓镇森林公安派出所领导，负责桥梓镇、渤海镇、九渡河镇、庙城镇、慕田峪长城景区、怀柔水库景区的森林火灾扑救工作。扑火队配备车辆、通信器材、风力灭火机等灭火器材。

桥梓镇森林公安派出所在全镇护林防火方面发挥了很大的作

用。在重点防火季，他们经常派人到各处巡视。2013 年 4 月 28 日，岐庄村和红林村两位村民在口粮田燎地边时，即被派出所巡视人员发现，分别给予两位村民 1000 元和 500 元的处罚。森林公安派出所每年都会同镇政府对所辖区域内群众发起护林防火倡议。以下是 2012 年 10 月森林公安派出所对所辖村民的倡议书：

致村民的一封信

为确保我镇森林资源安全，有效预防森林火灾的发生及打击破坏森林资源违法行为，维护林区人民的根本利益，桥梓森林公安派出所会同镇政府对辖区群众倡议如下：

1. 进入林区必须做到“七不要”：即不要在林区野外用火，不要在林区吸烟、打火把照明，不要在山上野炊烧烤食物，不要在林区山上烧火取暖，不要携带任何火种进山，不要在林区内燃放烟花爆竹上香烧纸，不要在林区狩猎、放火驱兽。

2. 近年来，个别村民违规用火，甚至故意放火，望广大村民互相监督，坚决制止违规用火行为。对提供故意放火行为有价值线索的村民，将给予一定经济奖励。

3. 林区群众要增强法律意识，依照《森林法》有关规定进行砍伐林木。做到砍伐林木要履行法律程序，依法砍伐。

村民们，近年来，经过国家投资、人民的努力，使我们的森林植被覆盖率大幅增加，人民的生活环境有了明显的改善，同时也给我们的森林防火带来更大的困难，肆意砍伐森林、盗伐林木现象时有发生，这就要求我们广大人民群众严格遵守《中华人民共和国森林法》《北京市森林防火条例》的有关规定。我们一定要努力去保护我们的森林资源，为子孙后代留一片绿色的天空，为创造稳定、和谐的社会环境而努力。

（二）全民护林防火

每年秋冬之际森林防火期到来时，怀柔区各镇就要进入全面的森林防火动员时期。桥梓镇成立了由镇长任组长、林业站长为办公室主任的护林防火组织机构，在全镇各村设立了244名生态林管护员岗位，并且组建了由39人组成的护林防火巡查队，负责检查、监督各村防火员在护林防火期内的护林防火工作。每到防火季来临时期，桥梓镇就召开由镇领导、各行政村干部、镇乡中小学和企业负责人及防火巡查员参加的全镇森林防火工作部署大会，总结上年度的防火工作经验，部署当年的森林防火工作，强化村级生态林管护队伍和防火巡查队伍建设，要求各行政村和单位做好应急防火预案。为使责任到人，镇政府与各村及有林单位、村党支部与生态林管护员、镇政府与森林防火巡查队分别签订森林防火责任书。

防火对山村来说始终是件大事，尤其是春季。2013年“五一”期间，邻近村庄有数起火情，所幸发现及时，未造成大的损失。有一起是岐庄村民烧自家棒秸，殃及红林村一户果树，受损村民得到5000元赔偿，未再追究。还有一起是村民在劳作之余吸烟酿成火灾。

红林村党支部、村委会非常重视森林防火工作，每年森林防火期间都成立防火领导小组，明确责任。由于工作得力，红林村多年没有发生重大火灾事故。

红林村共有8位护林员，均由镇发放工资，每人每年收入4800元。护林员上岗时每两人为一组，在分派的道口看守、巡逻，防止有人携火种进山，发现火情及时报告，及时清理林地可燃物，并随时接受镇村防火领导小组成员检查。凡查岗时发现一次脱岗者，罚款100元，第二次发现则予以辞退；擅离职守，发生火情的，将予以辞退。村两委每年都要与生态林管护员签订森林防火责任书。以下为红林村村两委与生态林管护员签订的2013年度防火责任书。

桥梓镇2013年度生态管护员防火责任书

为切实做好森林防火工作，把森林防火工作落到实处，加强林木资源的保护管理，防止森林火灾的发生和认真贯彻执行区森林防火总指挥部的指示精神，村党支部、村委会与生态林管护员签订2013年度森林防火责任书如下：

一、职责任务

1. 加强宣传教育，提高广大群众的思想认识，杜绝麻痹思想，把镇政府下发的与森林防火有关的文件精神及时宣传落实到户、到人，并要有明确分工，落实责任制。

2. 配合镇政府和村级领导小组成员的经常性检查，接受监督。

3. 按镇政府规定，在重点地区、重要进山关口所设的固定岗，专人看守，收缴火种，登记进山人员，随时接受本辖区内巡查人员的检查和管理。

4. 实时巡逻检查，做到不留死角。对违反野外用火规定的，要按规定对其进行处理，坚决杜绝野外用火行为。一旦发生山火应及时向村、镇政府报告，并立即组织扑救，电话69675696、69676541。严禁迟报、瞒报、越级上报。

5. 根据本村山场面积的大小合理安排管护员，严格责任区划分，管护员上岗到位要佩戴袖标、携带扑火工具。

6. 要加强对林木资源的保护与管理，制止乱砍滥伐毁林案件的发生，做到及时发现及时报告。

7. 生态管护员必须适应所在岗位的工作，具备相应的能力，能按时到岗到位且能尽职尽责。

8. 要认真完成镇政府下达的人工割打防火隔离带、清理林地可燃物的任务。

二、责任处罚

1. 对迟到早退、不按规定着装、不佩戴有关标志、不携带有关工具和标识，违反一次，由村党支部、村委会对其罚款50元，两次罚款100元，三次将予以辞退。

2. 有事必须提前向村党支部、村委会请假，防止脱岗。查不在岗，违反一次由村党支部、村委会对其罚款200元，二次将予以辞退。

3. 在防火期内，发生野外用火不在岗，或不制止，不采取措施，未及时上报镇政府的，一经查实，由村党支部、村委会对其罚款500元。擅离职守，发现火情未及时上报或迟报瞒报的，一经查实，将予以辞退。

4. 所管辖范围内发生一起火情，村党支部、村委会对生态林管护员罚款800元，二次将予以辞退。

5. 共同执行权利、职责，镇村两级管理单位及生态林管护员要通力合作，密切配合，秉公执法，不徇私情，做好各阶段、各环节的防火工作。

6. 本责任书自2012年10月1日起至2013年10月1日止，有效期一年。

本责任书一式两份，村党支部村委会、生态林管护员各执一份。

村党支部、村委会：（签章）　　生态林管护员：（签字）

2012年9月30日

（三）生态林抚育

护林防火可以减少森林因火灾等而导致的损失，而森林抚育则可以保障林木的健康生长。红林村每年都有十几人，自入秋以后，直到大雪封山，都会在山里进行森林抚育工作，工作内容主要是修剪林木，清除杂草，间伐小树等。按照要求，抚育工要将树木的枯枝剪去，将周边的杂草清除，树木太密的地方，要将 1.3 米以下的小树去除。村民将这些工作统称为“镩树”。凡是 40 岁以上的中年男性，只要愿意，都可以加入到森林抚育的行列，“上山镩树”。60 岁以上的老人一般不被允许做森林抚育工作，40 岁以下的年轻人则大多不愿做这类工作，“他们年轻，有条件外出寻找更轻松赚钱的工作”。森林抚育工每天有 100 元的收入，由政府支付。怀柔区和桥梓镇都有专门的人定期或不定期前来检查这项工作。

第八章

非农产业

第一节　村庄工副业

一　村庄工副业的发展历程

在红林村的历史上，曾有两大家族以职业代称，一个是棚铺家族，一个是窑上家族。棚铺是指在人们结婚、庆宴之时临时搭棚提供宴席服务；窑上是指开砖窑。棚铺家族是指除从事农业生产以外，还从事棚铺服务的家族；窑上家族是指除从事农业生产以外还从事砖窑生产的家族。

在本书第二章“红林村历史”中已有叙述，红林村丁氏始祖丁进章有四个重孙，分别为丁文亮、丁文德、丁文全、丁文美，这四人的后裔分别构成红林村丁氏家族的四大门。第一大门丁文亮有五个儿子，其五子丁儒有两个儿子，即长子丁福仁和次子丁福田。丁福仁是红林村棚铺家族的开拓者，丁福田是窑上家族的开拓者。

丁福仁时期开始开设棚铺，在其独子丁棚时期达到鼎盛。丁棚出生于1895年，在20世纪30—40年代，丁棚经营的棚铺，在方圆几十里都有盛名。丁棚不仅提供棚铺业务，还提供厨师服务，被称为“棚铺带厨师”，丁棚也被人尊称为“棚大爷”，其后人被称为“棚铺家的”，到各处都会受到礼遇。丁棚的两个儿子即丁克成和丁克功也都先后从事过棚铺带厨师业务。据其后人回忆，当时是用芦苇席和木杆搭棚子，用毛驴驮着这些物品及炊事用具，在怀柔和昌平许多乡村开棚铺，为人们提供婚丧嫁娶生辰等宴席服务。无人区时期，棚铺业务停止。

丁福田时期开始开设砖窑，其后人被称作“窑上家的”。有关砖窑的历史，村民口述较少，丁氏家谱中也没有记载，但至少从“窑上家的”这一指称可以得知红林村曾经存在的砖窑历史。

1948 年怀柔县解放后，由于生产力水平很低，经济很薄弱，人们的生产活动主要集中在农业生产上。1950 年，县政府适时发出开展生产自救渡难关的指示，号召在大力发展农业生产的同时，积极开展副业生产。之后，各村相继办起了小规模的磨坊、油坊、面粉坊和豆腐坊（简称“小四坊”）。红林村除了“小四坊”以外，还办了铁匠铺等。人民公社时期，红林大队还从事过建材运输等副业活动。20 世纪 60—70 年代，红林大队有三驾马车，经常从一渡河等地向怀柔运送沙子、石子儿等，红林村由此也获得了高出周边村庄的生活水平。

> 毛主席时代，是多种经营。那时是公社，咱们村有辆大车，多拉了一些沙，当时被批评了，有点偏重副业了。周边的村，苏峪口、岐庄、一渡河等，就属红林村有名，分红时比别的地方多两毛钱。（摘自与丁学敏的访谈笔录）

但是，由于公社时期限制工副业的发展，工副业的劳动力不准超过全部劳动力的 15%，生产队不准搞常年性企业，农村工副业并没有发展起来。

真正意义上的农村工业是在改革开放以后得以发展的。1979 年，中共中央在《关于加快农业发展若干问题的决定》中指出：“社队企业要有一个大发展，逐步提高社队企业的收入占公社三级收入的比重。”1979 年 3 月，茶坞公社根据中央和市县指示精神做出决定：“社队企业要作为重点来抓”，打破了“工副业的劳动力不准超过 15% 和生产队不准搞常年性企业”的规定，至此，社队企业开始得到发展。

家庭联产承包制的推行，使大批劳动力从农业生产中解放出来，为了促进农村经济的全面发展，1983 年 4 月，怀柔县政府颁发了《关于发展社队企业的十条政策》，鼓励发展社队企业。在上级政府的支持下，红林村依托本村盛产红果的优势，于 1983 年办起了红林果脯加工厂。果脯厂于 1984 年投产，红林村委会投入固定资产 6.1 万元，流动资金 0.5 万元。果脯厂当时有职工 30 人左右，投产当年盈利 2.8 万元。

1984 年 3 月，中共中央、国务院在转发农牧渔业部《关于开创社队企业新局面的报告》通知中，把“社队企业”改称为“乡镇企业”，并赋予乡镇企业以新的性质和内容。乡镇企业称谓和性质的转变，拓展了企业发展途径，农村企业呈现出乡村集体企业和个体、联户企业一起上的新局面。红林村在果脯厂之后，又先后兴办了饮料厂、食品包装厂等企业。

1987 年 3 月，桥梓乡召开经济工作会议，进一步落实集体、联合体、个体一起上的乡镇企业发展方针，并制定了《关于加快发展村办企业若干问题的暂行规定》。《关于加快发展村办企业若干问题的暂行规定》要求调动多方积极因素，把村办企业搞上去，并将村干部的工资与村集体收入挂钩，重点村办企业厂长、会计任免要经村党支部、村委会研究，报乡党委批准；企业要实行经营承包责任制，企业干部的报酬要与完成乡计划和村利润的指标挂钩。红林果脯厂作为乡重点村办企业，被乡村两级组织纳入经济发展规划之中。有关村办企业的经营体制及其与乡村两级组织的关系可详见本节附件《关于加快发展村办企业若干问题的暂行规定》。

1984 年 11 月，红林果脯厂实行集体承包经营责任制。到 1987

年，先后三次修改承包合同，年上缴利润由 1.5 万元降至 1 万元。由于种种原因，企业连年亏损，至 1987 年底，负债达 27.5 万元。1988 年怀柔县在村办企业中推行所有权和经营权分离的政策，村委会也适时终止了原承包合同，将集体承包改为个人承包，每年固定上交村 0.6 万元，也就是相当于厂房租赁费。由于销路不畅、环境污染等原因，果脯厂于 20 世纪 90 年代初期停办。

> 1982 年建了果脯厂（实际为 1983 年建——笔者注），前两年还凑合。1983 年就解体包给个人了（实际为 1984 年承包——笔者注），个人承包后贷款还以村里的名义贷，结果村里因为这个果脯厂衰落下来。原来果脯厂还挣钱，每年盈利十多万，包了后开始赔钱，最后有百十来万的窟窿，就属于解体没解利索。饮料厂也赔了。1989 年以前都是个人弄的，一直靠贷款，贷款还有利息，利滚利，彻底把这个村给搞垮了，最后留下了个大窟窿，变成全区最穷的村，干部工资都发不出来。（摘自与丁学友的访谈笔录）

果脯厂之后，村委会转变了经营理念，不再投资兴办集体企业，而是利用村庄闲置厂房和场地招商引资。由于红林村属于北京水源二级保护区，发展非农产业受到诸多限制，要经过多个审批环节。经过多方筛选，在果脯厂原厂房基础上引进了田川矿泉水厂，田川矿泉水厂迁出后，又引进了北京艺创发展览展示有限公司。村委会还先后利用村庄的闲置场地引进炼金厂、养狗厂、养兔厂等，利用开阔地引进煤厂、超载站等。2012 年入驻红林村的企业有北京鑫垚恒盛有限公司、北京艺创发展览展示有限公司等。

二　重点企业介绍

（一）北京鑫垚恒盛有限公司

北京鑫垚恒盛有限公司是与新加坡吉宝公司合作，主要生产工业用低压电器，客户有中铁、中建、中国海外集团等。

公司负责人是怀柔怀北人，在顺义有一家从事相同业务的公司，2011 年开始在红林村开办公司。公司在红林村村西有两个厂址：一个在蓄水池边，一个在官地。负责人及夫人住在蓄水池边的厂区，该厂区原为红林村的老年活动中心，出租给鑫垚恒盛公司后，主要生产军用配电箱，也生产临时建筑用配电箱。据公司负责人介绍，临时建筑用配电箱也是有国家标准的，北京市可以做这种配电箱的公司只有 6 家。该公司主要是对产品进行加工和组装，面向高端客户。官地厂区是公司负责人在 2011 年兴建的，主要生产民用配电箱。同时，该厂区也将建成公司的会所，既可以招待领导，也可以作为公司所聘顾问的住所。

不同类型的产品公司都有人员去做。建筑类别不同，所需产品也不同。学校等建筑，需要使用智能照明系统的配电箱，居民楼则需要普通配电箱。通过智能照明系统可以清楚看到使用者的用电情况。

公司占地 2000 平方米，2012 年公司还没有正式投产，只是试运行。公司有 10 个人，年销售额可达 1400 万元。将来要达到 50 人，年销售额在 5000 万元以上。

公司有两个技术员工，一个年薪是 20 万元，一个年薪是 15 万元。公司部门比较齐全，有库房、办公室、后勤等。顺义公司可以随时调人过来帮忙。公司目前正在为正式投产做前期准备工作，包括网站建设、产品宣传等。现在是磨合队伍时期。正如公司负责人所言：加工企业首要的是人员磨合，再者就是产品加工。

公司的兴建，可以对红林村产生如下好处：1. 企业做起来后，可以对外宣传红林村。2. 解决村庄的劳动力就业问题。目前公司中有一人为红林村村民，以后业务拓展后主要使用红林村人。3. 公司的合作对象都是国有企业，经常会有领导过来，从而关注红林村，有助于红林村的发展，同时也会促进村里农产品的销售。4. 公司有员工福利，也会经常向关系单位或客户送礼，由此会相应促进村里农产品的销售。5. 红林村有直接的经济收益。公司每年向村委会支付厂租。另据公司负责人介绍，公司每年要缴税几十万甚至上百万元，其中要有一部分以不同形式返还到红林村。

公司负责人 22 岁就开始从事本行业经营，目前已有 8 年从业经历。据本人介绍，经常感觉很疲惫，压力很大。正如他所说：十个人就代表十个家庭。来这里工作的都是男性，他们要养家糊口。

公司负责人在顺义的公司比较大，有 100 多名员工，也是生产配电箱，产品主要面向大众。据介绍，最初创业时，去顺义建公司是因为怀柔没有退税政策。怀柔有一些大企业，如红牛、统一、欧曼等，对小型企业不太重视。例如，在企业初创时，顺义会帮助企业融资，帮助企业做大做强，而怀柔则会问企业有多少投资，对区里有什么贡献等。顺义公司是区里的重点企业，当时创建时，顺义区给予很多扶持，包括资金支持。

现在来怀柔办公司的原因：一方面是公司发展起来了，有了实力，“可以不用四处求人，可以踏实地做事”。另一方面，离父母近。父母在怀北镇，怀北镇属于雁栖开发区，地租较高，基础建设投入非常大，“10 年收回成本都很困难”。在北京市里建厂，交通拥挤，时间成本非常高。通过亲戚关系，最后选址红林村。红林村尽管远些，但交通方便，供货商送货非常及时。公司的产品运输有两个途径：一个是用自己的车运输，另一个是外包给车队。一车产品能有几十万元，甚至上百万元，其中的运费占比重很小。

目前公司在做招投标项目。平时车间没有什么事情，一些人外出跑业务，有活时再临时找人组装。

（二）北京艺创发展览展示有限公司

北京艺创发展览展示有限公司的老板是江苏南京人，曾与人合伙在北京市大兴区经营一家展览展示公司，2012 年 5 月经朋友介绍在红林村注册了自己的公司，产品与大兴公司一样，主要是生产商场、超市、专卖店等使用的展柜，也生产少量家具，产品大多由高密度板制作，原材料是从怀柔建材市场进货。

公司有职工20多人，来自全国各地，其中以河北人居多。公司里也有老板在江苏的亲戚。公司业务有淡旺季之别，一般上半年4—5月份是旺季，下半年12月份是旺季，其他时间则是淡季。厂区是利用原来的果脯厂厂房，面积数千平方米，包括设计车间、生产车间、厂院。所生产产品及产量是依据合同而定，基本上是有活就干，生产分粗加工和精加工，一般技术含量比较高，得有专业人员把关。

公司给员工都上了劳动保险、意外伤害险等。目前的员工中还没有当地人，签订合同时村里没有要求必须雇用当地人。但公司还是有聘用当地人的想法，因为外地人必须住在厂里，而当地人则可以住在家里，不用厂里提供住处。

来红林村前，老板也对村庄进行过考察，感觉有些偏，但厂房比较合适，适于业务初起时产品需求量大、要求有足够空间存放材料这一特点。尽管居住区内没有餐饮网点，但接待客户时可以去附近的农家乐，也可以去怀柔。

公司建厂投资大约有40万元，其中投入五万多元购置烤漆设备，生产基本上自动化。公司与村委会签订了五年合同，如果发展潜力大，拟设立分厂。目前与公司合作的客户有梦特娇、红豆、雅戈尔等，不仅有北京客户，还有外地客户。远处客户是通过物流公司来运输，近处客户则由自己来运输。公司有12座的金杯车专门用于运输产品。所有产品都是按照客户要求生产的。公司自2012年5月投产到10月笔者调研时，营业额为80万元。

在北京，做展柜的厂家比较多，一般分布在五环之外的顺义、昌平、大兴等地，竞争比较激烈。该公司主要通过业务员拿订单，除此之外还通过参加展会开拓业务。每年平均能参加四五个展会。公司“不仅拼价格，也拼质量”。公司老板有四五年的行业经验，也有一些像梦特娇这样的老客户。

据老板介绍，展柜厂家一般在一级城市比较多，比如南京。每个品牌在北京都有办事处。在北京大兴等地，从事展柜产业的市场比较大，所用原材料也很便宜。展柜厂家聚集在一起，互通有无。但在大兴，合适的厂房难找，且厂房租金较贵，同规模的厂房一年会贵 2 万元左右。红林村的厂房价格比较合适，但比较远，运费贵，冬天冷。公司目前是自己烧煤取暖，非常希望村里能统一供暖。

老板与员工在厂里吃住，目前已经习惯并适应了在红林村的生活。老板夫人在南京，“高铁到南京四个小时就到了”。公司人员购物一般到桥梓和怀柔。

公司与村里的关系比较融洽。公司厂房每年租金 4 万元，老板平时与村里人也有来往，遇到很多事情，比如解决配套设施等，找到村委会，都能及时得到解决。由于经营项目不同，公司与村里其他企业来往不多。由于入驻红林村不久，还“谈不上对村里有什么贡献。能够想得到的是谁家里有困难可以帮下忙”。在笔者调研期间，红林村有一位村民重病住院，村委会发起募捐活动，公司老板也捐了钱。

对于红林村的发展，老板认为，当地属于山区，有地理环境的限制，难以发展大的工业，只能因地制宜，发展一些农家乐等，因为这里的自然环境比较好。

附件：

《中共桥梓乡党委、乡政府、总公司
关于加快发展村办企业若干问题的暂行规定》

为了确保我乡一九八七年各项经济指标的顺利完成，经乡党委研究，特作以下几项规定：

1. 各村党支部、村委会要根据本村的具体情况切实搞好现有企业的内含挖潜和外延发展工作（坚决消灭白点村）。要扬长避短，积极搞好横向联合。我们要下决心，花大力气，调动多方面的积极因素，把村办企业搞上去。为了有效地促进经济发展，有效地解决村干部报酬“吃大锅饭”问题，一九八七年村干部全年工资要随着经济效益的高低而升降，具体规定如下：

（1）一九八七年集体总收入、纯收入、积累三项经济指标实际完成与一九八六年持平，村干部（指经乡批准的定员干部）全年工资在一九八六年的水平上，每人惩罚五十元。

（2）一九八七年集体总收入、纯收入、积累三项经济指标比一九八六年均有增加，每项指标每增一万元，给村干部每人增加工资五元。（每项增加绝对额以一万元为基数，不足一万元不予奖励）

（3）集体总收入、纯收入、积累三项经济指标实际完成比一九八六年每减少一项，惩罚村干部每人五十元，并根据减少部分的绝对额每减少一万元，加罚村干部每人伍元。

（4）三项指标分别有增有减，按上述2—3条规定计算，实际增减压差兑现。

2. 村办重点企业任免和工资待遇问题：

（1）重点企业：前桥梓造纸厂、后桥梓鸡厂、东茶坞印刷厂、西茶坞测力厂、前茶坞钢窗厂、前茶坞塑料厂、平义分印刷厂、平义分砖厂、沙峪口纸箱厂、沙峪口纸盒厂、下王峪毛织厂、红林果脯厂。

（2）以上重点企业要有计划地进行培养、提拔年轻干部。厂长、会计任免或聘用都要经村党支部、村委会研究，报乡党委批准，方能任职。

（3）除重点企业，其他各企业厂长、会计任免或聘用报乡总公司批准，方能任职。

(4) 企业干部报酬，一定要与企业经济效益的好坏挂钩，要考核其工作效果的高低、成绩的大小进行发放。厂长的基本工资，不能超过全厂人均工资的百分之二十。(指实行计件和定额工资的企业。)

(5) 厂长的奖励工资。完成乡计划和村利润指标，按厂长全年工资总额加发百分之二十为奖励工资，其他奖金与工人同样享受。

(6) 列为乡重点企业的正厂长的工资，全年各项指标全部完成，全年工资不能低于总经理的工资水平。如基本工资加奖励工资合计工资额达不到本村总经理的同等工资水平，由企业奖金中补到村总经理的工资水平。完不成计划的企业厂长工资不能高于全厂人均工资水平。

3. 村办企业要实行经营承包责任制

(1) 承包企业的法人代表，要端正经营思想，不断提高管理水平，严格执行上级的各项有关政策规定和财经制度，建立健全完善各项管理制度，加强成本核算，提高经济效益。

(2) 村与企业的外部责任制形式，可按公司有关意见进行，但不管采取哪种形式，要合理确定承包指标，要合理确定纯利的分配比例。(纯利的分配比例必须按上级有关文件精神办理)。坚决反对杀鸡取蛋。要认真签署合同，自觉遵守合同，履行合同，要解决统的过死、要的过多的问题。要给企业一定的自主权和经营管理权。充分调动企业的积极性，但村级领导又不能放手不管。

(3) 要完善承包合同。根据上级有关精神，为了企业不断发展，增强后劲，扩大企业资金，要实行净利润分成的办法。根据本企业的预算，按计划的净利润百分之四十上交村，百分之四十留厂基金，百分之二十为工人奖金。超计划利润部分百分之三十留厂基金，百分之十上交村，百分之六十为全厂人员奖金。

4. 企业提留的专用基金，要留厂扩大再生产，发展企业，不得上交村（主要是利润留成折旧费）。特殊情况必须报总公司批准方可。

5. 企业要按规定的比例额上交管理费。

中共桥梓乡党委乡政府总公司

一九八七年三月七日

第二节　商业

一　早年间的农村市场

由于红林村、岐庄一带处于平原向山区的过渡地带，从而成为山区和平原地区产品的汇聚地，早在清光绪年间便有了岐庄市场。岐庄市场由周边13个村的村民集资开办，专供13个村的百姓卖山货果品。市场大门上曾有“岐庄市场”四个大字的牌匾，牌匾下方有13个村的村名和开办的日期。市场建在岐庄河套上，每年6月开市，11月闭市，占地东西长三四百米，摊摊相连，每天参与交易的人数达四五百人。

岐庄市场从光绪年间到民国初期十分活跃，且越办越红火，从卖山货果品发展到盐、布、油、火柴等多种商品，并办起了客栈及各种小吃店，有了李成宣老盐庄、范永存小饭铺、杜福森客栈等多家坐商，以及各路修鞋、吹糖人、给骡马大牲畜钉掌等买卖人。岐庄市场已不仅是山货果品的交易，而是多行业、多品种的集市。随着日本侵入中国后，战争连年不断，经济萧条，民不聊生，1937年前后，市场被迫停办。

1947年6月，冀热察供销社办事处在岐庄开办山货站。山货站开始专门进行水果交易，随着时间的推移，影响日益扩大，通州、顺义、昌平等地商人也进入岐庄市场，带来了日常生活用品和各类日杂商品等，使市场呈现出一派活跃的景象，为边区政府提供了资金保障，并改善了当地民众的生活。

新中国成立后，农民组织起来走合作化道路，农民个人不再买卖果品，岐庄市场变得冷冷清清，1954 年岐庄市场正式撤销。

由于岐庄市场名声远扬，当时曾衍生出一些歇后语：岐庄河套——是个事（市）儿；岐庄河套——事（市）儿似的。曾有人这样标榜自己能做生意："怀柔赶过集，岐庄卖过梨。"

岐庄市场从清朝光绪年间到新中国成立后的 1954 年，前后经历了几十年的风风雨雨，有很多传奇故事和许多老人当年所经历的往事。市场给邻近村庄的农民创造了许多机会，但也有一些人不务正业，吃喝赌钱，最后输掉了自己的土地。

岐庄市场对红林村影响深远。由于毗邻岐庄市场，红林村人不仅能够及时将所产果品售卖出去，还借此机会购买了岐庄的大量土地。据红林村老人介绍，红林村最初的地域面积很小，而岐庄的面积很大。随着岐庄市场的兴旺，岐庄一些人由于吃喝、赌钱等欠下了债，押上了自己的土地，红林村一些人借此机会从岐庄购买了很多土地，村庄地域面积由此得以扩展。

二　粮食征购

1953 年 10 月 16 日，中央作出《关于实行粮食计划收购与计划供应的决议》，在农村对余粮户实行粮食的计划收购（简称统购），对城市人口和农村缺粮户实行粮食的计划供应（简称统销），由国家严控粮食市场，禁止私商经营，这就是历史上所称的粮食统购统销。

怀柔区粮食统购统销当年，区乡干部深入到重点村、户，充分开展宣传教育，把握三个政策要点：一是收购的是农民的余粮；二是给农民留一点，不挤占口粮；三是严格区分一般余粮户与囤积居奇者。粮食征购是通过余粮户自报、民主评议的办法确定粮食收购数量，并在1954年1月25日前，将缺粮户的购粮本全部发放到户。与此同时，取缔私人粮商、粮贩，关闭粮食市场，保证了第一次粮食征购工作的顺利完成。

1956年合作化以后，粮食购销任务核定到乡、社，全乡分为余粮、自给自足和缺粮三类社，在完成征购任务后，仍有余粮的合作社，经过协商，国家征购其超产部分的40%。红林村当时被定为余粮社，除上缴统购粮外，部分余粮也要上缴。

20世纪60年代以后，粮食征购以生产大队为单位，在留足口粮后计算征购数量，凡是余粮队，国家征购其余粮的90%，其余10%用于生产队的储备。红林村作为余粮队，每年都承担着繁重的粮食征购任务。

1965年11月，县委县政府根据中央精神，实行粮食征购任务一定三年和超购任务一年一定的办法，茶坞公社将征购任务核定到生产队，这一政策一直执行到1970年，其间，对于超产、超购60%的部分，给予细粮、木材等奖励，1970年还实行了超购加价20%的奖励政策。

1971年茶坞公社根据中共中央《关于实行粮食征购任务一定五年的通知和怀柔县具体的实施意见安排》，茶坞的第二个“一定三年”改为一定五年，“一定五年”的征购政策一直延续到1980年。

1981年县政府试行粮油购销指标一定三年的包干方法，使生产队有了自主权，调动了农民的生产积极性，交粮单位在完成核定的征购任务后，超交部分按议价收购，对交售的余粮，20%按统购价收购，80%按议价收购。

1985年5月10日起，怀柔县取消了粮食统购，实行合同订购，由县粮食局代表县政府与乡政府签订订购合同，再由乡政府将订购任务分配到村。合同订购的粮食主要是小麦和玉米。

红林村属于丘陵山区，山坡地较多，且土地贫瘠，很多不适于农耕的土地也被作为粮田，计入征购之中，因此，红林村每年的粮食征购任务很重。表 8－1 是红林村一些年份的粮食征购情况。由表 8－1 可以看出，20 世纪 70 年代，红林村征购粮占粮食总产量的 13% 以上，这对于一个山区村庄是很沉重的。80 年代以后粮食征购有所减少，但也占粮食总产量的 10% 左右。据村庄老人介绍，红林村也多次向上级反映，但直至 1988 年前后，红林村才不再有粮食上交任务。

表 8－1　　红林村部分年份粮食征购情况

年份	耕地面积（亩）	粮食产量（公斤）	国家征购（公斤）	所占比重（%）
1973	561（粮田）	130006	17263	13.3
1974	550（粮田）	143713	20000	13.9
1976	592	147855	19580	13.2
1981	552（粮田）	150874	15000	9.9

资料来源：怀柔区档案馆。

三　供销社商业

1946 年秋，晋察冀军区所属大众合作社抽调 5 名干部在沙峪村组建了怀柔县供销合作社，1949 年怀柔县供销社在桥梓组建了中心商店。桥梓中心商店于 1951 年在岐庄建立了分销店，为红林、岐庄、东凤山三村村民提供产品购销服务。分销店大力吸收农民入股，村民还记得当时是以小米折价入股。黄振海后人至今仍然保留有黄振海父子及儿媳的社员证。社员证上盖有“怀柔县桥梓中心商店岐庄分销处”的印章。社员证上显示，黄振海及其儿子和儿媳先后于 1951 年 8 月、12 月和 1952 年 1 月入社，入社股金均为 16500 元。1973 年 4 月换发新的社员证。黄振海的社员证上标注：入社金额 7.05 元，并附有 1971—1981 年的分红情况（见表 8－2）。

表 8－2　　　1971—1981 年供销社分红情况（黄振海）

分红年度	实领金额	发款人盖章
1971—1972	0.35	刘淑＊
1973—1978	2.12	张崇林
1979—1981	2.33	刘广发

注：＊字迹分辨不清。

由于分销店设在岐庄，故店名为岐庄分销店。1968 年修建怀四公路时，在红林村境内的路边新建了门店，仍称岐庄分销店。但村民通常称其为供销社。

自合作化以后，直至改革开放，供销社承担着除粮油等国家征购以外的农副产品的收购以及农民日常生活用品的供给。由于物质短缺，许多物品都是凭票供应，供销社所供应的商品也很有限。

在人民公社时期，岐庄供销社是三村区域内唯一的商业网点，许多村民还记得小时候用鸡蛋、药材等到供销社换零花钱的情景，供销社工作人员也与三村村民建立起了亲密的关系。

随着改革开放的深入，个体私营商业迅速发展，出现多种经济成分的商业体系并存的局面。1990 年，怀柔县供销社在农村设有 17 个基层社，89 个行政村分销店。从 20 世纪 90 年代起，县供销社开始实行承包经营责任制。进入 21 世纪后，县属各基层供销社先后转制，到 2004 年，供销合作社商业、镇办、村办商业已全部摘掉公办帽子，或出租、出售，或倒闭关门，被私营商业所取代。

岐庄供销社于 1992 年承包给职工个人，1995 年开始“租壳卖瓤”，承包者只交房租，经营利润全归自己。2002 年，供销社解除了与承包者的劳动关系，承包者已不再是供销社职工，而成为供销社门店的租赁者，其关系也移至社会保障局。供销社与租赁者签订了一个 20 年租期的合同，合同约定到期后租赁者可以再无偿使用 30 年，也就是总计有 50 年的使用期。之后，岐庄供销社更名为岐庄晓利商店。尽管更名，经营者也不再是供销社职工，但村民仍习惯称之为供销社。

四　村庄商贸现状

（一）农产品销售

红林村的主要农产品就是各类果品。人民公社时期，果品除派购外，可以有一部分由生产队自由处理。能够自由售卖果品，这也是红林村较其他村富裕一些的原因。果树承包到户后，农民自己有了生产经营权和对产品的处置权。但是，由于是一家一户分散经营，小规模产品不利于集中售卖，一般都是等待商贩前来收购，包括取消征购以后的粮食也是如此。只有少量规模较大的经营户有条件将产品运到批发市场或果品公司售卖，或将商贩带到自己的果园采摘装运。

每当一种果品成熟时，都会有商贩前来收购，一般都是按商贩的出价成交，村民基本上都是价格的接受者。但由于有大的市场环境，信息传播比较充分，商贩的出价也大体是市场平均价。

商贩来收购农产品时，一般都是将车停在村口，有的在静静等待，有的拿着喇叭朝村内高喊，还有的通过村委会向村民播报。村民有售卖产品的就自己将货品送来，货款当面结清。

今天带晓艳在红林村调查。在保平家吃饭时，遇一对商贩夫妻，他们是来收红果的，已经来了几天，晚上是在车里睡，“盖四个被子”。他们在大钟寺有一个摊位，批发兼零售，批发居多，所卖红果多用于串糖葫芦。先生是河北保定的，妻子是黑龙江绥化的。先生初中毕业后在供电局工作，后来辞职，开始自己闯荡，收过鸭毛，卖过虾，在红林也收过杏、枣、核桃等。“不收栗子，不便保存”。中国的许多农产品都是由这种商贩销售出去的。他们风餐露宿，不辞辛苦，最后积累下一些家底。像这位先生，30 多岁，已在北京买房，将父母接了过来，想必是商贩中混得较好的。

席间聊及果品收购中的果霸。一两个果霸垄断了几个村的果品收购，驱逐同行，压低收购价，果农的收益大受影响。（摘自2012年10月10日《红林村调研日记》）

2012年改建怀长路时，村委会申请在村口设立一个市场，获得批准。红林村农贸市场总投资18万元，占地面积200平方米，共设摊位24个，市场搭建了货架和凉棚，免费为商贩及村民提供场地。2012年秋市场建成，开始接受商贩。建立市场的目的是为村民打开产品的销售渠道，把商贩集中在市场里，便于管理，并且不影响交通。2012年有十多户商贩前来收枣。邻村有村民驱逐商贩现象，因为这些商贩出价高于村民自己找来的商贩，影响了他们的提成。红林村没有发生过这种现象。

除各类果品外，红林村还有一些玉米需要售卖。玉米基本上也同果品一样，由商贩前来收购。不同之处是，玉米可以存放，村民感觉价格不满意时可以不用急于处理。

（二）商品供应

村内除了由供销社转制而来的岐庄晓利商店外，还有几个由村民开的小卖部。小卖部都有在工商局办的个体执照，一般拿村民的身份证就可以办理，不用交费。非农业户口办理执照，需要交30元。晓利商店既卖食品，也销售日用品和一些农用物资和建材等，而小卖部主要是卖零食、副食品等。

开小卖部，到今年有3年了，我们两口子谁有时间谁看着，再一个是看孙女。

小卖部的货多是南华市场送的，要求食品必须得有合格证，如果有问题得找得到，要求卖家开票，烟草也是送的。烟酒、小点心、茶、糖等，我都每次进得少，保证生产日期，勤取点。酱油、醋、手纸等都是送货；八宝粥、酒等是自己去下园取货；羊肉片去石门市场取货。冬天卖点青菜。

进的品种和下面的供销社的区别：好卖就多进点。如果有人来买，没有的话，下次就进一点。经常有人在这聊天，夏天有时候能聊到晚上 11、12 点。（摘自与丁学安妻子的访谈笔录）

1960 年生，初中毕业后一直在村里务农。解体后，养了 4 年牛，最多十多头，在后院养，特别累就不干了。1998 年开始开小卖部，干了 13 年。咱村最早开小卖部是学华，开了一年，我是开小卖部时间最长的，紧挨着供销社，主要是经营水果、熟食、肉、油盐酱醋等，挺多的。一年的营业额得有几万元。

三里五村都知道我的小卖部，我开小卖部好几年后别人才开始开小卖部。果树也没什么收入，就开了小卖部。当时开小卖部比较容易，交了好几年税，属于工商税。后来国家把农业税免了，小卖部也免税了。每年都得验证，烟酒证、营业执照等，验照不收费，都得去镇里验。平时小卖部都由我们两口子经营。

怀长路改建，把小卖部拆了，我又申请开小卖部也没批。咱们村的小卖部现在就学安一家，村头的是岐庄的。小卖部一般都是各人卖各人的，咱们村的人大多数都在咱们村的店买东西，货全是一方面，村里人还是认村里人的。我的规模比较大，有 150 平方米，占路被占去了，地上物补偿也没有一定的标准，我们的补偿标准和供销社是一样的。但土地归大队，供销社的土地补偿归联社。（摘自与丁卫东的访谈笔录）

村里还经常有小贩来卖蔬菜、油饼、烧饼、豆腐等。卖豆腐的商贩来村里最频繁，与村民也最为熟识，村里时常能够听到“卖豆腐”的叫卖声。曾有人来村里租房做豆腐，但最后走了，“12 点以后才卖，没人买了。得早起做，赶在中午卖，人们才能买”。目前经常来村里卖豆腐的商贩有两位：一位住在岐庄，天暖时在茶坞铁路社区干杂活，入冬后就开豆腐坊；一位住在桥梓，经常来村里叫卖豆腐。他们都是外地人，暂住在村里。他们一般到下园市场买黄豆，也有人送货上门。卖豆腐时也可以黄豆换，一斤黄豆换一斤半豆腐，用钱买则是一斤豆腐 2 元。

通过晓利商店、小卖部及流动商贩，村民的日常用品基本上在村内就可以得到解决，而其他物品则要去镇里或县城采购。目前村民种植的粮食作物主要是玉米，除留少量自用外，基本上用于售卖。由于退耕还林后政府给予小麦和大米补助，所补助粮食能够大部分满足家庭的粮食需要，不足部分或多样化的粮食需求则在镇里可以解决。尽管小卖部也卖肉食和蔬菜，但由于价格较高，且欠新鲜，村民还是经常外出采购。尤其是一些老年人，由于村口就有公交车站，且乘车免费，他们经常乘车去集市或镇里和怀柔城区采购物品。小汽车进入家庭，也使得村民购物更为便捷。

随着电子商务的兴起，网上购物也传入红林村这一远郊山村。由于宽带、光纤入户，村民网购很方便。邮政快递、顺风快递可以将网购商品送到村委会，其他快递则送到桥梓镇邮局，“三天左右就可以送到”。如此方便快捷的购物方式，已使人们很难感到是置身于远郊山村。这得益于为许多地区羡慕的飞速发展的北京城乡一体化建设。

五 个案：岐庄晓利商店

岐庄晓利商店的前身是怀柔县供销社岐庄分销店（村民习惯称之为供销社）。岐庄分销店于 1951 年建于岐庄村内，1968 年修建怀长路（当时为怀四路）后移至红林村，但店名未变。现店主宋晓利是于 1992 年接手岐庄分销店的。

自 1992 年以来，岐庄分销店一直是由宋晓利夫妇管理和经营，两人均为县供销社职工，户口在怀柔区杨宋镇。宋晓利于 1989 年调到桥梓供销社，1992 年开始承包岐庄分销店。1993 年，分销店由承包改成抽资经营，1995 年又变成“租壳卖瓤”，只交房租，经营利润全归租赁方。2002 年，县供销社与宋晓利签订了一个 20 年租期的合同，并约定 20 年到期后可无偿再使用 30 年，这延长的 30 年只有使用权，没有所有权。也就是说，宋晓利对供销社总计有 50 年的使用期。2002 年，改制后的岐庄分销店更名为岐庄晓利商店。尽管更名，店主也不再是供销社职工，但村民仍习惯称之为供销社。

宋晓利夫妇都是供销社老职工，县供销社与其签订这样的合同，也有照顾老职工的性质。自 2002 年起，宋晓利夫妇就不再属于供销社职工，其劳动关系都存在社会保障局，没有挂靠单位，社保局为其上各种保险，保证工龄，到 60 岁退休。

三岐庄周边有各类小卖部、商店等商业网点十来个，岐庄晓利商店是其中最大的商店，经营范围比较广，包括种子、化肥、建材、文具、百货、五金、副食等，商品门类比较齐全。由于当地的消费水平不高，购买力不强，商业网点之间的竞争较为激烈，岐庄晓利商店比较侧重农资、建材等相关商品，这也是其他商业网点的短板。商店平均每天营业额 2000 元左右，进货途径分为送货和自取：量大的供应方送货到门，量小的自己去取。

宋晓利的妻子负责每日的门店经营，宋晓利负责外出取货、联系业务以及一些力气活等。商店有一个面包车用于运输货物及接送女儿上下学。

商店面积（包括门店和住房）为 1.4 亩。2012 年怀长路改建，占了商店的一栋房子，给了一些地上物补偿。2013 年店主用这笔补偿费重建门店，面积比原来大了一些，面向怀长路（原来为背朝怀长路)，属于超市性质。镇政府和县供销社比较关注商店的建设，毕竟是供销社的房子，在三岐庄一带比较有影响力。由于补偿额不多，新建的门店不是很大，也没有新建住房。“为老百姓考虑，也得为自己考虑”。“如果补偿100万元，那就能连同住房一起建了”。

晓利商店是以自己的优势取胜，与其他小卖部不构成竞争。现有的商业网点对晓利商店影响不大，“影响比较大的是中国的经济体制”。晓利商店以往的费用比较多，如营业税、工商管理费、租赁费等，而小卖部却没有这些费用。目前，晓利商店的工商费、营业税免了，只有每年40元的所得税。租赁费已经一次性交齐了，现在是税赋比较轻的时期，与其他小卖部处于同一个起跑线。商业网点越多竞争越激烈。

毕竟晓利商店曾经是供销社，现店主为供销社老职工，50岁以上的村民对供销社还是比较怀念的。当年，三岐庄一带只此一家供销社，其经营的准则是为老百姓服务，商品质量能够得到保证。供销社这一传统，在晓利商店中得以传承。店里售的烟是从烟草专卖局进的货。“饭铲、饭勺等坏了就坏了，但只要是进口的东西，盐、米、面等一定要保证质量”。红林村曾有一户村民盖房，收了30多箱酒，想在供销社寄卖。由于不敢保证酒的真假，供销社没有帮忙代卖。

宋晓利与县供销社属于租赁关系。尽管人事关系不在供销社，但若出现比较大的事情，供销社还是负责的，“这也是属于房东的职责”。

按照合同规定，50年使用期结束以后，土地及地上物要交回，地上物的面积要保持合同签订时的规模。当然，根据合同，现店主有优先租赁权。

商店用电属于商业用电，按供电局规定收费；用水是岐庄的水，每立方2元。用电用水都是岐庄来人收费。当然，由于商店在红林村地界，与红林村关系也很密切，村委会“会从手续上、道义上给予支持”。“当然资金支持不太可能。现在村里没钱，村里的钱都在镇里，如果动钱得镇长签字。”村民家中有婚礼、庆宴等活动，宋晓利会经常参加。

第三节　交通运输

一　交通

红林村位于怀长路西侧，村庄面积很小，怀长路是其主要的对外交通通道。通过怀长路，红林村建立起与外界的联系。怀长路的变迁，也是红林村对外交通史的变迁。

> 过去的怀长路可不是现在这样，走岐庄河套，冬天都是冰，没车，都是驴马骡运输。（摘自与丁学纯的访谈笔录）

岐庄河套位于岐庄村中心地段，全长上千米，岐庄村和红林村的山间雨水大部分汇入岐庄河套，最后流入怀柔水库。

对于岐庄河套，岐庄村村委会主任王和富有过如下介绍：

> 这条河道很可能自建村（岐庄村）就存在了。在我小时候，这条河道是上下各村唯一能通行的道路。那时雨水比现在大，每逢雨季，不少马车就会陷入河道的泥坑中，赶车人抽打牲畜的皮鞭声不断。记得刚有汽车的时候，有一辆车陷入泥浆中，越加油陷得越深。后来把生产队的马车派来，又召集很多村民，才将车拉了出来。

红林村所在地区为丘陵山区，在20世纪30年代以前，基本上没有公路，人们出行都是山间小路。日本侵华时期，修建了怀四路（怀柔—延庆四海），即今怀长路的一部分。至此，红林村一带有了通向外界的公路。路基大部分建在怀九河河滩上，在岐庄、红林一带则建在岐庄河套上，为土路，宽 3—4 米，遇雨不能行车。怀柔解放时，怀四路已破烂不堪。1950 年秋，怀柔县成立以县长解文彬为主任的修路指挥部，对怀四路等怀柔县内公路进行恢复性修建。通过修整，怀四路已能通马车。1965 年，国家开始修建通往九渡河的公路，不再走岐庄河套。之后，经过不断改建，怀四公路等级不断提高。

1971 年 12 月—1973 年 5 月，岐庄至九渡河段按三级路标准改建，路基宽 8.5 米。2004 年 3 月，怀长路道路改造，整个道路为三块版式结构，机动车道宽 16 米，两侧非机动车道宽各 5 米，绿化隔离带宽各 2 米，人行道宽各 3 米。人行道采用透气彩砖，并铺设了雨水管线，设置了路灯，实现了供电、电视、电信三线入地。

2013—2014 年，怀长路又进行改建。改建工程西起怀柔区与昌平区交界处，东至怀柔区桥梓镇，道路全长 25.7 公里，涉及包括红林村在内的 15 个行政村。主要包括道路、桥梁、隧道、交通、排水及绿化等工程。全线共设桥梁 11 座、主涵 58 道、隧道 1 座 553 米。道路路基宽 12 米，路面宽 10.5 米，路肩宽 0.75 米，设计速度为 60 千米/小时，2014 年 8 月全线贯通。经过此次改建，怀长路路面平整宽阔，人在车内感觉平稳舒适，新设置的道路标识也更加醒目。

怀长路是连接京承高速公路与怀柔区域路网的重要联络线，也是连接昌平与怀柔西部地区的一条交通要道。怀长路从红林村村口通过，可以说，怀长路的变迁，也折射出村民出行和运输方式的变迁。

二　公路客运

1990 年以前，红林村几乎没有过往的公交车，人们串亲戚、赶集大多步行，出远门一般都是通过自行车，或搭乘运货的马车、拖拉机等。1988 年笔者第一次来红林村时，先是乘坐北京至怀柔的长途车。北京至怀柔的长途车开行时间是既定的，每天只有两三辆。到达怀柔后，被人用自行车带到红林村，用时能有 1 个多小时。当时的怀长路坡度较大，起伏不定，路面也很粗糙，上坡时要下来推着自行车走。1990 年，怀柔至黄花城客运线路开通，经由红林村，自此，红林村村民可以乘坐公交出行。但是，当时车辆很少，而且由于是进出山区，坡度又大，遇有雨雪天就要停运。

1995 年联合国第四届世界妇女大会 NGO 非政府论坛在怀柔召开前后，怀柔的交通运输发展很快，北京至怀柔开通了 916 路公交车。怀长路由于路况得到改善，在原有线路基础上，陆续开通了怀柔至杏树台、二道关、西水峪（后改为水长城）等公交线路，这些公交线路均经由红林村。每个公交线路都有若干辆公交车，全天公交车不断，许多村民上班、上学都是乘坐公交车。

继北京市区实行公交一卡通后，2010 年底，北京郊区所有区县客运企业全部实行一卡通刷卡乘车。怀柔区更是早于这个时间启动全区公交一卡通刷卡乘车。由于刷卡的便捷和折扣优势，尤其是全市 65 岁以上老人乘车免费，极大地激发了人们尤其是老年人乘公交出行的热情，公交车里经常挤得水泄不通。

在怀柔区内，个体微型面包车（俗称“面的”）以其车型小、方便快捷的优势，在城乡间的客运市场也占有一定的份额。“面的”经常是以拼车的形式拉客，每位客人的费用比公交车贵些，但比出租车便宜很多，且不拥挤，因此，很受人们欢迎。但是，在早晚上下班高峰时段，“面的”也常常是客满，一座难求。

312 征地后，一些富裕起来的红林村村民纷纷买房买车，有的过起了城乡两栖生活，小汽车成为县城与红林村间便捷的私人交通工具。公交车的拥挤也迫使一部分上班族购置了私家车。

红林村也有村民从事出租车行业，有的在怀柔拉客，有的在北京拉客。在怀柔拉客的，客源较少，但比较清闲；在北京拉客的，往往两人一车，相互轮换出车，比较辛苦，但收益也相对较高。

三　货运

早年间，红林村货物都是人力搬运，主要方式为肩扛、挑抬及背运，主要工具有扁担、木梯架、背篓、荆筐等，稍远的路途则用畜驮。由于地处丘陵地区，畜驮在货物运输中起着重要作用。畜驮是农村传统的生产、生活物资运输以及农民外出的主要工具。20世纪，红林村几乎家家都饲养驮畜，主要驮畜有驴、骡、马等，配备有毡屉、木鞍和驮筐、驮架等驮具。进入21世纪以后，随着现代化运输工具的产生，畜驮已消失。

20世纪50年代，红林村开始使用手推车做运输工具。手推车在20世纪兴修水利的过程中曾起过重要作用，并成为当时生产生活的主要运输工具。即使在80年代改革开放以后，经过改制的有多种造型、多种用途的铁制单双轮手推车，仍然是当时生产和生活的主要运输工具之一。90年代后，随着各种机动车的增加，人力手推车逐渐减少。目前，只有个别农家还保留手推车，但已是锈迹斑斑，也只是偶尔使用一下。

畜力车是生产队时期货物的主要运输工具，有小型车和大型车之分。小型车由1头驴或牛拉车，又称为驴车、牛车；大型车由一头马或骡驾辕，1—3头拉套。畜力车由一人驾驭，驾驭者被称作“赶车的”或“车把式”。小型车主要用于农户生产和生活的短途运输，大型车主要从事运量大的运输或长途运输。红林村在人民公社时期曾有三驾“胶轮大车”，胶轮大车成为生产队生产和生活的主要运输工具。80年代中期生产队解体以后，胶轮大车承包给个人，之后，随着农用汽车的兴起，胶轮大车便退出了历史舞台。

1984年，红林村遭遇雹灾，政府支援一辆大型拖拉机和卡车，但是，随着生产队的解体，这些运输工具也先后变卖。

生产队解体后，农户家庭开始购买汽车从事货物运输。跑运输所得的收入成为一些村民的“第一桶金”。目前，一些农户家中购置了小型农用车，但并不用于运输赚钱，而是自家载物所用。

自行车曾在村庄交通运输中扮演过重要角色。20 世纪 70 年代，自行车开始进入农户家庭。自行车最初是凭票购买，由于全家只有一辆自行车，孩子们之间争相骑用，如今也成为人们的一个趣谈。自行车放开购置后，每户家庭平均拥有两辆以上，成为当时人们生产生活的主要交通工具。20 世纪以后，随着公交车的大量开通以及电动车的兴起，尤其是私家车进入家庭以后，自行车逐渐减少。目前，两轮电动自行车已普遍成为青年人的代步工具，而电动三轮车则成为老年人的代步和载物工具。在红林村，经常能看见老先生骑着电动三轮车，拉着老伴，带着物品，到附近村镇观光或走亲戚。

第四节　金融与保险

一　金融

（一）金融机构

与村民关系密切的金融机构有北京农村商业银行桥梓支行和怀柔邮政局桥梓支局邮政储蓄。桥梓邮政支局邮政储蓄业务始于 1987 年 5 月，村民有少量金融业务是在邮政储蓄所办理，诸如存取款、购买国债等，而大量的金融业务则是在北京农村商业银行桥梓支行办理。

北京农村商业银行桥梓支行是北京农村商业银行下属的一家非管辖支行。桥梓支行下辖一家营业部和三家分理处，分别分布在桥梓镇和九渡河镇。在桥梓镇内有桥梓支行营业部和北宅分理处。

北京农村商业银行桥梓支行的前身是北京农村信用联社桥梓信用社，成立于 1956 年，当时名为茶坞信用社。茶坞信用社是独立核算的金融机构，下辖 14 家信用站（每村一个），入社社员占当地总农户 80% 以上。茶坞信用社的成立，使当地自此有了金融机构。信用社曾与农业银行分分合合，1996 年 10 月，信用社与农业银行脱钩，开始独立运作。

2002 年 3 月，根据北京市信用联社的统一部署，四家单独核算的黄花城信用社、黄坎信用社、北宅信用社和桥梓信用社进行合并，成立了桥梓信用社。新成立的桥梓信用社下辖北宅、一渡河、茶坞铁路、沙浴口、岐庄、黄坎、九渡河、黄花城 8 家信用分社。2004 年底，所辖各村的信用站（代办站）全部撤销。2005 年 10 月，桥梓信用社改制为股份制农村商业银行，并更名为北京农村商业银行桥梓支行，正式成为北京农村商业银行的一家非管辖支行。2008 年，由于业务少，且出于资金安全的考虑，岐庄信用分社撤销。

桥梓支行与村民的生活密切相关。由于北京农村商业银行的存折和银行卡可以在全市范围内通存通取，也可以异地存取款，也可以网上转账支付，使用十分方便，村民存取款、工资发放、养老金、粮食补贴、占地款补偿等，都是通过北京农村商业银行桥梓支行支取和办理。在岐庄设有代办站和分社时期，一些简单的金融业务，诸如存取款等，都可以在岐庄办理。岐庄分社撤销后，村民办理金融业务多是前往桥梓支行，便捷的交通为村民办理金融业务提供了方便。由于宽带、光纤已经入户，许多金融业务也可以在家里通过互联网办理。

（二）农民储蓄

新中国成立初期，村民基本没有余钱。据统计，1949 年，怀柔县城乡居民年末储蓄余额仅为 1000 元，人均不足 1 分钱，许多村庄全年也没有储蓄。1952 年，全县开展储蓄存款夺红旗竞赛活动，年末农民储蓄存款余额为 9.6 万元，在全县行政村中消灭了储蓄存款白点村。

1956 年茶坞信用社成立后，先后采取到粮库办理售粮储蓄、实物作价储蓄等办法吸收农民储蓄存款。60 年代末，信用社为方便农民存款、扩大存款额，在各村设立兼职储蓄代办员，收到了较好效果。但是，从总体来说，改革开放前，农民收入很低，储蓄金额很少，1978 年全县农民人均储蓄仅为 18.9 元。

改革开放以后，农民收入增加，储蓄金额也开始增长，尤其是 80—90 年代，信用社在岐庄开办了储蓄所，村民存取款不但方便，而且提高了私密程度。

红林村储蓄存款增长最快的年份是 2002 年。312 一期征地补偿款到账后，村民的果树补偿款大多用于储蓄。2008 年二期征地补偿款到账后，尽管有许多村民在县城购置了房产，但仍有相当一部分补偿款用于储蓄。据笔者 2012 年对 106 户家庭的调查，除一户未填外，105 户家庭累计存款 2860 万元，平均每个家庭存款 27.2 万元。其中，除 2 户由于生病和建房花光储蓄以外，其余农户都有存款。存款在 10 万元以下的家庭有 34 户，存款在 10 万—50 万元的家庭有 59 户，存款在 50 万元以上的家庭有 12 户，存款最多的一户家庭存款额为 300 万元。村民家庭存款情况详见表 8－3。

表 8－3　　　　2012 年村民家庭存款情况

存款额（万元）	户数	户均存款（万元）
0	2	0
1—5	22	2.7
6—10	10	8.2
11—15	13	14.1
16—20	17	18.9
21—30	16	29.3
31—50	13	37.8
51—100	8	62.5
101—200	3	133.3
200 以上	1	300.0

二　保险

中国人民财产保险公司、中国人寿保险公司、中华联合财产保险公司等都在怀柔设有支公司，承办各类商业保险。自2007年开始，中国人民财产保险公司北京市怀柔支公司、中华联合财产保险公司北京市怀柔支公司开始承办本地区的政策性农业保险。在2011年前，怀柔平原地区7个乡镇的农业政策性保险由中国人民财产保险公司怀柔支公司承办，其他各乡镇的农业政策性保险由中华联合财产保险公司怀柔支公司承办。2012年以后，两家保险公司不再划分区域，可以在整个怀柔地区开展业务。

农业政策性保险包括农林业和养殖业两大类，保费由市、区和投保单位或个人按照5：3：2的比例分担。中保公司怀柔支公司在300户以上的村庄都设有协保员，具有一定规模的农林业种植户和养殖户，通过办理相关手续，都可以投保。

红林村村民在2002年以前很少与保险公司打交道，对于保险还很陌生。2002年312征地后，有保险公司业务员前来说服被征地村民用征地款投保，在投保的过程中，一些村民不仅对保险有了认识，而且自己也成为保险公司的业务员，在村民中推销保险。这样，很多村民由对保险陌生到熟悉，直至自己和家人成为保险公司的客户甚至业务员。据村委会介绍，红林村有50多户90多人购买了商业保险，其中大多为商业养老保险。

由于红林村人口较少，中保公司没有在村庄设有协保员。由于农户经营规模较小，2014年前，红林村没有办理过农业政策性保险。

2014年，北京市生态公益林被纳入农业政策性保险之中，保费由中央财政和市级财政全额补贴，村庄不用出钱，就可享受到公益林保险的优惠政策。生态公益林参保的责任范围为林木生产过程中发生的火灾、虫灾、暴雨、大风、洪水、泥石流、冰雹、霜冻、暴雪等。在保险期间，一旦遭遇不可抗拒灾害造成损失，村庄即可获得保险公司支付的保险赔偿，每亩最高可获得1200元保险赔付。红林村的生态公益林全部纳入了政策性保险之中。

第九章

村庄的公共品供给

第一节　村庄的基础设施

一　农业灌溉

红林村没有地表水，用水主要是地下水。早年间，由于缺水，红林村主要种植耐旱作物，例如谷子、高粱、玉米等。但遇到干旱时节，为保住粮食，就得挑水抗旱，“往山坡上挑水，井都经常挑干了”。红林村村口处的水井是当时全村唯一的水源，主要用于人畜用水。20世纪60年代初期，在村东处的平整地，由人力挖掘了三眼井，10米左右深，用来浇灌周围的耕地，其中一眼井目前红林奶牛场仍在使用。由于浅井浇灌的耕地有限，大量的山坡地得不到灌溉，于是，红林村在60年代中期以后陆续兴建了引水渠、岩石深井等水利设施，用于饮水及山坡地的灌溉。

（一）兴建引水渠

提起红林村的农业灌溉历史，村民念念不忘的一个人便是一渡河村的老书记刘宗悦。刘宗悦为怀柔县一渡河村人，1940年参加八路军，曾任连长、指导员，1945年身负重伤，转入地方武装部队后，曾任县武装大队长等职，新中国成立后，坚持回到农业生产第一线，先后担任村、乡书记等职，1959 年后一直担任一渡河大队支部书记。他不顾身体残疾，带领全村干部群众兴修水利、平整土地，发展农林业，使一渡河村由吃国家返销粮变成向国家交售余粮，最终成为北京郊区山区建设和农林牧全面发展的先进典型，刘宗悦也先后当选为北京市农业劳动模范、全国农业劳动模范、第三届全国人民代表大会代表以及北京市贫下中农协会副主席。“文革”开始后，刘宗悦被作为资本主义的当权派遭到轮番批斗，并于 1967 年被迫害致死。

红林村最早的坡地灌溉设施便是 1964 年一渡河村老书记为村里提供条件兴建的引水渠和扬水站，在公社党委和水利局的协调下，由岐庄和红林村两村联合修建，引水浇灌两村的土地。扬水站建在一渡河村内怀九河岸边，水泵扬程 50 米高，引水渠是在半山腰开凿的，全长 5 公里，在红林村境内的水渠长度是“3800 米，三里地（直线距离——笔者注）”，穿越四五座小山，一百米渠下降一米。扬水站是在经过县水利局和茶坞公社水利员测量后施工的，扬水站的机器由国家出资，石料由两个村投资，社员出工兴建。扬水站和引水渠计划在一年内完工，结果两个村的群众干劲十足，仅用三个月的时间就完成了水渠开挖工程。1965 年初水渠修建完成，开始引水浇灌小麦，当年两村粮食获得丰收。北京市委组织拍摄以一渡河等村为典型的《北京农业大跃进》纪录片时，就有两村引水灌溉的镜头。水渠是顺着山势修建的，由于缺乏资金，没有衬砌，渗漏现象比较严重。

（二）岩石井

扬水站修建后，由于一渡河水位下降，无法供应足够的水，红林村用水越来越紧张，于是便开始了找水打井的历程。最初找了几个地方打井，但一直没有成功，打不出水，最后是在公社的帮助下于 1978 年在西山脚下打出第一口岩石井，之后两年又相继打了两眼岩石井。当地村民称岩石井为深井，以与平原处的浅井相对应。

> 公社派水利员去找打深井的人来给看看，最后找来房山那边打深井的队。他们到村附近查看哪里可以打井。据他们说，花岗岩不渗水，石灰岩渗水，他们说红林村不是贫水地带，西山下有很多水，是个地下蓄水库。人家就用一把小锤和一个斜坡仪勘探就知道了。他们说这地方打三十米能见水，实际打了130米，这就是1978年打的村里第一口深井。第二口井是1979年打的，有150多米，现在的自来水就是用的第二口井。第三口井是162米，在1980年打的，是用来浇地浇树的，在官地那打的。第二口井和第三口井的地下管子是通着的，有阀门。（摘自与丁学真的访谈笔录）

从第一口深井开始，红林村的吃水和灌溉问题得到解决。由于打井可以解决水源问题，通过平整土地，将山坡地变为平地，这样可以种小麦、吃上白面，人们的打井热情很高。

> 最早从一渡河来水，两个机子浇地。那时机子浇水省钱，点灯贵；现在是点灯贱，浇水贵。后来人工打井，种小麦、种大麦，一人一年分30斤小麦就很高兴了。黑天白天打井，而且一定要在春节前打完，怕来年春天塌了，人们干劲冲天。（摘自与丁学纯的访谈笔录）

由于浅井浇灌的耕地很有限，而且还有一眼浅井及周边土地被承包给奶牛场，与村庄农业关联不大，多年来，村庄饮水灌溉基本是用三眼岩石深井。第一口岩石井水很丰富，第二口岩石井的水量较弱，目前这两口井主要是用于饮用，第三口岩石井主要用于灌溉。岩石井用电机取水，最初是通过20世纪60年代修建的水渠引水灌溉。由于水渠渗水严重，后改为地下埋管，通过地下管道引水灌溉。

进入21世纪后，地下水位不断下降，而用水量却不断上升，2011年，村里又出资在一块叫“官地”的地方打了一口350米的深井，以备不时之需。“现在还没开始用，防止以后没水。312基地的水井都是400米。”2012年笔者与王雅君书记访谈时，谈起这眼新打的井，王书记如是说。2014年初，这眼新打的井已经开始使用。

目前红林村的农业灌溉情况是：有100多亩平整地可以浇水，山地有100多亩果林可以得到灌溉，但多数地方浇不到水。王书记曾想从山上一个叫“洞沟”的地方打井，引水灌溉，但一直没有实施。由于涉及占用村民土地问题，村民要求的补偿价格太高，很难协商解决。

> 灌溉问题解决不了。去年（2011）找到一个项目，村里不花一分钱，准备在地里修管道，但是需要占用农户家的地，结果没做成。投资100多万就可以把全村85%以上的果树浇水问题解决了，但目前没有成功，原因是村民不同意在自己地里埋管道，担心埋管道时在地里挖坑会伤到树，此外，村民还是想拿到一些补偿。最终村民代表会议没有通过这个决议。
>
> 若村民理解，水的问题随时可以解决，有水利局、农委的支持。312占地给的补偿价格高，因此现在涉及占地，村民要的补偿价格都很高，所以好多事情没有办法进行下去。（摘自与王雅君的访谈笔录）

（三）蓄水池

红林村还有一处水利设施，但并没有发挥灌溉作用，那就是屡遭村民诟病的蓄水池。

1975年，红林村干部去大寨学习，回来后，开始在村西哈尔布武墓一带酝酿挖蓄水池，以解决村庄缺水问题。1976年，蓄水池正式开工兴建，“白天下地干活，晚上挑灯夜战”，持续一个冬季。但是，最后建成的蓄水池并未达到预期目的，漏水严重。“一瓢水不漏还蒸发没了，别说这么大的池子了，又漏水”。修建蓄水池后，村庄的经济状况有所下滑，村民便编了个顺口溜：“蓄水池，蓄水池，不降工分降日值，冬天穿裤衩，夏天露肚脐。”

> 蓄水池是一九七几年挖的，当时为了蓄水挖蓄水池。在1965年以前是引一渡河水。“文化大革命”时，一渡河的老书记挨斗致死。老书记死后，红林村的水站用水一天比一天困难。当时，公社管理区组织村里干部去山西大寨参观，学习经验，回来后挖了蓄水池，但蓄水池里窖的水一天一宿就没了。前几年水利局也投资40多万修蓄水池，仍渗水，但不太严重。蓄水池什么作用也没起到，只是一块平整的好地给毁了。自从挖了蓄水池，红林村一年不如一年。（摘自与丁学真的访谈笔录）

进入21世纪后，国家加大了对农村公共事业的投入，蓄水池作为农村小流域得到政府的项目资助，经过几次治理，目前蓄水池一带已成为村庄一处景观，配有凉亭、健身设施等，成为村民的休闲场所。清晨，经常可见村民沿着蓄水池跑步锻炼。

二　水电路等基础设施建设

（一）饮水

红林村最早的水源就是村口的一眼井，什么时候挖掘的，人们无从得知，据老人回忆，这口井“打小时就有”，“没准是老祖从大槐树迁来时就挖了”。这口井主要用于人畜饮水，在满足饮水的前提下，可用于农业灌溉。

村庄最早是挑水吃，取水方式是用一根绳从井里提水，后来改为辘轳取水，人民公社前后开始用电动压水机取水，由专人看管。

随着地下水位的下降，十几米的压水机井满足不了需要，村民饮水经常出现问题。1978 年村庄打了第一眼深井以后，村民开始用上自来水，不再直接从井里取水。

最早的自来水是用电动机将井里的水注入压力罐，通过压力罐把水从低处往高处压，采用自动监控，无须人看管，没水时会自动灌水。村庄的大街上集中设有四五个自来水取水龙头，村民往往需要排队接水再挑回家。两三年之后，自来水开始接入农户家中。最初是村里负责主管道铺设，农户自家管线的铺设由农户自己解决，农户自己挖沟、埋管子，将自来水接到家。但自己施工易漏、易损坏，后来集体统一出资、统一挖沟埋管，将自来水接到各家各户的门口。

红林村的自来水先后经过三次改造。最早的输水管道主要用的是铁管，易老化，而且管道较细，只有一寸半。随着人们生活和居住条件的改善，用水量不断增大，原有的管道满足不了需要，于是更换上 100 毫米的 PVC 管。2010 年，农村实行五项基础设施改造，怀柔区统一将 PVC 管道改造成现在的自来水管道，尽管材质仍为 PVC，但更为结实耐用。此次自来水管道更新改造是由农委投资，之前则是由村里投资。

由于地下水位不断下降，已经威胁到红林村的用水安全，红林村也做好了防御准备。

> 今年（2012）村里吃水就遇到过没水的时候。我找人将管道往下续了十多米，才接到水。目前解决吃水问题就是打井，往深的地方打。我准备 2013 年申请打 400 米的井。312 的井就是 400 米。村民现在吃水都不要钱。（摘自与王雅君的访谈笔录）

2013 年，村里申请打井，但至今没获批准。村里拟于 2015 年对村民用水开始收费。

（二）电力

在人民公社时期，红林村相对周边村庄而言比较富裕，因此，通电比较早，在 20 世纪 60 年代中期就从较远的村庄接通了低压线，之后，岐庄和东坟才从红林村接通电源。通电以后，村民不仅告别了煤油灯照明的历史，而且还可以打井抗旱，村庄的水浇地不断增多。但是，从总体上看，20 世纪 80 年代以前，怀柔县的供电能力较低，村庄的用电量比较小。随着经济的发展，尤其是为了迎接'95 世妇会 NGO 论坛的召开，怀柔县供电部门加大了对电网的改造，电负荷从 1990 年的 25 兆瓦猛增至 2004 年的 150 兆瓦。

21 世纪初期，为了缩小城乡差别，国家加大了对怀柔农村地区电力事业的投入，先后安排 1.96 亿元巨资进行农村电网建设与改造，不仅使农村供电能力得到加强，也减轻了农民的用电成本，许多农户添置了洗衣机、电冰箱、空调等家用电器，村里也安装了路灯和监控摄像头，村民的生活质量大大提升。

> 路灯没有死角，有几十个，村里都可以照到。路灯是从天黑一直亮到晚上 11 点。路灯是自动控制。村里安装了 16 个摄像头，在进村处就有一个摄像头。（摘自与王雅君的访谈笔录）

（三）交通

红林村位于怀长路西侧，怀长路是村庄通往外界的主要通道，怀长路的变迁便是村庄对外交通史的变迁。有关怀长路的发展历程可参见第八章“非农产业”。本节主要介绍村庄内的交通。

红林村面积狭小，村庄内的交通最早主要是一条自东向西延展的主街道，街道东边是村口，与怀长路相连，街道西边则是坡地与沟壑，与村西的丘陵山地相连。主街道是个自东向西的缓坡，街道两边分布着农户住房，还有几条小路，连通各家各户。20 世纪 90 年代以前，村庄的道路，包括主街道都是土路，晴天扬尘，雨天泥泞。90 年代中后期，由村里出资将村庄道路铺上水泥方砖，通到每家门口。由于不断施工，水泥方砖经常被来往车辆压坏。2000

年，作为农委的建设项目，村庄的环村水泥路修建完工。312 一期征地后修建了村口的牌楼。2010 年，由村里投资，将村西的大沟填平，修建了水泥路，由此开通了村庄的另一条环路。至此，村庄内的所有道路，包括主辅路、街坊路、街角处等，全部打通并得到硬化，车辆通行畅通无阻（见图 9－1—图 9－6）。

图 9－1　1995 年红林村村口

图 9－2　1995 年红林村主街道

图 9－3　2005 年红林村村口

图 9－4　2005 年红林村主街道

图 9－5　2015 年红林村村口

图 9－6　2015 年红林村主街道

三　新农村建设下的公共设施投入

2006 年，北京市成立新农村建设协调机构——北京市新农村建设工作领导小组，由市委主管农业的领导任组长，市政府 37 个职能部门为成员单位。领导小组定期举行有市委市政府主要领导和部门负责人参加的联席会议，协调各部门之间的工作，每年确定实施一到两个重大项目，通过“四集中”（即集中资金、集中人才、集中政策、集中资源）的方式，开展新农村建设。北京市新农村建设重大项目“五 + 三”工程便是通过这种方式实施的。

“五 + 三”工程即“五项基础设施”建设和“三起来”工程建设，始于 2009 年。所谓“五项基础设施”建设是指街坊路硬化和绿化、老化供水管网改造和一户一表、污水处理、垃圾设施建设、厕所改造。所谓“三起来”是指“让农村亮起来、让农民暖起来、让农业资源循环起来”工程建设。

五项基础设施建设，使村庄的基础设施得到稳固和加强。前述村庄路况的改善便得益于五项基础设施建设，农户的自来水管道得到更新，每户安装了电表，村庄的主街上有了公共卫生间。

五项基础设施建设，使红林村建立了垃圾和污水处理系统。村里在不同地方建立了垃圾池，并在村里建立一个地箱。农户产生的垃圾先是堆放在离家较近的垃圾池里，再由清洁员负责运送到地箱。以前在村南部有填埋场，垃圾运到填埋场直接填埋。目前，垃圾由区里统一清运、统一消纳。污水处理设施建设则是在供销社后面建一个大污水池，村里的污水通过管道集中排到这个污水池里，然后通过添加化学试剂使污水得以分解，再经污水处理设备处理后渗入地下。该项工程是由环境治理委员会专项管理，村里没有接手。较远处农户的污水则通过建化粪池收纳，池满后可请人来抽，也可以用环卫车来拉走。

“三起来”工程建设在红林村具体表现为：更换村内公共场所

路灯，安装节能灯，使村庄“亮起来”；对农户既有住房进行墙体保温改造，安装节能门窗，政府给予补助，使农民“暖起来”。由于村庄人口少，一些村民居住分散，使得村庄利用生物能源进行统一供暖和炊事的设想未能实现。

“五+三”工程，很多项目都是免费的，或者村庄和村民只支付很少的费用。例如，村庄的外环路建设，公共卫生间和污水改造，自来水改造等，都是免费的。外墙保温127元/平方米，塑钢门窗325元/平方米，个人只负担费用的10%。

2006年开始的新农村建设，在对水、电、路、通信等与人们生活密切相关的公共设施进行升级改造的同时，加强了对于提升人们生活品质及精神层面的公共设施建设的投入。

村庄的公共设施建设一般都是通过申报项目的方式加以解决，例如老年活动中心、数字影院等，先是申报项目，审核通过后再实施。老年活动中心是民政局于2007—2009年拨款20万元修建的，村里配套投资20万元，施工建设是由村集体招标，有两三个附近的建筑队应标，先由建筑队承建，国家验收通过后再拨款。老年活动中心内有棋牌、乒乓球、台球等。老年活动中心场址在蓄水池附近，目前是北京鑫垚恒盛有限公司的厂址。

数字影院由国家投资2万元兴建而成，村里只是提供了场地，目前的数字影院是三网合一。村里的健身器材全部由国家投资，先后安装了价值7万元的健身设备，村里没有投资。

> 区对村里的基础设施投资很多，污水改造、街坊路改造全是区里和农委出资修建的。2008年红林村是区试点建设村。只要和上级关系好，有点工程就会给红林村。（摘自与王雅君的访谈笔录）

第二节　村民的文化教育

一　解放前的文化教育

红林村所在的桥梓地区自古文化教育薄弱，废科举制度之前，每遇大考均无应试之人，无为官之仕。1906 年（清光绪三十二年），废科举兴学堂。1915 年（民国四年），西茶坞村兴建初等小学堂，这是当时离红林村最近的小学。1920 年至 1940 年，前桥梓、北宅、口头、平义分、岐庄等大村相继建立小学堂，与此同时，私塾也渐兴盛。民国年间，教师多是北京及通县等地的师范生。

红林村一带在民国年间就有私塾，富家子弟可以在私塾接受初等教育。据生于 1932 年的丁学纯老人回忆，在他六七岁时，就曾在岐庄的一座庙里上学。“十几个人中，我岁数最小，谁去读书谁家出钱。”在岐庄读了一年书后，又在红林村“由 5 家雇一个本家太爷教书，在一个土屋里，坐在炕桌旁念书，读《百家姓》、《弟子规》等”。丁学纯老人的爷爷丁棚出生于 1895 年，曾是有名的棚户加厨师，家境富裕，其子丁克成（即丁学纯的伯父）生于 1904 年，也读过私塾，1949 年 2 月入党，“是村里少有的文化人，曾任供销社理事”。

20 世纪 30 年代末 40 年代初，岐庄建立了小学堂，接受附近村庄孩子上学，是在已经停业的盐店里办学，“老师是上面派来的，学生有 40 多个”，教授国语、常识、数学、修身四个课本。丁学纯老人曾回忆起当初有趣的事情：“一次，两村（岐庄和红林）学生打架，我岁数小，打不过，迟到了，我村十来个孩子都被罚跪。老师让起来，其他人都起来了，我不起来。为啥让我们跪？得说道说道。要跪都跪！”

抗日战争胜利后，红林村曾有一座学校，是在村里的一个空房子里办学，请一个北京顺义牛栏山学校毕业的先生讲课。“先生是村里老地主的孙子，也是家族的大叔”，办学费用由学生家摊。授课内容有：编剧词、演话剧，每星期讲一次《聊斋》，一天写一篇日记，三天交两篇文章。1947 年，先生作为红林村唯一的地主被处决。

红林村当时有一句俗语：儿子上学（土话发音 xiáo），家里抱瓢。抱瓢即指讨饭。也就是说，当时上学的费用是很昂贵的，一般家庭的孩子是上不起学的。

二　改革开放前的文化教育

1948 年 12 月，怀柔全县解放，县政府设置教育科，主抓全县教育。1949 年 3 月，在西茶坞千佛寺建完全小学，后迁址到茶坞娘娘庙，这是当时离红林村最近的完全小学。中华人民共和国成立后，各区设教育助理员，行政村设不脱产的教育委员，开始接管整顿旧学校，教师主要来自国家分配的各地师范学校毕业生和部分初高中毕业生。1955 年，县政府提出“消灭白点村”（即没有小学的村）计划，要求达到村村有小学。红林村也办起一个初级小学，1—4 年级，只有一个老师，属于复式班，教完一个年级再教另一个年级。

> 解放后，村村有学校，校长从村里选，老师从外边派，一个月 28 元，国家支付，校址由村里解决。村里的学校是在以前经常召开会议的“会房”，白天上学，晚上开会。（摘自与丁学敏的访谈笔录）

1958 年以后，学校集中到岐庄，在岐庄读完初小后，如果继续读书，则要到茶坞娘娘庙的完全小学上学。小学毕业后，则到桥梓中学继续学习。

1964 年，岐庄建完全小学，三岐庄的孩子都在岐庄小学接受小学教育。“文革”期间，村村都建立完全小学，学生上小学不出村。村民也回忆起曾经的红林村小学校舍：“70年代盖养鸡场，但没养成，变成了大队部，最后变成了学校。”

1968年，因学生数量猛增，为了缓解入学的压力，根据上级就近入学的要求，建起了茶坞中学。至此，红林村孩子在本村读完小学后，再到茶坞中学读初中、高中，70年代末茶坞中学的高中并入桥梓中学。

由于各村办学，学校数量过多，导致师资紧缺，学校处于校舍陈旧、设备缺乏、办学条件极差的状态。

三　改革开放以后的文化教育

十年“文革”，怀柔的教育事业遭受重创。在1977年“文革”后的首次高考中，怀柔2668名高中毕业生竟无一人考取。1979年7月，全县中小学举行“文革”后第一次统考，小学及格率为28.2%，中学及格率为15%。

十一届三中全会以后，怀柔县开始对教育体制、学校布局进行改革。1980年，全县高中学校由23所压缩到7所，桥梓中学高中部也很快被撤销，全镇不再设有高中。初中学校每个乡镇一所，小学校也大量压缩，红林、东坟小学相继取消，三岐庄只保留岐庄小学。精减下来的高中教师充实到初中和小学，经过进修培训，大大提高了师资水平和教学质量，1983年，全县小学毕业生语文、数学两科全市统考及格率达到80.3%，初中毕业生及格率达到45%。也正是在这一年，怀柔县的高考取得了优异成绩，北京市有2人获得英语满分成绩，都是来自怀柔一中的学生。红林村也破天荒地有一人考取了大学，而且是重点大学，轰动了整个小山村。

1984年，岐庄、东凤山、红林三村合建岐庄小学教学楼，接收三村学生入学。岐庄小学毕业后，进入茶坞中学学习。1989年8月，茶坞中学并入桥梓中学，由此，红林村学生在岐庄小学毕业后，开始到桥梓中学学习。

1998 年，怀柔区"合乡并镇"，北宅乡并入桥梓镇，全区又一次掀起了撤并学校的高潮。2002 年 8 月，岐庄小学（岐庄、东凤山、红林三村的学生）并入桥梓镇中心小学，由此，红林村附近不再有小学，红林村的孩子入学后，就要由家长陪同，乘公交到桥梓镇中心小学上学。

红林村学生初中毕业后，少量能够考入高中的，则在高中继续学习，所选择的高中基本在县城，有怀柔一中、二中、红螺寺中学等；绝大多数没有考上高中的，则进入中专学习，所选择的中专基本在北京市各区县。自恢复高考制度以来，红林村高中生中先后有多人考入大学，其余均是考入大专。

四　重点学校介绍

（一）桥梓镇中心小学

桥梓镇中心小学的前身为茶坞乡前桥梓小学，始建于 1922 年 11 月，时称洋学堂。1995 年 10 月迁入现址——桥梓镇政府对面。2003 年完成学校布局调整，撤并本镇范围内除北宅小学以外的所有完小，建立寄宿制中心小学，形成一所中心小学，下辖一所完小两所幼儿园的格局。

2005 年 12 月，中心小学 1800 平方米的新建综合楼通过验收交付使用。学校占地面积 26398 平方米，建筑面积 5802 平方米。2012 年学校有 18 个教学班，350 名学生，126 名教职员工，小学高级教师 87 人，大专及以上学历 105 人，区级骨干教师 5 人。

桥梓镇境内有两个小学，即桥梓镇中心小学和北宅小学。桥梓镇中心小学接收全镇范围内的寄宿小学生和除北宅附近的走读小学生。红林村离桥梓镇相对较近，且交通方便，所以孩子上小学基本为走读。

（二）桥梓中学

怀柔区桥梓中学是 1958 年 2 月由农民集资建设的一所学校，

是怀柔区建校最早的初中校之一。1961 年被确定为半耕半读双轨制试点校。“文革”期间，教学秩序被打乱，半耕半读停办。1968 年，因学生数量猛增，为了缓解入学的压力，根据上级就近入学的要求，桥梓境内先后建起了茶坞中学、沙峪口中学，分流了桥梓中学的部分生源。1970 年 2 月，桥梓中学开始招收普高生。1980 年普高被压缩掉。1987 年，桥梓中学设立职业高中。1989—1990 年，沙峪口中学、茶坞中学先后并入桥梓中学。1998 年，桥梓、北宅两乡镇合并，北宅中学并入桥梓中学。2000 年桥梓中学职业高中被撤销。

2011 年 9 月，桥梓中学迁入新址，新学校共占地 56 亩，建筑面积 16000 平方米，有 400 米跑道全塑胶操场一个，标准教室 20 个，建有图书馆、阅览室以及各类实验室、专用教室等，每个教学班及专用教室配有多媒体教学设备，建有校园广播系统、校园监控系统。师生的住宿条件优越，食堂设备一流。

2012 年，学校有 12 个教学班，218 名学生，生源主要来自桥梓镇中心小学、区内山区中小学以及外地来怀柔务工子女。全校有教职工 78 名，其中区级骨干教师 4 人，有高级职称教师 14 人，专任教师全部具有本科以上学历。近年来，学校先后获得北京市文明礼仪示范校、北京市敬老文明模范单位、首都花园式单位等称号。

（三）北京京北职业技术学院

北京京北职业技术学院是由北京市人民政府批准、教育部备案、独立设置的全日制高等职业技术院校，是北京市示范性高职学院。其前身是 1984 年成立的北京建筑工程学院怀柔分院，2002 年经北京市人民政府批准，更名为北京京北职业技术学院，成为北京郊区第一所独立设置的高职院校。学院占地 186 亩，建筑面积 62159 平方米，现有全日制在校生 2100 人，成人教育在校生 1700 多人，专任教师 123 人。

学院确立了“立足怀柔，面向首都”的办学定位以及“紧贴经济发展办学，按市场需求育人”的办学理念，设有四系三中心：建筑工程系、机电工程系、管理工程系、体育艺术与健康系；实训中心、成人教育中心和后勤服务中心。

学院成立以来为社会输送了数万名高等技术应用性人才，在北京地区赢得了良好的声誉。桥梓镇域内的学生，在桥梓中学读完初中后，除了一部分考入高中外，很多都考入北京京北职业技术学院。红林村先后有多名学生在该学院学习。

第三节 村民医疗与保健

一 村民医疗

新中国成立前，怀柔县境内有少量私营药店、诊所等，乡间行医以中医为主，由于缺医少药，防病治病条件差，农民生病只好忍着，严重者死亡。新中国成立后，怀柔县加紧了医疗机构的恢复和发展工作，1949 年成立了“中西药社”，20 世纪 50 年代建立了怀柔县卫生院、区卫生院和几家私人开业的联合诊所。离红林村最近的诊所是位于东茶坞村的大众联合诊所，成立于 1953 年 4 月，有医务人员 3 名，1958 年 7 月改为桥梓乡卫生院，后改为桥梓镇卫生院。1998 年 8 月合乡并镇，北宅乡卫生院并入桥梓镇卫生院。2004 年 7 月，大同铁路分局茶坞铁路医院划归怀柔区管理，茶坞铁路医院与桥梓镇卫生院合并组建北京市怀柔区桥梓镇卫生院，又名北京市怀柔区桥梓镇卫生服务中心。

怀柔县的农村合作医疗制度始于 1969 年，全县 280 个生产大队建立了合作医疗站，有赤脚医生 366 人。合作医疗实行大队、生产队和社员三级筹资，并自种自采中草药，办土药厂。合作医疗基金由大队管理，社员看病吃药减免医药费和劳务费，赤脚医生由村集体选拔并经公社卫生院技术培训后，回村挣工分，给农民看病。

红林村的合作医疗成立于 1969 年。村民还依稀记得曾有一段时间每人每年出 6 元钱，看病不要钱。但由于村里有几个慢性病人，长期吃药，导致医疗室亏损，不得不实行有偿医疗。赤脚医生除了负责本村村民的医疗外，还负责给病人开病假条，病人凭病假条可以享受劳动照顾，在粮食短缺时期，还可以享受 2.5 斤的白面指标。

红林村的赤脚医生当时是由生产队干部推荐，社员投票选举，再到公社卫生院接受培训。1983 年生产队解体后，红林村的合作医疗开始停办，医疗物品由医生个人承包，村里不再设有医疗室。2005 年，在政府的扶持下，在红林村村口盖了现在的卫生室，其中政府投资 4 万元，红林村投资 5 万元。卫生室有 40 多平方米，有输液室、门诊室、休息室。

卫生室的黄长生医生是在 1976 年 12 月底由村干部推荐、村民选举当上赤脚医生的，曾参加过多次培训。1983 年生产队解体后，医疗室由医生个人经营，村里不再设医疗室，所有医疗物品都搬到医生家里，医生在家里为村民看病。黄医生曾于 1984 年到镇卫生院工作一段时间，1989 年 12 月至 1992 年任红林村副书记，1995 年 2 月至 1996 年 3 月任村书记，其间一直在村里兼职做医生。1997 年黄医生开始在岐庄租房，开设门诊部，专职做医生。2006 年，红林村卫生室建成后，门诊部迁址红林村。

卫生室每年的电费、电话费由医生自己出，取暖费由村里出，服务范围是附近三个村。东凤山村也有卫生室，但由于医疗条件和能力有限，村民有病大多来红林村。

政府对卫生室每月有 800 元补贴，要求有一定的政府采购药品，实行零差价。零差价药品所占比重并不大，“也就百分之几”。除政府补贴外，卫生室一年能有 2 万元左右的收入。

怀柔区每个村都由政府投资兴建了卫生室，若干村则兴建医疗服务站，规模要大于卫生室。红林村范围内的医疗服务站设在苏峪口，有七八间房子，但由于人员无法到位，还属于卫生室性质。甚至苏峪口村民有病也请红林村医生看。村民对黄医生比较认可，普遍认为“黄大夫在三里五村都比较出名”。红林村有几个患风湿、脑血管等病人，区医院治不好，长期由黄医生治疗。

每天来红林村卫生室看病的，少则十几个人，多则三十多人。伤风感冒、肠胃炎、轻微胆囊炎等，一般来卫生室，“大毛病看不了”，要去怀柔或北京。怀柔区内目前有一个三级医院、一个二级甲等中医医院以及若干专科医院和私立医院。

2014 年，怀柔区推出集就诊、结算、健康档案、电子病历等多项功能于一体的居民健康卡，并在全区范围内推广和使用。红林村是较早将居民健康卡发到村民手中的村庄。居民健康卡有持卡人姓名、照片等，不仅可以用于居民身份识别、个人基本健康信息存储、跨区域跨机构就医数据交换和费用结算功能，而且还集社保卡、新农合一卡通、医疗机构就诊卡的功能于一体，可以实现自助挂号、自助缴费等，使村民就医方便快捷。

二 疾病预防与保健

（一）全民预防

新中国成立前，红林村一带缺医少药，大灾之年，瘟病流行，死者无数。新中国成立后，由于采取各种预防措施，提升医疗手段，群众的健康水平得到显著提升。

20 世纪 60 年代，怀柔县普遍建立村级卫生室，形成三级预防医疗保健网，即县级卫生保健机构为第一级，乡、镇（公社）卫生院为第二级，村卫生室为第三级。三级预防保健网对于村民预防各种疾病起了重要作用。尤其是 1982 年以来，通过开展群众性的爱国卫生运动，加强免疫注射，天花、霍乱、疟疾等传染病已在红林村绝迹，痢疾、肝炎、狂犬病等疾病也逐年减少。

2005 年，桥梓镇社区卫生服务站开始筹建，2007 年 12 月正式启动。目前，全镇设置北宅、平义分和前茶坞 3 个卫生服务站。服务站由镇卫生院配置医生和护士，工资由镇卫生院发放。社区卫生服务站具有集医疗、预防、保健、健康教育、计划生育指导、老年人康复六位一体的职能。红林村是在前茶坞服务站的服务范围内。

为普及村民家庭卫生知识，培养健康的生活方式和良好的个人卫生习惯，桥梓镇政府经常联合镇卫生院，组成义务卫生服务队，走进各村开展健康教育活动。义务卫生服务队除了为群众讲授有关卫生健康方面的知识外，还免费为村民进行诊疗。

2013 年 3 月，卫生服务队医务人员来到红林村，通过多媒体教材，结合相关图片和案例，生动形象地为村民讲解日常生活和饮食习惯，还现场为村民发放量腰尺，在村委会放置体重器和膳食宝塔图，提醒大家健康饮食。在为村民免费号脉诊断过程中，还针对个人身体健康情况，提出合理的膳食建议。

（二）村民保健

1. 孕产期保健

新中国成立前，红林村妇女怀孕后保健很少有人过问，分娩时主要由自家接生或接生婆接生，非常不卫生，孕妇及婴儿的健康无法保障。新中国成立后，怀柔县开始推行新接生法，产妇到医院接生。20 世纪 70 年代孕期产检受到重视，推广使用孕产妇保健卡，为孕妇建卡、体检，产妇大部分到县医院接生。计划生育工作开展以来，孕期检查成为基层医疗单位的常规工作。

2. 妇女病防治

自 2009 年开始，桥梓镇卫生院、计生办及妇联每年联合对全镇妇女进行两癌（宫颈癌和乳腺癌）免费筛查，对检查出来的异常人员转至妇幼保健院进一步治疗。当年参与检查的妇女 4005 人，转诊 245 人，其中做手术 13 例。2012 年 8 月在桥梓镇社区卫生服务中心开展的“两癌”筛查，参与检查的妇女 3000 多人，检查项目不仅包括常规妇科检查以及宫颈细胞学检查、乳腺彩超检查，镇政府还特别出资为每名参检妇女增加血糖、血压、心电图等检查项目。红林村适龄妇女基本都参加了检查。

3. 儿童与老人保健

为了婴幼儿的健康发育，桥梓地区自20世纪50年代开始对婴幼儿接种卡介苗，每年对镇域内儿童进行全面体检，建立卡片档案。每名儿童从3岁至上学前，要进行体检20余次。

桥梓镇非常注重老年人的身体健康，每年都组织老人体检。红林村在老人体检时，由村里出车，统一将老人接送到茶坞卫生站进行身体检查，整个过程村医全程陪同，查出病者，由村医建立医疗档案，并指导医疗和日常保健。

三 乡村医生培训与社会保障

（一）乡村医生培训

怀柔区和桥梓镇医疗机构负责对乡村医生进行培训，每年区镇都要对乡村医生进行相关医疗知识和技能培训。近期的一次培训始于2013年8月26日，全镇24个村的37名乡村医生在桥梓镇社区卫生服务中心参加了培训。此次培训分为两个阶段，每个阶段时间为一周，分别进行高血压和糖尿病的健康知识与医疗技能培训以及合理用药、规范书写门诊病历和处方、消毒方法和无菌操作技术等方面的培训，培训采用现场教学与视频讲授相结合、理论学习与实践操作相结合的方式。桥梓镇社区卫生服务中心的医生负责讲解，并现场指导书写病历和处方，当场纠正错误。红林村的黄长生医生参加了培训，并认为“这样的培训比过去只听讲座效果好多了！”

（二）乡村医生社会保障

2007年，为了切实维护乡村医生的合法权益和保持队伍稳定，使广大农村居民人人享有基本的卫生保健服务，北京市出台了《关于建立健全乡村医生社会养老保险制度与基本待遇保障机制的意见》（以下简称《意见》），并于2008年1月1日起施行。《意见》要求，参照本市城镇居民最低生活保障标准、农民最低生活保障标准、乡村医生平均月收入水平等，对符合执业资质并在村级医疗机构受聘执业累计满 20 年，且达到一定年龄（男年满 60 周岁，女年满 55 周岁）的，每人每月领取养老金 300 元；执业不满 20 年但达到一定年限的，按执业年数计算，每执业 1 年，每人每月领取养老金的标准为 15 元。

参加农村社会养老保险的乡村医生，由所在区县农村社会养老经办机构负责为其建立“乡村医生农村社会养老保险个人账户”。从 2008 年 1 月 1 日起，乡村医生按照执业年限对应的趸缴数额，由政府、个人共同缴足养老保险费，纳入本市农村社会养老保险制度，实行统一管理。原则上，市、区县和个人按照 4∶4∶2 的比例承担趸缴部分。执业累计年限以 20 年为最高限，超过 20 年的按 20 年计算。黄医生执业年限超过 20 年，个人一次交了 8000 多元保险费。

《意见》规定，村卫生室隶属于行政村村委会，岗位人员由村委会聘用，卫生院对其实行业务“一体化”管理。按照乡村医生承担的村级公共卫生和村级常见病防治两项职能，采取“政府购买服务”的方式分别给予乡村医生适当补助。其中，乡村医生承担村级公共卫生工作职能的部分，每人每月补助 400 元；承担常见疾病防治，为群众提供零差价药品职能的部分，每人每月补助 400 元，合计每人每月补助 800 元。乡村医生补助经费列入市及区县财政预算，市及区县政府各承担 50%。

2013 年 1 月，市卫生局与市财政局社保处经过调研和沟通，决定在现有乡村医生补助标准的基础上提高对乡村医生的补助标准，即由每月 800 元调整至每月 1600 元。其中，乡村医生承担村级公共卫生职能的部分每月补助 1000 元，承担常见疾病防治和为群众提供零差价药品服务职能的部分每月补助 600 元。

第十章

村民的物质生活

第一节　村民物质生活变迁

一　解放前的村民生活

解放前，红林村归属昌平县，与全国其他地区一样，绝大多数农民过着饥寒交迫的生活。据光绪二十年（1894）《昌平遗志》记载：“九渡河一带，民情困苦，衣不能御寒，食多杏叶秕糠，至有冻死者。”红林村与九渡河相距并不甚远，农民的困苦景象大同小异。

饮食方面：一般农户是糠菜半年粮，春夏季节出去挖些野菜，如苦麻菜、树叶等。再穷一点的农民，只能出去要饭。常吃野菜和糠，使很多农民脸色发青，引起很多疾病。稍微富裕一些的人家，可以早上喝粥，中午豆面汤，晚上小米水饭或小米粥。

穿戴方面：一般都很简陋，一年有棉、单两季服装就算富裕户了，大部分农户冬夏一套服装，是用青蓝粗布制成的，把夏季穿过的单衣加点棉花就当棉衣过冬。因长期穿在身上不能替换和洗涤，破损很快，多数农户穿着补丁摞补丁的衣服。冬天有的农民没有鞋穿，光脚过冬。富裕一点的农户会自己做鞋，穿戴会略好一些。

居住方面：大部分农户住的是土房或草房，四周用土坯垒起，上顶用高粱秆，再用黄土泥抹上，冬天无法取暖，夏天为了防止漏雨，每年都使用黄土泥抹一次。条件较好的农户建瓦房居住，四周用石头或土坯垒起，用柁、檩、椽子把房子支起来，上面铺上篱笆、草帘或席子，用黄泥抹上，然后用瓦盖上。比较富裕的家庭多住在砖瓦垒成的四合院，有东西厢房、影壁等。

生活用品：多数农民生活用品贫乏，就连日常生活所必需的锅、瓢、盆等有的人家也备不齐。四五口人一床被褥的农户不在少数。甚至有的户没有铺盖，到了夜间只能身上身下两条麻袋。有的农户买不起炕席，只好睡在草上。

贫雇农是村庄中最贫穷的阶层，他们终年过着食不果腹、衣不遮体的生活。曾担任红林村贫协主任的黄振海便是这一阶层的典型代表。

黄振海于1898年出生于红林村西北部的山区四渡河村，祖上多次逃荒，是世代长工，他本人11岁就开始为地主放猪、干杂活，13岁开始“放夜牛”（即晚上将牛赶到山上吃草）。1915年，他17岁时全家5口人逃荒来到红林村的岭西（岭西现部分归属红林村，部分归属岐庄），1940年搬入村中，1946年秘密加入中国共产党，土改时期担任贫协主任，领办了红林村第一个互助组。20世纪60年代，由黄振海口述，西坟工作组集体整理了一个手抄体的《我的翻身史》，约20页，1.6万字左右。现存18页，纸已泛黄，破损严重，现由其后人收藏。《我的翻身史》真实记录了红林村的贫苦农民在解放前的悲惨生活。笔者在此摘录其中部分内容。

我的青年壮年——世袭的长工

18岁（此为虚岁，实际为17岁，下同——笔者注），我家在三岔村也没法活下去了，父亲就又带着我们一家五口人，来到这村（即红林村，当时称西坟——笔者注），在岭西落了脚。岭西到这村里还要翻一座大山。我家就在那里的山坡根盖了个窝棚，算是落了户。那时荒山也是有主的，咱穷人家不管在哪里，都是要交租的，父亲就租下了我们盖窝棚的山坡地，和山坡主冯子生写下了米批，每年交租八斗，如若租子不够，将地拿回。

像这样从无开垦、全是石头的生荒山坡，每年要交上八斗租子，真把人压得抬不起头来。头一年开出的山坡地，就没收成交租子，但地主没有把地收回，他不是照顾咱穷人，而是咱还没有把这地给他种肥，他收回去没什么用。他的目的就是等你把地种肥了再拿回来。父子辛辛苦苦地耕种，夏天顶着烤人的太阳，风吹雨淋，冬天迎着寒风大雪，就这样，碰上好的收成，交了地租之后，还可剩些粮食顾家，碰上年头不济，打下的粮食，交了租子之后就所剩无几了。一家人少不了是吃糠咽菜，忍饥挨饿。

光靠租种的山坡地怎么也养不活一家五口人，我只得到一渡河村给人家扛长活。当长工吃的苦受的罪是谁也难以忍受的，但当时为了一家人活命，还得忍受剥削压迫，咬着牙给人家扛活。秋后，自己血汗换来的粮食，一袋一袋地背进了地主的仓房，场光了，地也净了，地主老财也用不着你了，长工们也一无所获地走回家。当时流传着：地了场光衣裳破，临走吃顿糟饸饹。这就是咱长工的真实写照。

那时，我辛苦一年，不知流过多少血汗，受多少打骂，磨破的衣服也不知补了多少次，才挣得最多的是五斗粮食，但也早就因家里没吃的，借东家粮食，连本带利被扣得一干二净，有时还借了明年的长工价，秋后一家人就少吃无穿，难得我整天愁眉不展，少不得有时要痛哭一场。

三代要饭人——饥饿夺去的生命

在岭西，年年少吃无穿，靠吃槐树叶、槐花、白薯秧过活，但这样的生活也不叫人保全，成群的土匪像野兽一样，走东撞西，杀人抢东西，一家人挨打挨骂，无法活下去。就在我43岁那年，一家人只得从岭西搬到村里来。搬来那天是四月十五日，租人家的房子住。这年，我儿子文喜已经18岁了，但因生下来得病，手脚不便，不能扛活，一家人吃饭就靠我一个人打短工、打日工挣来的钱。当时全家八口人，每顿饭是半斤豆面拌着野菜吃，小孩饿得直叫。

这样的日子，真是让人没法活，一家人只有靠讨饭度日。母亲这年已经73岁了，但还得带着病讨饭，文喜娘的身子有病，还带着三个有病的孩子，但也要出去沿门讨饭。每天天不亮，祖孙三代挎着篮子，带着饭碗，穿着遮不了体的衣服，沿门讨饭。好的一口半口热汤剩饭，白薯充饥，但这时正是四五月间，青黄不接的时候，山里又多是穷人，有的也早就断了顿，哪里还有东西打发要饭的。不停地跑上一天，要的东西还不够一个人吃饱。文喜讨一天的饭，自己舍不得吃，饿着肚子，晚上拿回家来给奶奶吃。文喜妈虽病，但讨来的东西还得省给文喜的妹妹吃。就这样，一家人过着要一口吃一口的生活，碰上天阴有雨只有一家抱头饿肚子。一家人啊，整天泡在血泪里，过着衣不遮体、食无粒米、住无片瓦的地狱生活。

五月二十五日，我三岁的孩子死掉了，他是给活活饿死的。那时，他母亲有病，又没有饭吃，哪里有奶喂他？小小年纪，又不会吃饭，哪里能活命？死时，面黄肌瘦，简直不像个孩子样。

73岁的母亲，整天吃不到一顿饱饭，喝不到一口热汤，怎能不生病呢？就这样，每天还要讨饭顾命，在风雨中飘摇着身子，走东庄，串西庄，有时候爬着滚着走。就在正月二十四那天，老人又死了，她也是活活饿死的。母亲死了，就该办丧出殡，但家无分文，粒米全无，怎能出殡？急人呢！借东借西，求邻告舍才算把老人家埋葬了。那时难得我哭死哭活，而文喜娘又病得连送葬都没能走到坟地。

一家八口人，熬过了春夏只剩下六口了。七月豆角下来了，倭瓜也长成了，接着棒子也熟了，熬过了冬春的穷人又有了活命的希望。但是，在这时，文喜娘饿坏了的身体病得不能下炕，文喜整天守着娘不肯离开。这时岭西的豆角棒子也快熟了，那里还有几棵果树，辛苦一年的东西不能再让它丢掉了。我就忍着心痛叫文喜到岭西去照看庄稼和果树。文喜身在岭西，心里却时刻挂念着母亲，担心母亲的身体。有病的母亲也天天想着儿子。文喜住了六七天就回家瞧了母亲一趟。7 月 24 日，岭西的棒子该收了，文喜又回到家里，母子见面，有说不尽的高兴，也有说不尽的心酸。

第二天，文喜娘给我们爷俩做了饭，就躺在炕上，连饭也没能吃。我们爷俩吃过饭就上岭西了。中午回来时，我背着一筐棒子，文喜挎着一粪箕豆角。生活逼着我们不能在家照顾病人。你想，岭西的粮食丢了，明年不更得挨饿吗？这时，文喜娘只会睁着眼，不会说话。家里粒米皆无，还是好心的邻居给了点米，熬了碗米汤。

过了一天，家里没吃的了，我只好叫文喜到岭西去摘豆角。文喜摘豆角还没回来，他娘就断气了。我没给她请过医生，不是我不愿意请医生，而是家里分文没有。她死时才 37 岁啊！按封建礼教，人死后要穿棉衣，绝不许穿单衣入殓。但咱家穷得连饭都吃不上，哪有钱买布做衣服呢？文喜娘死后，还是穿着原来的破烂单衣、单裤……

日本帝国主义企图进一步灭亡中国的万里沟动工了。无数劳工被赶进工地，家里田地荒芜，不知有多少人被冻死、饿死、累死。这一年，我被赶进了万里沟。就在挖万里沟这年的六七月间，家里靠吃槐叶、槐花、白薯过活。多吃了槐叶的人们，个个都浮肿，肿得鼻眼都不分……

日本帝国主义的横行霸道，使田地荒芜了，但沉重的地租依然像催命鬼一样。这年秋后11月，家里就一无衣穿，二无被盖，更无饭吃。一条破被，五口人你扯我拉。这时，文喜妹又病了。文喜每天到各村要饭，要来一点，一家人就吃一点，要不来，一家人就饿着……文喜病了七天，他弟弟又病了。一天，文喜要饭回来，妹妹就死了。文喜妹妹死后八天，弟弟又被饿死了……弟妹四人，也只剩下文喜这一黄门的单根独苗，多么命苦的一条根啊！

正月里，我就开始给人扛活，文喜到南面讨饭顾命，80岁的父亲也靠要饭度日。正月里，北方的天气还是坚冰封地，雪花飞扬。一个手脚不便，下身穿着衣不遮体的破夹裤，上身穿着透风的破夹袄，顶着一头乱发，光着脚丫整天串村沿门，喊破了喉咙，求人施舍一口半口的残汤剩饭。晚上，住破庙，车屋过夜。西北风呼呼地叫着，有钱人家生着炉子，火炕烧得滚热，盖着厚厚的棉被；一个没被子、没棉衣的人，躺在最多是铺着把干草的凉地上，被冻得缩成一团，全身发抖，痛苦难堪。真是叫天天不应，叫地地不灵，不时被冻得失去知觉。天亮了，还得夹着打狗棍子跑，拖着红肿的脚丫子，叫喊着大爷、大娘，挣口生冷的食物，有时还得给人打躬磕头，低三下四求人施舍。碰上闹天，就只好蹲着挨饿，饥寒交迫，随时都有可能被夺去人命。

秋天，我给人家扛活，孩子给人家摘豆角挣饭吃，父子二人给人当牛做马，收秋打场。当时我受苦受罪不说，就说文喜，他给地主老财丁兴年家干上一天活，分文不给，还嫌吃得太多……文喜从早下地，天黑回来，领到人家剩下的一小盆汤菜，够不够就这么多，真是猪狗不如的生活。

八月十五，粮食大部分收到家，地主老财们欢天喜地过中秋节，吃的是大米白面、鸡鸭鱼肉，晚上把酒赏月，欢喜若狂，而我们父子在老财家吃的是猪狗不如的饭菜……

收白薯那天，长工们在地里挥着热汗，一天下来，累得像散了架子似的，回来后，文喜他们五人得到的却是地主婆给准备好的一斤豆腐，拌了一大堆萝卜樱的一盆咸菜，一吃能把人给咸死，结果五个人也没吃完这盆菜……

十月，文喜就病倒了，直到腊月才好。刚刚病好的孩子，每天拖着病体讨饭。眼看就要到年关了，饿着肚子的三口人在这个时节少不了痛苦悲伤，但也是最盼望的日子，凑着过节时期，好多讨些馍饭充饥。文喜从村西到村东，从这村到那村，喊着要着……也不知道有多少家的大娘、大嫂陪着落下心酸的眼泪，多少好心的大爷、大妈、大婶捧出一捧捧的粘饽饽、发饽饽、渣饽饽，好让咱回家过年。当走到地主老财家门口时，迎上来的是几条张着血盆大口的恶狗，叫着，扑着，撕扯着破衣裳。在门外喊上半天，也没有人出来。狠心的地主直到你喊得他实在厌烦的时候，才没好气地拿出一点白薯只当是扔掉了，还少不得骂上几句……

这年，苦命的父亲也死了，他也是在青黄不接的六七月被饿死的。当饥饿把父亲折磨得倒在炕上的时候，他知道家里有几块板可以给他做棺材。他对我们说："我死后，也不用请人给我合棺材，就把那几块板摆在墓坑里，再把我放进去就行了。或者用石块垒好，将我放进去，用石板盖上也行，你们把那几块板卖了好吃饭。"

当父亲死后，我们真的没有给父亲请人合板材。不是咱不愿办，是家里分文全无、粒米全无啊！赶埋的那天，我们给父亲挖好了墓坑，按父亲的嘱咐，把木板放好，然后回家抬父亲。那时，咱也有心请人给父亲打坑，但咱哪里有饭叫人家吃呢？我们把父亲放在门板上，一根穿心杠哭着将父亲抬到坟地，又把父亲放在墓坑里，用木板盖上，封好土，算是埋葬了父亲……

一家人啊，只剩下文喜我们爷俩了……

二　新中国成立后至改革开放前的村民生活

新中国成立后，农民分到了土地和房产，生活逐渐得到改善。黄振海父子也分到了十亩地和五间房产。为了缓解战乱和灾荒为农民带来的困苦，人民政府发放救济粮，并鼓励人们生产自救。黄振海父子得到政府400多斤的救济粮，此后通过努力发展生产，很快如数归还了国家。1952年，黄振海的儿子“讨了媳妇”，“这真是旧社会连想都不敢想的事”，之后有了孙子，从此，“这个被旧社会几乎毁掉的家又兴旺起来”。

自1953年开始，为了保证粮油的供应，国家陆续实行粮油的统购统销，红林村响应国家的号召，组织起互助组和初级社，进而加入高级社和人民公社，并通过互助组和初级社以及之后的生产队开展粮食的统购统销工作。

1958年，红林村所在地区实行公社化管理，生活集体化，农民全部到集体食堂吃饭。1959年1月18日，春节期间，公社向全社农民每人供应四两猪肉、五两杂肉、半斤豆腐、放假三天。但是，随后便进入了三年困难时期。1960年12月，公社党委发出《安排好社员生活，办好食堂的指示》，要求抢收杏叶、野菜和一切可食用的代食品，执行“低指标、瓜菜代”的方针；“以人定量、指标到户、粮到食堂、凭票吃饭、节约归己”。1962年，中央对农村政策进行调整，解散集体食堂，开始休养生息。出生在这一时期的村民对其生活经历记忆深刻：

1961年12月7日出生，正是自然灾害时期，缺衣少食年代。1961年至1970年在挣扎中生活，有求生欲望。只要有能吃的都吃，山里的树叶都吃光了，一直到 18 周岁，树叶作为三分之一的口粮，炸（用水煮）完了晾干可以放很长时间，主要是杏叶，叶子还得是捡的，不能去树上摘。小时候经常去地里捡树叶。我都不愿意回忆这些。(摘自与丁学友的访谈笔录)

在改革开放以前，由于物品短缺，粮油等生活必需品都是定量供应，棉、布及一些日用品等也都实行凭票供应。

那时一人 4 尺 8 寸布票。女的好劳动力记 8 分工，体质弱的 6 分。只有过节时才能见到荤腥。60—70 年代，主要是红薯——半年粮：红薯饽饽，红薯粥，再加上老玉米、谷子。改革开放前以粗粮为主。生产队有菜园子，发菜票，凭票供应。(摘自与丁学敏的访谈笔录)

在饮食方面：主要以红薯、小米、玉米为主。生产大队分粮食，是以人头和工分为标准，粮食年人均拥有量在 400—450 斤，吃“探头粮”是常事。所谓“探头粮”，即预支下一年的粮食，待来年发粮时，一并扣除。副食主要以萝卜、白菜、黄瓜、茄子、土豆等大路菜为主，但在冬春季基本吃不到这些副食，人们多以萝卜、芥菜等腌制的咸菜为主。

在衣着方面：结束了新中国成立初期一般人家只能满足每人有身衣服的历史，随着时间的推移，机织布衫、背心、绒衣、毛衣渐渐出现，衣服数量不断增加。

居住方面：人们开始住进砖瓦沙石结构的房子，但一般都是东西屋、南北炕、中间是厨房，又窄又小，老少三辈住一堂，很不方便。20 世纪 60 年代中期，电力开始进到农家，结束了煤油灯照明的历史。但薪材仍然是主要的生活能源，用薪材在灶膛里烧火做饭，兼做烧炕取暖之用。

我和大哥天天弄柴火，可是有柴火的地方封山，不封山的地方大家都去抢柴火。当时就是这样挣扎地活着，一大篓的柴火一顿饭就用完了。当时生活苦，经济、能源各方面都不足。（摘自与丁学友的访谈笔录）

家庭用具：20 世纪 80 年代前村民没有买家具的，家具都是请人做，当时的木匠作为乡村的手艺人广受人们尊重。一般农户家中会有红板柜、八仙桌、条凳等。现在到一些老人家还能见到厚重的红板柜。尽管当时已经通电，但由于容量小，经常断电，因此也没有什么像样的家用电器，缝纫机、自行车、桌椅齐全就算是家庭条件比较好的了。厨房用具一般有碗柜、水缸、铁锅等。

三　改革开放以来的村民生活

改革开放以后，随着物品的不断丰富，统购统销及凭票供应陆续取消，人们可以随心所欲地选购商品。与此同时，随着农外就业机会的增多，人们的收入也在不断增长，生活水平得到显著提高。2002 年和 2008 年 312 的两次大规模征地，使红林村成为远近闻名的富裕村。

在饮食方面：随着生产大队的解体，粮食已不再由集体分配，人们可以根据自己喜好选购。主食主要以大米、白面等细粮为主，菜肴也开始增多，肉食以猪肉为主，兼有牛羊肉、鸡鸭和鱼等。在改革开放初期，人们的饮食趋向高脂肪和精细食品。近年来，随着健康养生意识的增强，人们更多地开始吃粗粮和低脂食品。一些村民不吃或少吃肥肉，害怕肥肉吃多了会得“三高”（高血压、高血脂、高血糖），讲究吃瘦肉，吃鸡、鸭、鱼肉，冬季蔬菜不再只有大白菜、萝卜和土豆，新鲜的大棚蔬菜也纷纷上了餐桌。许多家庭使用饮水机、喝矿泉水。随着农家乐的兴起，在外就餐已成为常态，农家饭店里经常能看见村民的身影。

衣着方面：已经难以从衣着方面分辨出城乡人的差别，村民尤其是年轻人紧跟时代潮流，各种名牌、时尚服装已经成为他们的最爱，村庄中经常能够见到穿着耐克、阿迪达斯等品牌服装的青年人。年轻女孩更是打扮得靓丽漂亮，时尚新潮。老年人也不逊于年轻人，街上经常能见到身着鲜艳服装、佩戴耳环项链的老年人。

居住方面：20 世纪 80 年代以后，许多家庭陆续兴建了新房，由于申请建房比较容易，基本达到了每个儿子拥有一套住房。312 征地后，村庄又开始新一轮的住房翻建潮，钢筋水泥代替了土木材料，房屋一般都是高大宽敞。人们多建起四合院或三合院，垒起高高的院墙，还有村民盖起了二层楼房。住房均安装了暖气，多数农户用煤做燃料，少量农户用电。由于村庄已无空闲之地，国家又严格控制耕地非农化，村庄少有在新址建住房，一般都是在原有宅基地上翻建。与此同时，在县城买房也成趋势，有 1/3 的家庭在县城拥有住房，冬季供暖期间到县城居住，过起了城乡两栖生活。

现在的住房，不见木头，水泥、钢筋，三道圈梁，组合柱，抗八级地震。80 年代是二四墙（24 公分），用砖和泥；现在是三七墙，用砖和水泥。

现在盖房一般都是五间房，跨度 7 米，长 20 米，三道梁，组合柱，满砖到顶，没有 30 多万拿不下来，至少得 35 万。现在大工每天 200 元，小工 100 元。

90 年代的房子，一道地梁，也有不使梁的，得十几万元。80 年代盖五间房六七千元。80 年代的房子基本上都拆了。70 年代盖房花不了多少钱，帮工，管顿饭就行。买些木头，找人上山搬来石头，买来砖瓦，找个木匠，盖五间房两千元就下来了。（摘自与丁学敏的访谈笔录）

取暖主要靠暖气，烧煤取暖。生炉子的几乎都是老人，我要家家巡视，查看炉子、煤气等是否安全。近8年内新盖的房子，卫生间几乎都是在屋里面，几乎都是水冲的。老房子的卫生间在外面。（摘自与王雅君的访谈笔录）

2012年，村庄进行住房的外墙保温和门窗改造，由政府统一招标，专业施工，许多农户都更换了门窗，还有一些农户在原有门窗之外又加装了一层门窗，所有改造所涉及的费用，农户只负担10%。通过改造，冬季可使室内温度提升3—5摄氏度，不仅减少了燃煤的使用，也减轻了大气污染。

家庭用品：20世纪80年代，高低柜、沙发、收音机、电视机、电风扇等开始进入农家；90年代，洗衣机、电冰箱、固定电话已成为家庭基本用品；进入21世纪，尤其是312征地以后，村民生活水平大幅提高，几乎人手一部手机，不少农户购置了电脑、空调，小汽车也开始进入农家，液化气罐、高压锅、电饭煲、太阳能热水器等几乎是每家必备的厨卫用品。

据笔者2012年对红林村106户家庭的调查，每户家庭平均拥有住房1.25处，拥有小汽车0.35辆。其他耐用消费品及生产性固定资产拥有量详见表10－1和表10－2。

表10－1　　2012年106户家庭住房及耐用消费品拥有情况

项目	住房（处）	小汽车（辆）	电脑（台）	空调（台）	冰箱（台）	洗衣机（台）	彩电（台）	手机（部）	摩托车（辆）
总量	132	37	62	279	118	114	176	236	69
每户平均	1.25	0.35	0.58	2.63	1.11	1.08	1.66	2.23	0.65

表10－2　　2012年106户家庭生产性固定资产拥有情况

项目	旋耕机（台）	小型拖拉机（辆）	农用运输车（辆）	机动三轮车（辆）	非机动三轮车（辆）	其他（台/套）
总量	39	3	18	33	13	80
每户平均	0.37	0.03	0.17	0.31	0.12	0.75

第二节 现阶段农户的收入与支出

本节主要利用2012年笔者对106户家庭的调查数据展开对农户收入和支出情况的分析。

一 农户收入来源分析

红林村农户总收入有四个来源，即家庭经营收入、工资性收入、财产性收入和转移性收入。2012年106户农户总收入为587万元，户均为5.5万元。其中，家庭经营收入占比重最大，为33%，其次为工资性收入和转移性收入，分别占总收入的26%和25%。农户总收入来源及所占比重详见表10－3。

表10－3 2012年调查户总收入来源及所占比重 单位：元;%

农户总收入来源	金额	每户平均	所占比重
家庭经营收入	1929830	18206	32.9
工资性收入	1513160	14275	25.8
财产性收入	940373	8871	16.0
转移性收入	1487723	14035	25.3
全年总收入	5871086	55387	100

农户家庭经营收入有三个来源，即第一产业、第二产业和第三产业。2012年106户家庭经营收入约为193万元，户均约为1.8万元。其中，第一产业收入所占比重最大，约为49%，其次为第三产业收入，占家庭经营收入的38%。农户家庭经营收入来源及所占比重详见表10－4。

农户第一产业收入有三个来源，即农作物种植业、林业和畜牧业。2012年106户家庭第一产业收入为94万元，户均约为0.8万元。其中，林业收入所占比重最大，约为89%，农作物种植业和畜牧业所占比重较少，分别占第一产业收入的9%和2%。农户第一产业收入来源及所占比重详见表 10 - 5。

表 10 - 4　　2012 年调查户家庭经营收入来源及所占比重　　单位：元；%

家庭经营收入来源	金额	每户平均	所占比重
第一产业	937830	8847	48.6
第二产业	258600	2440	13.4
第三产业	733400	6919	38.0
家庭经营收入合计	1929830	18206	100

表 10 - 5　　农户第一产业收入来源及所占比重　　单位：元；%

第一产业收入来源	金额	每户平均	所占比重
农作物种植业	86010	811	9.2
林业	833820	7866	88.9
畜牧业	18000	170	1.9
第一产业收入合计	937830	8847	100

农户工资性收入有三个来源，即在本乡地域劳动收入、外出从业所得收入和在非企业组织中劳动收入。2012 年 106 户家庭工资性收入约为 151 万元，户均约为 1.4 万元。其中，外出从业所得收入和在非企业组织中劳动收入所占比重较大，均为 44%，在本乡地域劳动收入仅占工资性收入的 12%。农户工资性收入来源及所占比重详见表 10 - 6。

表 10 - 6　　农户工资性收入来源及所占比重　　单位：元；%

农户工资性收入来源	金额	每户平均	所占比重
在本乡地域劳动收入	187300	1767	12.4
外出从业所得收入	658000	6208	43.5
在非企业组织中劳动的收入	667860	6301	44.1
农户工资性收入合计	1513160	14276	100

农户财产性收入有三个来源，即租金、利息和土地征用补偿。

2012 年 106 户家庭财产性收入约为 94 万元，户均约为 0.9 万元。其中，土地征用补偿所占比重最大，为 62%；其次为利息收入，占财产性收入 29%；租金收入所占比重仅为 9%。农户财产性收入来源及所占比重详见表 10－7。

表 10－7　　财产性收入来源及所占比重　　单位：元;%

财产性收入来源	金额	每户平均	所占比重
租金	85450	806	9.1
利息	269723	2545	28.7
土地征用补偿	585200	5521	62.2
财产性收入合计	940373	8872	100

农户转移性收入有多种来源，包括家庭非常住人口带回、亲友赠送、退休金、各种补贴等。2012 年 106 户家庭转移性收入总额约为 149 万元，户均约为 1.4 万元。其中，占比重最大的为退休金，占转移性收入的 31%；其次为亲友赠送收入，占转移性收入的 29%；其他补贴占转移性收入的比重也较大，占 21%。其他补贴主要表现为村集体对农户的补贴。农户转移性收入来源及所占比重详见表 10－8。

表 10－8　　转移性收入来源及所占比重　　单位：元;%

转移性收入来源	金额	每户平均	所占比重
家庭非常住人口带回或寄回	221340	2088	14.9
亲友赠送	427380	4032	28.7
救济金	38000	358	2.6
退休金	462520	4363	31.1
种粮补贴	13730	130	0.9
良种补贴	1243	12	0.1
农资补贴	18530	175	1.2
其他补贴	304980	2877	20.5
转移性收入合计	1487723	14035	100

二 农户收入支出情况分析

农户收入支出主要包括家庭生产经营费用支出、生活消费支出等。2012 年调查户全年支出总额约为 235 万元，户均支出约 2.2 万元。其中，家庭生产经营费用支出占 23%，生活消费支出占 47%。生活消费支出占支出总额近一半。2012 年调查户各项支出及所占比重情况详见表 10－9。

表 10－9　　2012 年农户全年支出情况　　单位：元;%

农户全年支出情况	金额	每户平均	所占比重
家庭生产经营费用支出	535580	5053	22.8
生活消费支出	1109336	10465	47.2
生活性能源消费支出	369007	3481	15.7
其他支出	334820	3159	14.3
农户全年支出合计	2348743	22158	100

农户家庭生产经营费用支出包括三个部分，即第一产业、第二产业和第三产业费用支出。2012 年 106 户家庭生产经营费用支出约为 54 万元，户均支出 0.5 万元。其中，第三产业费用所占比重最大，为 52%，其次为第一产业费用，占总费用的 39%。农户家庭生产经营费用支出及所占比重详见表 10－10。

表 10－10　　农户家庭生产经营费用支出情况　　单位：元;%

农户家庭生产经营费用支出	金额	每户平均	所占比重
第一产业生产费用	206860	1952	38.6
第二产业生产费用	52890	499	9.9
第三产业生产费用	275830	2602	51.5
农户家庭生产经营费用支出合计	535580	5053	100

农户第一产业生产费用支出包括三个部分，即农业、林业和牧业生产费用支出。2012 年 106 户家庭第一产业生产费用支出约为

21 万元，户均支出约 0. 2 万元。其中，林业生产费用所占比重最大，为 78%；其次为农业生产费用，占总费用的 19%；牧业生产费用仅占生产费用总额的 3%。农户第一产业生产费用支出及所占比重详见表 10 - 11。

表 10 - 11　　农户第一产业生产费用支出情况　　单位：元;%

农户第一产业生产费用支出	金额	每户平均	所占比重
农业生产费用	39520	373	19. 1
林业生产费用	161340	1522	78. 0
牧业生产费用	6000	57	2. 9
农户第一产业生产费用支出合计	206860	1952	100

农户生活消费支出包括种类很多，例如食品、衣着、交通通信等。2012 年 106 户家庭生活消费支出总额约为 111 万元，户均支出约 1. 05 万元。其中，食品消费所占比重最大，为 69%，其次为衣着消费，占总消费支出的 16%。农户家庭生活消费支出及所占比重详见表 10 - 12。

表 10 - 12　　农户生活消费支出情况　　单位：元;%

农户生活消费支出	金额	每户平均	所占比重
食品消费	766741	7233	69. 1
衣着消费	182010	1717	16. 4
交通通信消费	20710	195	1. 9
医疗保健消费	41260	389	3. 7
家庭设备/用品消费	25356	239	2. 3
文化教育/娱乐消费	8200	77	0. 7
服务消费	19609	185	1. 8
水费支出	3150	30	0. 3
其他商品支出	42300	399	3. 8
农户生活消费支出合计	1109336	10464	100

农户食品消费种类很多，既包括各类谷物、蔬菜、肉蛋奶类，也包括外出饮食、烟酒消费等。2012 年 106 户家庭食品消费支出总额为 77 万元，户均支出 0.7 万元。其中，在外饮食支出所占比重最大，为 24%；烟酒消费所占比重几乎与谷物消费所占比重相当，分别占 16% 和 17%。农户食品消费支出及所占比重详见表 10－13。

表 10－13　　农户食品消费支出情况　　单位：元；%

农户食品消费支出	金额	每户平均	所占比重
谷物消费	127249	1200	16.6
薯类消费	9070	86	1.2
豆类消费	33270	314	4.3
肉类消费	66772	630	8.7
蛋类消费	32210	304	4.2
奶类消费	12025	113	1.6
蔬菜消费	92284	871	12.0
水果消费	29992	283	3.9
食用油消费	43039	406	5.6
在外饮食支出	181750	1715	23.7
烟酒消费	121460	1146	15.8
其他消费	17620	166	2.3
农户食品消费支出合计	766741	7234	100

农户生活用能源消费支出包括用电、用煤、燃气等费用支出。2012 年 106 户家庭生活用能源消费支出总额约为 37 万元，户均支出约 0.3 万元。其中，生活用煤及煤制品消费支出所占比重最大，为 54%，其次为用电和燃气支出，分别占生活用能源消费支出的 17% 和 15%。农户生活用能源消费支出及所占比重详见表 10－14。

农户其他支出包括财产性支出和转移性支出。2012 年 106 户家庭其他支出总额约为 33 万元，户均支出约 0.3 万元。其中，转移性支出所占比重最大，为 80.5%。农户其他支出及所占比重详见表 10－15。

表 10－14　　　农户生活用能源消费支出情况　　　单位：元；%

农户生活用能源消费支出	金额	每户平均	所占比重
生活用电	63639	600	17.2
生活用煤及煤制品	199930	1886	54.2
生活用煤气、液化气、天然气	55330	522	15.0
生活用汽油	36180	341	9.8
生活用柴草	13928	131	3.8
农户生活用能源消费支出合计	369007	3480	100

表 10－15　　　农户其他支出情况　　　单位：元；%

农户其他支出	金额	每户平均	所占比重
财产性支出	65300	616	19.5
转移性支出	269520	2543	80.5
农户其他支出合计	334820	3159	100

三　农户家庭收支情况分析

（一）农户家庭经营收支分析

由表 10－16 可知，106 户家庭经营总收入约为 193 万元，总支出约为 54 万元，纯收入约为 139 万元，户均家庭经营纯收入为 1.3 万元。其中，第一产业纯收入所占比重最大，为 52%；其次为第三产业纯收入，比重为 33%；第二产业纯收入比重为 15%。农户家庭经营收支情况详见表 10－16。

表 10－16　　　农户家庭经营收支情况　　　单位：元；%

家庭经营项目	总收入（1）	总支出（2）	纯收入（3）=（1）—（2）	每户平均纯收入	各产业纯收入所占比重
第一产业	937830	206860	730970	6896	52.4
第二产业	258600	52890	205710	1941	14.8
第三产业	733400	275830	457570	4317	32.8
农户家庭经营收支合计	1929830	535580	1394250	13154	100

由表 10－17 可知，调查户家庭经营第一产业总收入约为 94 万元，总支出约为 21 万元，纯收入约为 73 万元，户均纯收入约为 0.7 万元。其中，林业纯收入所占比重最大，为 92%，农业和牧业纯收入所占比重很小，分别为 6% 和 2%。

表 10－17　　农户家庭经营第一产业收支情况　　单位：元；%

农户家庭经营第一产业项目	总收入	总支出	纯收入	每户平均纯收入	各产业纯收入所占比重
第一产业收支合计	937830	206860	730970	6896	100
其中：农业	86010	39520	46490	439	6.4
林业	833820	161340	672480	6344	92.0
牧业	18000	6000	12000	113	1.6

（二）农户全年收支分析

家庭经营纯收入与工资性收入、财产性收入以及转移性收入之和构成农户全年纯收入。由表 10－18 可知，调查户年纯收入约为 534 万元，平均每户年纯收入约为 5 万元。按调查人口 264 人计，人均纯收入为 20219 元。在农户纯收入构成中，工资性收入和转移性收入所占比重最大，分别为 28% 左右；其次为家庭经营纯收入，比重为 26%；财产性收入占 18%。农户纯收入来源及所占比重详见表 10－18。

表 10－18　　2012 年调查户纯收入来源及所占比重　　单位：元；%

农户纯收入来源	金额	每户平均	所占比重
家庭经营纯收入	1394250	13154	26.1
工资性收入	1513160	14275	28.4
财产性收入	940373	8871	17.6
转移性收入	1487723	14035	27.9
全年纯收入合计	5335506	50335	100

农户全年总收入与家庭经营支出、生活消费支出、生活用能源

支出以及其他支出之差构成农户全年的收支余额。由表 10－19 可知，调查户全年的收支余额合计为 352 万元，户均收支余额为 3.3 万元。

表 10－19　　2012 年调查户收支余额　　单位：元

项目	全年总收入（1）	家庭经营支出（2）	生活消费支出（3）	生活用能源支出（4）	其他支出（5）	收支余额（6）＝1－2－3－4－5
调查户合计	5871086	535580	1109336	369007	334820	3522343
平均每户	55388	5053	10465	3481	3159	33230

在此需要说明的是，2012 年调查户支出中不包括住房的购建与维护支出。而实际上，住房支出要占农户支出的很大比重，只是在调查当年没有发生这笔支出。据调查，在 106 户家庭中，有 8 户没有住房，这些没有住房的家庭基本为独户老人，在子女家住；98 户有住房的家庭共拥有住房 132 处，平均每户拥有住房 1.35 处。其中，平房为 62 处，平均建造费用为 14 万元；楼房为 36 处，平均购买费用为 88 万元；97% 的上述住房是在 2010 年前建造和购买的，其中近 1/3 的住房是 2006—2010 年这 5 年间建造和购买的。调查户中拥有村外（主要在怀柔城区）住房 36 处，拥有住房的家庭平均每户住房现值估价为 65 万元。

第三节　村民家庭生活类型

不同的分类方式可以有不同的家庭生活类型。本节分别以收入水平和主要收入来源为分类方式来阐述红林村不同的家庭生活类型，同时介绍几种红林村特殊的家庭类型。

一　以收入水平分类

以收入水平分类，可以将农户分为三种类型，即高收入家庭、中等收入家庭和低收入家庭。当然这种划分并不完全是以当年的收入水平为准，而是考虑了多种因素，例如收入的稳定性、家庭资产和存款、家庭开支等。

（一）高收入家庭

高收入家庭一般常年收入较高，拥有较多的家庭资产或存款。以下是红林村三种高收入家庭类型。

1. 拥有稳定且较高的非农就业收入

户编号 HL－095：家庭人口 3 人，夫妻 50 岁左右，女儿 26 岁，均有稳定的农外收入。其中男主人为镇某公司高管，年收入较高。2012 年该户家庭年总收入 16 万元，纯收入 14 万元，拥有存款 60 万元。家庭没有农业收入，土地已转给他人经营，没有收取租金。夫妻二人户籍均在本村，除村里的宅基地外，在怀柔城区也拥有一套住房，有一辆价值近 20 万元的汽车。冬天基本住在县城。

2. 开办农家乐与采摘园

户编号 HL－007：家庭人口 3 人，夫妻 40 多岁，儿子 20 岁左右，户籍均在本村。除村里的宅基地外，还投资近 200 万元在怀长路边建一处农家乐，长年雇用一位厨师，拥有两处采摘园。男主人主要负责采摘园及对外事务，女主人主要经营农家乐。2012 年该户家庭全年总收入 35 万元，其中农业收入近 4 万元，农家乐收入 30 万元，全年纯收入近 20 万元，拥有存款近 30 万元，有一辆面包车和一辆农用运输车，此外，还拥有旋耕机及多套农用机械。

3. 拥有较多的存款

户编号 HL－028：家庭人口 3 人，夫妻 50 多岁，女儿 26 岁。夫妻二人户籍均在本村。主要从事林业经营，曾向其他农户转包了大量林地。由于 312 工程占用了较多果林，从而得到较多占地补偿，属于村内占地补偿较多的农户，目前拥有存款 300 万元。2012 年该户总收入 11 万元，其中农业收入 2 万元，工资性收入 3 万多元，利息收入 5 万多元。拥有一辆农用运输车、一套旋耕机及两套其他农用机械。

（二）低收入家庭

低收入家庭一般常年收入较低，或者由于疾病、人口多等因素导致家庭支出较多。但是，由于312占地补偿，加之村集体的转移支付，除特殊困难家庭外，村民家中都拥有一定的存款。以下是红林村三种低收入家庭类型。

1. 因病致贫

户编号HL-071：家庭人口4人，夫妻与儿子和儿媳。丈夫长期患病，不能做重体力活，家庭医药费支出较多，是村里唯一的低保家庭。妻子为村防火员，儿子、儿媳在企业务工。近五年，夫妻患病住院累计三个月，医疗费支出18万元，其中新农合报销12.6万元。村里曾为其组织过募捐活动。2012年，该家庭总收入为11万元，其中农林业收入1万元，工资性收入4.7万元，救济金3.8万元，亲友赠送1万多元，其他收入0.5万元。目前家庭负债12万元。

2. 多人口家庭

户编号HL-056：家庭人口6人，老父亲、夫妻、1个女儿和两个儿子。该家庭为重组家庭，也是红林村人口最多的家庭。6人的户口均在本村。夫妻40多岁，女儿在读大专，两个儿子在读高中，父亲患病，家庭开支较大。2012年家庭总收入4.6万元，其中，农林业收入2.6万元，财产性收入0.3万元，转移性收入1.7万元。在村里有两套住房，拥有一台小型拖拉机、一台旋耕机，家庭存款29万元。

3. 老人家庭

户编号HL-098：家庭人口2人，老夫妻均70多岁，早年间在村里购买一处住房，建于20世纪70年代。2012年总收入1.9万元，其中，养老金1万元，亲友赠送0.3万元，利息收入0.2万元，各类补贴0.4万元。妻子长期患病，近五年住院累计有四个月，医药费支出 5 万元，其中新农合报销 3.5 万元。家庭存款 35 万元。

（三）中等收入家庭

中等收入家庭在红林村比较普遍。除了高收入和低收入家庭外，其余家庭都属于中等收入家庭。以下是红林村三种中等收入家庭类型。

1. 以工资性收入为主，兼营农业

户编号 HL－070：家庭人口 2 人，夫妻均 50 多岁。丈夫为村两委成员，有稳定的工资性收入，妻子主要务农、做家务。2012 年，全年总收入 5 万元，其中，农林业收入 1.2 万元，工资性收入 3.2 万元，利息收入 0.1 万元，转移性收入 0.5 万元。拥有农用运输车 1 辆，旋耕机 1 台，家庭存款 5 万元。

2. 以经营农林业为主

户编号 HL－004：家庭人口 2 人，夫妻均为 50 岁左右，主要经营农业。2012 年全年总收入 4 万元，其中，农林业收入 1.9 万元，利息收入 0.3 万元，土地征用补偿 1 万元，转移性收入 0.7 万元。拥有 1 辆面包车、1 辆农用运输车、1 台旋耕机。家庭存款 16 万元。

3. 以养老金为生

户编号 HL－031：家庭人口 2 人，老夫妻均 70 多岁，有三儿一女。三个儿子均在村里有住房，在城里也有住房。老夫妻现住大儿子房子。312 二期占地时，丈夫通过抓阄获得转老安置名额，从而获得征地超转人员生活和医疗补助，每月有 1000 多元的养老金，且享受基本医疗保险。妻子年轻时在县办企业工作过，每月有 600 元的养老金收入，同时，每月还有福利养老金 300 元。2012 年该家庭总收入 3.2 万元，其中，养老金收入 2.1 万元，利息收入 0.3 万元，其他转移性收入 0.8 万元。家庭存款 35 万元。

二　以主要收入来源分类

（一）以林业为主要收入家庭

以林业为主要收入的家庭有以下两种类型：

1. 以家庭经营林业为主

户编号 HL－073：家庭人口 2 人，夫妻均 50 多岁，全年经营林业，年生产各类干鲜果品两万多公斤。承包林地十余亩，此外，还负责管理弟弟的部分林地。从村集体承包的口粮田已退耕还林，粮食消费主要靠购买。2012 年家庭总收入 3.1 万元，其中林业收入 2.2 万元，利息收入 0.2 万元，其他收入 0.7 万元。拥有 1 辆非机动三轮车、1 台旋耕机和两台其他农机具，家庭存款 20 万元。

2. 雇工经营林业

户编号 HL－038：家庭人口 1 人，女性，年龄 60 岁左右。拥有林地 30 余亩，长年雇用 3 位村民管理果树。2012 年全年总收入 2.7 万元，其中，林业收入 1.7 万元，利息收入 0.3 万元，转移性收入 0.7 万元。拥有住房两处，家庭存款 30 万元。

（二）以非农产业为主要收入家庭

以非农产业为主要收入家庭一般土地由亲友代管，以非农产业就业为收入主要来源。

户编号 HL－053：家庭人口 3 人，夫妻 30 多岁，女儿 11 岁，户籍均在本村，且全年在本村居住，土地由父母经营。丈夫主要在县城从事运输业，妻子在村里任护林员。2012 年全年总收入为 3.5 万元，其中，工资性收入 2.6 万元，转移性收入 0.9 万元。家庭拥有存款 3 万元。

户编号 HL－095（见高收入家庭 1）也属于此种类型。

（三）农业和非农业收入并重家庭

农业和非农业收入并重家庭一般在农业之外有非农经营项目，且机动灵活，不误农时。

户编号 HL－079：家庭人口 5 人，夫妻与儿子一家三口共同生活。夫妻 50 岁左右，儿子、儿媳 30 多岁，孙子 4 岁。在村中有一小卖部。2012 年全年总收入 11.1 万元，其中，农业收入 3.6 万元，小卖部收入 3.6 万元，工资性收入 2.2 万元，财产性收入 0.3 万元，转移性收入 1.4 万元。除村中宅基地外，县城还有一处住房。拥有 1 辆汽车、1 辆机动三轮车，家庭存款 60 万元。

（四）以非农收入为主，兼营农业

以非农收入为主，兼营农业家庭在红林村非常普遍。

1. 丈夫从事非农产业，妻子务农

户编号 HL－010：家庭人口 3 人，夫妻 40 多岁，儿子 20 岁左右。丈夫从事运输业，业余时间从事农业，妻子主要从事农业和家务，儿子务工。2012 年全年总收入 5.5 万元，其中，农业收入 0.9 万元，非农产业收入 3.1 万元，财产性收入 0.3 万元，转移性收入 1.2 万元。拥有 1 辆汽车、1 辆机动三轮车和 1 台旋耕机，家庭存款 60 万元。

2. 夫妻均有工资性收入，业余时间务农

户编号 HL－015：家庭人口 2 人，夫妻近 60 岁。丈夫在服务行业就业，妻子为村两委成员，夫妻均有稳定的工资收入，在业余时间从事农业。2012 年全年总收入 8.8 万元，其中，农业收入 0.8 万元，工资性收入 7.3 万元，财产性收入 0.1 万元，转移性收入 0.6 万元。除村里的宅基地外，县城也有一套住房。拥有汽车 1 辆，家庭存款 6 万元。

三　几种特殊家庭生活类型

（一）两栖生活

前面已经提及，在笔者所调查的 106 户家庭中，有 36 户在县城购房，由此产生了红林村独特的家庭生活方式——两栖生活：春、夏、秋季在村里居住，冬季在县城居住。村庄的自然环境和较低的生活成本，尤其是邻里间的友情交往和相互关照，对中老年人有较大的吸引力。但是，村庄的冬季取暖也是个大问题，这样，入冬供暖后到县城居住，开春停暖后回村居住，便成为一些中老年村民的生活选择。

在怀柔买房子的，基本都是孩子在那住，冬天，这边的老人也都走了，是为了解决取暖问题，开春就回来了。这里自然环境好，还有水等，各方面都省，咱们这生活基本不花什么钱，集体一个月给每个人一个立方的水补贴，超过再交钱，标准收费是一立方一元。

城里取暖、购物方便，信息发达，医疗方便，交通方便。尽管有这么多好处，我还是不愿意去。当地社区居民都不认识，在村里可以串门，邻里可以相互照顾。楼房的户外活动不方便，出门就是大街，或者上山。在城里不太方便。农村吃新鲜的，城里买的不太新鲜。老年人喜欢在村里住。年轻人不能说不喜欢在村里住，是因为就业所迫，农村没有就业条件。在城里工作，住房也得租，为了工作，为了生存。（摘自与丁志明的访谈笔录）

村民的城乡两栖生活有以下两种方式：

1. 在村里自己生活，在城里与孩子一起生活

村民在城里买房大多为孩子考虑：方便孩子工作和生活。一般都是孩子（大多是儿子）住在城里，冬季父母再前往，一起居住。

户编号 HL－035：家庭人口 2 人，夫妻，50 多岁，主要从事林业生产。由于 312 占地，获得较多补偿，在县城购置两套房产，一套用于出租，一套儿子居住。冬季在城里与儿子一起居住，同时带孙子。2012 年全年总收入 6.2 万元，其中，林业收入 3.5 万元，财产性收入 0.6 万元，转移性收入 2.1 万元。拥有 1 辆汽车、1 辆小型拖拉机和 1 台旋耕机，家庭存款 30 万元。

占地的钱，我们家都买房子了。别人家的占地款，有存着的，有买国债的。我们是 2006 年和 2008 年买的房子，100 多平方米，几十万元。现在怀柔最便宜的也是一万多一平方米，

高的达到一万八一平方米。

第一批占地，村里只有一户买房子的，花了16万。第一批占地最多有分到50多万。占地款基本上都是在城里买房子、存起来、买国债等。没买房子的都存起来了。第二期占地的人多，买房子的也多，基本上都是冬天去城里住，夏天回来，也有给孩子准备的。我们是冬天过去，就是由于有暖气，也有孩子。我们愿意在家住，出门口就能和村里人聊。怀柔亲戚是多，哪能天天串亲戚。我的两个房子是分开的，没有在一起。

2. 村里城里均自己生活

也有村民在县城买房是为自己冬季取暖准备的，当然也是出于置业的考虑。

户编号HL－012：家庭人口2人，夫妻，50岁左右。丈夫在镇里工作，业余时间从事农业，妻子主要从事农业和家务，有一个女儿已出嫁。除村里的宅基地外，县城也有一套住房。

来暖气，我就去县城里住。那边谁都不认识谁，都是关门过日子。我夏天也不过去，就是冬天村里冷才过去，停暖就回家。还是农村一个小院消停，在村里住着好，就是取暖解决不了。县城的房子是96平方米，买的时候合5000元一平方米，2006年买的。那时候就想买一个楼房，冬天去，夏天回来。在那生活比较方便，但夏天还得住农村。那边喝点水都得花钱。县城里生活成本比较高，一年也得几千元的费用。

（二）城镇生活

红林村有些村民由于工作在城镇，出于工作、生活方便的考虑，长年住在城镇。城镇生活构成他们生活的主要部分。但是，他们的户籍在红林村，要定期或不定期参加村庄的各类活动，例如各类村民投票等。红林村有他们的土地和房产，有他们的父母兄弟，按照他们的说法，“他们的根在红林村”。因此，尽管生活在城镇，但“仍是红林村的人”。红林村各项福利，例如村集体统一出资的新农合、养老险等，以及各项转移性收入，都有他们一份。红林村距离怀柔城区12公里。在以往交通不发达的时期，这个距离还是比较远。如今，公路通畅，交通发达，交通工具先进，红林村与城区的时空大为缩短，乘坐公交车，二十多分钟就可到达；自己开车，则只需十几分钟。交通的便利，为这些在城镇生活的村民参与村庄活动提供了方便。

在城镇居住的村民，不仅自身融入了城市生活，而且由于在城乡两地“穿梭”，进一步将城市的文明理念、生活方式传输给村庄。子女给买的豆浆机，传递的不仅是子女的一份孝心，更是城里的一种现代化生活方式：一把豆子，经20分钟在豆浆机中的旋转，最后生成的浓香豆浆，不仅丰富了老人的物质生活，同时也是一种精神享受，享受城市文明带来的愉悦。从这一意义来说，在城镇生活的村民也是村庄文明的使者。

红林村在城镇生活的村民有以下两种类型：

1. 有稳定的且相对较高的工资性收入

户编号HL－034：家庭人口3人，在县城居住多年。丈夫40多岁，在一家培训中心任餐饮部经理，儿子在县城读高中，妻子主要做家务，或在空闲时乘公交回村，与姐妹们打打牌或做些农活，当天或隔天返回。村里的住房大部分时间空着，有时父母居住，有时同事或亲友来此小聚。承包地大部分交给亲友管理，丈夫在空闲时回村做些农活，在收获季节请人采摘果品。2012年家庭全年总收入6.1万元，其中，林业收入0.4万元，工资性收入4.2万元，财产性收入0.4万元，转移性收入1.1万元。拥有汽车1辆，家庭存款30万元。

2. 自己创业

户编号HL－068：家庭人口3人，长年居住在县城。丈夫40

多岁，妻子30多岁，儿子两岁，户籍均在村里。丈夫主要从事建筑业，有自己的施工队，妻子从事服务行业。2009年，在原宅基地上新盖了一座小楼，暂由父母居住，也常有亲朋小聚。2012年全年总收入16万元，其中，第二产业收入12万元，第三产业收入2.2万元，财产性收入0.6万元，转移性收入1.2万元。拥有汽车1辆，家庭存款120万元。

（三）老年生活

红林村的老年生活有以下几种类型：

1. 老夫妻独立生活

只要老夫妻双方健在，且能生活自理，一般都独立生活。大多数老年夫妻住在外出生活的儿子的住房中，也有少量老人自己购买住房。

户编号HL－047：老夫妻70岁左右，有两个儿子，均在村里有住房。老夫妻现住大儿子的房子。大儿子长年在县城居住，偶尔回家，或带朋友回村小聚。丈夫曾任职村两委，有些退休金，加上福利养老金，2012年，夫妻俩有1.6万元的退休金，此外，还有利息收入0.2万元，儿子、亲友赠送1.2万元，各种补贴0.5万元，总计全年收入3.5万元。有非机动三轮车1辆，旋耕机1台，家庭存款30万元。

2. 在儿子家轮流居住

当老夫妻中有一方去世，尤其是妻子去世后，剩下的一方多在儿子家轮流居住，先由大儿子家开始，吃住都在所轮到的儿子家。一般都是一年一轮换，特殊情况，比如老人生活不能自理，则相应缩短轮换周期。

户编号HL－013：老人79岁，户口独立，自老伴去世后，就在两个儿子家中轮流居住。两个儿子均在村里有住房，其中大儿子在县城还有一套住房，老人也时常随大儿子在县城居住。老人的承包地已分给两个儿子，目前由于患病，基本不能从事劳动。老人曾在县办企业工作过，有些退休金，加上福利养老金，2012 年，老人有退休金 0.8 万元，此外，还有利息收入 0.2 万元，亲友赠送 0.5 万元，村集体补贴 0.2 万元，总计全年收入 1.7 万元。老人有存款 20 万元。

3. 一人独立生活

也有生活自理能力较强的老人，在老伴去世后仍独立生活。当然，这样的老人一般有住房，或者有儿子提供住房，有儿子住在村内，能够随时照顾。

户编号 HL－042：老人 80 岁，妻子去世多年，一直独立生活。有四个儿子，均在村里有住房，其中二儿子居住在县城，老人一直住二儿子的房子。三个儿子都住在附近，且与小儿子前后院。二儿子在村里有土地，经常回村管理果树。老人早年曾任大队干部，有少许补贴，加上福利养老金，2012 年，老人有 0.4 万元的养老金，此外，儿子、亲友赠送 0.5 万元，村集体补贴 0.2 万元，总计全年收入 1.1 万元。老人的占地补偿款大多分给儿子，现有家庭存款 2 万元。老人生活简单、朴素、有规律，身体硬朗，年消费支出 4000 元左右。

第十一章

村民的社会生活

第一节　村庄的信息化及文体生活

一　村民的信息化生活

改革开放前，怀柔的电信事业比较落后，当时电信局使用的电话交换机是供电制的，农户之间打电话需要人工转接，整个怀柔县仅有百十部电话，只有党政机关等重要部门才能安装。公社和部分大队虽也有电话，但是经常会受到广播的干扰，打电话得避开广播时间，如果打长途则要到电信局营业厅。虽然很不方便，但在当时已是最快捷的通信手段了。

改革开放以后，怀柔电信事业得到较快发展，20 世纪末，电话实现了从人工到程控，国内外长途电话可以直拨，并且形成了程控交换、光缆传输为手段的综合数据通信网，乡镇通光缆，村村通程控电话。电信局以行政村为单位，为每家每户免费安装一部电话，让农户免费使用一个月的电话，体验电话带来的方便和快捷。一个月后，对愿意继续使用的用户则办理正式入网手续。红林村大多数农户是在这一时期安装了电话。

2001 年，怀柔电信局在北京市郊区县中率先与政府签约共同打造“数字怀柔”，共建电子政务系统，实现办公自动化。2007年，中国网通北京怀柔分公司（怀柔电信局2004年正式更名）与政府签署了“宽带村村通”协议。

基于物联网等信息技术的发展，“智慧城市”逐渐走进了人们的视野。所谓“智慧城市”，即一种全新的城市形态，它充分运用物联网、云计算、光网络、移动互联网等前沿信息技术，对公众服务、社会管理、产业运作等活动的各种需求做出智能响应，构建起城市发展的智能环境。

北京市根据城市管理的需求，提出了将北京建设成为智慧城市的目标，旨在用信息技术来解决城市问题，提高城市运行效率。2012年北京市人民政府印发了《智慧北京行动纲要》。该《纲要》从指导思想和发展目标、城市智能运行、市民数字生活、企业网络运营、政府整合服务、信息基础设施提升、智慧共用平台建设、应用与产业对接、发展环境创新、组织实施10个方面提出了“智慧北京”的行动计划。

怀柔是“智慧北京”的试点区。“智慧怀柔”是以信息技术高度集成、信息资源综合应用为主要特征，以智慧技术、智慧产业、智慧服务、智慧管理、智慧生活为主要内容的城市发展新模式，在全区建成城乡一体化的高速宽带信息网络，实现互联网、电信网、广电网的“三网融合”。为此，区政府每年拿出3000万元专项资金，对区域范围内符合发展规划的建设项目和企业给予重点扶持；发挥政府投资的导向作用，建立健全政府与企业等多方参与的投融资机制，各驻区通信运营企业每年预算中至少有1000万元投向“智慧怀柔”建设，确保全区每年不少于5000万元的建设投入。

“智慧镇乡”是“智慧怀柔”的重要组成部分。“智慧镇乡”基础设施建设已经被列入怀柔区2012年政府折子工程，并优选桥梓和宝山两镇率先开展试点建设。2012年，桥梓镇已完成24个村光纤入户和镇域内联通2G、3G手机信号全覆盖，成为北京市首批

"智慧镇乡"。物联网在全镇的电子政务、医疗卫生、社区服务、农业等领域得到普及和应用，网上资讯及各类信息化服务，既开阔了村民的眼界，又为村民生活提供了便利。

通过入户光纤，红林村村民足不出户便可享受到质优、价廉的"网上冲浪"服务。"上网包月 50 元，随便玩"。电子商务的兴起，为村民销售农产品、开办农家乐、网上购物提供了方便。移动网络全覆盖，作为红林村这一山区村庄的村民，也能随时随地享受到与市区居民同样的上网乐趣和资讯服务。

2013 年 1 月，桥梓镇《新城镇》手机报正式开通。《新城镇》手机报实行免费发送，发送对象包括机关干部职工、大学生村官、镇域内各单位负责人、各村两委干部、党员以及村民代表等。通过《新城镇》手机报，红林村的干部群众能够及时便捷地了解桥梓镇的新动向、各村工作的新做法、新思路，知晓镇党委政府的重要部署等。

在红林村，村支书可随时随地用手机远程启动村广播系统，通过手机发布广播；在村委会，工作人员可以通过办公室里的一台电脑主机，对全村多个重点部位进行实时安全监控。红林村还建立了涵盖房屋、人口、组织、受理、管理等诸项管理内容的村庄（社区）网格化社会服务管理平台，具体内容包括：农户的家庭地址及家庭人口；人口出生年月日等详细信息；村内党组织及其他组织；村两委工作人员工作台账受理；日常村务上报、村务处理前后对比照等。村庄管理已进入信息化时代。

二　村民的文化生活

（一）广播影视及文艺演出

广播在乡村生活中曾起过重要作用。新中国成立初期，村民用铁皮或纸筒做成大喇叭进行广播。1966 年 11 月，茶坞公社建立了广播站，到 1969 年底，村村通广播。广播为静寂的乡村生活增添了生气。

有了广播的乡村感觉真好！一般广播都是在中午和晚上开播。广播一响，就说明要收工了。（摘自与丁志俊的访谈笔录）

看电影曾是村民重要的文化活动。新中国成立初期到 1970 年，村民看电影都是县电影队来放映。1971 年，茶坞公社设有电影放映员 2 人，到县电影公司租片子，为村民放映电影。当时是黑白电影，主要有地雷战、地道战、南征北战等影片。1978 年，公社购买了彩色电影放映机，村民自此可以看到彩色电影。为了丰富村民文化生活，各村还先后自购电影放映机，设置电影放映员。

那时最盼望的两件事就是过年和放电影，盼过年有好吃的，爱看电影是因为新奇，也很崇拜英雄。记得每当听说要放电影时，三里五村的人就早早聚集起来，人声鼎沸，电影放两小时，但大家高涨的情绪要持续很长时间。（摘自与丁志俊的访谈笔录）

20 世纪 70 年代末 80 年代初是电影放映的高峰时期。1984 年以后，由于电视逐渐普及，电影放映逐年减少。

2005 年，国家扶持农村文化事业的发展，支持农村建设数字电影院，在前茶坞村建成全镇第一个数字电影放映厅，影厅面积 100 平方米，可容纳 120 人。到 2010 年，桥梓镇 24 个行政村和一个铁路社区都建成了数字电影放映厅，每个影厅全年为农民放映电影 40 场到 80 场，放映员还能获得国家补助 2000 元。从此，农民不出村、不在露天、不分时段就可以看上自己心仪的电影。2011 年 8 月，为纪念中国共产党成立 90 周年，怀柔区桥梓镇文化中心开展了为期两个月的红色经典影片放映活动，在镇域内 24 个行政村循环放映。每当夜色降临，村民们就三五成群、一家老小来到村里的开阔地，等待观看电影，仿佛回到了 20 世纪七八十年代十里八乡农民赶集般拥到一个村里看电影的快乐时光。

文艺演出在活跃村民文化生活方面起着重要作用。2006年北京市推出了“文艺演出星火工程”，以政府购买服务的方式，专业院团和各区县业余文艺演出团队直接进入乡村，村民不出村、不花钱就能够欣赏到精彩的文艺演出。同年，桥梓镇文化服务中心成立了“花香艺术团”，在镇内及跨乡镇演出，深受村民的欢迎。红林村的原文艺宣传员，现村委会委员、计生专干朱书琴是花香艺术团的积极分子。

2009年5月，怀柔区组织开设了“创品牌出精品”安塞腰鼓培训班，桥梓镇成立了规模为500人的腰鼓队，并要求各村按照人口多少，成立不同规模的村级腰鼓队：人口在500人以下的小村，不少于10人；人口在500—1000人的村，不少于20人；人口在1000人以上的村，不少于30人。红林村按要求成立了十几个人的腰鼓队，并于10月22日在镇文化广场参加了腰鼓汇演，受到各方好评。

红林村每年都组织不同形式的文艺活动，并在镇里多次获奖。例如，2006年1月初，镇秧歌花会大赛，红林村派出了自己的代表队，并获得镇里的奖励。村民还参加了镇区组织的其他各种表演活动，通过登台表演不仅获得了荣誉，也增添了一份自信。

> 去年（2013年），参加了桥梓镇组织的一个300人的“鼓舞飞镲”表演活动，全区特别羡慕咱们桥梓镇的“鼓舞飞镲”表演队。跳舞既锻炼身体，还能赚钱，特别有成就感，得到大家的认可，心里很高兴。……打鼓的时候，抱着试试的心态，去试一下，结果表演很成功。自己做事很用心，从锅台走到舞台，感谢有这样的机会。有梦想就有舞台。早年的时候，没有这样的激情。（摘自与朱淑琴的访谈笔录）

近年来，桥梓镇充分发挥本镇舞蹈队伍多、文艺爱好者多的优势，全力打造文化艺术名镇。2013 年 8 月，以广场舞演练为开端，在全镇范围内组织学习《中国味道》《春风的故乡》《中国范儿》等 8 支舞蹈，并通过宣传发动、建立村级培训点，由各村文化协管员负责组建村级舞蹈队。村民们踊跃参加广场舞的演练，村委会的大院里时常响起广场舞悦耳的音乐。伴随着音乐，男女老少翩翩起舞，呈现一片热闹祥和的场面。10 月 10 日，由桥梓镇各行政村和铁路社区组建的 24 支广场舞代表队汇聚在桥梓镇文化广场，由此拉开了桥梓镇“舞动新生活，建设新城镇”广场舞比赛的序幕。红林村代表队以其优美的服装、流畅的舞姿赢得表演赛二等奖。

（二）文化氛围培育

为了提升村民的文化素质，进入 21 世纪后，怀柔区在乡村开展了益民书屋建设，2010 年，益民书屋覆盖所有行政村，大村藏书较多，小村藏书较少，但最少藏书 3000 册。益民书屋均建立了《益民图书管理办法》《益民图书管理员岗位职责》。红林村益民书屋藏书 3000 册，内容广泛，有妇幼图书、武侠小说、果树管理等诸多方面的图书。书屋管理员由文艺宣传员兼任。益民书屋不仅丰富了村民的文化生活，也使村庄充满浓浓的文化氛围。

2011 年冬，桥梓镇开展文化墙创建活动。异彩纷呈的文化墙在寒冷的冬季形成了一道亮丽的风景线，为村民冬季单调的生活增添了文化元素。

文化墙根据各村实际情况分类设计，风格迥异，美丽的图画和精致的文字使村庄的围墙富含了文化的底蕴，成为彰显个性、传播文化的新兴载体。文化墙图绘内容包括村规民约、英雄人物、交通安全、尊老爱幼、二十四孝、三字经、弟子规、娱乐健身、民俗旅游等诸多方面。红林村的文化墙位于村庄的入口处，共有 10 幅图画，每幅图画 1.5 米×2.5 米，图画内容为“二十四孝”。文化墙作为一种可触可感的文化宣传方式，倡导“敬老、爱幼、邻亲，家和”的传统文化，对于培养村民爱老敬老意识，弘扬中国传统文化起了重要作用。在村庄经常能够看到村民抱着孩子在观看图画，并向孩子讲解图画的内容，在潜移默化中，村民的“孝老”意识得以提升。

2013 年 8 月 18 日，桥梓镇政府创办《美丽桥梓》报，由镇文化服务中心组织稿件，每月一期，报刊栏目包括时事要闻、镇村工作、资讯动态、精神文明建设等。全镇居民每户一份。通过《美丽桥梓》报，村民不仅能够及时知晓发生在本镇的大事小情，而且逐渐培养起看书读报的习惯。

三　村民的体育健身活动

新中国成立初期，广大农民分到了土地，成了土地的主人，他们对土地倾注了全部感情，日出而作，日落而归，常年与土地打交道，无暇进行体育活动，只有一些孩子自发进行跳房子、踢毽子、弹球、推铁环等游戏活动。

20 世纪 60 年代，随着经济条件的改善，群众体育开始萌发，以民兵与青年为主要对象，坚持“业余、自愿、小型、多样”的原则，开展拔河、体操、球类、跑步等项活动。在“文革”期间，有组织的体育活动基本停止。80 年代，县乡学校开始实施《国家体育锻炼标准》，学校体育走向正轨，并涌现出很多体育健将。红林村丁雪莲多次在怀柔区和北京市组织的长跑比赛中为其所在学校赢得名次。1990 年 3 月北京第八届运动会，丁雪莲以 10′52″3 的成绩荣获社会组女子 3000 米第一名，并被载入《怀柔县志》。

1986 年 8 月，怀柔县成立“农民体育协会”，简称“农民体协”，同年，桥梓乡也组建了农民体育协会，桥梓乡副乡长、体育干事分别担任体协主席和秘书长。乡农民体协建立以后，各村也相继建立了农民体协组织，各种活动采取乡财政、乡办企业、村办企业集资赞助的形式。但总体看，20 世纪八九十年代，各种体育赛事并不多，一般是在春节和农闲时间才开展少量活动。

1998 年北宅乡和原桥梓镇合并为新桥梓镇。新桥梓镇第一届农民体协名誉主席、主席及秘书长分别由桥梓镇党委书记、镇长以及镇文化站站长担任，各村党支部书记为镇体协委员。红林村原任党支部书记丁学昌、周礼敬、丁志明以及现任支部书记王雅君分别为镇体协第一、二、三、四届委员。

新桥梓镇成立后，体育工作重心向全民健身转移，并成立了以镇长为首的“全民健身工作委员会”，镇财政保证开展活动所需的经费，并广泛发动社会力量，要求镇办企业、驻镇企业也都参与体育事业，并在财力、物力、人力上给予支持。1990 年以来，每年举行全镇范围的乒乓球、篮球、象棋、拔河、趣味运动等比赛，镇域内和行政村、企业、驻镇部队等全部参加，每年参与人数达到 6000 人以上。红林村作为桥梓镇的 24 个行政村之一每年都要独立或与岐庄、东凤山组成联队参加相应的比赛，并在比赛中获得了较好的成绩。

2007 年 10 月 10 日，桥梓镇举行了历时 3 天的“迎奥运倒计时 300 天暨 2007 年哈威和谐杯”篮球比赛。怀柔区各部门领导出席了开幕式，来自镇机关、各行政村、企事业单位的 13 支代表队 156 名队员参加了比赛，比赛先后进行了 12 场，最后三岐庄联合代表队获得了冠军。

为了迎接奥运，桥梓镇订制了具有桥梓特色的扑克牌 10000 副，下发到各村，从 2007 年 12 月开始，全镇利用冬闲时间开展村级“千家赛扑克、万民创和谐”扑克比赛。与此同时，全镇 24 个村的健身场地和健身设施也配置齐全，红林村村民的健身热情被极大地调动起来，在村庄的健身场地到处可见村民的身影。

2010 年，随着“全民健身计划纲要”工程的实施，桥梓镇形成了四大健身主场地：一是以镇中心广场为主体的体育健身场地；二是以学校体育设施为主体的健身场地，开展学校健身活动；三是以各行政村为主体的 24 个健身场地，开展农民健身活动；四是以骨干企业为主体的健身场地，开展企业职工健身活动。这些体育健身场地设施齐全，有指导老师，为开展全民健身运动提供了条件。

2013 年，全镇开始以广谱性、全民性健身活动为主，组织太极拳演练，打造太极镇。从 4 月中旬开始，桥梓镇先后两次邀请太极拳老师，对各村 150 人的太极拳骨干进行简化 24 式太极拳培训，同时举办“传统太极拳文化”大讲堂活动，邀请太极拳教授诠释传统太极文化的精髓，对各村两委班子、镇机关干部等进行总动员。同时，由镇文化服务中心牵头，按照小村不低于 20 人，中村不低于 30 人、大村不低于 40 人的规模，组织太极拳比赛。为方便各站点训练，镇里出资，为每个站点配备了便携式音响，为各村配备了太极服装、太极扇等，镇太极拳指导组利用晚上入村进行检查指导。

红林村积极参加镇里发起的打造太极镇活动。在村两委的支持下，文化协管员及村里的文体骨干每天晚上在村委会的大院里组织热心村民习练太极拳。2013 年 6 月 25 日，伴随着悠扬舒缓的音乐，在桥梓镇健身文化广场，来自全镇 22 个村和一个社区的近千名选手参加了 24 式简化太极拳比赛。红林村代表队以其精湛的表演赢得好评，并在 11 月 1 日第二次比赛中获得二等奖。

四　个案：时尚二妈尚秀荣

尚秀荣老人出生于 1939 年，由于老伴在家族中行二，很多晚辈都称其为二妈。

二妈是东凤山人，14 岁就在茶坞果脯厂干活，果脯厂搬到县里后则回村务农；18 岁嫁到红林村，20 岁左右在红林村幼儿园当老师，教幼儿唱歌跳舞；曾报名去北京幼儿园当老师未成；1970 年前后开始在生产队干活，曾参加花木兰团在附近村庄修建水库。

二妈育有三男一女，全部成家立业。四个子女是她最大的骄傲。大儿子曾是村里少有的高中毕业生，曾在村里任农业技术员，最早在村里用野酸枣嫁接红枣，获得成功后，村民纷纷效仿，并在三岐庄乃至整个桥梓镇得到推广，他所经营的大枣采摘园，品质一直上乘；二儿子是村里恢复高考以后的第一个大学生，目前在某部委的一个事业单位任副主任；三儿子曾自己创业，开办饭店，目前在怀柔雁栖开发区工作，是国家某培训中心餐饮部经理，很受村民拥戴，由于户口仍在村里，对村庄事务有很大的话语权；女儿在学生时期曾获得北京市第八届运动会长跑冠军，是国家二级运动员。三个儿子尽管在怀柔县城或北京均有住房，但村中仍有宅基地，二妈便主动承担起为三个儿子看家护院的“使命”。

二妈有颗热心肠，谁家有事都愿意帮忙，经常被请去参加村里的红白喜事，做知客。“做知客要负责安排好座位，要知道每位客人与主人家的关系，要安排得体，否则会被挑礼的”。尽管有“被挑礼”的可能，但二妈仍然乐此不疲。“人家请你是看得起你”。二妈如是说。

二妈很时尚。曾与老伴一起去山东半岛旅游，各种复杂电器也能得心应手地使用，手里经常拿着随身听，各种时尚歌曲不绝于耳。

桥梓镇开展“太极镇”建设以后，二妈加入了红林村太极拳的操练之中，成为村中最年长的太极拳选手。每天晚饭后，二妈准时到操场进行操练，认真向年轻人请教。功夫不负有心人，经过几个星期的训练，二妈熟练地掌握了24式简化太极拳。

2013年6月25日，伴随着悠扬舒缓的音乐，在桥梓镇健身文化广场上，近千名太极拳选手身穿整齐的服装，熟练地表演24式简化太极拳，桥梓镇“弘扬传统文化打造太极名镇”24式简化太极拳比赛正式拉开帷幕，来自全镇22个行政村和一个铁路社区的近千名选手参加了比赛，而二妈即是其中的一员。2013年11月1日上午，全镇23支太极拳表演队近千名选手重又会聚在桥梓镇文化广场，开展了 24 式简化太极拳第二次表演赛。此次表演，红林村获得了二等奖，二妈功不可没。

桥梓镇开展广场舞培训以后，二妈又加入了红林村广场舞的操练之中。尽管广场舞的节奏很快，但二妈也不输于年轻人，每晚都出现在排练场中。2013 年 10 月 10 日上午，二妈身穿鲜艳的表演服，随红林村广场舞代表队来到桥梓镇文化广场，参加了桥梓镇“舞动新生活，建设新城镇”广场舞比赛。此次比赛，红林村获得二等奖，这里也有二妈的一份功劳。

在太极拳及广场舞的操练和比赛中，二妈以其 75 岁高龄和熟练的表演多次接受采访。二妈练太极拳、跳广场舞，不只是为参加比赛，主要是为“活动筋骨”，锻炼身体。如今，每天晚饭后到广场伴随着音乐练拳跳舞，已经成为二妈不可缺少的生活内容（见图 11－1、图 11－2）。

图 11－1　二妈练太极拳

笔者曾在 2013 年 10 月 5 日《红林村调研日记》中有一段对二妈的描述：

图 11－2 二妈练广场舞

二妈一早起床，忙着收拾房间，做饭。往常二妈起床后都要在村里“遛一圈”后再做饭，但今天由于儿子要带老两口去北京玩，便提前做饭了。吃过饭，坐上儿子的车去北京，参观了鸟巢、水立方，又前往孙子所在的大学，照了很多相。在学校吃过午饭，返回时已是下午两点来钟。看到儿子家门口堆着玉米，就坐在玉米堆前扒玉米。吃过晚饭后，又前往村委会大院练“中国范儿”表演。几乎每天晚上村委会大院都会有二三十人在练习，10 月 10 日比赛。二妈 75 岁，年龄最大，多次被采访。还有几个 60 岁左右的老人也在练习。练完表演，回来看了一会儿电视，又来到儿子家门前，借着路灯扒玉米，直到被儿媳以“别冻感冒了”劝回。二妈是个闲不住的人。

第二节 村民间的社会交往

村民间的社会交往与村民的生产生活方式密切相关。过去通过共同劳动和互助建立的社会关联在当下的村庄已逐渐减少，代之而起的是通过出席某种仪式和共同的娱乐和休闲等所发展起来的新的社会关联。

一　互助与随礼

（一）互助

20 世纪，村民间的互助很普遍，例如新中国成立初期的帮工互助、村民建房等。

> 改革开放以后，盖房子多起来。几个儿子几处宅基地，都盖起来了。谁家盖房子都去帮忙，等自家盖房子也会有人帮。（摘自与丁学信的访谈笔录）

乡村社会作为一个熟人社会，各种互助行为有其广泛的社会基础。尽管近年来，由于市场经济的发展，村民间互助行为不断减少，等价交换的理念逐渐形成，但是，各种互助行为仍以某种方式存在着。

> 收玉米可是个力气活。由于是丘陵地带，土地零散，无法机收，一般都是人工掰棒子。往往是几个人合作，将一家的玉米收齐、运回，再帮另一家。主人只需管一顿饭即可，在其他人需要帮忙时，也无偿提供劳务。例如保平家垒炕、收玉米，亲友四五个前来相助，而宝平在几天之内无偿为几家做瓦匠活。“很多事大家互相帮助。现在帮工少多了，以前多得很”。（摘自 2012 年 10 月 25 日《红林村调研日记》）

互助不仅表现在生产生活方面，还表现为特殊时期的友情关爱。2012 年 10 月 12 日村两委为村民李华香组织的捐款活动便是这种关爱的集中体现。

李华香49岁，为红林村唯一的低保户，其丈夫于2003年患直肠癌，因手术欠下很多债，且长年不能做重体力活。2012年9月底李华香因患肺水肿、呼吸衰竭，被送往北京武警总医院进行抢救，前后花费数万元医疗费。村两委在求助红十字会、社保部门的同时，在全村开展了募捐活动。先后有42人参加了募捐，共筹集捐款4000多元，由此彰显了村民间的互助友爱。

（二）随礼

随礼是村民维持和发展社会关系的重要方式。随礼最初也是由互助发展而来的。过去家庭中的一些大事，诸如娶媳妇、盖房，要靠大家帮忙，各家出些钱物、出些力，帮着将事情办成。随着经济条件的改善，随礼的互助色彩已经褪去，人情交往法则逐渐浸入其中，红白喜事成为许多人维持和建立社会关系的媒介，市场化的考量也在左右着人们的随礼行为。

在红林村，结婚、生育、满月、升学、六十六大寿、盖房等，都要随礼。而且随着经济的发展，礼金也在水涨船高。

> 我结婚时礼金才3角钱，以后不断增加，由几元，到几十元。自312占地后，礼金大涨，普通邻居都要上百元，亲戚就更不用说了。（摘自与丁学信的访谈笔录）

> 现在人与人之间互相利用。过去大事，像娶媳妇、盖房，靠大伙帮，现在讲钱。现在盖房，得给钱。人情观随着社会的发展在变。
>
> 随礼，是历史上传下来的。娶媳妇、聘姑娘，孩子满月，都要随礼。1956年结婚，平均随礼3角，现在普通的一份礼就要100元，有点关系的得三五百元。你来我往，收100元，给就不能少于100元，否则要落下笑话。只能多，最次也要和收

来的同等数额。（摘自与丁学敏的访谈笔录）

二　婚礼

婚礼在当下的中国农村，不只是新人一家的事，也是村庄的一件大事，尤其在红林村这样的小村庄，婚礼成为村民之间交往的重要载体。大家齐聚一堂，既庆贺新人，也相互沟通感情，交流信息，在沟通和交流中增强了相互间的认同。

早年间的婚礼，几乎是全体村民的盛宴。不论是娶媳妇还是聘姑娘，都要设宴请客。一般女方宴提前一天，宴请亲属、朋友参加婚礼，告知女儿出嫁了。第二天男方设宴邀请亲友乡邻参加婚礼，第三天或婚礼的前一天，男方还要将在婚宴上负责招待宾客的人（俗称知客）宴请一次以示答谢。

早年间，富裕人家结婚要用花轿把女方抬到男方家里，不太富裕的人家用马车，还有的用自行车。女方到男方家后，男方把女方扶到家里，女方要迈马鞭，表示平安，有的要迈火盆，表示红红火火。新娘入屋后，男女双方要拜天地、拜祖宗、拜父母，二人同拜入洞房，最后宾客宴席开始。

婚宴一般是在家里，请厨师做饭，亲友们帮忙，餐具、桌椅等都是从亲友处借，所借物品要写上名字，以便于返还。

在20世纪90年代和进入21世纪初期，红林村及周边流行“一条龙”婚宴服务：提供服务的一方按照主人家提出的要求和婚宴规模去采购，婚宴当天自带灶具、餐具、桌椅等来到主人家操办，宴前的准备和宴后的收拾均无须主人操心，主人只负责在屋里院内招待宾客。

“一条龙”婚宴服务省心又节省，“剩菜剩饭都能留下，不糟蹋”。但毕竟是在家里操办，场地、饭菜质量、婚礼规格都受限制，近几年已不多见。在饭店举办婚礼已成常态。经济条件好的家庭在怀柔或桥梓的饭店举办婚礼，租借车辆，迎来送往。经济条件一般的家庭则在本村或邻村的饭店举办。在婚宴前一般都有婚礼仪式，由司仪主持。新郎西装革履，新娘身披婚纱，与城里的婚礼已无二致。

三　娱乐休闲

共同娱乐和休闲也是村民交往的重要方式。娱乐休闲方式主要有聊天、玩牌或打麻将、结伴购物和旅游等。

（一）聊天

聊天随时随地都可以发生：最初可能是两个人随意的偶遇，接着叁叁两两地加入；也可以是在一些固定的场所，人们在空闲时小聚。红林村经常性的聊天场所有村口的牌楼下、村中的大核桃树下、小卖部门口等。聊天不仅可以分享资讯，也增强了人们的情感归属。

> 占地款村里基本都买房子了，没买房子的也都存起来了。在怀柔买房子的，基本都是冬天住，夏天回来，也有给孩子准备的。我们是冬天过去，就是由于有暖气，也有孩子。我们愿意在家住，出门口就能和村里人聊。怀柔亲戚是多，哪能天天串亲戚。（摘自与丁志红的访谈笔录）

（二）玩牌或打麻将

几个人相邀，到某家玩牌或打麻将，也是村民在空闲时尤其是节假日时的休闲方式。玩牌或打麻将一般都有相对固定的圈子，有时也是陪伴客人的一种方式。

（三）结伴购物

由于红林村交通方便，村口就有公交车站，村民经常结伴前往怀柔城区或集市购物。尤其是一些老年人，由于乘车免费，他们经常结伴乘车去逛集市，

（四）结伴旅游

红林村因征地致富广为人知，各旅行社也趁机来村里推销旅游线路。去看海，乘飞机，这些都是旅行社的卖点，这对于长年居住山区的村民尤其是有钱有闲的老年人无疑是一种诱惑。结伴旅游，不仅在旅游过程中能开阔眼界，相互关照，在旅游之后还能增加谈资，增强感情。

旅游公司来村组织去山东半岛旅游，5 天一千多元钱，还可以乘船 4 个小时，曾有人去过，说挺好玩的，有几个人正想报名。但由于这几天当地有暴雨，故暂未报名。看来村里有钱、有闲又很时尚的人为数不少："总在家待着也没意思，不如到外面走走"；"管吃管住 5 天才 1000 多块钱，还可以玩，值！"一位 78 岁的老太太因无家人陪同而报名未成，郁闷不已。（摘自 2012 年 7 月 28 日《红林村调研日记》）

我去过云南、杭州，都是双飞，两千多元，比这次山东好多了。没有另付钱的，吃的住的都很好，不像这次，什么都要再掏钱，吃的都是素菜。当初说好的 880 元，自费 200 元，可是实际上自费项目五六百元。以后再不跟这个旅行社去了。

我那位不想出去了。他说"你愿去你去，你花多少钱，就给我多少钱，我愿干啥干啥"。他是船、飞机都坐过了，满足了，不想再出去了。（摘自与王淑艳的访谈笔录）

四　宗教信仰

早年间，村里曾有两座庙，至于是在什么时间兴建的，人们无从知晓。在"文革"时期，两座庙被毁。2012 年，由 20 多户村民出资，在村西山里一个叫作洞沟的地方建了一座庙——观音阁，村民均称其为小庙。由村里到这座庙一路都是山间小路。笔者在去之前就听说过庙很小，但没想到会这么小：庙里摆放一个桌子，正中供奉着观音菩萨，旁边摆放着数盒香，一个跪垫放在地上，此外再无多余空间了。供桌上供奉着月饼，说明八月十五前后有人来拜过。庙门没有锁，只是由塑料袋系着，人们可以随时打开。庙附近还散落着两只旧沙发，可能专为远道而来的香客休息之用。毕竟山间小庙离村子还有一段距离，且都是山路，估计需走四十分钟的路程（见图11－3）。

图11－3　红林村观音阁

村里的小庙是大家一起修的，花了2万多，不到3万。大伙有信仰的资助点，有给钱的、有干活的。我们家给了1000块砖。丁学江三叔发起的，有二十几个人一起盖的这个小庙。据说建小庙的地方风水比较好，学江三叔学佛信佛。建的庙叫观音阁，请的是唐山的出家的老法师给看的，名称也是老法师给起的。有在家里供奉的。（摘自与丁志红的访谈笔录）

据介绍，自小庙建成后，时常有人前来供拜。小庙是公共供拜的地方，村里还有私人供拜，是在村民家中。村民普遍反映，人们信佛以后，“积德行善”，思想行为有很大转变，过去刁蛮的媳妇也变得孝顺了。

村里还有一户基督教徒，在家里开了家庭教堂，附近信基督的村民时常前来听课。

征地前较少信仰。人没有闲心，没有时间，现在业余时间多点。村里信基督的就我一人。信仰也是一种巧合，在迷茫中、求助无门中找到一个靠山。2002 年 9 月 2 日我被打劫了。那 4 个人作案 105 起。这时，遇到传福音。信基督表明了自己的一颗心，不在于是否去教堂，都在于个人。2009 年 7 月 31 日我爱人昏迷，我打完 120 后就祷告，在医院 ICU 住了 12 天，9 月 1 日出院，没落下任何后遗症，这是上天的恩赐！

我们都是在家里传福音，是家庭教堂。家里可以讲课，每周三都有附近的村民过来听课，已经有十多年了，一般有十几个人，多时三五十人。圣诞节人比较多，有 140 多人，各人表演自己的节目，唱歌、跳舞、演小品之类的，老年人较多。

无信仰的人不好管。法律再健全也有疏漏，有空子可钻。有信仰，就始终会感觉有双眼睛在盯着自己。信仰与迷信不同。信仰各有所求，自己要知道信谁，能否保护自己，否则就是迷信。（摘自与丁学友的访谈笔录）

第三节　村民的社会保障

新中国成立前，农民的生老病死没有任何社会保障。新中国成立后，农村逐渐建立起了以集体经济为依托的社会保障制度，例如合作医疗制度、五保户制度等。随着公社体制的解体，合作医疗等社会保障处于瘫痪状态，而农民的养老保障则一直没有建立起来。1987 年，北京市开始进行农村养老保险试点，并逐步建立起以个人缴费为主、集体补助为辅、国家给予政策扶持的个人储蓄积累式农村社会养老保险模式。进入 21 世纪以来，北京市在新型农村合作医疗制度、农村养老保险制度、农村最低生活保障制度等方面继续完善，按照“多层次、广覆盖、应保尽保、循序渐进”的原则，逐步建立健全与农村经济社会发展水平相适应、与城市社会保障制度相衔接的农村社会保障体系。

一　医疗保障

（一）新型农村合作医疗

20 世纪六七十年代，农民与乡村集体共同出资、农民之间互助共济的合作医疗制度，为村民提供了基本的医疗保障。20 世纪 80 年代以后，随着经济体制改革的推进，合作医疗赖以生存的集体经济逐渐解体，加上制度本身固有的缺陷，传统合作医疗也失去了生存的土壤，大部分农民成为自费医疗群体，因疾病导致的经济负担日益沉重，“小病挨、大病拖、重病才往医院抬”是农村医疗状况的真实写照，城镇职工的社保医疗制度无法覆盖到农村居民。

1998 年，为了解决农民“因病致贫、因病返贫”问题，怀柔县开始采取县办县管的以大病医疗统筹为主要形式的农村合作医疗制度，由农民自愿缴纳一定数额基金，集中使用，以解决农民因大病经济负担过重而致贫、返贫问题。1999 年，市政府先后在怀柔组织召开合作医疗现场会和经验交流会，推广怀柔的这一做法。

2002 年 10 月，《中共中央国务院关于进一步加强农村卫生工作的决定》（中发〔2002〕13 号），明确提出各级政府要积极引导农民建立以大病统筹为主的新型农村合作医疗制度。所谓新型农村合作医疗制度，是指由政府组织、引导、支持，农民自愿参加，个人、集体和政府多方筹资，以大病统筹为主的农民医疗互助共济制度。通过中央财政补助、地方财政补助、集体扶持和农民个人缴费等渠道筹集资金，主要对农民住院及大病医疗费用给予补偿。

2003 年，国务院出台《关于建立新型农村合作医疗制度意见的通知》（国办发〔2003〕3 号），同年，北京市出台《建立新型农村合作医疗制度的实施意见》，要求农民个人参加大病医疗统筹，可按照上年人均可支配收入的 1% 左右的标准出资，村集体按照村经济组织利润额 2% 左右的标准对农民大病医疗统筹出资，市财政对近郊地区年人均补助 10 元，对远郊区县平原地区年人均补助 15 元、对山区半山区年人均补助 20 元。区县财政年人均补助标准不低于 10 元，乡镇财政年人均补助标准不低于 5 元，有条件的地方应适当增加。各区县根据当地的筹资水平和医疗费用的发生情况，科学合理地确定当地农民大病医疗统筹各档次缴费者的报销起付标准、报销比例和最高报销限额，实行分段计算、累加报销的办法。

在国务院及北京市政府的通知精神指导下，怀柔区加大对农村合作医疗的重视程度，2003 年设立新型农村合作医疗办公室，在总结五年来的实践经验基础上，考虑到农民潜在医疗需求增长和医药费用上涨等因素，将合作医疗分为两个档次，不同缴费档次设置不同的报销比例。同时，政府补贴有所提高，报销起付线、封顶线等也都做了大幅调整。区政府补贴加大到每人每年 30 元，乡镇政府补贴每人每年 10 元，报销比例最低 20%，最高达 60%，起付线降至 1000 元，封顶线增至 3 万元。

2005 年出台的《怀柔区 2005—2007 年农民大病医疗统筹办法》，对合作医疗进行调整，区政府补贴提高到每人每年 40 元，镇乡财政补贴每人每年 20 元。农民个人缴费分两个档次。其中，按 30 元缴费的，在区二级医院一次性住院医药费按 1000 元到 8 万元以上分 6 档，报销比例由 30% 到 55%，封顶报销 4 万元。在辖区外一次性住院费用按 1500 元到 8 万元以上也分 6 档，报销比例由 25% 至 50%，封顶报销为 5 万元。同时把农民在乡镇卫生院看病的报销起付线由1000元降到500元。

2007年，北京市政府出台《关于调整和完善本市新型农村合作医疗筹资标准和补偿政策意见的通知》（京政办发〔2007〕55号），就调整和完善新型农村医疗筹资标准和补偿水平出台政策，要求到2010年在全市初步建立覆盖农村居民的基本医疗保障制度，使参加新型合作社医疗的农民住院补偿水平达到60%，门诊补偿水平达到40%；2007年筹资水平提升到人均220元，2008—2010年调整到320元、420元、520元。

2010年，北京市新型农村合作医疗参合率为96.7%，人均筹资520元，政策范围内住院费用报销比例为60%，门诊报销比例为40%，基本实现了当初的计划。2011年，全市农业人口参合率为97.7%，人均筹资仍然维持上年水平。2012年，全市新农合人均筹资标准调整为年人均640元，较上年提高120元，其中，个人每年不低于100元/人（原人均每年50元），政府年人均补助不低于540元，全市参合率98.1%。在上年9类重大疾病政策范围内住院补偿70%的基础上，又将6类疾病纳入重大疾病保障范围，并且将政策范围内住院补偿比例从70%提高到75%左右，最高年支付限额18万元。

怀柔区认真贯彻执行北京市有关新农合的各项规定，按照“政府主导、农民参与、广泛覆盖、保基本医疗和大病、特病”的原则，并结合实际，对全区新农合政策进行相应调整。在筹资水平方面基本按照北京市新农合通知要求进行，与此同时，在报销补偿方面，加大了补偿的力度。2012年，怀柔区新农合补偿标准如下：

在门诊补偿方面：普通门诊医药费补偿比例为50%；门诊特病补偿比例为：辖区内公立一级医院及社区卫生服务机构补偿比例为80%；辖区内二级医院、4家民营医院（北京康益德中西医结合肺科医院、北京世纪兴华医院、北京仁和通医院、北京健永圣杰科技有限公司医院）及辖区外医院补偿比例为70%。

在住院补偿方面：根据定点医疗机构级别确定本区新型农村合作医疗住院医药费补偿比例，即：辖区内公立一级医院及社区卫生服务机构补偿比例为80%，辖区内二级医院及4家民营医院补偿比例为60%，辖区外医院补偿比例为50%。辖区内公立中医专科医院（区中医医院）中医药技术服务项目在原补偿比例的基础上提高5%。

在补偿起付线方面：普通门诊补偿起付线标准：辖区内一级医院为100元，辖区内公立二级医院和4家民营医院及辖区外定点医疗机构为550元。普通门诊起付线全年各扣除1次。门诊特病起付线标准为1300元，全年扣除1次。住院起付线标准：辖区内一级医院为300元；辖区内二级医院（包括区内4家民营医院）为1000元；辖区外定点医院为1300元。在不同级别医疗机构住院，按就医医疗机构起付线标准扣除起付线。在同级别医疗机构两次及以上住院，按就医医疗机构起付线标准50%扣除起付线。

在补偿封顶线方面：门诊医药费补偿封顶线为3000元；住院和门诊特病医药费补偿年累计封顶线为18万元。

怀柔区农民医药费补偿实行镇乡、区两级审核。镇乡社保所每月20日前（法定节假日、公休日顺延），将本镇乡参合农民的住院及门诊医药费用单据收齐、初审，相关数据录入北京市新型农村合作医疗信息管理系统后，报送到区新型农村合作医疗办公室。区新型农村合作医疗办公室对各镇乡上报的参合农民医药费单据及网上数据进行复审。参合农民医药费用补偿款由北京农商银行代发。每月底，区新型农村合作医疗办公室将核准后的医药费用补偿款通过北京农商银行存入参合农民个人账户。

2013年，怀柔区继续提高新农合对农民的医疗保障水平，将9种大病扩大至15种，并将15种大病区内二级医院、4家民营医院和三级医院住院补偿比例由原来70%提高至75%，将定点医疗机构数量从82家减少到76家，尽量控制区外就医人次数，最大效率地节约和使用新农合基金。

2014 年，怀柔区新农合的医疗保障水平进一步提高，每人每年筹资额升至 1000 元。其中，市财政每人每年补助 315 元，区财政每人每年补助 351 元，镇乡财政每人每年补助 234 元，农民个人每人每年缴费 100 元。个人缴费占人均总筹资额比例的 10%。在补偿方面，15 种大病在二、三级医院住院补偿比例全部为 75%，门诊补偿每人每年封顶线 3000 元，住院和门诊特病年累计补偿封顶线 18 万元，封顶线不分医院级别。

根据政府组织引导、农民自愿原则，以户为单位，符合条件家庭成员全部参加方可参合。村委会负责填写“新型农村合作医疗登记表”和“新型农村合作医疗大病统筹医疗证”的基本信息，并将本村参保人员情况汇总，填写“新型农村合作医疗花名册”。镇新型农村合作医疗管理委员会办公室负责审核各村参保人员情况并颁发医疗证。镇新型农村合作医疗结算中心在规定时间内将参合人员花名册报区新型农村合作医疗管理委员会备案。新型农村合作医疗证为一人一证一编码，医疗证由区新型农村合作医疗管理委员会办公室统一印制，镇新型农村合作医疗管理委员会办公室填写完整，盖章生效并负责发放。

新型农村合作医疗为红林村村民提供了基本的医疗保障。凡在红林村内具有农业户口的居民，均可参加农村新型合作医疗，村集体为每位参合人员缴纳个人参合费用。由于是村里统一缴纳费用，所以，红林村户籍人口全部参加了新农合医疗保险。红林村设有民政协管员，负责村民的个人缴费征收及医药费的报销事宜。

新农合为许多村民减轻了医疗负担。例如，尚秀荣老人 2014 年因交通事故住院，医药费花销上万元，而新农合报销达 7000 多元。

（二）新农合之外的医疗保险

红林村村民中有相当一部分人在农外就业，按照北京市的统一规定，其所在单位要为其投保北京市职工基本医疗保险。基本医疗保险费实行用人单位和职工个人双方负担、共同缴纳、全市统筹的原则。基本医疗保险基金实行社会统筹和个人账户相结合的原则。职工按本人上一年月平均工资的2%缴纳基本医疗保险费。用人单位按全部职工缴费工资基数之和的9%缴纳基本医疗保险费。基本医疗保险统筹基金和个人账户划定各自支付范围，分别核算。符合基本医疗保险基金支付范围的医疗费用，由基本医疗保险统筹基金和个人账户分别支付。基本医疗保险药品目录、诊疗项目目录以及医疗服务设施范围和支付标准的具体办法，由北京市劳动保障行政部门会同有关部门共同制定。

红林村还有少量城镇（非农业人口）老年人、无业居民、非在校（非在托）少年儿童，既未纳入城镇职工基本医疗保险范围，也未纳入新农合医疗保险范围，长期处于无医疗保障之中。例如，村民丁学安与儿子一家一起生活。孙女户口随母亲，母女两人都是非农户口。孙女早产，满月后就去住院，在重症监护室住了很长时间，花了十几万元。当时没有医疗保险，全部自负。

2007年，《北京市人民政府印发关于建立北京市城镇无医疗保障老年人和学生儿童大病医疗保险制度实施意见的通知》（京政发〔2007〕11号）和2008年《北京市人民政府关于建立北京市城镇劳动年龄内无业居民大病医疗保险制度实施意见》（京政发〔2008〕24号），分别将无医疗保险的城镇老年人、无业居民、非在校（非在托）少年儿童纳入医疗保障之中。2011年，《北京市城镇居民基本医疗保险办法》出台，针对上述人群制定了较为完善的医疗保险办法：城镇老年人缴费标准为每人每年300元；学生儿童缴费标准为每人每年100元；城镇无业居民缴费标准为每人每年600元；残疾人员、七至十级残疾军人缴费标准为每人每年300元。区县政府按照每人每年460元的标准给予补助。参保人员发生符合本市基本医疗保险和学生儿童大病医疗保险药品目录、诊疗项目目录、医疗服务设施范围的医疗费用，由城镇居民基本医疗保险基金按规定支付。

二 养老保障

（一）新型农村社会养老保险

1992年，怀柔县开始试点农村社会养老保险，有3个乡的4个村、3个企业作为试点单位。1994年底，全县21个乡镇全部建立了社会保障委员会，289个村建立了领导小组，8个乡镇建立了社保服务中心。1996年，怀柔县农村社会养老保险机制全面实行。农村社会养老保险实行“个人缴费为主、集体补助为辅”的筹资形式。2006年《北京市农村社会养老保险制度建设指导意见》提出，政府要安排专款补贴农民参加农村社会养老保险，并将根据物价等因素适时提高养老金水平。农民个人缴费部分可自行选择缴费标准，鼓励多缴费多得养老金。

2007年底，市政府出台《北京市新型农村社会养老保险试行办法》，对养老保险缴费、待遇等都做了新的规定。自2008年1月1日，北京市全面实施新型农村社会养老保险。新型农村社会养老保险制度实行个人账户和基础养老金相结合的制度模式，采取个人缴费、集体补助、财政补贴相结合的筹资方式。新型农村社会养老保险制度由本市各级人民政府负责组织实施，新型农村社会养老保险基金实行区（县）级统筹。

参加新型农村社会养老保险人员应具有本市农业户籍，男年满16周岁未满60周岁、女年满16周岁未满55周岁。参保人员最低缴费标准为上一年度本区县农村居民人均纯收入的10%，参保人员可根据经济承受能力提高缴费标准。市劳动保障行政部门根据市统计部门公布的上一年度区县农村居民人均纯收入，在每年3月31日前发布各区县的最低缴费标准。有条件的农村集体经济组织，可对参加新型农村社会养老保险的人员给予补助，具体补助数额根据自身条件确定。

个人缴纳的养老保险费和利息、集体补助和利息以及其他收入和利息构成个人账户资金。个人账户资金只能用于参保人员年老时的养老，不得提前支取挪作他用。符合条件的参保人员，自男年满60周岁、女年满55周岁的次月起，按月享受新型农村社会养老保险待遇。

新型农村社会养老保险待遇由个人账户养老金和基础养老金两部分组成。个人账户养老金月领取标准为：个人账户存储额除以国家规定的城镇基本养老保险个人账户养老金计发月数。基础养老金标准全市统一，为每人每月280元。发放基础养老金所需资金由市、区县财政共同筹集，分别列入市、区县财政预算，市财政按区县功能定位向远郊山区县适度倾斜。

新型农村社会养老保险（新农保）与原农村社会养老保险（老农保）的主要区别有以下几个方面：1. 两者的立法层次不同。原农村社会养老保险制度是区级方案，新型农村社会养老保险制度是全市统一的制度，实施范围、缴费水平、待遇年龄、基础养老金待遇标准等全市统一。2. 养老金待遇组成不同。原农村社会养老保险养老金待遇完全由个人账户积累总额确定；新型农村社会养老保险待遇由个人账户养老金和基础养老金两部分组成。3. 财政补贴的方式不同。原农村社会养老保险财政补贴补在缴费期，参保农民当期看不到效益，新型农村社会养老保险财政补贴补在领取期，直接用于发放基础养老金，且基础养老金水平较高，对农民更具吸引力。

（二）城乡居民养老保险

为进一步完善全市社会养老保障体系，统筹城乡社会发展，保障城乡居民年老后的基本生活，实现老有所养的社会建设目标，2009年，北京市开始实施《北京市城乡居民养老保险办法》，打破了过去居民养老保障按城镇和农村分类的两条线格局，实现了城乡居民养老保险制度并轨，在全国率先实现了养老保险制度的城乡全覆盖和一体化。

按照《北京市城乡居民养老保险办法》，凡是具有本市户籍，男年满16周岁未满60周岁、女年满16周岁未满55周岁（不含在校生），未纳入行政事业单位编制管理或不符合参加本市基本养老保险条件的城乡居民，应当参加城乡居民养老保险。

城乡居民养老保险实行个人账户与基础养老金相结合，个人缴费、集体补助与政府补贴相结合的制度模式。城乡居民养老保险制度由区（县）人民政府负责组织实施，基金实行区（县）级统筹。市劳动保障部门主管全市城乡居民养老保险工作，负责政策的制定和监督指导；区（县）劳动保障部门负责政策的宣传和组织落实。区（县）劳动保障部门设立的经办机构负责城乡居民养老保险费收缴、养老金给付和个人账户管理工作。

城乡居民养老保险费采取按年缴费的方式缴纳。最低缴费标准为上一年度农村居民人均纯收入的9%；最高缴费标准为上一年度城镇居民人均可支配收入的30%。有条件的集体经济组织，可对参加城乡居民养老保险的人员给予补助。符合条件的参保人员，自男年满60周岁、女年满55周岁的次月起，按月享受城乡居民养老保险待遇。

城乡居民养老保险待遇由个人账户养老金和基础养老金两部分组成。个人账户养老金由个人账户支付，个人账户养老金月领取标准为：个人账户存储额除以国家规定的基本养老保险个人账户养老金计发月数。个人账户养老金支付完时，最终由财政资金拨补。基础养老金执行全市统一的标准，每人每月280元。基础养老金所需资金由区（县）财政负担，并列入区（县）财政预算。享受其他社会养老保障待遇的人员不得享受基础养老金。

为确保城乡居民养老保险制度顺利实施，农民能够持续缴费和保持一定的待遇水平，2010年，北京市开始调整城乡居民养老保险缴费标准，最低缴费960元，最高缴费7420元。城乡居民基础养老金从每月280元提高为310元，2011年又提高到330元。2012年，中央财政补贴农民人均收入和城镇人均可支配收入比较低的郊区县基础养老金享受人员每人每月 27.5 元，由此使这些地区的基础养老金增加至每人每月 357.5 元。怀柔区作为农民人均收入和城镇人均可支配收入比较低的郊区县，得到了中央财政每人每月 27.5 元的基础养老金补贴，使得怀柔区的基础养老金增加至每人每月 357.5 元。

红林村符合城乡居民养老保险缴费条件的村民基本都办理了养老保险，2012 年共涉及 82 户 158 人。缴纳养老险的村民年满 60 岁后都能每月按时领取养老金。2012 年的基础养老金为 357.5 元。

（三）其他养老保障

1. 福利养老金

为进一步完善本市社会保障体系，促进经济社会和谐发展，按照统筹城乡的要求，遵循与经济发展水平和财政承受能力相适应的原则，自 2008 年 1 月 1 日起开始实施《北京市城乡无社会保障老年居民养老保障办法》。按照该办法，凡具有本市户籍、年满 60 周岁，且不享受社会养老保障待遇的人员，享受城乡无社会保障老年居民养老保障待遇，即每人每月可享受 200 元的福利养老金。养老金水平根据本市经济发展水平和财政承受能力适时调整。福利养老金由市、区（县）财政部门共同筹集，市财政资金根据区（县）功能定位，向远郊山区（县）适度倾斜。老年保障待遇资金列入年度财政预算。北京市是全国第一个建立城乡一体、标准一致的无社会保障老年居民养老保障制度。

2010 年，城乡无保障老人福利养老金从每人每月 200 元提高为 230 元，2011 年又提升至 250 元。自 2012 年开始，中央财政补贴福利养老金享受人员每人每月 27.5 元，由此使福利养老金每人每月增加到 277.5 元。

福利养老金使红林村许多老年人晚年生活有了保障，在家庭中的地位也得到提升，他们纷纷称赞社会制度的优越性，认为“自己赶上好时候了”。

小时吃青菜，肚皮都是青的。现在社会太好了，大队每年给 1200 元，国家每月给 200 元。国家多大啊！得多少钱啊！国家政策太让人满足了。以前真没想到会有这一天，太好了！（摘自与王林义的访谈笔录）

2. 其他养老保险及补助

312 征地后，很多村民用征地补偿金购买了商业养老保险，据 2012 年统计，购买商业养老保险的家庭有 51 户 94 人。与此同时，村里还有 5 户 8 人享受政府计划生育养老补助，补助标准为 60 岁以上独生子女老人每人每年 1000 元。此外，村里还为超过 60 岁的老人每人每年补助 1200 元。商业养老保险、计划生育养老补助以及村级养老补助，作为退休金之外的重要收入，进一步提升了红林村老人在家庭中的经济地位及生活品质。

3. 居家养老

为切实解决北京市养老与助残问题，构建北京市城乡一体化的社会化养老助残服务体系，完善本市“9064”（90% 的老年人居家养老、6% 的老年人在社区养老、4% 的老年人集中养老）养老服务模式，促进老年人、残疾人共享经济社会发展的成果，北京市 2010 年 1 月 1 日开始实施《居家养老（助残）服务“九养”办法》，由于涉及九个方面，所以也简称“九养政策”。

按照“九养”办法，全市建立万名“孝星”评选表彰制度，倡导并鼓励子女承担奉养父母的责任与义务，孝敬老人并关注老年人精神和物质需求。以城乡社区（村）为基础，广泛开展尊老、敬老、爱老、助老、孝老活动，以促进“和谐家庭”“和谐社会”建设。从 2010 年开始，每年重阳节期间，在城乡社区（村）开展推荐评选“孝星”活动，全市命名表彰 10000 名“孝星”，并给予物质奖励。

红林村响应政府的养老政策，在全村范围内开展“尊老孝老”活动，在村庄入口处的显著位置绘制了“二十四孝”文化墙，在村民中评选孝星等，一系列孝文化的开展，增强了村民的敬老爱老意识，老年人的居家养老状况得以明显改善。2012 年至 2014 年评选的孝星分别为王海燕、焦桂平和马秀红。

与此同时，北京市还建立了居家养老（助残）券服务制度和百岁老人补助医疗制度，向符合条件的老年人（残疾人）发放养老（助残）券，以政府购买服务的方式，为老年人（残疾人）提供多种方式的养老（助残）服务，以满足老年人和残疾人在生活照料、家政服务、康复护理等方面的基本生活服务需求。老年人（残疾人）可通过养老（助残）券购买社区和社会各项养老（助残）服务。具体标准是：为 60 至 79 周岁的重度残疾人每人每月发放 100 元养老（助残）券（16 至 59 周岁无工作的重度残疾人参照本办法每人每月发放 100 元养老助残券）；为 80 周岁及以上的老年人每人每月发放 100 元养老（助残）券。对 100 周岁及以上老年人，在本市定点医疗机构门诊及住院发生的，且符合本市有关医疗报销规定的医疗费用中的个人按比例负担部分给以补助。

红林村目前还没有 100 岁以上的老人，但 80 岁以上的老人为数也不少。据 2012 年笔者的调查，80 岁以上（不含 80 岁）的老人占 1.9%，如果再加上 80 岁的老人，其比例会更高，他们是政府购买服务的直接受益者。在访谈的老人家中，他们时常指着成箱的物品，对笔者说“这是用养老券买的”，言谈中露出满意的笑容。

三　社会救助

（一）最低生活保障

最低生活保障简称低保，其标准是由县以上地方政府按照能够维持当地居民全年基本生活所必需的吃饭、穿衣、用水、用电等费用确定，并报上一级政府备案后公布执行。低保分城市低保和农村低保。

对于农村低保政策，北京市要求做到“应保尽保并逐步提高保障标准”，农村低保要根据经济发展和人民生活水平的提高予以调整，为此在 2006 年 4 月专门出台了《关于建立本市农村居民最低生活保障标准调整机制的意见》，就农村低保标准的确定依据、测算方法等做出详细的规定。5 月，市民政局正式出台农村低保标准调整机制，全市农村低保平均标准为每人每年 1580 元。新机制实施后，区县仍有很大的调整自主权。

自 2009 年 1 月 1 日起，北京市对农村低保对象实行分类救助，不再实行“一刀切”的救助标准，全市农村低保年人均 2040 元（月人均 170 元），2010 年提高到每月人均 210 元，2011 年 1 月又提升至每月人均 300 元，同时鼓励有条件的区县逐步实现城乡并轨。2011 年底，农村低保达到每人每月 340 元，近郊区实现城乡并轨，达到 500 元。怀柔区执行市里的最低标准，即每人每月 340 元。2012 年，全市农村低保最低标准月人均调整到 380 元。各区县政府在此基础上制定了本区县农村低保标准调整方案。怀柔区在 2012 年 11 月以前仍为家庭月人均 380 元，11 月后调整为 390 元。

2012 年，红林村有一户家庭三口人享受农村低保救助。该家庭由于丈夫长期患病，人口较多（实际人口为 4 人，其中 1 人为外地户口），生活比较困难，通过低保的救助，生活困境得到较大的缓解。

（二）专项救助

除了最低生活保障外，北京市还对城乡困难人群实施专项救助。专项救助涉及范围很广，本节只择其与红林村相关部分加以介绍。

1. 医疗救助

2011 年底，北京市出台《关于进一步加强城乡特困人员重大疾病医疗救助有关问题的通知》。自 2012 年 1 月 1 日起，城乡困难群众因罹患恶性肿瘤、终末期肾病、白血病等九类重大疾病而发生的门诊或住院治疗费用，在扣除职工基本医疗保险、城镇居民基本医疗保险、新型农村合作医疗以及补充医疗保险等现行医疗保障制度报销后，对于医保或新农合报销目录范围内的个人负担部分，再由民政部门给予重大疾病救助。救助比例由60%提高到70%，全年累计救助总额由3万元提高到8万元。农村医疗救助基金是用于农民贫困家庭医疗救助的专用基金。基金通过政府拨款和社会各界自愿捐助等多渠道筹集，按照公开、公正、专款专用、量入为出的原则进行管理和使用。2012年，红林村有一位村民得到医疗救助。

2. 采暖及农村住房救助

为缓解城乡低保家庭冬季取暖的实际困难，保证困难群众正常过冬，2012年11月北京市出台《关于提高城乡低保家庭冬季燃煤自采暖救助标准的通知》，将城乡低保家庭冬季燃煤采暖季自采暖救助标准由400元/户提高到500元/户。实施农村特困家庭住房救助制度，为住房困难的农村家庭翻建维修危旧房提供资金资助。2012年红林村至少有一户家庭得到采暖及农村住房救助。

3. 两节慰问

元旦春节期间，对所有享受城乡低保待遇的困难家庭进行走访慰问。2012年慰问标准全市首次实现了城乡统一，城乡低保对象慰问金按户发放，单人户每户300元，2人以上户每户600元。红林村低保户不仅收到了600元的慰问金，同时还收到了不同形式的慰问品。

4. 生活补贴

为应对物价上涨对困难群众生活的影响，2012年1月，为城乡低保对象、农村五保对象、优抚对象、孤残儿童等每人发放200元的生活补贴。2012年11月出台《关于北京市居民阶梯电价调整后对低保对象给予用电补贴的通知》，给予本市城乡低保对象（含生活困难补助人员）、农村五保对象每户每月15千瓦时电量补贴。红林村没有五保户和优抚对象，但有残疾儿童，全村至少有两户获此生活补贴。

第十二章

村级组织及其治理

第一节　村级组织的演变

一　早期村级组织

红林村绝大多数村民有着共同的先祖，经过长期的繁衍，形成了四大家族，村民通常称为四大门。各大门不仅内部有着相近的血缘关系，而且由于同为丁氏，拥有共同的始祖，四大门之间的关系也很亲近；丁氏之外的家族通过与丁氏及相互间的通婚，通过长期居住在同一村落，彼此之间建立起比较亲密的关系，由此使村民有着较强的共同体意识，这种共同体意识一直维系着红林村这一小山村的独立属性：自然村与行政村相统一；在“三级所有、队为基础”的人民公社时期，仍然保持生产大队，实际上也是自然村的独立核算地位；即使人为地将其分割开来，或与其他村合并，也没有保持长久，最终仍然作为一个独立的核算单元出现。

红林村丁氏四大门这一家族组织，曾在村庄的发展演变中起过重大作用。据老人介绍，在村庄建立正式组织之前，门内掌门人的权力曾是至高无上的，一言九鼎。但是，村庄建立正式组织以后，家族地位便让位于正式组织。“门里人不如村长管事。哥几个分家，要找村长当证人。上边来人，也都找村长。”

在合作化时期，红林村相继成立了互助组、初级社，互助组和初级社成为当时农业生产的重要组织形式。但所有这些组织形式，都是在村域范围内开展活动，并以村组织的行政力量为依托。村干部不仅是合作化运动中的骨干力量，他们还直接组建互助组和初级社。红林村第一个互助组就是由新当选的村支书闰瑞年牵头组建的，第一个初级社是由“村长立旗”组建的。初级社章程中也明确规定，合作社“必须接受村支部、区委、县委的领导，坚决执行政府的政策法令”。怀柔县自1952年起，在县、区、村均建立了互助合作委员会，村级由村支书任主任，村长任副主任。互助合作委员会对于合作化运动起了极大的促进作用。村支部当时的主要工作就是推动合作化运动。

1956年，行政村被取消，红林村整体加入三岐庄高级合作社，岐庄、东坟、红林分别为高级社的三个队。高级社设有一个书记，三个队长，每个村各设一个队长。

二　公社体制下的生产大队

在全国范围的“三级所有、队为基础”的人民公社体制确立后，红林村成为“三级”中的生产大队一级。人民公社实行“政社合一”的体制，既是行政单位，也是经济单位。红林大队既是公社直接管辖的行政区，又是基本核算单位。尽管也应上级的要求在大队之下成立过生产小队，但历史很短暂，红林大队作为基本核算单位已经深入人心。大队直接管理农户，农民成为公社的“社员”。

红林大队设有队委会，有大队长、副大队、民兵连长、妇女主任、会计和出纳等，同时也设有中共党支部委员会，有支部书记和副书记等，均为大队负责人。

红林大队作为基本核算单位，实行独立核算、自负盈亏。大队范围内的土地等生产资料，归生产大队集体所有。生产大队在国家计划指导下，根据本队的实际情况，因地制宜地编制生产计划，进行经营管理，并分配自己的产品和盈余；在完成国家交售任务的前提下，处理和出售多余的农副产品。

原来咱村与岐庄之间以河沟为界，往北去都是咱们村的土地，山往南还往东也都是红林村的土地。红林村当时有600多亩土地。高级社和公社以后，任何事情都要“先国家，后集体，最后才是自己”。高级社时红林村给国家交粮5万多斤，都放在岐庄的库房。岐庄有两个库房。红林村当时余粮比交给国家的公粮还多。储备粮、机动粮、饲料粮、种子、村民口粮等，留的不少。村里的账本最后都要存起来，账本规定要留八年，过了八年可以销毁，村里专门有个屋子存放账本类的资料，但最后有人把门撬开，账本都被人损坏了，后来也不了了之。

我当干部时期（20世纪50—70年代），粮食交给国家，同时咱们要保证村里人吃饱，规定交多少就交多少，先国家后集体然后再个人，三者关系要摆正。（摘自与丁学纯的访谈笔录）

山坡地，还有产粮不高的土地，都统计在内，年交余粮5万斤，公粮是农业税，还得交。公粮必须要保证，余粮是根据自己能力，也要往上交。负担太大，粮食无法交上，土地产量不高，压力比较大。

1956年入社。入社时，村里的果园品种很齐全，只是数量上不多。1957年，村里产了16万斤杏，杏大丰收，还去北京城去卖。庙城是小部分收点山里红，绝大部分山里红送到北京水锥子市场，供销社收购的不多。生产队一直都是自己销售红果等水果。1966年开始建林业队，学纯当副队长，学志当队长。从建林业队时，就开始扩大山里红嫁接。山里红繁殖很快，毛细根非常发达，不用栽新苗。（摘自与丁学敏的访谈笔录）

人民公社时期，红林大队以粮食生产为主，同时发展果树种植，在保证社员口粮和交足国家征派购任务的前提下，力争为社员创造更多的收益。表 12 - 1 至表 12 - 3 分别为 1975 年红林大队粮食分配表、收支分配表以及 1976 年向国家交售各项产品任务表。

表 12 - 1　　1975 年红林大队粮食分配表　　单位：斤；人

粮食总产量	国家征购	生产队留粮								累计储备粮	
		口粮			种子	饲料	折皮	机动	储备	数量	其中：国代队储
		人口	平均	留粮							
287427	40000	370	420	153194	18388	61650	1385	7810	5000	28200	8000

资料来源：根据怀柔区档案馆馆藏资料整理。

表 12 - 2　　1975 年红林大队收支分配表　　单位：元；人

总收入	总支出	分给社员	平均每人	参加分配人口
90366	29906	40377	109. 39	369

资料来源：根据怀柔区档案馆馆藏资料整理。原资料中“平均每人”为 109. 39 元，笔者计算的结果是 109. 42 元。

表 12 - 3　　1976 年红林大队向国家交售各项产品任务表

农业人口（人）	预计粮食产量（万斤）	人均粮食征购量（斤）	人均交售干果（斤）	人均交售鲜果（斤）	人均交售肥猪（头）
356	29	110	20	210	0. 03

资料来源：根据怀柔区档案馆馆藏资料整理。

三　生产大队的解体

红林村 1983 年开始实行家庭承包制，并随着全县公社体制的改革，由公社下属的生产大队改为乡建制下的行政村，并建立了村民委员会以及村经济合作社。村经济合作社作为村集体土地所有权的主体负责全村土地的发包工作。

1988 年 2 月 7 日，笔者曾访谈时任红林村党支部副书记李增光。那时，笔者还只是刚到中国社会科学院农村发展研究所工作的一名硕士毕业生，红林村实行家庭承包制也只有四年。当时，李增光副书记曾简要介绍过红林村分户经营的过程、存在的问题及自己的担忧：

1983年土地承包到组，1984年彻底分户经营。土地分口粮田和责任田。责任田定出上交斤数，剩下的均归自己。完成上交任务，土地可以任意支配。1986年底收回责任田，集中包给三户。原来有4.5万斤的派购任务，现在是订购。上边来订购，村里不同意，也就不订购了。

从社员角度看，土地分到户合算。队里穷得精光，社员肥得流油。仅红果一项收入超过万元的约占15%；同时还有没收入的、没能力的，以前指哪打哪的没办法富。如果分下去，长此以往会成问题。

积累收不上来，闹出许多纠纷，有时甚至税金也收不上来。少数人主动到会计处交，绝大多数持观望态度，有一部分属于“钉子户”。队里想干什么事难度很大，没钱。修渠不成，企业人从外地招，价格低廉。所以办厂也难。果树稍加用心就能赚几千元。

从干部角度看，国家、集体、个人三者都要兼顾。国家通过税收形式可以得到保证，集体无从下手。大队要想一个办法能将钱收上来。想适当调整一下，避免贫富不均拉得太大。

农户不能完全独立。因为还有大机井需要维护，没有钱，就要出问题，人心不齐，筹不起钱就要误时；拖拉机也需要维修，自治组织无能为力，钱从何出？

曾是红林村经济合作社法定代表人的丁学真则对土地家庭承包的过程介绍得尤为详细：

1983年开始分地。当时从社员到干部都不愿意分。当时中央有一个干部说：上面开、下面放，中间有个顶门杠。意思是说，上面放开，底下放权，中间大队干部等不愿意分。红林村具体情况是：开始不理解，但上面的政策必须执行，公社拿咱们这个村当试点，1983年开始分，1984年全部分完。林业是四个组，每个组的树分得都差不多。红果树、杏树、栗树等，大概有1000多亩。主要是红果树。那时是以产定工，产量高工分多，必须分得差不多。好的树园子和差的树园子放一起分，搭配起来。当时一个组是25个劳动力，男的女的都均匀分配。这四个组的劳动力加在一起就是全村的主要劳动力。四个组全都采用抓阄的办法，大队先做四个阄，由各组组长来抓阄。四个组再各做25个阄，每个组的劳动力再抓阄。里面或多或少有点不公平。到1984年全部分完了。

那个时候要交积累，有的社员不敢承包，又怕丢、又怕赔，有的分下去好几天又给交上来了。这些交上来的树有的组接着在本组劳动力中往下分，有的组谁要给谁。交上来的不是很多，每组有三五户。交回果树的农户选择干其他的事：电工、饲养员等，当时村里有炉瓦厂、铁炉厂、饲养场等。（摘自与丁学真的访谈笔录）

土地分户经营以后，土地以外的生产资料，如各类农具、大车、牲口等，也以各种形式分给了农户。农具是经过作价，再通过抓阄分下去，“有多少农具做多少阄”。当时红林村有三辆大车、一辆55号的大拖拉机，也都分给了农户。

解体时，土地以外的生产资料也分了，都是作价分的。那时很民主，大家讨论，参照市场价。可以不交钱，先欠着。生产工具和牲口大家都想要，通过抓阄分。我那时和另外两家合抓了两头驴，一大一小，大驴一二百块钱，小驴90块钱。三家自己协商怎么使用、怎么处理。农机、车辆也分了。当时队里有大小拖拉机各一辆。我记得小手扶拖拉机作价500元，大拖拉机不记得了。（摘自与丁学信的访谈笔录）

家庭承包制实施若干年后，其优越性和局限性均显现出来，由此促使一些村民进行反思：

三十年来咱们国家快马加鞭地发展，速度太快了。改革开放后，经济迅速发展。集体时候，屋里看电视，看着看着忽然就没了，低压线断了，铝线都买不着，不是没钱，是没货，产品短缺。现在可以进行一些反思，当时如果成片成块分是不是更好？岐庄更惨，所有地块都打乱按人分。解体的优越性很大，开始不理解，现在看，积极性调动起来了，责任权力全都下放了。（摘自与丁学真的访谈笔录）

农村实行家庭承包责任制以后，由于经营方式和分配方式发生了根本性的变化，政社合一的人民公社体制开始解体。1983年12月，全县改社建乡，生产大队也随之改为行政村，并相继建立起村民自治组织村民委员会以及各种形式的村级集体经济组织，例如农工商总公司及村经济合作社等。

2013年，北京市出台政策，统一规范全市农村集体经济组织名称。北京市村级集体经济组织的名称是：××区（县）××乡（镇）××村经济合作社（简称村合作社）。村合作社依法作为村级农村集体土地所有权主体的代表。红林村集体经济组织的规范名称为：北京市怀柔区桥梓镇红林村经济合作社。

第二节　村级组织的运行

一　村级组织人员构成及职责

（一）2012年以前村级组织人员构成

公社体制解体后，红林村村级组织有村党支部、村委会和村经济合作社。三套机构人员交叉任职，党支部书记总揽全局。2012年前，党支部书记和村委会主任基本是由不同人员担任，党支部书记兼任村经济合作社社长。党支部书记由党员选举产生。

红林村党支部书记任职期间都很短。村民已很难回忆起什么时间由谁担任支部书记，村里也没有相应的记载。由历次参加乡镇党代会的代表中也许可以推测出某一时段红林村的书记人选。一般村书记都是乡镇党代会的代表。笔者通过多种途径得到了不同时期红林村参加乡镇党代会的代表并制成表12－4。

表12－4　　红林村参加乡镇党代会的代表

乡镇党代会	召开时间	红林村参会代表
桥梓乡第七次党代会	1987年12月10日	丁志增
桥梓乡第八次党代会	1991年4月9日	丁志银
桥梓乡第九次党代会	1994年1月18日	丁志银
桥梓镇第十次党代会	1997年1月6日	黄长生
桥梓镇第十一次党代会	2000年1月12日	丁学昌
桥梓镇第一次党代会（桥梓镇与北宅乡合并后）	2003年1月6日	周礼敬
桥梓镇第二次党代会	2006年9月26日	丁志明
桥梓镇第三次党代会	2011年9月26日	王雅君

村民已很难准确记起各时期村委会主任的人选，只记得任职时间最长的为丁志坚，在王雅君“一肩挑”之前的村主任为丁志俊。[①]

① 红林村有两人名丁志俊：一位曾任村主任，2012年病故；一位于20世纪80年代初考入大学，现为国家某部委一个事业单位副主任，本书第二部分有与他的个案访谈。

按照《北京市村民委员会选举办法》，村委会成员由本村有选举权的村民直接选举产生，任何组织和个人不得指定、委派或者撤换村委会成员。村委会由主任、副主任和委员共三至七人组成，至少有一名妇女成员。村民委员会每届任期三年，可以连选连任。18周岁以上、身体健康的村民都可以当选村委会成员。

有资格参加村委会选举的人员包括：户籍在本村并且在本村居住的村民；户籍在本村，不在本村居住，本人表示参加选举的村民；原为本村农业户籍，现已转为非农业户籍，但仍在本村居住或者工作，并且未参加居民委员会选举，经村民会议或者村民代表会议同意参加选举的人员；户籍不在本村，在本村居住或者工作一年以上，本人申请参加选举，并且经村民会议或者村民代表会议同意参加选举的公民。

已在户籍所在地或者居住地登记参加选举的人员，不得再参加其他地方村民委员会选举。登记参加选举的村民，选举期间外出不能参加投票的，可以书面委托本村具有选举权的近亲属代为投票。每一村民接受委托投票不得超过三人。村委会成员候选人不得接受他人委托代为投票。有登记参加选举的村民过半数投票，选举有效。2004—2009年红林村村委会选举情况参见表12－5。

表12－5　　2004—2009年红林村村委会选举情况

年份	有选举权人数	实际参选人数	村主任得票数	是否设有秘密划票间	书记与主任是否一肩挑	是否搞大会唱票选举	是否有民主理财小组	投票是否发钱	是否流动投票
2004	232	201	138	是	否	是	是	否	是
2007	245	224	154	是	否	是	是	是	是
2009	258	214	174	是	否	是	是	是	否

资料来源：红林村村委会提供。

2012年红林村村级组织构成如下：

1. 党支部

党支部由如下三人构成：

支部书记：王雅君，男，45 岁，大专毕业，24 年党龄。

副书记：李洋，女，26 岁，大学生村官，3 年党龄。该大学生村官是替代病故的村主任进入支部的。

支部委员：尚书龄，女，57 岁，高中文化，39 年党龄。

2. 村委会

村委会由如下三人构成：

主任：病故

会计：丁志明，男，53 岁，中专文化，党员。

妇女主任：尚书龄。

3. 村经济合作社

社长：王雅君。

在红林村党组织工作手册中，对于三位支部成员的分工情况有明确记载：

党支部书记兼经济合作社社长：主持本村全面工作，抓好三个文明建设，促进和谐稳定；主管经济，做好财务收支的审批工作；做好招商引资工作，促进经济发展，提高村民生活水平。

党支部副书记兼村委委员：配合书记做好各项工作，负责党建工作，负责本村基层组织建设和干部队伍、党员队伍建设，抓好村内文体活动和群团组织工作，协调支部和村委会工作。

党支部委员兼计生专干：主抓全村妇女和计划生育工作，抓好本村经济发展和科技工作，配合支部做好各项工作，促进本村经济发展。

（二）2012 年以来村级组织人员构成及分工

2012 年红林村党支部换届，王雅君仍然为党支部书记。2013 年，红林村进行村委会选举，王雅君当选为村委会主任，由此开启了红林村党支部书记与村委会主任“一肩挑”的历史。

2013 年以来红林村村组织具体构成如下：

1. 党支部

党支部由如下四人构成：

支部书记：王雅君。

副书记：周久顺（镇驻村工作站第一责任人）、尚书龄。

支委：丁志明。

2. 村委会

村委会由如下三人构成：

村主任：王雅君。

委员：朱淑琴、丁志明。

3. 村经济合作社

社长：王雅君

村级组织人员具体分工为：王雅君负责总体工作，周久顺主要负责社会治安，尚书龄主要负责财务和计划生育，丁志明主要负责民政和统计，朱淑琴主要负责妇联和宣传。

由于支部书记与村委会主任“一肩挑”，王雅君成为红林村事务的总负责人。具体职责如同王雅君书记所说：

> 我在村里主要负责对外事宜，其他事由协管员负责。协管员主要有：民政协管员（报销医药费）、残疾人协管员（负责残疾人的各项福利待遇，村里有不少残疾人：弱智的，做过大手术的等）、村邮递员（负责村内信件送达）、文艺宣传员（专门组织各项文体活动）、水管员（负责村里的自来水修理）、图书管理员（本来要设置一个，但政府一直没有拨钱，现在由文艺协管员兼职）。村里还有电工、修理水利设施的（由水管员兼职），都是村里出工资。基本都是各尽其职。

王书记是“土生土长的红林村人”。1968 年生，1986 年参军，大专毕业。当四年兵，立了两个三等功，1989 年转业后农转非，由政府安排在一个商业单位做管理工作十年。2000 年单位倒闭后，自己买了一辆车，做出租车司机两年，2002 年，在怀柔汽车站当司机，后又去中国登山协会的登山队（在怀柔水库），给基地主任开了五年车，直到主任搬到城里。2007 年卖了旧车后，又买了一辆金杯车，接待旅游团，“最远的地方去过河南郑州、陕西西安等地”。2007 年回村参加选举，被选为村副书记。2010 年当选书记。

由于 2012 年村委会主任病故，王书记就实际承担起了书记—主任“一肩挑”的职责，由此就开启了王书记忙碌的生活。表 12－6 是王书记应笔者之请所做的 2012 年 10 月 15 日—19 日（周一至周五）的工作记录。据王书记介绍，“本周很轻闲，是近期唯一在周六周日没加班的一周”。

表 12－6　　王雅君书记一周工作事项

时间	工作事项
星期一 （10 月 15 日）	7 点半到大队，打扫室内外卫生，安排一天的工作 去街道查看环境 与村官写上报的材料和信息 开会部署工作 派出所来村里办理业务 配合镇政府检查违章建筑、私搭乱建工作 与镇政府领导解决怀长路遗留问题 上报文化站健身器材地点、数量 环境整治工作入户做工作，拆私搭乱建
星期二 （10 月 16 日）	7 点半到大队，下雨 安排会计办合作社的事，村官都去培训 安排低保户之事 上午去镇政府开会 下午入户宣传环境整治
星期三 （10 月 17 日）	7 点半到大队，打扫室内外卫生 安排为李华香捐款工作，联系政府捐款 陪同镇城管办入户环境治理 解决丁志永口粮地问题 换大队院内的锁 下午到区里开网络化管理会议
星期四 （10 月 18 日）	7 点半到大队，打扫室内外卫生 早晨，接镇防火办电话，要求报先进防火员 与一渡河村主任解决 20 公分树栽植款问题 答北京市“六五”普法测试题 办理李华香药费及申请资金问题 陪同爱卫会人员给村里安装消毒设备 下午安排明天上午干活人员：德贵、学奎
星期五 （10 月 19 日）	上午安全生产检查 检查防火

二 村组织决策

按照《北京市实施〈中华人民共和国村民委员会组织法〉的若干规定》（以下简称《若干规定》），一百户以上或者居住分散的村，可以设立村民代表会议。红林村农户超过一百户，按规定设立了村民代表会议。红林村从方便管理的角度将农户按片区划分为四个小组，每组设一个村民小组长。小组长负责本组的村民选举，选村民代表。村民代表名额是根据每组人口数的相应比例确定。2012年村民代表一共有31人，其中一人去世（村主任）。

按照《若干规定》，涉及村民利益的下列事项，经村民代表会议讨论决定，方可办理：

（1）本村享受误工补贴或者村财务开支的人员，以及补贴或者报酬标准；

（2）本村公益事业的举办和筹资筹劳方案及建设承包方案；

（3）村公益事业专项补助资金的使用方案；

（4）村日常运行经费的使用方案；

（5）按照国家和本市规定应当由村民会议讨论决定的事项。

红林村上述事项由提议到具体实施的具体程序是：两委班子提议—党员讨论—村民代表议决—监委会签字。村民代表超过三分之二同意则通过决议。村民代表通过决议后，还要有监委会盖章签字。“只要做事动钱的就走这个程序”。

按照王雅君书记的观点：“计划经济时好弄，现在经常变，不好办。”

> 比如发过节费，两委班子先提议每人发300元的方案，然后是党员会通过，再就是代表会通过，最后是监委会通过，这样才可以提钱发下去。也有没通过的。修公共设施等，就没有同意修。好多都是上级投资，否则，很多事情干不了。

盖大队部没用村里出钱。我找到镇正副书记，他们同意支持30万元。回来后，召开两委班子会，如果同意就继续运作。镇以建立大枣市场的名义拨款30万元，其实质是建大队部，改善办公环境，保护集体土地。上面有很多资金，尽量争取，不花村里钱。最后两委同意，并开村民代表会，最后村里开始修建大队部。（摘自与王雅君的访谈笔录）

提议的提出及讨论过程也是各方力量的较量过程，因为这直接关系到自身的利益。比如讨论老人补助问题，家里没有老人，或老人已农转非的，就不同意发放老人补助；而家里有老人的，则力推这一提议。

红林村按照《北京市实施〈中华人民共和国村民委员会组织法〉的若干规定》，建立了村务监督委员会（简称监委会），负责村民民主理财、监督村务公开等制度的落实。按规定，村务监督委员会成员与村民委员会成员同期换届，任期与村民委员会成员相同。村委会成员及其近亲属不得担任村务监督委员会成员。监委会向村民代表会议负责并报告工作。村务监督委员会成员可以列席村委会会议和村民代表会议。

红林村监委会也称理财小组，是由村民代表选举出的，2012年以前是由四个人组成，2012年以后要求有一个党员，从而人数增加到5人。理财小组组长是丁德顺，组员有丁海洋、丁志山、丁学勇、丁志坚。理财小组主要监督两委班子的财务使用情况，是一个专门机构，“专门监督钱是怎么花的”。

我现在在村里还兼着监委。国家规定，书记等人花钱都得经过村民代表同意。作为监委，有权力查账。监委是4个人，一两个人就可以签字，只要签字盖章就可以。政府验收时，只要有章就可以通过。（摘自与丁志坚的访谈笔录）

红林村每月的餐费、差旅费、各项基础设施支出等，即所有需要购买的东西，均需经两委班子提议、村民代表讨论后，再做计划，然后付诸实施。红林村财务由镇政府托管，每个月有3000元的备用金。

按照桥梓镇的规定，村庄每年要有两次民主大会（称为“民主日”），讨论村庄的重大事宜。参会成员包括村民代表、两委成员。红林村的民主日原则上定于每年的1月20日和7月20日，如果有特殊情况可以提前或延迟。2012年1月的民主会议是在1月10日召开的。此次会议有如下议程。

（1）介绍参加会议的镇领导及包村干部。

（2）向到会代表作2011年工作报告。

①由王雅君作股份合作社情况报告；

②由王雅君作2011年下半年村委会报告；

③由尚书龄作2011年下半年财务报告；

④由丁海洋作2011年下半年监委会报告。

（3）安排2012年工作计划。

①做好怀长路拆迁补偿收尾工作；

②加大环境整治力度，修田间路，大队工的续用；

③“三八节”组织活动及发放纪念品；

④为在册经济组织成员上大病统筹；

⑤为在册经济组织成员缴纳电视收视费；

⑥“五一”发放过节费；

⑦“七一”组织党员活动；

⑧将怀长路改造集体20万元按产权制度改革分配方案对股民进行分配；

⑨利用专项资金，将新村委会配属设施后期工程进行完善。

（4）对村干部进行测评，共发出测评表27张，收回27张有效票，0张作废。

（5）村代表进行述职述廉。

（6）对村民代表进行培训。

2012 年 1 月 10 日的民主会议，应到代表 30 人，实到代表 25 人，符合法定程序。会议在党员活动室召开，由王雅君主持，李洋记录。会议记录附有出席会议的村民代表签字。

村庄民主日是村庄重大的民主决策活动。村庄民主日所讨论的议题，将成为两委班子在本年度的重要工作内容。但是，也并非始终如同 2012 年 1 月的民主日那样，村两委的所有提议都能得到通过。在 2012 年 7 月 20 日的民主日，村两委的提议，也就是 2012 年下半年的预算计划便没有通过。王书记对此很沮丧：

> 下半年什么事都没有做。两委班子、村民代表、理财小组等都通过的事情才会继续做。必须有一大部分的村民代表支持你的决议才能实施。有些牵扯个人利益的时候，工作很难做。代表不签字，就实施不了。如果需要村里拿出一部分资金，需要做很多工作，需要书记的为人等作保证。代表过半数就形成决议。
>
> 有的村民代表只考虑个人利益，有的只考虑亲戚利益，代表不了老百姓，只顾家族利益或个人利益。31 个村民代表基本把村里的事情都决定了。

附件 1：

红林村村民代表履行承诺制

为了进一步促进基层组织民主政治建设，加强村民代表队伍的管理，提高村民代表的综合素质，调动村民代表参与村政事务建设的积极性、主动性，发挥代表在民主管理、维护社会稳定、推动社会主义新农村建设等方面的作用，党支部要求代表做好以下工作：

一是负责向所联系的村民宣传党的路线、方针、政策、法律法规和村规民约及村民代表会表决的重大事项。

二是负责在村内重大事项实施和“民主日”召开前，征求所联系村民的意见或建议，并按规定的时间及时反馈给党支部和村委会。

三是负责向党支部和村委会反映所联系户关心的难点和重点问题。及时排查并调处辖区内社会和邻里之间矛盾纠纷，做好耐心细致的思想工作，问题重大和调解无效的要及时向党支部反映情况，严禁越级上访现象发生。

四是带头支持镇重点工作建设，并负责所联系户的教育引导工作。

五是发现村民参加邪教组织要及时劝阻，并向党支部、村委会汇报。

六是监督检查本辖区环境卫生情况，禁止乱堆乱放现象的发生。村内发生意外情况（水灾、火灾等）要带头组织村民赶赴现场援救。

七是雨雪天气影响交通，代表要负责组织本辖区村民做好清扫工作。

附件2：

2012年红林村党员名册

序号	姓名	性别	出生年月	文化程度	入党时间
1	王雅君	男	1968年1月	大专	1989年7月
2	李洋	女	1987年8月	大学	2010年12月
3	尚书龄	女	1955年4月	高中	1973年9月
4	丁志明	男	1959年7月	高中	1995年7月
5	丁志银	男	1958年2月	中专	1985年1月
6	丁志敏	男	1967年8月	高中	1993年6月

续表

序号	姓名	性别	出生年月	文化程度	入党时间
7	丁德顺	男	1971 年 6 月	中专	1993 年 6 月
8	孟秋华	女	1964 年 1 月	高中	1997 年 5 月
9	丁志勤	男	1951 年 6 月	初中	1974 年 7 月
10	丁学来	男	1963 年 9 月	初中	1985 年 11 月
11	丁学敏	男	1935 年 12 月	小学	1971 年 4 月
12	王海燕	女	1969 年 10 月	职高	1992 年 1 月
13	石桂英	女	1943 年 12 月	高中	1972 年 12 月
14	黄长生	男	1955 年 8 月	中专	1978 年 4 月
15	丁学真	男	1938 年 11 月	高中	1985 年 1 月
16	杨素英	女	1943 年 12 月	小学	1964 年 1 月
17	丁兴诗	男	1919 年 8 月	小学	1948 年 1 月
18	闫晶	女			
19	刘倩	女			

资料来源：红林村村委会。

第三节　村庄治理：以环境整治为例

村庄治理是村组织的重要职责。村庄治理包括很多内容，例如村庄维稳、人口管理、环境整治等。红林村每年都要在全国人大和政协两会期间召开维稳安保两委班子会议，制定安全保卫工作方案，成立红林村两会期间维稳领导小组，支部书记为组长，副书记或一位支委为副组长，所有党员为组员，安排党员值班，上岗时一律戴红袖标，24 小时到岗，确保两会期间安全稳定。本节主要以环境整治为例，介绍村组织是如何开展村庄治理工作的。

红林村的环境整治一般是配合上级组织发起的相关活动而开展的。

2011 年，桥梓镇、怀柔区及北京市先后开展环境治理活动，红林村村组织积极配合上级组织的工作，在村庄内开展环境治理活动，使红林村环境有了较大的改善。

在桥梓镇发起的创建城市清洁日活动中，红林村积极响应镇政府的活动，成立“文明饲养，健康你我他”活动小组，由王雅君书记为组长，李洋副书记为副组长，尚书龄为宣传员，利用广播等形式，组织动员村民参与此次活动。活动小组将拟定好的《红林村文明饲养宠物公约》发放给20余位村民，这些村民家中都饲养宠物，他们自觉配合活动小组的工作，自带垃圾袋、小刮铲等，捡拾宠物粪便，并表示今后会严格按照《红林村文明饲养宠物公约》饲养宠物。

在怀柔区开展的卫生村检查工作中，红林村成立了以党支部书记王雅君和村妇女主任尚书龄为主任和副主任的爱国卫生委员会，先后制定了《红林村环境卫生管理制度》《红林村门前三包管理制度》《红林村环境奖惩制度》等专项制度，并将环境治理写入了“村规民约”。在落实村两委成员责任制的基础上，利用广播、板报、标语、宣传栏等形式，宣传“红林是我家，维护靠大家”为主题的爱国卫生运动，对全村环境卫生实行包片分区管理，定期督导检查、考核评比。通过卫生整治，村庄环境大为改观，2011年11月，红林村被评为“怀柔区先进卫生村”。

自2011年以来，北京市组织开展了严厉打击非法违法建设行动。此次行动充分发挥农村基层党组织和党员作用，要求广大党员带头执行法律法规和党组织决定，带头制止非法违法生产经营建设行为，带头拆除自家的违法建设，做好亲属朋友和周围群众的思想工作。北京市还举办了全市村党组织书记“打非拆违”示范培训班，印发了《关于在“打非拆违”行动中充分发挥农村基层党组织和党员作用的通知》。

为响应北京市的“打非拆违”行动，2012年6月下旬，红林村驻村工作站人员和村两委班子一起，对环境治理存在的问题进行摸底，全村共涉及49户，其中党员户8户，村民代表户13户，主要是占街占道、乱堆乱放，绿化带里种树种菜、私搭乱建等问题。

两委班子多次召开环境整治工作会议，并明确分工，书记全面负责，其余两委人员分片包干。从2012年8月5日召开的环境整治推进工作会议摘录中可以看出村两委所做工作之细致：

（1）对环境整治中村民不用的沙子、石子儿，按市场价收购，用于硬化街道；

（2）环境整治用砖5000余块，按每块3角5分购买，水泥从供销社购买；

（3）拆花池子，清理村民不要的垃圾、建筑材料等，用工10人左右，每人每天100元；

（4）清理村中墙上的小广告。

根据《中共桥梓镇委员会关于重大工程、重点工作次序动员机制的实施办法》，红林村环境整治工作的实施范围包括七种身份，依次为：村党支部书记、村民委员会主任、村党支部委员、村委会委员、农村党员、村民代表、普通群众。对散布消极言论、带头抵触等行为，属村干部、村民代表的，采取批评教育、年终考核降档的方式进行处理，情节严重的，可按不合格村干部、村民代表的处理程序罢免其职务。属农村党员的，村党支部应当对其批评教育。对不服从环境治理的所有人员，村里的福利待遇全免。干部、党员和村民代表家门前都挂上了“干部户”“共产党员户”和“村民代表户”的牌子。“挂上牌就是亮明了身份，方便群众监督”。

经过村两委深入细致的工作，在全体党员、村民代表和普通村民的配合下，红林村的面貌焕然一新，村庄整洁，环境优美，空气清新，先后获得北京市卫生村、环境治理先进村等称号。

附件1：

《红林村文明饲养宠物公约》

近年来，随着居民家庭条件的提升，村民饲养宠物的数量逐年增加，由此引发的社会矛盾也不断显现。为了在红林村营造人与自然和谐相处、人与动物和谐相处的文明氛围，特向全体村民推广“文明养宠”的新风尚活动。

请您遵照以下“文明养宠”公约文明饲养宠物：

一、领养宠物时要了解它的健康状况，合法饲养宠物（禁止散养鸡鸭），及时上户口、打防疫针，保障自己、他人和宠物的健康安全。

二、宠物不应只是人的玩物，对它要有慈爱之心，既然养了就要对它的生老病死负责，将来不打算养也要给它找个合适去处，不能随意遗弃。

三、尽最大可能减少宠物对邻居正常生活的干扰。保持宠物清洁卫生，但要注意在给宠物洗澡和清理毛发时，不要影响其他住户和公共卫生。

四、带宠物出门时，避免宠物在楼道乱窜惊吓他人。遛狗时应该拴好牵引带，让宠物与行人保持一定的距离。

五、随身携带必要的清洁工具，将宠物在村道路和公园留下的粪便及时清理干净。

六、不带宠物出入饭店、公交车、电影院、办公楼等人群密集的公共场所。

七、饲养户之间互相交流学习饲养经验，共同提高饲养水平，加强对宠物吠叫和排便的训练。宠物温驯听话，才能与他人和睦相处。

八、即使个人不喜欢，也要尊重他人合法饲养宠物的自由。饲养户与非饲养户之间应该体谅，有了矛盾通过正当途径解决，不伤和气。

附件 2：

《红林村环境卫生及村庄保洁管理制度》

为加强环境卫生管理工作，创造整洁、优美、文明的生态环境，保障人民身心健康，促进社会主义新农村建设，根据相关条例，特制定红林村环境卫生及村庄保洁制度：

1. 村内的环境卫生实行分级包干制度：实行“门前三包”，自家房前屋后由村民自己负责保洁，公共场所由专职人员保洁。各农户生活垃圾必须倒入垃圾箱内，确保房前屋后物品堆放整齐，无垃圾、无污水污物，家园整洁、干净。

2. 爱护房前屋后的苗木、花草。爱护公共设施，严禁在公共设施上乱涂、乱写、乱画。

3. 管好牲畜、家禽，实行牲畜、家禽圈养不乱跑。

4. 农户新建房必须建造（无害化）标准厕所。

5. 积极开展村内除“四害”活动。

6. 应保持公厕的清洁卫生，水沟不堵塞，室内无臭气，光线明亮，空气流通，实行专人打扫、专人管理。

7. 保洁人员对村内健身场地每天必须打扫两次，保持卫生整洁，保证村民有一个优美的健身场所。

附件3：

《红林村门前三包管理制度》

为了进一步加强红林村精神文明建设，提高村容村貌，倡导建立健康、科学、文明的生活方式和行为规范，提高公德意识和文明素养，营造爱护环境、保护生态的氛围，确保我村建设管理有一个新的飞跃，现制定红林村门前三包管理制度。

一、“门前三包”树立保护环境理念。全村树立起“美化家园，人人有责”的观念，做好家里家外卫生清洁工作，户户保持清洁，负责清扫住宅周围垃圾，保证屋前屋后清洁有序，尽量把垃圾实行装袋倒入垃圾箱内，不乱倒污水，建筑物残渣清运到镇中心垃圾场地倾倒。

二、“门前三包”的责任范围：即指村道两侧农户要负责搞好各自门前的卫生保洁、绿化和秩序。

三、包卫生保洁：即负责清扫门前垃圾和清除痰迹等污物，制止他人在门前乱吐、乱丢、乱倒，保持门前及责任范围内的废物箱、护栏、阴井等设施的清洁卫生。

四、包绿化：即负责管理责任范围内的花草树木，清扫树圈、草坪、绿地，不许任何人破坏、占用公共绿地。

五、包秩序：即负责不在门前乱堆乱放物品、乱摆摊点、乱停放车辆、乱贴、乱挂；不出现有碍市容观瞻和交通的现象；不使用高音喇叭和高声播放音响。对他人在自己门前造成上述状况，或其他影响社会秩序的，应尽力劝阻，如不服管理，应及时向村支部和村委会报告。

村庄是我家，我们共同爱护它，为了您和他人的身体健康，创造整洁卫生、舒适的美好家园，大家一起共同努力。

第四节　村组织财务与管理

一　村组织收支结构变迁

（一）生产大队时期的收支结构

生产大队时期，尤其是20世纪70年代以前，一切以农业为基础。所谓的农业，也就是粮食生产，“以粮为纲”，其他一切活动都要为粮食生产让路，农业收入占总收入的比重较大。但由于红林村地处丘陵地带，果树较多，无须投入多少人力和物力，就能获得较多的收入。

当时果树是集体的，也能卖钱，也有值钱的品种，栗子比较值钱。果树很多，什么果木都有。集体收入里，耕地和果树比，果树投资少，耕地投资多；收入减去投资，耕地收入不如果树多。总的收入，耕地的毛收入主要是靠棒子，耕地毛收入多于果树，纯收入果树多于土地。修水渠、平地、打井都是靠棒子、小麦的收入。果树要是真下工夫也不少，但是当年果树没人管理，但净收入比较多。那时村里主要以粮食为主。当年

的果树没有打药和剪枝一说，人们主要精力在粮食上面。（摘自与丁学纯的访谈笔录）

村里有600亩地的时候，林业收入也不少。当时茶坞公社中红林村负担最重。到霜降时，山里红和白薯都没有收到家里，活比较多。水利上马时，就被派工，突出农业，其他都为农业让路。

林业收入与农业收入半对半。（摘自与丁学敏的访谈笔录）

进入20世纪80年代，由于果品收入不断增加，红林村无论是总收入还是纯收入，林业收入都超过了农业。从表12－7可以看出，1981年，红林大队的收支结构中，农业收入占总收入的32%，而支出却占总支出的66%；林业收入占总收入的49%，而支出只占总支出的4%。

表12－7　1981年红林大队收支结构　单位：元；%

项目	金额	比重
一、总收入	128249	100
农业收入	41487	32.3
林业收入	62728	48.9
牧业收入	5339	4.2
副业收入	17911	14.0
其他收入	784	0.6
二、总支出	46278	100
农业支出	30610	66.1
林业支出	1868	4.0
牧业支出	6049	13.1
副业支出	5588	12.1
管理费	1470	3.2
其他支出	693	1.5
三、纯收入	81971	

资料来源：根据怀柔区档案馆馆藏资料整理。

80 年代初期是红林大队集体经济发展的鼎盛时期。由于红果大量上市，且质优价高，需求较旺，为红林大队带来了滚滚财源。从怀柔区档案馆馆藏的一份 1983 年茶坞公社各大队基本核算单位级收益分配表可以看出：1983 年，红林大队人均分配为 621 元，是公社各大队平均人均分配的 1.44 倍；人均收入为 773 元，是公社平均人均收入的 1.56 倍。人均分配和人均收入在茶坞公社 14 个生产大队中均排在第一位。1983 年红林大队各项收益分配及在全乡的比重参见表 12－8。

表 12－8　　1983 年红林大队各项收益分配及在全乡的比重

单位：元；户；人；%

项目	纯收入	税金	积累	公益金	公社拨款	社员分配额	户数	分配人口	人均分配	人均收入
红林大队	234233	3694	43857	1500	2869	188051	93	303	621	773
茶坞公社	4799999	83329	609188	20713	157550	4400160	3393	10184	432	471
红林所占比重	4.9	4.4	7.2	7.2	1.8	4.3	2.7	3.0	144	156

资料来源：根据怀柔区档案馆馆藏资料整理。

（二）农业税取消以前村级组织收支结构

家庭承包制实施后，村组织收入结构发生明显变化，直接来自农林业的收入大幅缩减，村组织收入主要来源于农户的上交款。由表 12－9 和表 12－10 可以看出，1991 年，村组织各项收入 4.4 万元，其中，来自农户的收入 3.4 万元，占收入总额的 78.1%；2000 年，村组织各项收入 9.5 万元，其中，来自农户的收入 7.6 万元，占收入总额的 80%。村组织收入 80% 左右来自农户。

与收入结构变化相对应，村组织的支出结构也发生变化，生产性支出大幅缩减，管理性支出大幅增加。例如，1991 年，村组织各项支出总计 5.3 万元，其中，生产性开支占 5.2%，与村组织运转有关的开支高达 92.3%。尽管在表 12－9 中，将上缴税金（8867 元）也作为与村组织有关费用，但即使扣除此项费用，维持村组织运转的开支仍达 76%。2000 年，村组织总支出 5.7 万元，其中，经营性支出占3.5%，管理费支出占96.5%。

表12－9　1991年红林村村级合作经济组织收入和使用情况表 单位：元；%

项目	金额	所占比重
一、上年结余	45301	
二、年内各项收入合计	44096	100
1. 村直接经营净收入	1151	2.6
2. 来自企业的收入	8500	19.3
3. 来自农户的收入	34445	78.1
三、年内各项支出合计	53167	100
（一）村级生产性方面的开支	2768	5.2
1. 用于直接经营扩大再生产支出	1764	
2. 其他生产性支出	1004	
（二）本村公益事业方面的开支	1023	1.9
1. 兴办本村公益事业	510	
2. 烈军属、五保户、困难户等补助	20	
3. 民办教育开支	493	
（三）村级组织的有关开支	49086	92.3
1. 行政管理费	4812	
2. 上缴税金	8867	
3. 干部补贴	7723	
4. 其他开支	27684	
（四）对外投资和有价证券	290	0.5
四、年末结余	36230	
补充资料：1. 汇入本表人口	323	
2. 汇入本表劳动力	181	
3. 汇入本表村数	1	
其中：当年收不抵支的村	1	

资料来源：怀柔区档案馆。

（三）农业税取消以后村级组织收支结构

2003年初，怀柔区开始进行农村税费改革试点，主要内容是

“四取消”（取消乡统筹费、取消向农民征收的行政事业性收费和政府性基金、集资，取消屠宰税，取消统一规定的劳动积累工和义务工)、“一调整”（调整农业税政策)、“一改革”（改革村提留征收使用办法)。税费改革后，受到农民一致欢迎。2004 年，全区实行农业税免征，并将 2003 年已征入库的农业税金及附加 288 万元全部返还给农民。

表 12－10 2000 年红林村村级合作经济组织收益分配统计表

单位：万元;%

项目	金额	所占比重
一、总收入	9.5	100
1. 经营收入	1.5	15.8
2. 发包及上交收入	3.1	32.6
3. 提留收入	4.5	47.4
4. 投资收益	—	
5. 其他收益	0.4	4.2
二、总支出	5.7	100
1. 经营支出	0.2	3.5
2. 管理费	5.5	96.5
其中：干部报酬	3	
3. 其他支出	—	
三、本年收益	3.8	
四、年末未分配收益	3.2	
五、可分配收益总额	7	
六、各项分配	5.5	100
1. 国家税金	—	
2. 公积金	0.5	9.1
3. 公益金	—	
4. 应付福利费	5	90.9
5. 外来投资分利	—	
6. 农户分配	—	
7. 其他分配	—	

续表

项目	金额	所占比重
七、年末未分配收益	1.5	
八、附报指标		
1. 当年扩大再生产支出	2	
2. 农户上交乡镇统筹费	0.3	
3. 当年取得的土地占用费	0.9	
4. 汇入本表分配人口	250	
5. 汇入本表村数	1	
其中：当年有收益的村	1	
集体收益5万元以下的村	1	

资料来源：怀柔区档案馆

随着农业税的取消，红林村村民家庭承包土地的上交款和附着在土地上的各项提留也一并取消，村组织的收支结构发生重大变化，红林村成为收不抵支村。为了维持村组织的正常运转，自2006年开始，政府每年给予红林村一定数额的财政补贴。最初补贴金额为8万元，近年增加到15万元。此项补贴成为村组织收入的主要来源。此外，房产出租也成为村组织收入的重要来源。由于2002年和2008年红林村有两次较大规模的征地，集体累计有250万元的土地补偿款存入银行，每年的银行存款利息也构成村组织收入的重要来源。而村组织财务支出主要用于村庄公益事业、村民转移性分配、村干部工资及办公费等。2011年，在财务收入方面，上级补助占财务收入的一半以上，房产租金占收入的23%，存款利息占收入的15%左右；在财务支出方面，承包费及有存款利息分配占28%，村干部工资占25%。2011年红林村财务收支情况可参见表12－11。

表12－11　　2011年红林村财务收支情况　　单位：万元;%

财务收支项目	金额	所占比例
一、财务收入	28.51	100
上级补助	15	52.6

续表

财务收支项目	金额	所占比例
发包机动地收入	1	3.5
房产租金	6.6	23.1
镇政府拨付办公费	0.65	2.3
牛场入股分红	1	3.5
存款利息	4.26	14.9
二、财务支出	28.66	100
村干部工资	7.28	25.4
水电等办公费	3.5	12.2
招待费	2.7	9.4
报刊费	0.3	1.0
修建道路	0.54	1.9
新农合医疗保险	2.14	7.5
临时用工	3.1	10.8
电工及水管员工资	1	3.5
承包费及存款利息分配	8.1	28.3

资料来源：红林村村委会。

王雅君书记曾在2012年对红林村总的财务状况有过概括：

村收入来源主要是租赁厂房，其次是争取资金。大概每年有牛场2万，开关厂2.4万，做防盗门的3万，药材种植3万，还有占地补偿收入。剩下的就只是开支了。2012年，怀柔的政府资金都没有到位。有些争取过来的项目，也没有落实，如阳光浴池。现在只能争取项目，但资金不会发到各村，都是通过招标，直接做项目。环境整治有专项资金，包括人工、料等都是固定的，每年拨10万。文艺宣传拨了3万，可以买点服装和道具。村里有存款，也有利息，存款利息是按照60%分给百姓，40%给村里用。每年提一次利息。

村支出有：①村所有路灯、自来水用电、办公用电、集体用电，这块都是村里支出。灌溉收的每小时 8 块钱只够电费，都不够工人工资。②各项福利支出。③过节费。④小学生车费。⑤维护原有基础设施费用（自来水、房屋、健身器材）。⑥环境整治，找人拉工（指临时用工）。⑦办公用品和招待费用。⑧有线电视费。村民不交有线电视费。每年全部支出大约在 50 万。自来水的电费一年需要 5—6 万；路灯和办公等费用也不少。

目前，收支不抵。支出多于收入，只能去上级找钱，和村民理财小组打招呼，把申请来的资金变相用于村里的支出。每年拨的 10 万环境整治费，监委知道，环境整治费中 5 万用于建大队部。文艺宣传拨了 3 万，可以挪用建大队部，这些事情其他部门和监督委员都是清楚的。

集体资金只能存在银行，不能投资项目，必须经过老百姓同意，才能进行投资。如果我能做主，我会用集体资金，选择某个行业或企业的一个项目，见效快、收益快。老百姓没有理财意识。

2014 年，政府对红林村的补贴增至 17 万元，村集体累计银行存款达 300 多万元。

红林村村干部中，只有书记的工资是由镇财政解决，其他村干部的工资是由村里解决。书记的工资村里也补一部分，其标准是按照人均收入水平来确定。

村书记的工资 3 万元，是上面批的。上面给下任务，防火、水灾、安保等十条共 100 分，如果没达到就从 3 万里扣。村财乡管，上面批多少工资就拿多少工资。也不是想拿多少就拿多少，得看任务完成情况。（摘自与丁志坚的访谈笔录）

红林村规定，每年的集体收入，例如房产租赁费、征地补偿费、存款利息等，60%要分给村民，剩余40%归集体。村集体每年为所有户籍在本村的村民上新农合医疗保险，过年过节发放过节费，为60岁以上老人发放生活补贴，为所有农户交电视收视费等。

二 村组织财务管理

为了加强村级财务管理工作，怀柔区出台了一系列文件和规定：2005年出台《北京市怀柔区村级财务账、款委托乡镇管理制度》，2008年出台《怀柔区农村土地承包合同管理办法和怀柔区农村土地承包经营权流转管理若干规定的通知》，2010年出台《怀柔区农村集体经济组织财务规范化管理制度》和《关于加强村级印章管理使用的指导意见》。2012年至2013年，针对农村“三资”（资金、资产、资源）管理工作中出现的一些违法违规现象，怀柔区先后出台了《关于加强农村“三资”管理深入推进农村党风廉政建设的意见》《关于进一步加强农村集体资金资产资源管理和监督工作的意见》。这些文件的制定为指导农村“三资”管理工作提供了重要的制度保障。

针对各乡镇经济发展不平衡的特点，怀柔区在“三资”管理方面制定了“突出重点、分类指导”的方针：山区乡镇将监管重点放在转移支付资金的使用、村内集体资产的处置、土地山场流转资金管理上；平原乡镇将监管重点放在土地补偿款的取得、使用和分配等监管方面；经济比较发达的城中村，重点放在资产资源经营、各类合同的签订及履行、资产保值增值、收入足额回笼等方面，特别要注意防止集体收入不按规定入账、私下设账外账、小金库等游离于乡镇村财服务中心监督之外的现象。

桥梓镇作为平原和山区的结合部，2012年11月制定了符合自身特点的农村“三资”管理办法：①加强资金的管理。加强票据管理、备用金管理、收益账目的管理、非生产性开支的管理，严禁村集体经济组织以各种形式对外投资。②加强对村集体资产、资源交易的管理。建立村集体“三资”重大事项咨询制度，实行村集体大额采购询价制度，规范村集体资产、资源交易行为，结合本镇实际规范纳入招投标的项目。③加强对村级集体合同的管理。④依托行政监察现代化工程加强村级“三资”管理，建立资金、资产、资源台账，“三资”登记信息在镇政府信息网公开，以便社会对“三资”变化进行监督。

为确实做好农村“三资”管理，桥梓镇成立了农村集体“三资”管理领导小组，镇党委书记任组长，镇长任常务副组长，各相关部门领导任副组长，相关科室为成员单位，领导小组下设村级“三资”管理办公室，具体负责推进全镇“三资”管理的组织、协调、实施、检查等工作。同时成立四个工作组，即资金管理工作组，资产、资源、咨商管理工作组，清理、清查工作组，审计、督查、检查工作组，强化廉政责任追究制度，规范各村党组织成员和村民委员会成员的行为，对于有违反相关规定的，视情节轻重给予相应的处理。

按照怀柔区及桥梓镇的要求，村财务由镇托管，平时留有备用金，大村备用金为 1 万元，中村为 5000 元，小村为 3000 元。红林村在桥梓镇属于小村，平时留有备用金 3000 元。村重大开支均需通过村民代表和村理财小组审议通过，方能到镇相关科室办理提现手续。自 2013 年开始，桥梓镇各村实行大额资金逐级把关制度，即驻村工作站和主管科室联合把关。村级支出超过一万元，会计要填写“村级大额资金使用审批表”，经驻村工作站审批，对于年初村民代表会没有通过的支出项目，驻村工作站一律不予批准；对于驻村工作站没有批准的支出项目，镇主管科室不予批准支出。

第五节 集体经济产权制度改革

一 产权改革的背景、指导思想与基本原则

2005年，怀柔区开始进行农村集体经济产权制度改革试点工作，2007年下半年，改革工作全面启动。怀柔区成立了农村经济体制和经营机制改革办公室，在“办公室”的总体协调下，各相关业务主管科室负责资产清查、资产评估、股份量化等一系列工作程序。各镇乡政府也相继成立由镇长任组长、主管副镇长任副组长的农村产权制度改革工作小组，各村也成立了由村党支部书记任组长、村委会主任任副组长的改革工作领导小组，并下设户籍清查小组、资产清查小组和老年顾问组，负责村集体经济产权制度改革方面的具体工作。

红林村的集体产权制度改革是随着怀柔区的全面改革而开始的。经过一系列准备工作，村里最后确定改革基准日为2009年6月30日。通过资产清查、户籍清查，确定改革基准日在册的农业户籍人员211人，村集体净资产总额为9209218.35元。自1956年1月1日（加入高级社年份）至2009年6月30日期间红林村共有劳龄8819个，其中，在册农业户籍或享受户籍股人员劳龄为4732个，非本集体经济组织成员劳龄4087个。

按照红林村产权制度改革实施方案，村集体经济产权制度改革的指导思想是：“坚持以十六大精神为指导，以保障农民根本利益和集体经济组织合法权益为核心，以有利于保护和发展生产力为重点，以有利于维护和促进社会稳定为基础，深入贯彻落实市区关于深化农村集体经济产权制度改革工作会议的要求，从本村实际出发，与时俱进，勇于创新，逐步将目前农村集体经济组织成员共同所有、主体虚化的产权制度改革为社员按份（股）所有、主体明晰的产权制度，构筑适应社会主义市场经济要求、产权清晰、权责明

确、政企分开、管理科学的新型经济管理体制和运行机制，探索集体所有制的有效实现形式，加快全村的经济发展和城市化进程，逐步提高农民生活水平。”

红林村产权制度改革的基本原则是：公开、公正、公平，群众公认；依法办事，规范操作；尊重历史，实事求是，勇于创新；有利于解放和发展社会生产力；统一领导，因村制宜，稳步推进，保持社会稳定。

二　集体资产处置及量化配股

在集体资产中设置集体股和个人股。集体资产中的30%为集体股，70%为个人股。在个人股中设置户籍股和劳龄股，总资产中的30%为户籍股，40%为劳龄股。改革基准日在册的农业户籍人员每人一份户籍股，自1956年1月1日至改革基准日劳动力在红林村的年限（男16—60周岁，女16—55周岁）每年为一个劳龄股。

改革基准日时的以下人员享受户籍股：

（1）本村农业户口人员（子女接班非转农、空挂户除外）；

（2）因国家征占土地转非而本村安置人员；

（3）未提干或未转为三级士官的现役军人；

（4）因犯罪正在服役的人员。

劳动力年限以年为单位计算，不满半年的不计算，满半年的按一年计算。劳动力年限的计算方式如下：

（1）农转非人员转非前在本村的劳动力年限；

（2）因国家征占土地转非由本村安置人员的劳动力年限；

（3）户口迁出本村人员迁出前在本村的劳动力年限；

（4）改革基准日前死亡人员死亡前劳动力年限；

（5）服役军人提干前或转为三级士官前的服役年限；

（6）因子女接班而非转农的人员，非转农后的劳动力年限；

（7）本村农业户口在乡镇企业、事业单位工作年限；

(8) 因婚姻关系户口迁出后又迁回本村的，迁出期间不计算；

(9) 插队返城知青在村劳动力年限不计算。

有一个劳动力年限，就有一个劳龄。其具体的计算公式为：

个人劳龄股 = 全村按劳动力年限（劳龄）量化的资产数额/全村劳动力年限（劳龄）之和 × 个人劳动力年限（劳龄）。

红林村产权制度改革涉及总人数 522 人，共有劳动力年限（劳龄）8819 个，按劳动力年限（劳龄）量化的资产数额为 3678404.90 元，每个劳动力年限为 417.70 元。在总劳动力年限中，非本集体经济组织成员 311 人，劳动力年限 4087 个，占集体资产份额 1707139.90 元，原则上采取一次性清退的方式，不参与改制后的新型集体经济组织的经营管理和收益分配。

三 组建社区股份合作社

集体资产改制后组建社区股份合作社。社区股份合作社由集体股和个人股组成，其中集体股 2768046.97 元，个人股（由 211 个股东组成）4734031.48 元；在个人股中，户籍股 2762766.48 元，劳龄股 1971265 元。

社区股份合作社按照有关法律法规和现代企业制度的要求，建立股东大会、股东代表大会、董事会、监事会。股东代表大会是股份合作社的最高权力机构，实行“一人一票”的决策制度。股东代表大会、董事会、监事会按《社区股份合作社章程》行使职权。

社区股份合作社中的集体股归全体股东共同所有，并由村集体经济组织代行职权；个人股归持有者所有，享有相应的收益权、决策权，同时承担相应的风险。按照章程规定，个人股份可以依法继承，也可以在股份合作社内部（股东之间）转让，但不得退股，不能向社会人转让。

社区股份合作社组建后本村衍生人口可通过继承取得股权，也可通过股份合作社增资扩股时出资认购取得股权。每人出资认购股份不得超过一个股东所持的股份。增资扩股事宜由股东代表大会讨论决定。

社区股份合作社继承原村集体经济组织的全部权利和义务，依照有关法律法规，自主经营，自负盈亏。

四　社区股份合作社的运作效果

红林村的社区股份合作社资产的主要形式是厂房、集体存款等，厂房租金、存款利息等构成股份合作社的主要收益，收益的分配原则是40%留在集体，剩余60%按股分配。

村民对股份合作社褒贬不一。有的认为股份合作社比较好，“老人没了，后代可以继承。添人不再添股，股份永远存在”。而有的则颇有微词：

> 社区股份合作制应该按股分配，而实际上不按股分，动钱的时候都按人数来分，也经过社员代表开会讨论，但有16个社员代表是新结婚的，都主张按人来分。就有一回按股份分，剩下的全是按人数来分。一个人分四万五，老人为村里付出了很多，也是和村里一分钱没交的一样，分四万五，我们两口子都曾有股份，现在就我自己有股份，爱人农转非了，户口在桥梓派出所，村里统计人口时也算在内。我本来有股份32股，出去几年给扣了一些，现在大概有20多股。村民最多的有41股，少的只有一两股。（摘自与丁志红的访谈笔录）

第十三章

红林村的可持续发展

第一节　红林村发展中存在的问题

有关红林村发展中存在的问题，在本书的其他章节也有涉及，本章只是重点阐述前文没有涉及的一些问题。

一　发展中的制约因素

（一）312 工程的制约

红林村地域面积狭小，土地资源有限，人口也较少，加之地处水源保护区，许多项目的发展受到限制。312 工程占地后，村庄的发展更是受到制约。

312 征地与近郊区因城市化发展而征地不同。虽然有较多土地被征收，但村庄还在，村民还在，只是失去了部分果林；有少量的农转非名额，但转非人员仍居住在村庄，生产方式依旧，生活方式依旧，只是生活条件有所改善；而最为重要的不同是，村庄没有由于征地而得到发展，312 项目没有吸收农民就业，项目周边不仅得不到开发利用，反而由于是国防建设重地而限制周边开发。

由于312征地，很多项目引进不了。一个是请旅游公司做了一个红林谷项目，准备把这个项目做成香山式的红叶区，出过一个规划图，多次进行实地考察，是关于山区体验式旅游。预算是几千万，估计最后下来要上亿。我与很多人认识。预计会给村里修一条专用的公路，从村北修路，解决农副产品销售问题，免费装修几家，统一住宿、统一菜品等。另一个是与国家登山队合作，建个登山训练基地。我原来当过登山队的司机。还有一个是与北京武警部队合作，建立野外训练救营地。这些项目都因为312被停止了。红林谷项目是将木本植物、灌木等换成枫叶和红叶。灌木几年就长成。通过政府项目办，又找过市发改委，最后确定这个红林谷项目。最后市规划局没有批准。如果得到规划局批准，这个项目就可以实施。（摘自与王雅君的访谈笔录）

在人们对312征地的巨额补偿满怀欣喜并期待再征地时，也有村民对征地保持着清醒的认识：

要是让我选择，我肯定选择土地，不要钱。312占地从长远说，使村子没有大发展了。如果不是312占地，而是建了动物园之类的，村里就得益了：看园子的，看动物的，得用我们的人。现在312占地，不用我们的人，就业问题解决不了，村里的剩余劳动力解决不了。我的观点是312占地不是好事，但这是国家工程，得支持。312占地的收益是一次性的，以后村里的经济发展就会受到制约，从长远看这是个弊端。桥梓还有国际打靶厂，发展也受到影响。（摘自与丁学玉的访谈笔录）

（二）土地、水利等资源稀缺

由于国家实行严格的耕地保护制度，土地使用性质不能改变。

红林村地域面积狭小，建设用地非常有限。随着建设用地越来越少，土地管理越来越严格，目前红林村的土地只能从事养殖业和种植业。

> 怀柔的虹鳟鱼一条沟原来都是林地，属于违法建筑。现在形成了规模，也只能任其发展。我是镇人大代表，联合区里的代表上报这个问题，要求在路边搞开发，得到的回复是土地使用性质改变不了，只能维持现状。(摘自与王雅君的访谈笔录)

红林村引进的项目需要满足以下条件：①环保。②所投入的资金要用于农林基础设施建设。③占用个人土地或林地需要给予补偿。④土地使用性质不变。林地等同于耕地，要去市国土资源局办理手续。

水资源匮乏也是制约红林村发展的一大因素。红林村没有地表水，灌溉用水及饮用水都使用地下水。由于过度使用，地下水在不断减少，打井的深度也在不断提升，目前不用说灌溉缺乏水，即使生活用水也时常遇到困难。

> 今年（2012 年）村里遇到过没水吃的时候。我找人将管道往下续了十多米，才接到水。目前解决吃水问题就是打井，往深的地方打。我准备 2013 年申请打 400 米的井。312 的井就是 400 米。(摘自与王雅君的访谈笔录)

在红林村附近的村镇，各类农家院、度假村、采摘园星罗棋布，应有尽有；怀沙河、怀九河两岸更是被广为利用，用栏杆围起来就收费。尽管游人不如城里多，但每个园区都有人光顾，生意也算兴隆。这些村庄普遍的特点是有山有水，人们对山水的追崇催热了乡村游，为农民开辟了一条生财之道。红林村的最大弱势是缺水，有山没水，缺少水绕青山的灵气，从而制约了乡村游的发展。有人曾提议，使用井水在村庄建设循环水景观，带动村庄旅游业发展。但是，村庄吃水都曾出现问题，又怎能建设如此耗水的景观？

一直以来，红林村村民用水免费。近年来，村里安装了水表，并规定每人每月用水量 1 立方之内免费，超过 1 立方则收费。但“村民用水少有超过这个数的，村里也没有收取过超额用水费”。与此同时，机井运行的电费由村里统一支付。由此造成一个事实：村民仍然免费用水。免费用水造成了水资源的浪费。2015 年，村里决定按照每户水表的计量收取水费。

二　土地承包中存在的问题

（一）无地农户

1983 年开始实行家庭承包制时，承包户不仅要上缴农业税，还要缴纳集体提留，且有土地承包期限，承包到期后还要调整。一些农户经过权衡，决定放弃承包。但取消农业税和集体提留后，情况就发生了变化，“种地不仅不交钱，还可以拿种粮补贴”，没有承包土地的农民明显感觉自己利益受损：

> 我们家没有果树。解体时，我当时家里孩子小，没人看，就没要果树。反正三年一调整，以后再说。结果也没调整。（摘自与丁学安妻子的访谈笔录）

没有承包土地的农户，对土地延包心存不满，在之后的巨额占地补偿时，心理更是不平衡。红林村在 312 占地后，村民的财富分层发生了变化，被占地户迅速富裕起来，无地或地少农户则经济条件没有得到显著改善。

> 1951 年出生，1972 年初中毕业，毕业后就当兵去了，

1977 年复员后开始在水泥厂上班，现在退休在家待着。我的户口不在咱们村，我一直在外面，退休没几年，现在就在家弄弄外面的地。开始分树时，我们家没要。本来有老伴的树，但没要。现在就有一亩多点口粮地，还被人家种树给遮住了，没法种地。老伴也在家待着。现在靠退休金生活。（摘自与丁志勤的访谈笔录）

但村庄中也有另一种声音：

包地时是抓阄，有人怕弄不了，不抓，都是央求他们抓，还有的抓完后给别人了，这些都是脑子好使的，怕受累的。南边占地后，弄得人心惶惶，看到别人拿到钱，就生气、埋怨。（摘自与丁学纯的访谈笔录）

处境不同，思考问题的方式也就不同。无地或地少农户寄希望于30 年后的土地调整。按照土地承包合同，2028 年是30 年期限的截止期，届时，承包土地该如何处置，有地的和无地的农户都在观望和盘算。

（二）土地纠纷

土地承包到户后，农户对土地的态度有个转变的过程。承包初期，由于要交各项提留和集体积累，一些农户不愿承包土地，或者即使承包了土地也没有将其当回事，土地随意交给亲友经营和管理，只有简单的口头协议，地界也很模糊，从而为以后的纷争埋下了伏笔。

土地纠纷主要涉及地界和经营权之争。

地界之争是土地承包中经常遇到的，一般发生在邻里之间。通常的解决办法都是找来当时分地的干部，通过村委会调节解决。每年村委会都要解决几次地界纠纷。也有两三次村委会调解未成功，通过法院起诉解决的。

地界之争往往裹挟着表层化的逻辑解释：

> 我在地边种花椒，靠近他的核桃树，但每次长出小苗后就被毁了。今年又长出小苗，他竟用除草剂给除掉了。去找他讲理，他竟说会妨碍他拣核桃。我是在我这边种怎么会妨碍到他了？他又赔礼说以后管你吃花椒。我说我不只吃花椒，还吃花椒苗呢！如果不被毁，现在花椒树就会长大了。

如果树苗长大，这块地就形成了事实占有，而没有长大，这块地就随时有被侵占的危险，尤其是在茂盛的核桃树旁。随着核桃树枝繁叶茂，它所需要的生长空间也在不断增大，有向旁边扩展的主观（主人）和客观（大树本身）需要。或者说得更直白些，树的主人和树本身都有向外扩展的需求。这也是引起纠纷的缘由。表面上是栽种树木，吃果实，实际上是领地的争夺、财产的争夺。

栗子树或核桃树是占地的首选树种，村民之间经常由于栽种栗子树和核桃树或树苗被拔而发生争执。争执双方心知肚明：栗子树或核桃树长大后对于主人来说就牢牢地占住了这块领地，而对于邻近树木则形成一种威胁：它既可以抑制对方树木的生长，也可以阻止对方树木对自己领地的入侵。栗子树或核桃树的生长潜力很大，所需空间很广，它的枝叶可以铺天盖地，在夏季可以形成一大片阴凉，树底下的杂草、小树很难生存。也正是由于这一特点，它才成为村民占据领地的首选树种。

经营权之争一般发生在亲友之间。由于当初处置土地时没有书面协议，转让的是经营权还是管理权，在面对巨额占地补偿时，争执双方各执一词，毫不相让。是否拥有土地经营权直接关涉补偿款的归属。“承包合同上写的是我的名字，占地补偿款就应该归我”；而另一方却认为：你当时说这树给我了，这树多年来都是我管的，很多树都是我种的，凭什么补偿款要给你?!

经营权之争一般的解决途径是要求当事人尽可能找到当初处置土地时的证人，协商解决。协商不成，则通过法律途径解决。

> 二期征地中，有兄弟俩土地承包权没变更，只是口头协议，打了两年官司。原来是荒山，1999 年时不要协议，有证人。补偿 100 多万，各执一词，312 等不得了，最后按 4.5：5.5 分配，实际管理者占大头。（摘自与丁学友的访谈笔录）

（三）土地流转艰难

延长土地承包期、粮食直补、取消农业税费等一系列重大惠农政策的出台，改变了人们对土地的态度，土地得到了一定程度的重视。312 几次征地，使人们对土地的预期达到巅峰：拥有土地，就意味着有朝一日将会有巨额回报。由于对土地寄予厚望，村民往往对土地要价很高，使得土地流转在红林村十分艰难。与红林村同处一个镇的峪口村，耕地由集体统一收回，统一出租种植葡萄，每亩租金 500 元。按照当初所签订的协议，葡萄园用工要优先使用本村村民，每天工钱 100 元。葡萄园已经经营了三四年，村民受益颇多，既能拿到租金，又有工钱。而这样的故事，红林村只能是听听，一些村民流露出羡慕的神情，但很难在本村发生。

> 我是想有自己的几百亩庄园，想干什么就干什么，但各方面条件约束，最后自己都没弄成。这个村都是以丘陵山地为主，要是百十亩平地，那就好发展了。咱村的地不好租，租地价格太高了。一米一棵树，为了占地多点补偿，太密了！我是想发展，种树间距肯定大，所以没法租地。很多人种树都是为了占地补偿，而不为摘果。（摘自与丁学玉的访谈笔录）

三　农业经营存在的问题

对于农业经营存在的问题，村两委成员丁志明有过比较概括的陈述：

> 这里不是平原，没法机械化。水的问题解决不了，井太少，就北边一口井负责灌溉，剩下的两口井是吃水的，公路东面和南面的地都无法灌溉，只能是继续打井，再铺设管子解决问题。上山的路也是土路，没法修，不像平原。山区不便于修路。耕地少，每人合半亩地；林子多，但存在灌溉问题。原来有一个五小工程（小塘坝、小水库、小节流、小蓄水池等），当时修一个给5000元。现在没有了。林业也是靠天吃饭，有些树的病不好治，比如枣疯病，上面来人也解决不了，不结枣，还传染。

根据笔者的调查，红林村的农业经营存在的问题可以概括为以下几个方面：

（一）农业经营效益低下

红林村的农业产业主要是林果业和种植业。林果业劳动投入较大，果树管理、采摘等，需要较多劳力，而果品的价格又经常波动，近年来水果价格持续走低，村民往往忙碌一年，并没有多少收益。

以果品为主产的村庄与以粮食为主产的村庄介入市场的程度及受市场的影响大不相同。果品生产是完全市场导向的，几乎不存在家庭消费，也难以储存。当年的市场价格，完全可以左右一个家庭的经济命运。粮食耐储存，可以自己食用，也可以待价而沽，国家还有保护价，价格始终往上走，而果品却不然，烂在地里屡见不鲜。

柿子该摘了，找人摘，还不给工钱，结果卖了200元。五毛钱一斤柿子，雇人摘柿子还不够回本的！现在雇人一天100元，还负责中午饭。杏，我家这几年都没出钱。今年一筐给5块钱拿走。将来咱们村的树都荒了。现在没有人到这边来收，自己去卖还有交通管制，有时候还被罚钱。（摘自与丁志红的访谈笔录）

（我的）树管理得好，村里不是第一，也是前几名。该浇地浇地，该打药打药。今年杏没收成，枣只卖了1千元，栗子卖了5000元，棒子2000元。不够花。添点老本，用于人情往来。（摘自与孟秋华的访谈笔录）

村里的果树赚不着钱。自己卖不容易。一渡河今年有一个人，骑车去铁路社区卖东西，出事了。杏不容易存放，放不了几天。核桃树去年下大雪好多都冻死了。（摘自与尚书龄的访谈笔录）

我全年都在弄树，一年下来收入才四五千元，还没扣除化肥、农药开支。让两个儿子和一个侄子收果，我出车拉出去卖，答应卖果的钱给他们。他们情绪高涨，忙活了半天收完果。我卖完果后一算账，每人才十几元钱。哥叁说以后再也不干了。他们也知道了赚钱不容易。（摘自与丁富源的访谈笔录）

红林村的柿子、杏、李子、红果等鲜果，时常烂在地里，更有大量果树因无人管理而处于绝收的境地。还有一些果树，因疏于管理导致患病难坐果：看着一棵棵茂盛的核桃树结满果实，但果实在成熟前却纷纷掉落，若不及时清理，树下将堆满未成熟的绿皮核桃；尽管远远看去，红枣挂在树上，但实际上它早已风干。据村民介绍，枣树从春到秋需打药四五次才能有收获。当初承包时，为示平均，果树都是按品种、按棵数分下去的，一小片果树会归属几家，不便管理也是导致人们对果树不上心的一个原因。

但是，最终原因还是由于没人收购，销路不畅。

红林村大多数农户的果品属于散生杂果，桃、杏、李子、核桃、栗子、大枣、红果、柿子等，种类繁多，但每种果品规模都较小，且各种品种掺杂其中。由于没有形成规模，果品成熟时节，前来收购的商贩也较少。在一些果品专业村，例如九渡河镇和渤海镇的板栗，均有农民专业合作组织帮助农户销售果品。桥梓镇尽管也有大枣专业合作社，但也主要是收购合作社所在地东凤山村的大枣，由此也遭到果农的诟病。

红林村种植业规模较小，有限的耕地主要用于种植玉米。由于地块零散，无法使用机械，耕种与收割完全靠人力，劳动投入量较大。由于每户玉米产量较小，没有形成规模，都是等待小贩前来收购，而小贩往往将价格压得很低，农民获益有限。

（二）农业经营面临灌溉问题

红林村没有地表水，农业灌溉均需地下水。地下水灌溉面临两大难题：一是灌溉设施的投入巨大；二是地下水的过度开采。

生产大队时期，红林村曾投入人力物力，修渠引水，解决农业灌溉问题。家庭承包制后，灌溉设施疏于维护，破损严重。近年来，国家加大对农业的投入，通过项目申报等方式，可以获得农业灌溉项目支持。但项目支持往往要求配套资金，村庄要拿出一部分资金，而需要村庄出资的项目，很难在村民代表会上通过。即使不需要村庄出配套资金，但由于农业灌溉需要占用土地，而被占地农户往往要求占地补偿，这又涉及村庄出资问题，由此便陷入僵局。红林村很多林地没有灌溉设施，完全靠“老天关照”。风调雨顺，则丰收在即；干旱少雨，则歉收减产。即使有灌溉设施的土地，由于使用地下水灌溉耗电量大、成本很高，也往往弃而不用。

今年的杏都落地了，都没怎么收。我找了一个新发地的收购商，人家来村里说杏的质量不行。农业用水、用电得给扶持一下。咱们这好多管道是建了，但好多都没有办法用，大队也出不了钱去维修。财政也拨不了款。虽然机井和管道都有了，但不是家家都浇水，水费价格高。如果全村都用，大队也掏不出这个钱。现在上面都是扶持大的。（摘自与丁学玉的访谈笔录）

（三）农业经营后继乏人

红林村专职从事农业的一般都是50岁以上的中老年人，四五十岁的中年人一般是工作之余兼营农业。年轻人没有从事农业生产的，他们大部分时间是在学习或工作，没有时间也没有兴趣从事农业经营。红林村农业经营面临着后继乏人问题。

没时间弄树。我们这一代人都没有会弄树的。种地5000元年收入，连学费都交不起。我上班每月3000元。（摘自与丁龙的访谈笔录）

村里的地和树比较分散，不管是开发还是其他经营都不太好管理。我现在这个年龄的村民大约十多个，年龄大的干不了果园里的活，下一代人都外出打工，所以土地和果园将来很难说。村里的红果剩得不多，栗子、核桃都不算多。大枣多一些，目前不死不活的感觉。（摘自与丁志会的访谈笔录）

四　老龄化问题

在本书第三章“人口与就业”中，笔者对红林村的人口结构有过分析。2012年，红林村60岁以上老人占总人口的21.6%，其中，70岁以上老人占7.6%，80岁以上老人占1.9%，人口最高年龄为93岁。随着20世纪50—60年代人口高峰时期出生人口逐渐进入老年，人口老龄化问题将日益突出。2012 年，红林村 51—60 岁人口占总人口比例为 22%，这也就意味着，如果不考虑其他因素，未来十年，红林村 60 岁以上老人将占总人口的 40% 以上。

红林村的老年人有以下几种生活类型：①老夫妻独立生活；②在儿子家轮流居住；③一人独立生活。只要老夫妻双方健在，且能生活自理，一般都独立生活。当老夫妻中有一方去世，尤其是妻子去世后，剩下的一方多在儿子家轮流居住。也有生活自理能力较强的老人，在老伴去世后仍独立生活。不论哪种生活类型，老人都属于村庄的弱势人群。尽管老人都享有不同程度的退休金及各类补贴，也有医疗保险，但日常的照料和精神慰藉还主要依靠子女，尤其是靠生活在村庄中的儿子。但如果儿子不能体贴孝顺，则老人的生活将很艰难。村庄现在还没有建立起诸如老人餐桌、托老所之类的场所，一些老人的生活已很艰难。

笔者访谈的一位老人，80 岁，早年丧妻，一直独立生活，自己做饭，拒绝轮养。米面炊具均在卧室，厨房里除了煤气罐、灶台，无其他用具。房子很旧，用炉子取暖。

> 来时老人正在做饭，豆腐是上顿做的，这次又热了一下，馒头是前几天从街上买的。屋里生着炉子，既可以取暖，又可以做饭，所用的煤是小贩送来的。小贩信息很灵，知道谁家用煤。第二天来时，吃的仍然是豆腐、馒头，是前一天剩的，准确地说是前几天剩的。（摘自 2014 年 3 月 22 日《红林村调研日记》）

第二节　红林村的可持续发展

红林村所存在的问题，既有中国所有村庄所面临的共性问题，例如土地承包中所存在的问题，林业经营所存在的问题以及老龄化问题等，也有红林村所特有的问题，例如发展的制约因素，前述章节所涉及的征地所引发的问题等。共性问题的解决寄希望于他方的经验，特有问题的解决则需要挖掘潜力，发挥自身的主观能动性。

一　生态涵养：发展的主基调

2005年初国务院批准的《北京城市总体规划（2004—2020）》，将北京市所辖区县划分为四大功能区：首都功能核心区、城市功能拓展区、城市发展新区和生态涵养发展区，并赋予不同类型区域差异化的发展目标和发展路径。怀柔区的功能定位为生态涵养发展区，承担着北京水源保护、生态涵养和绿色屏障的重任。

生态涵养区的产业发展方向是以“绿色农业”“生态工业”和“休闲旅游业”等为特色的生态经济体系。在对产业发展进行限制和规范的同时，政府还对生态涵养区制定了生态补偿制度和经济援助政策，明确了“养山就业，规范补偿，以工代补，建管结合”的方针，对生态林予以补偿，并且设置生态林管护员公益性岗位，最初每个岗位每月400元，2009年提升至440元，并确定今后每三年提高10%。与此同时，对生态涵养区的基础教育、公共卫生、农村公路、社会保障等公共事业进行转移支付，从而保障生态涵养区社会事业的全面发展。

红林村作为北京市水源保护区，也必然是围绕生态涵养这一主基调设定发展目标，由以前的“靠山吃山”向“养山就业”转变。目前，红林村每年每人可以得到生态公益林补偿款500元，护林员每月工资500元，森林抚育期间的劳务费每人每天100元。随着政府对生态涵养区补偿和资助力度的加大，这些收入会不断提升。而这些收入的获取均是以本地区生态环境得以有效维护为前提，因此，加强对生态公益林的维护和抚育，使其有效发挥生态涵养和绿色屏障功能，才能使“生态发展，绿岗就业”得以永续。

有资料显示，一些发达国家，例如瑞士，有95%的农户通过参加“生态工程”来获得政府的补贴，这种补贴已占农户经济收入的40%，山区农户则占一半以上。中国政府和人民已越来越意识到生态保护的重要，可以预计，随着中国经济实力的增强，对生态涵养区的补偿力度将会越来越大。

二　休闲旅游：蕴含潜在生机的特色产业

休闲旅游是为了获得健康愉悦体验的旅游，通常是家人或好友、同事一起，到离居住地比较近的接近大自然的地方轻松度假，追求的是心灵上的彻底放松。这种放松，完全有别于日常的工作节奏，是一个身心的调整过程。随着市民空闲的增多、公共交通的便捷和私家车拥有量的增加，人们对休闲旅游的需求也会不断增多。

北京郊区是北京市民休闲旅游的主要场所。景色优美、有山有水的乡村获得了人们的青睐，果品专业村在果品成熟期游人也纷至沓来。而红林村没有旅游景点，有山但缺水，有果品但没形成规模。红林村的发展需要找寻自身的特色。特色就是优势，就是资源和生命力。

在传统的发展方式遭遇瓶颈时，只有以特色才能赢得发展空间。在红林村，有许多房屋空置，有大量的时令鲜果因无人采收而烂在地里，而与此同时，市民们对乡村生活、果品采摘的向往却与日俱增。如果能将红林村的资源调动起来，与市民的需求相对接，这便会形成红林村的特色产业——休闲旅游。

红林村村域内的远山属于生态公益林区，而近山则是散生杂果区，各种干鲜果品多达十几种，一年四季，除了冬季，三季均有花果，且连绵不断，是发展休闲旅游的绝佳场所，这也是花果专业村所无法比拟的。例如，板栗专业村，只是在板栗花开和板栗成熟时节才能吸引游人，而红林村的杂果，每一种果品的花期和成熟期都可以招来客人。目前存在的问题是：各户分散经营，一点点，一片片，没有组织起来，形成拳头产品。尽管村庄有几个采摘园，果品也很雷同，但互不通气，信息难以共享，只是依靠自己的家人，客源也只限于自己的朋友圈和人脉。如果能将农户组织起来，形成合力，统一对外宣传，打造红林村品牌，红林村的杂果林就将成为吸引市民纷至沓来的“百果园”。

红林村半年以上空置的宅院有30多处，一年以上空置的宅院有十多处，至于农户自住之外的空闲房屋则更是不计其数，这些都可以为村庄发展旅游业提供配套服务。将旅游休闲与健身、养老、居住以及种养殖、采收等融为一体，综合经营，将是红林村发展的新的增长点。

对于村庄利用自身的优势资源发展旅游业，不少村民也都表示认同，但同时也提出了发展的难点：

> 农业不赚钱。粮食、果品等，人家出多少钱就多少钱，化肥要100元一袋也得买。咱们村也就是靠旅游能发展起来，靠山吃山，靠水吃水。这村有山，可以像香山那样，发展旅游。（摘自与丁志坚的访谈笔录）

> 2006年，自己借钱做商标。曾和大队干部说要做品牌，咱们村以水果为主，打出品牌，提高知名度，产生效益，水果知名度打开了，接着走观光旅游路线。咱们村有这样想法的也还不少，咱们村也有这个有利条件：村子只有一个出口，本来可以圈起来，发展旅游业。但设想谁都会，实施比较难。现在村里的经济不行。村里的发展，要么就等开发商来开发，要么就等国家来扶持，咱们村自己发展不了。312占地款按人头分了一部分，大队还有点贷款给还了，还有点其他开支，现在已经没钱了。（摘自与丁学玉的访谈笔录）

红林村发展旅游业，可以考虑依靠多元化的投资主体，可以是农户自营、联营、以合作社的方式经营，也可以吸收社会资本参与。由于312工程，村民获得了较多的经济补偿，有一定量资金，这些都是有利条件。红林村的自然生态环境所蕴藏的商机对社会力量具有很强的吸引力。而社会力量的加入，不仅会带来充裕的资金，更会带来先进的理念和经营方式。

三 生态养殖：回归自然的养殖方式

生态养殖是运用生态学原理，保护生物多样性，合理利用多种资源，使所养畜禽在自然生态环境中按照自身的规律自然地生长，从而生产出品质高、口感好的畜禽产品。生态养殖不是人为地制造生长环境，用生长剂使畜禽违反自身生长规律而快速生长。在生态养殖下，畜禽是在无污染的自然生态环境下，有比较大的天然的活动场所，自由活动，自由采食，自由饮水，自然地生长。

生态养鸡在红林村有着广阔的发展前景。红林村地处丘陵地带，山林面积广大，属于北京水源保护区，自然环境优越，为生态养鸡创造了条件。山场散生果林丰富，林下生长着各类野菜和中草药，将果林围起来就是天然的养鸡场。落果、野菜、草籽、昆虫等为鸡提供了优质饲料，到处生长的苦麻、马齿苋等中草药不仅可以治疗鸡病，而且可以增强鸡的免疫力；鸡啄食地面或树皮中的昆虫，可以防治果树病虫害，啄食杂草，可以减少除草剂的使用；鸡粪则为果树生长提供了优质肥料。生态养殖的禽蛋产品，纯天然，无污染，质量上乘，不仅可以满足市民高品质的消费需求，而且可以进一步带动村庄旅游业的发展。

对于红林村的生态养鸡，已有村民看到了其中的机会：

> 咱们这空气好，山场大，疾病少，把树园子圈起来就可以养鸡。咱们村有树有地，发展养殖业还是比较好的。村里现在有了药材项目，还要看效益如何。咱村人别提种地，简单的效

益高的项目还行得通。(摘自与丁海洋的访谈笔录)

已有村民捷足先登，进行过生态养鸡的尝试。例如，村民丁志会曾在2000年前后在山里尝试养殖鸡、鸭、鹅等上千只，丁学玉也在其经营的“绿色红林采摘园”饲养了一些家禽。而规模较大的要属范家村生态农场，它无疑为红林村开展生态养殖引领了方向。

四 回归田园：为乡村发展注入活力

红林村在20世纪70年代人口达到峰值，最多为360多人，之后，由于升学、外出务工经商、定居城镇等，人口不断减少。2012年红林村统计人口在264人。尽管统计人口为260多人，但村庄常住人口并没有这么多人。据笔者调查，有20%以上的人未在村中居住，近三分之一的人在村中居住时间不足半年，在村中住半年以上的占68%，只有65%的人全年在村中居住。常住人口不断减少也就预示着村庄在不断走向萧条。

值得欣喜的是，随着新农村建设的推进，红林村的基础设施不断得到改善，村庄整洁，加之自然环境优美，交通便利，吸引了一些已经离开村庄的人们回归故里。在这些人中，有城乡两栖居住者，有将自己的业务移至村庄者，更有多人做好了退休后或年老时返乡的准备。

早些时候卖菜，做生意，赚了些钱，盖了这些房子。县里还有房，两边跑。不会放弃这里的，这里是根，指着它养老。(摘自与丁志海的访谈笔录)

我现在户口还在村里，这有房，但基本不住这了。将来打算还回来，不在县里住，还是得回自己村住，自己家多好，还是这村的人。现在农村也不像过去，交通方便、吃水方便、街

道干净、空气干净、可以种点小菜什么的。（摘自与丁海洋的访谈笔录）

不断有人回归故里，在村庄生活和劳作，为已趋萧条的村庄聚集了人气。但是，本乡本土的人士回归毕竟有限，如果村庄能够打开大门，向社会开放，将会吸引更多的人回归田园，为村庄发展注入活力。在这方面，日本的扶持人口定居产业和韩国的“归农·归村”事业会给我们带来很多启示。

近年来，日本为了推动山区经济的发展，在山区大力开展扶持人口定居产业。为了使这一产业顺利实施，日本首先推动取消对农村土地利用规划的法律限制。1998 年，在农林口国会议员的动议下，日本国会制定了《关于促进优良田园住宅法律》，明确规定，为了国民能过上健康富裕的生活，必须促进在农山村地区建设优良田园住宅。所谓优良田园住宅，指的是在农山村地区和城市郊区等地建设的有良好自然环境的别墅建筑、占地面积在 300 平方米以上、建筑面积在 30% 以下、容积率在 50% 以下、楼层 3 层以下的住宅。法律还明确要求地方政府有义务帮助农民取得建筑用地的许可。人口在山区定居，不仅推动了山区的建筑和地产业，促进了山区经济的发展，还有利于克服山区的人口流失问题。

不妨近距离考察日本的扶持人口定居产业。北海道旭川市第一个根据上述法律实施的建设项目是旭川市江丹别町岚山地区 116 号之一和之七的“田园山丘岚山”项目。该项目的建筑分为三种类型，即田园通勤型、自然游住型和休闲式退休生活住宅。田园通勤型和自然游住型是分别为城市上班族定制的郊区别墅住宅和远郊度假别墅，而休闲式退休生活住宅则是为退休者定制的永久居住式乡村别墅。这些山村房地产的开发，为北海道人口的保持和当地农民的经济收入带来了可靠的保障，也为当地山区构造了新的人文和自然景观，从而提升了山村自然环境对人类的意义和自身的价值。[①]

韩国的“归农·归村”事业涉及的是一种劳动力转移政策，它不仅给想要到农村生活或从事农业生产经营的人一个机会，而且保障了农业的后继劳动力。所谓“归农”，就是从农村以外的地区移居到农村，直接或间接地从事农业经营活动；所谓“归村”，就是从事非农业者移居到农村的一种生活方式。通过“归农·归村”事业的运作，归农者既能从事农业生产经营活动，又能在环境优美的乡村定居生活，使人口不断减少的农村恢复活力。

随着韩国50岁以上的城市居民“移都向村”现象不断增多，韩国政府自2009年开始，先后出台相关政策以推动“归农·归村”事业的发展。2009年4月出台《“归农·归村”综合对策》，2009年5月出台《2009年度“归农·归村”定居补助事业方针》，对“归农·归村”者在农业创业、购买或新建宅基地、房屋修理或装修、归农者教育培训、“归农·归村”咨询服务等方面给予财政支持。

韩国政府并没有在全国所有地区实施“归农·归村”事业。以江原道为例，只有华川郡和襄阳郡实施了“归农·归村”事业。其中，襄阳郡对城市居民移居可能性较高的地区建立专门机构，即“都市民维持支援中心”，实施信息采集、发布和管理的“一站式”服务。

在政府、“归农·归村”者以及各类组织的共同努力下，韩国“归农·归村”事业发展迅速。到2012年，“归农·归村”家庭数为2.7万户，呈现出中老年“归农·归村”者居多的态势。随着“归农·归村”者的增多，农村土地撂荒现象明显减少，农业生产得到恢复。[②]

---

① 参见周维宏《日本山区经济发展初探》，载北京市哲学社会科学规划办公室等《北京新农村建设研究报告2010》，中国农业出版社2011年版。

② 参见金光春《韩国“归农·归村”事业对中国“谁来种田”的启示》，《世界农业》2014年第10期。

日本和韩国有相当一部分人之所以选择到农村定居，其原因一是由于城市环境污染，许多市民尤其是一些退休者向往自然环境良好的农村，愿意在农村生活。二是由于城市生活压力较大，就业难，促使一部分市民去农村定居。三是由于农村不仅环境宜居，而且交通及通信设施等均很发达，在生活上与居住在城市一样方便。

由于向往城市生活，许多农村人口选择向城市迁移；由于向往田园生活，许多市民选择在农村定居。在何处定居和生活，本来应该是自由选择的结果，而在中国却设置了各种限制条件。新中国初期形成的城乡二元体制，以农业户口和非农业户口形式设置了城乡之间尤其是农村人口向城市流动的篱笆；在目前中国城镇化加速推进、户籍色彩逐渐淡化、农民进城障碍不断消除之时，市民向乡村的迁移却遭遇阻碍。现行法律禁止市民在乡村买房，至于在乡村建房则更是无从谈起。

随着农业劳动力向城市流入，农业劳动力匮乏现象凸显。我们一方面发出“谁来种地”的呼唤，一方面却阻碍城市居民到乡村定居生活。对田园生活的向往，城市就业的压力，往昔的“知青”情结，等等，都在焕发市民到乡村生活、定居以及从事农业的热情。至于想利用节假日来乡村度假者更是不计其数。

在城镇化高度发达的国家，例如美国和日本，从事农业生产的人分别只有3%和4%，但20%以上的人口居住在农村。在德国，绝大多数人工作在城市，却有40%的人口居住在农村。城镇化的目的不是一味地减少农村人口，而是要提升人们的幸福指数。当在乡村生活成为人们的向往时，不应以“逆城市化”为名阻碍人们对乡土的回归。开放的社会应该允许人们有多元选择：通过城镇化，使一部分农民向城镇转移，与此同时，在交通便捷、环境宜居的乡村加强基础设施建设，提升公共服务水平，使热爱田园生活的农民和市民能以自己喜欢的方式在农村安居乐业。

第二部分
个案访谈

个案1　我当干部时期，粮食交给国家，同时还要保证村里人吃饱

访谈对象：丁学纯，1932年生，20世纪50年代就开始在村里当干部，思路很清晰，身体很硬朗。

“劈柴劈小头，问路问老头”。老头知道得多啊！

咱们村的人最早是陕西洪峒县姓丁的人家迁来的，比哈尔布武墓还早。哈尔布武墓地迁来后，此后迁来的人家都叫坟奴。哈尔布武墓那有六个大坟头，坟头挖下去，可以找到金银财宝，为此盗墓者络绎不绝，把能卖的值钱的东西都拿走了。后来铲掉为了修水池子。

解放之前，哈尔布武的后人每年清明都来红林村上坟，并请全村村民吃一顿，这是我爷爷辈的事情了，我爸爸没有赶上。一个山头一个坟，都是当官的坟。两个碑是哈尔布武的墓地，“文化大革命”时，一个墓碑给毁了。

听老人说，红林村曾有一姓宋的人家，现在姓宋的人家的坟头都没了，父亲姓宫，儿子姓宋，孙子姓李，这家人都搬走了。日本时期（指抗日战争时期——笔者注），岭西搬下来一家姓黄的人家。八路军开始都在山上住，后来人数多起来时就开始住在村里。以前共产党通常去一户人家，但不住农户家里，最后无声无息地就走了。在我十来岁时，也就是日本时期，西坟保长也就是红林村保长曾接到日本命令说要让岭西农民搬下来，因此才有当时住在岭西的人往村里搬的事情。

在我六七岁时，爷爷供我读书，在岐庄读书。同学都十好几，还有与老师同岁的，十几个人中，我岁数最小。学校是三村办的，在庙里的两间耳房里，谁去读书谁家出钱。只读了一年，因奶奶给定亲，赌气不去了。后来在西坟由5家雇一个本家太爷教书，在一个土屋里，坐在炕桌旁念书。5个学生中我还是最小，其他学生比我大六七岁，还有大十岁的。读百家姓、弟子规等。三年后，日本开始讨伐，回家了。

日本时期，在岐庄一个盐店（已停业）上学，老师是上面派来的，学生有40多个。有课本了，国语、常识、数学、修身四本。一次，两村学生打架，我岁数小，打不过，迟到了，我村十来个孩子都被罚跪。老师让起来，其他人都起来了，我不起来。为啥让我跪？得说道说道。要跪都跪！

1946—1947年，村里在一个空房子里办学，请一个牛栏山学校（在北京顺义）毕业的先生讲课，也就是老地主的孙子，也是家族的大叔，费用由学生家摊。当时有一俗语：儿子上学，家里抱瓢（抱瓢指讨饭）。学的内容有：编剧词、演话剧，每星期讲一次聊斋，一天写一篇日记，三天交两篇文章。先生经常领着出去溜达，回来后，该写的写，该夸的夸。我的知识都是从那时学的。1947年先生被处死了。

以后就乱了，敌人讨伐，住在山上。

1948年正月十一大讨伐。早晨天没亮敌人就围了整个村。听到枪响，拉着马就跑，子弹在脚底下乱飞。我放下马跑也没跑了，就躲在小河沟里，子弹在头上飞。之后，爷爷带我去北京一个布厂当学徒。当时，北京正围城，掌柜的带着金条从沈阳坐飞机来京，买了三四个四合院，相中我，让我漂线，每天小米窝头，掺点白面，一周一次牛肉炖茄子。后来没肉了，面也难以下咽，菜也少了，只有芹菜。六个月以后，在北京东便门坐火车至顺义，走到桃山我奶奶的娘家。当时西坟是无人区，不敢回。

1949 年，东北野战军开来，在西坟住。那天下大雪，我们和军队的孩子在炕上睡，战士们在地上一个挨一个睡，每家都是这样。

北京围而不打，就那么围着，谁打谁就是历史的罪人。我们的军队有粮有水有吃的，敌人没有。我亲眼看到部队骑着马奔跑，还在岐庄停留休息，抓到一个国民党团长，让大家参观。

无人区时期，村里人不怕什么天寒地冻、吃不上穿不暖之类的事，就怕死。那时唯一的目标就是为了保命。

我 13 岁时就开始送公粮、送军鞋，村里的好劳力去抬担架，青年人去当兵，村里有民兵，有中队长。解放时西坟有一个小学，1—4 年级，属于复式班，只有一个老师，教完一个年级再教另一个年级。1958 年以后学校集中到岐庄，高小以后到茶坞。

解放之前有地主、富农、中农和上中农、赤农、贫农等。红林村的地主只有一户，中农比较多。土改时期开始分地，土地法大纲时分地又是一回事，二者不同。土改时是在一个村里分配房屋和土地，土地法大纲时是在全县范围内按人平均分配土地。有人口多、土地多而劳动力少的，又有劳动力多土地少的，在一起成立互助组，我大爷丁克成曾任互助组组长。丁克成读过私塾，公社时期负责食堂管理，后来当生产队饲养员。

互助组时期，我不到二十岁，没有当什么职务。初级社是自愿入社，好多人入社，后来又退了，最初初级社有 20 多家，后来只剩下 12 家。当时当兵转业回来的丁学青任初级社社长，社长全管，我是队长，带领劳动力干活。

那时军属由村里出钱，家里有困难、寡母等，都由生产队管。当时干部有权，但不好干：男女老少、身体强弱，干什么活，都要安排好，要让每个人都有饭吃。不好干着呢！

军属说话很有分量。那时红林村卖余粮，岐庄亏粮。管理区让西坟直接将余粮给岐庄。丁克会，80 多岁，坚决反对，管理区最后决定从其他村调。贫协主任当时说话是很占地方的，由于来村时间不长，不知土地边界，被别村占去了，老军属指责道："这是我牙缝里省出的钱置的地，你给丢了！"这村山场大，看不过来。

1954 年成立的初级社，由于搞得好，第二年都入了社。村里只有一个初级社。1956 年三个村成立高级社，山场、果树都入了社，粮食都放在岐庄粮库——一个大四合院里。高级社时没个人之说，自留地、小菜园，都被割资本主义尾巴；牲口作价，说是逐年归还，最后在公社时期以储备金形式全部归还。初级社时四六分成，地四劳六；高级社按劳取酬。

初级社、高级社都有章程，由干部起草制定，大家讨论补充。大队曾有一个屋子存放材料，但最后被盗了，是在第一拨知青来的时候。

1958 年人民公社运动，在全县范围内吃食堂，到哪都可以吃，共产主义嘛！后来粮食不够吃，一个劳动力原粮才 28 斤。那时当干部很难，让干吧，大家躺着懒得动弹，不理你，难啊！

彭真没架子。1959 年吃食堂时，来一渡河蹲点，路上碰到我拉石头垒猪圈，便坐下来与我聊天，问我拉石头干什么，食堂吃得怎么样，等等，真随便！勤务兵介绍这是彭真市长。

吃食堂时，吃不饱，让开四边地（河边、路边、山边、村边），归自己，全村都开。本来国家粮食就缺，还要还外债。我家开了不少，有粮吃了，还能借给村民一点。人跟人不一样，有的宁可挨饿也不愿干活，我们称作"二懒子"。

丁学青当初级社社长一年，第二年不当社长，又当高级社大队长；人民公社时期，李文明当书记。李文明之后是李增光。闫瑞增当过一段实业委员，这个职务在村里负责事情不少。

我初级社时就是生产队长。修水库没去，县委书记、公社书记发话，不许调生产队长，免得误了粮食生产。那时冬闲变冬忙，打井、垒坝、垫地。原来村里到处是河沟，河沟里都是大石头，用大石头垒坝，再从山坡往下拉石头和土垫高，再从别处拉来好土垫平。县委书记都夸奖："这坝打得万年牢！"既可以当坝，又可以当路，一举两得。

每届书记都抓粮食生产。生产队长被打，县长亲自过问，因为影响了生产。林业队队长只有一个，生产队队长有正副两人，劳动力也多。

修密云水库时家里没有劳动力，种地的都是妇女和老人，我成了好劳动力：既当车把式，又得扶耠子。

打仗不吃粮食怎行？断粮就打败仗。1949 年新中国成立，1950 年入朝，当兵的都挨饿，吃点土豆就高兴了，粮食宝贵着呢！粮食永远得重视！粮食少时都没处买。粮食有余才卖，没粮哪买去？三年自然灾害时，凡是能往嘴里填的都值钱。一米度三关。集体时哪年都重视粮食。先国家，后集体，剩下才是自己的。

哪年都在运动，有一点事都给查得一清二楚。我是生产队长，还兼监委。只我一个监委。我念了 8 年书，我不是党员，但以监委身份参加党员会，没有表决权，有发言权。生产队开支由监委监督、签字。

在高级社时期如果填上表格就是党员了，可是没有填，至今还不是党员，但工作尽职尽责，思想上、行动上、责任承担上都已完全合格。大四清时候，当干部的都会"上楼"（自我查问题），没有检查清楚就不能下楼。只有我一个干部没有"上楼"。我相信群众相信党，做事公正廉洁，从不多吃多占，每天只知道干活，受累很多，所以没有"上楼"，没有做过检查。当时，丁学真是农机手，年龄不大，还是个孩子。

原来与岐庄之间以河沟为界，往北去都是咱们村的土地，山往南还往东也都是红林村的土地。高级社和公社以后，任何事情都要有"先国家、后集体、最后才是自己"的思想。高级社时红林村给国家交粮 5 万多斤，都放在岐庄的库房。岐庄有两个库房。红林村当时余粮比交给国家的公粮还多。储备粮、机动粮、饲料粮、种子、村民口粮等，留的不少。村里的账本最后都要存起来，账本规定要留八年，过了八年可以销毁，村里专门有个屋子存放账本类的资料，但最后有人把门撬开，账本都被人损坏了，后来也不了了之。

红林村当时有600多亩土地，包括自留地、自留树。现在自留树变了，自留地没有变。“文革”时期，政策规定自留树归集体，要割尾巴。“文革”时期到现在，自留地一直保留着。自留地也不多，一个人几分地，种几棵菜。

我当干部时期，粮食交给国家，同时还要保证村里人吃饱，规定交多少就交多少，先国家后集体然后再个人，三者关系要摆正。当时果树是集体的，也能卖钱，也有值钱的品种，栗子比较值钱。果树很多，什么果木都有。

集体收入里，耕地和果树比，果树投资少，耕地投资多；收入减去投资，耕地收入不如果树多。总的收入，耕地的毛收入主要是靠棒子，耕地毛收入多于果树，纯收入果树多于耕地。修水渠、平地、打井都是靠棒子、小麦的收入。果树要是真下工夫也不少，但是当年果树没人管理，但净收入比较多。那时村里主要以粮食为主。当年的果树没有打药和剪枝一说，人们主要精力在粮食上面。

小时候，西边大山曾着过火，烧了半个月，都着到昌平去了，损失大了！眼看村边的火着着，顺风势蔓延。

我记事的时候，村里只有28户。1947年村里人都住在山坡，属于无人区时期，满山全是果树，核桃、沙果子、栗子，遍山都是。

原来一进村两边都是松树，后来松树陆续被卖。树很大，一车只能拉一棵树。

那时的怀长路可不是现在这样，走岐庄河套，冬天都是冰，没车，都是驴马骡运输。修路时想占本村社场，我前往阻止。我问是几级路，回答说是三级路。我说："三级所有队为基础，我们是基础。我们不同意。一级路别说占地，占房子都可以；二级路可商量；三级路没商量。"最后还是绕过去了。

年年领着干活去，知道村与村的边界，土地确权时让我去，不去不行。得罪人啊！把岐庄人给伤了，再见我时竟说：你怎么还活着啊！相互谦让点就解决了，好战的、蛮横的，就不好办了。划好界后，以后纠纷解决就有了依据。

承包土地时，有人不抓阄，怕弄不了，还得央求他抓，还有的抓完给别人了。这些都是脑子好使的，怕受累的。换书记后，树多的划给树少的，大多为不好的、难弄的地。果树算自己的，材树（不挂果的，松柏杨树等）不算，有人剥皮让材树死了。这都是承包以后的事，集体时没人管。有人不怕受累，南边占地，拿到了钱。没抓阄的，埋怨、生气。

南边占树，弄得人心惶惶，补偿多的几百万，少的几万。还有懒的，树死了，只有几百元。人家是按棵算账。有的呜呜哭。

最早粮食生产可大不一样啊！现在谁爱种地啊！过去费很大劲平的地也不重视了，为啥？现在拿地不当回事了。但还别说，征地后，还真把地当回事了。

那时人工打井，种小麦、大麦，一人一年分 30 斤小麦就很高兴了。黑天白天打井，而且一定要在春节前打完，怕来年春天塌了，人们干劲冲天。

最早从一渡河来水，两个机子浇地。那时机子省钱，点灯贵；现在是灯贱，浇水贵。

现在过年都是买菜。小时候买几棵菜就了不得了，得去县里或牛栏山买。我曾经赶毛驴冒大雪去牛栏山买菜，为过年。肉好办，过年杀猪。喝酒就炒点花生豆，有豆腐坊，用自己豆子去加工。

现在种菜的不多了，买着吃多省事啊！近几年出于安全，自己种些。

有小贩来村里卖油饼、烧饼、老豆腐等。村里做豆腐的走了，12 点以后才卖，没人买了。得早起做，赶在中午卖，人们才能买。

单干时，中农以上过年时都能杀头猪，困难家庭用柴火换肉过年。集体时几乎家家养猪。杀猪时一般在冬天，能储存，冻上后放入缸里。一多半的家庭可以杀猪。困难家庭把猪卖了，买点肉或用木材换点肉过年。集体时曾不允许自己杀猪，要交给收购站。

解体后不养猪了，种地管树，没工夫养猪。宁养三四只羊也不养猪。养羊省粮食，也可以卖钱。

也有抓来野生动物养的。

早年野生动物很多，野兔、野鸡、刺猬、黄鼠狼、松鼠、野猪、狍子等，尤其是蛇，特别多，院里经常能见到。现在蛇偶尔能见到，其他动物都很少见了，都被打药药死了。用老鼠药药死了老鼠，也药死了猪和狗。老鼠药和农药，连锁反应。原来山里的石鸡，春天后下蛋繁殖，个头如鸽子，叫声不断，此起彼伏，肉很好吃，现在也没了。下夹子、下套、打药，野生动植物少了，食物链都断了。

原来山里有泉眼，现在泉眼也没了。

有五个儿子，三儿子八九岁时生病去世。大儿子去云南西双版纳当过兵，转业回来，在县里分配了工作，但住在村里，现在已经退休。二儿子 19 岁就出去了，原来是在县里工作，后来单位推荐他上大学，毕业后在二中待了两年，现在在成人学校当老师。四儿子志明在村里当了两届书记，曾在镇办公室任主任，现在在村里当会计。五儿子中学毕业，在林业队剪枝打药，20 年前到广州搞开发，现在在村里搞测量。几个儿子在村里都有房子。我住二儿子的房子，老五的房子在我住的房子隔壁。二儿子原来是要分配到西藏的，最后没有去，他有一个女儿。二儿子要重新翻盖房子，被我阻止了。人活着瞎折腾，家有万贯就一个碗，俩饱一个倒，这房上不漏，下不塌，干吗要拆？只要我在这住，就不能拆。以后二儿子不在县里住了，要回红林村住的时候，想翻盖，我不管。

我现在自己过，自己做饭。现在我什么都不想，能吃饱就可以，我去儿子家吃饭，儿子会准备一桌子菜。我夏天一个凉菜、一个热菜，冬天一个热菜。现在没牙，自己炒豆腐，煮挂面，炒鸡蛋，蒸鸡蛋糕，做猫耳朵等。孙子来了，吃我做的饭，说比妈妈做的好吃。我做饭很好吃。

早晨6点起床做饭，吃早饭，10点钟吃午饭，4点钟吃晚饭，5点钟躺下睡觉。吃完早饭有时去自家园子走走，不去别处。平时抽点烟，最便宜的；喝点酒，老白干；喝茶喝花茶。

平时听收音机，要是看电视就看新闻，村里有演戏的时候，我开大收音机，声音尽可能淹过他们。出去会坐大班车，现在在村里是年龄大的，但还有一个83岁的老人。平时不找人聊天，言多语失就麻烦了。平时闲着没事就听听收音机。树园子都分给哥四个了。

个案2　毛主席让大家站起来，邓小平让大家富起来，胡锦涛和温家宝重视三农

访谈对象：丁学敏，20世纪60—70年代任大队干部，中共党员。

毛主席时代，是多种经营。那时是公社，咱们村有辆大车，多拉了一些沙，当时被批评了，有点偏重副业了。周边的村，苏峪口、岐庄、一渡河等，就属红林村有名，分红时比别的地方多两毛钱。

农田基本建设都是第一位的，发展比较快。岐庄的干部时常来红林村学习。

1983年解体时主管林业，是林业队长。红林村原来是600亩地。1951—1952年，上边说上报的土地不实，开始查黑地，最后把山坡地也报上去了，就有了600亩地。

1956年入社。入社时，村里的果园品种很齐全，只是数量上不多。1957年，村里产了16万斤杏，杏大丰收，还去北京城去卖。庙城是小部分收点山里红，绝大部分山里红送到北京水锥子市场，供销社收购的不多。生产队一直都是自己销售红果等水果。红果慢慢发展起来了。红果最高峰时，产量有60多万斤。

山坡地，还有产粮不高的土地，都统计在内，年交余粮5万斤，公粮是农业税，还得交。公粮必须要保证，余粮是根据自己能力，也要往上交。负担太大，粮食无法交上，土地产量不高，压力比较大。后来到上边请示，1983年解体后，请示得到批复，第一

次减下 150 多亩土地。后来，“18 亩地”“百亩果园”又被减下。

集体有 600 亩地的时，林业收入也不少。当时茶坞公社，红林村负担最重。到霜降时，山里红和白薯都没有收到家里，活比较多。水利上马时，就被派工，突出农业，其他都为农业让路。

林业收入与农业收入半对半。

1967 年开始在村里任职。解体时，林业队没有了。

1966 年开始建林业队，学纯当副队长，学志当队长。从建林业队时，就开始扩大山里红嫁接。山里红繁殖很快，毛细根非常发达，不用栽新苗。

60 年代曾有两个小队，小队下面有生产组长，管派活，组长与队长差一级：组长相当于部队里的排长，队长相当于连长，队长管组长。小队是核算单位。

一个小队分钱多，另一个小队就不干了。不说是自己没干好，而是说没分均。

大队变小队原因：上面有政策，自动报名，分两个队。大队大帮轰，出工不出力。变小队可以调动积极性。闫瑞年当过大队长，学志当过副大队长，学纯当过小队长。

小队变大队原因：咱村小，人家小队就相当于我们大队。

小队之间经常产生纠纷。两队各 30 多户，常闹矛盾。饲养场原来是一处，分两小队就变成两处，要将牲口分开。大忙时节，大队就分牲口就难弄着呢！好使的，不好使的，分不清！大四清时牲口还两下圈着。

生产小队历史并不连贯，分了并，并了分，能有三四次。一般来说并好弄，分麻烦。土地、果树、牲口、生产工具都要分。尤其是牲口，有劲的没劲的，都要搭配好，难弄着呢！

我 1967 年下半年任大队长，那时还有两个小队。1968 年小队没了。

1975 年去大寨，学一个蓄水池。1976 年开挖蓄水池，我 1978

年仍任大队长，学纯是副大队长。1978 年开始打井，打井那年年底或来年初，1979 年，学真任大队长。

林业队和农业队不是核算单位，忙时，可以向大队长要人，从另外一队调人，分工合作。

70—80 年代，有作业小组，包工不包产，包工包产就一年。后来又实行小包工。

解体后，果品收入（干鲜果品）超过农业收入，是以林为主，不以农为主。解体后，家里粮食够吃就可以，不再上交那么多粮食，主要以林业为主。按人分口粮地，保证粮食年年够吃。口粮地当时分配是一等地一人分五分地，二等地是一人分六分五地。

粮食现在是有的家吃不了，有的家需要购买。我的很多地都退耕还林了。

我对国家的政策非常知足。毛主席让大家站起来，邓小平让大家富起来，胡锦涛和温家宝非常好，重视三农。美中不足的是腐败，但也知足了。

我是普通党员。村里开会，准备引进一批新品质果树。现在枣的发展有十多种。现在能出钱能抗病的就是当地的尖枣，其他品种的枣都不好。这么多种枣引进来，最后只剩尖枣。

杏，谁引进新品种多，谁受影响大。杏年年都掉地上，柿子也是没人收。发展什么都要小面积试验，不能大面积地种植。而村里是全部的果园都同时搞试验，现在的结果是枣只剩下尖枣，杏和柿子没有人来收购。水果落地上基本就浪费了。白土杏有人收购。

村里本来要引进其他的水果，我提建议，最后没有实施。一是水分、土质和气候；二是栽培管理等技术要懂，不能随便大面积地发展，要不肯定有损失。

村里现在开会都会去参加。村民代表的产生是按照农业人口的比重来产生，通过投票选出来的。村民代表是代表村民的利益，开会时不能一言不发。

我有五个儿子，一个女儿。在村里的儿子只有老三。老大在顺义，老二在北汽福田，老三在村里，老五在水务局。

2011年，老三得脑梗，之前什么病都没有，什么药都没吃过，身体非常健康。现在脑子不太清楚，上山干活不是很得力。医疗费报销比例是60%，是村里给上的保险。

2012年前半年一个月给50元，后来就没有收过过节费。村里有钱就给，没钱就不给。原来有三年（2009、2010、2011）是一个月一百，一年1200元。

养牛场加水井共40亩地，租金每年2万（实际上是租金和分红——笔者注）。这块地是村里最好的土地。水塔这还有4亩，也租出去了。

三儿子在312占地中没有被占到。村里在312占地中只有13户没有被占到。312征地中占地最多的户能分到300多万，有四户。最少的有只分到一万的。2002年占地公开过。2006年312占地没有公开。这次占地面积是第一次占地的一倍。312三期占地在苏峪口。

2002年312第一批占地有18—19户，占地补偿每亩给集体8000元。个人只能得地上物的钱。第一次按照树冠评估产量。2006年，312第二批占地补偿每亩给集体4.2万元。第二次按树干直径评估，用尺子量。

2012年要办前两次占地的手续，但书记没有签字。书记想以此再要500万元，给第一批占地作补偿。争取的500万，大队保留40%，剩下的按照户籍股、劳龄股分配。312第三批占地在苏峪口，每亩补偿集体16万元。怀长路占地几乎都是口粮田。

老伴有糖尿病，每天给老伴打四次针。我的两条腿有毛病，骨质增生。有时候去健身器那儿去溜达一下。

日本时期，在村东南山里修一炮楼，日本人与村民“常来常往”：保长会让人往岗楼送情报，岗楼的人经常下来收粮抓鸡。

当时有一外号叫“瞎郭”的地下党，日本人恨之入骨。1945年腊月十五，村民丁殿元被日本人当作“瞎郭”一枪打倒，又补了两刺刀。人们都被集中在村里的一个场地。我被打了两个耳光，骂我“小八路”。我趴在地上，最后溜回家里。大人都被弄到岐庄。

咱们村被包围两次：一次就是上次；另一次是1948年正月十一，造成无人区，将人驱到东边，住在卧龙岗。

1948年本村为无人区。奔东的是中央军，奔西的是八路军。

解放后，村村有学校，校长从村里选，老师从外边派，一个月28元，国家支付，校址由村里解决。村里的学校是在以前经常召开会议的“会房”，白天上学，晚上开会。

70年代盖养鸡场，但没养成，变成了大队部，最后变成了学校。1980年左右撤并，只留岐庄一个学校，国家大队各出一半经费。90年代撤岐庄小学，集中到桥梓。中学在茶坞的娘娘庙，80年代并到桥梓。六七十年代，红螺寺中学在怀柔一带比较有名。

我还记得小学教师的名字：第一任：周济世；第二任：张继之；第三任：陈浦元；第四任不记得了；第五任：金长寿；第六任：王左善。

闫瑞年是与李顺达、王国藩齐名的。1950—1955年间，国家发油松籽，闫瑞年带领大家在夏季的连阴天在高山上植树。咱村松树还有一部分是在1948年无人区时，由于无人砍柴，雨水好，自然繁殖出的。待人们返回时，已长成壮树，幸免被砍。1983—1985年间，国家发柏树籽，生产队集体育苗，在浅山植柏树。第二外语学院来村里挖坑栽树，随来随栽，不下雨，背水上山。

村民就业一开始是公社“戴帽”——名额制，村民推荐的多，个人找工作的少。“文革”时期都是推荐。我家老大被推荐到水泥厂，没去，学芳去了。改革前，被推荐出去的有十几个，其中代课老师4个，酒厂、建筑公司等有几个。改革开放以后，根据个人能力、特长找工作。改革开放四五年之内还限制外出，有工作需要上面下名额，自己报名。90 年代以后，出去的多了。

还有当兵出去的。1953 年补充兵源，有当兵出去的。改革开放前，当兵出去的有十几个；改革开放后，当兵的有十来个。

改革开放后，找工作大部分人托人。农民找工作难，不像吃商品粮的。但农民有地。

改革前，农林业收入各占一半。改革七八年以后开始以林业为主，不再提粮食。一家 3 口人，一亩半耕地，再管点林地，按户平均 1 万多元收入。不出去打工不行，打工是唯一出路。玉米一块钱一斤，打工一天 120 元，一年能打工 9 个月。

农产品买着吃觉得挺贵，实际上，卖枣，人家要好的，不是都能卖出去。

村里 50—60 岁的几乎无营生可做。有雇工的，别的村都出去干干，我们村没人干，因为有占地收入。没有被占的还一人分 9 万呢！有被占的就更别说了。

改革前大队支出包括：买化肥、农药，还有马车、小拖拉机开销。支出很严格，一分钱掰成两半花。

那时一人四尺八寸布票。女的好劳动力记 8 分工，体质弱的 6 分。只有过节时才能见到荤腥。60—70 年代，主要是红薯——半年粮：红薯饽饽，红薯粥，再加上老玉米、谷子。

60 年代没水，在村东打了两眼井，开始种小麦，一人分 25 斤。生产队有菜园子，发菜票，凭票供应。

改革开放前以粗粮为主。1984 年下雹子，死了大量树，庄稼基本绝收，国家调来平价大米。1984 年、1985 年、1986 年山里红有价，一块五一斤，那时猪肉才 7 角钱一斤。1985 年来换大米的，一斤山里红换 3 斤大米。

红林村为红果产地，1984 年建果脯厂，开始时盈利，最后关了。90 年代时有 20 多人，有本村的，有外村的。外欠 100 多万元（实际数额无从确定——笔者注）。直到 2002 年占地，“碗扣鱼”，全扣了。

90 年代以后陆续还有炼金厂，没赔没赚；兔厂，贴 4 万元；狗厂，赔出去 80 多万元（实际数额无从确定——笔者注）。咱村没能人。

宅基地，一个时期一个尺寸，最小 2.5 分，多数为 3 分。有过按面积收费的时候：超出部分拿钱。但没有人交，最后不了了之。

最差的住房是不使砖，全是大板石或土坯。现在的住房，不见木头，水泥、钢筋，三道圈梁，组合柱，抗八级地震。80 年代是二四墙（24 公分），用砖和泥；现在是三七墙，用砖和水泥。

现在盖房一般都是五间房，跨度 7 米，长 20 米，三道梁，组合柱，满砖到顶，没有 30 多万拿不下来，至少得 35 万。现在大工每天 200 元，小工 100 元。

90 年代的房子，一道地梁，也有不使梁的，得十几万元。80 年代盖五间房六七千元。80 年代的房子基本上都拆了。70 年代盖房花不了多少钱，帮工，管顿饭就行。买些木头，找人上山搬来石头，买来砖瓦，找个木匠，盖五间房两千元就下来了。

家具往好的说没头。80 年代前没卖家具的，都是请人做的。80 年代开始有高低柜了。

我这房子是 1990 年买的，价格 2900 元，交税 600 元，总价 3500 元，是通过镇村管理土地的办的手续。我的住房是 1972 年盖的，现在在村里算是最早的了，地势太低，下雨往院里流，没人张罗盖。只要他们（指他的几个儿子——笔者注）张罗，我还可以拿出些钱来。

现在人与人之间互相利用。过去大事，像娶媳妇、盖房，靠大伙帮，现在讲钱。现在盖房，得给钱。人情观随着社会的发展在变。

随礼，是历史上传下来的。娶媳妇、聘姑娘，孩子满月，都要随礼。1956 年结婚，平均随礼 3 角，现在普通的一份礼就要 100

元，有点关系的得三五百元。你来我往，收 100 元，给就不能少于 100 元，否则要落下笑话。只能多，最次也要和收来的同等数额。

情也有轻有重。比如帮工，如果关系很硬，可以不要钱。

我 1967 年任大队长，1973 年入党，当干部至 1979 年。连续十年以上在大队负主要责任，自 90 年代开始有退休金，一个月 40 元，由国家给。原来是三方出：国家、镇和集体，属于毛泽东时代的干部，咱村有两个，我和学纯。邓小平时代的干部拿几百元。

个案3　童年的趣事很多，至今难忘

访谈对象：丁志俊，20 世纪 80 年代初考入大学，现为国家某部委一个事业单位副主任。

小时候有很多事现在还记得，想起来觉得很有趣，至今难忘。

村里 60 年代出生的人很多，村里的小学都容纳不下了。我 7 岁时妈妈去学校为我报名上学，但被告知人太多，没座位，明年再说。8 岁时，又去了，第一天，站着在教室听贫下中农管理学校的代表讲过去受苦的事情，之后又被告知等下一年，直到 9 岁才正式入学。和我同年上学的人，我们村有好几个，有的还比我大。

当时学校有四间房，两间大屋用于教室，两间小屋用于老师办公和宿舍。教室里有简陋的桌子和长条凳，未上漆。上课采取复式上课，当时小学 5 年，好像是 1、3、5 年级在一个教室，2、4 年级在另一个教室，上课时一个老师负责一个教室，分别授课。

当时大家玩的游戏很多，像玩弹球、扔沙包、捉迷藏、打仗等。一般白天玩弹球、扔沙包，晚上捉迷藏，而分成两方的打仗是男孩的最爱，一般把战场选在防空洞或地形复杂的野外。男孩还经常玩当时很流行的棋，如：成龙成方、老虎吃小猪等。

上中学时是到茶坞中学，我们几个小伙伴非常激动，提前去踩点，发现是独立的凳子，且是上了漆的，也有铁质的桌椅，教室也很宽敞明亮，真是欣喜若狂。

茶坞中学离家将近 10 里地，多数时候步行，偶尔骑自行车，但骑自行车要绕远。为不耽误上学，早晨要很早起来，风雨无阻，中午只啃点凉白薯或硬玉米面饽饽。后来生活好点时，有时中午可以吃上烙饼或馒头，但也是凉的。

上中学时还有一件事很难忘，那就是刨药材。记得每年春季放学后，大家跑步从学校赶回家，放下书包，拿起工具，到西山刨药材，卖给供销社。卖药材钱交给父母时，自己还可以得一些零花钱。我每年这个时候都能攒些零花钱，用于买文具，还可以买些好吃的。

现在的孩子够幸福的了，不愁吃不愁穿，学习的机会又多。我们高考时，还是全国统一命题，统一考试，统一录取，大学录取率只有4%左右，现在只要用心学都有学上。

我还记得家里点煤油灯时的情景：在墙上掏个洞，煤油灯放在洞中，这样就可以照亮两个屋子。洞周围乌黑的墙面让我印象很深。爸爸将黑灰刮下来，放入木匠拉线墨盒当墨用。爸爸是木匠。六七岁时来电了，10度的灯泡，当时感觉是那么明亮。来电后，很快每家都安上了广播。有广播的乡村感觉真好！一般广播都是在中午和晚上定时开播，广播一响，就说明要收工了。

打东边和南边的两口井时我还依稀记事。爸爸去打井，当时村里给每个打井的社员发两个馒头，爸爸没舍得吃，带回来给我们吃。当时感觉那个香啊！

在一渡河修扬水站时，爸爸经常捉回很多小鱼。那时的鱼真多，都没人捉。爸爸只是随手捞上来的。那时的生态环境真好！人们也没有刻意去捉鱼。也许是太忙顾不过来。小时候我还经常和大哥一起去一渡河抓鱼，每次都有收获。

小时候各种鸟、野物很多，大哥经常领着我下夹子夹野物。能经常夹到野兔，还夹到过狐狸，这在当时的生活条件下，也算改善生活了。那时山上狍子也很多，也有狼，我还吃过学荣大爷打死的狼肉呢！我也曾被两条狼追过。当时我和弟弟在村边挖野菜，两只狼向我们跑来，吓得我们大声哭喊，幸亏有附近干活的村民赶来，否则就没命了。

那时，不仅地上跑的野生动物多，各类鸟也很多。有一种叫 ligo（音）的鸟，黑色的，喜欢在早晨叫，声音很好听。尽管 ligo 很小，但很凶猛，当遇到其他鸟来它的巢穴捕捉幼鸟或鸟蛋时，它便发出一种声音，瞬间就会飞来无数 ligo，一齐向入侵者进攻，直到入侵者逃之夭夭。如果有人掏了它的鸟窝，那就很危险了，会时常有鸟飞来啄你，用翅膀撞你，甚至啄你的眼睛。现在这种鸟已经不见了。

以前雨燕也非常多，它们用泥在屋檐下搭窝，经常成群结队地伏在电线上叽叽喳喳地叫着。现在也几乎绝迹了。但现在乌鸦和喜鹊多了起来。今天在西台见到一个很壮观的景象：两只乌鸦想进攻一对喜鹊，喜鹊发出呱呱的叫声，瞬间四面八方飞来一群喜鹊，奋力向乌鸦冲击，围堵乌鸦数分钟，直到乌鸦落荒而逃，喜鹊才一对一对飞离现场。

在我十几岁的时候，有一年春节前，我带着弟弟，步行去怀柔。早晨七八点钟出发，冒着大雪。那时冬天雪也多，温度也低，走了大概四五个小时，到怀柔后，顺着香味，来到一家餐馆，每人在里面吃了碗羊杂，也就半个小时左右，就又开始往回赶。雪打在脸上，寒风刺骨。那是我有生以来感觉最寒冷的一天。来回用了十来个小时。那时就想去县城玩玩，体验体验。

那时最盼望的两件事就是过年和放电影，盼过年有好吃的，爱看电影是因为新奇，也很崇拜英雄。记得每当听说要放电影时，三里五村的人就早早聚集起来，人声鼎沸，电影放两小时，但大家高涨的情绪要持续很长时间。

集体时期，人们思想境界真高。爷爷是生产队饲养员，为给劳累一天的牲口增加营养，保持体力，时常用炒黑豆喂牲口。那时粮食很紧缺，我们经常吃不饱。每当炒黑豆的香味飘来，我们都垂涎三尺，想进来拿些黑豆吃，但经常被爷爷无情轰走。

学纯大爷当干部时间很长，人很随和，能听进别人的意见，能接受新生事物。记得我读高中时（80 年代初），我在一本书里看到介绍玉米高产的方法：每隔一行，将玉米的雄穗掐掉，使之保持养分，而又不影响玉米授粉。我将这一方法告诉了大爷，大爷很快将这一方法运用到实践中，取得了很好的效果。

地里的草都齐腰深了，割回去喂羊多好！现在的人真不像我们那个时候能吃苦。大山都荒了，长满了柴草。小时候柴草是很宝贵的，烧炕、做饭、喂牲口，各村经常为割柴草而发生纠纷。那时雅君爸爸负责看护山林，因阻止寺上的人割柴草，被他们五花大绑，扔在悬崖边。我们村联合苏峪口、岐庄的人（那时村里还有知青），将寺上搭在山上的窝棚给推倒了，以示报复和警告。寺上是南部顺义县的一个平原村。

过去人们主要靠柴烧火，用草喂牲口，很多山外人到山上偷砍柴草，也经常为此发生矛盾，甚至打架。那时近山的柴草砍的人也多，再加上过度放牧，山都是光秃秃的，没啥可砍的了，我们砍柴都要翻过西山梁，到很远的山上去砍，往返要一整天，还要起早贪黑。十几岁的年龄，背着比自己体重还重的柴火，走在崎岖的山路上，非常辛苦，也很危险，经常有人因此摔伤。印象最深的是：那时村里要划定一定区域进行封山，每年冬季开山一次，允许大家上山砍柴。每到开山时，全家出动，带上干粮，我们也不上学了，和大人一起上山砍柴。

那时种地都用农家肥，自然环境也比现在好。猪粪、牛粪、人粪尿等都可做肥料，大家还经常用青稞造肥，也用柴草烧肥，这些都是上等肥料，集体负责收肥。街上时常能见到社员背着粪箕拾粪，有的还起早贪黑到山上捡拾牲口的粪。现在人们很少用农家肥种地了，都用化肥了。

记得小时候，四季分明，冬天特别冷，一直有积雪，夏天也很热，雨水充沛。那时村子里有很多小溪、山泉，特别是夏季，我们经常到小溪里戏水，冬天也随处可见大大小小的冰川。

个案 4　必须有一大部分村民代表支持你的决议才能实施

访谈对象：王雅君，红林村党支部书记。

红林村最早叫西坟，因为村西有个坟地。

农业情况：过去红林村种地，通常一茬小麦一茬玉米，浅山种杂粮。过去以农业为生，基本都种植小麦、玉米、杂粮，还有就是收些果。

林业情况：过去林业主要是杏和红果，后来一点一点发展起来，又有了枣和核桃，主要还是红果和杏多。近几年，大枣开始发展，已经发展五六年了。桥梓镇是以咱们村的大枣为主发展起来的。过去村里到处是酸枣，个人嫁接后，吃着感觉很好，最后家家都有了，枣多时大家都吃不完，后来商贩过来收，起初枣有 10 元一斤，这是七八年前的事情。桥梓镇的枣是从红林村发展起来的，应该算是发源地，开始没有得到足够重视，后来渐渐形成了产业。过去，全国有一次红果评比，本村红果获第一，口感第一，当时获得金奖，但获奖证书不知道哪里去了。

2012 年，通过我，本村大枣销售出去 1 万斤，10 元一斤，主要送往各单位。这几年采摘比较多，价格贵，通常是连吃带糟蹋。我家种的杏自家从没有摘过，主要是采摘，采摘的人每人收 50 元，随便摘。咱们村的采摘园有七八个，学玉的绿色红林采摘园、凤妮采摘园，志山的、尚书龄的、王林祥的（我爸的名）、志红的，等等，都注册过，登记为企业法人的采摘园。我的采摘园年收入有 5

万—6 万元。学玉的采摘园年收入至少有 20 万—30 万。村里有三个合作社：丁启云的合作社、丁志海的合作社、丁学玉的合作社。

到目前为止，本村收入主要靠林业，林业收入占家庭收入的 90%，绝大多数家庭靠林业收入。果品销售靠当地的小商小贩来收购。

区和镇对农业方面的支持政策：凤山大枣是重点发展对象，很有特色。凤山百果园包括红林村。近几年，政府有政策：嫁接一棵枣树给一块钱。钱是区和镇给的，支持大枣产业，大枣嫁接支持政策持续有三四年。粮食支持政策就是粮食直补，一亩棒子给 80 元，直接发到个人账户。

村里没有实质性政策，原因是销售问题很难解决，主要是价格问题，商贩定价格，村民几乎没有定价权。

灌溉问题解决不了。灌溉问题本应该前年就解决了，平地本不应该存在灌溉问题。去年找到一个项目，村里不花一分钱，准备在地里修管道，但是需要占用农户家的地，结果没做成。投资 100 多万就可以把全村 85% 以上的果树浇水问题解决了，但目前没有成功，原因是村民不同意在自己地里埋管道，担心埋管道时在地里挖坑会伤到树，此外，村民还是想拿到一些补偿。最终村民代表会议没有通过在地里挖坑埋管道这个决定。

我原来是副书记。若村民理解，水的问题随时可以解决，有水利局、经委会的支持。312 占地给的补偿价格高，因此现在涉及占地，村民要的补偿价格都很高，补偿大，所以好多事情没有办法进行下去。

果品销售问题：大枣销售是一部分走礼品，打通渠道；再就是靠收枣的小商小贩。小贩收得少，对枣的要求高。现在的酸枣基本都嫁接成大枣了。

红林村修建的市场开始接受枣贩，免费提供场地，目的是打开产品的销售渠道。把商贩集中在市场上，好管理，并且不影响交通。2012 年有十多户枣贩来收枣，枣的价格一般都是平均价格，贵也贵不了一两块钱。岐庄村有村民会欺负高价收枣的枣贩，因为如果村民自己介绍枣贩到村里收枣，他们也会从中提成，因此出现驱逐其他枣贩现象。我比较有威信，通常大小事都管到位，红林村没有发生枣贩压价现象。

非农产业：基本上是租出去土地，私人管理。①陈建才，主要经营电力设施，好几十人，租金是 2.4 万元，村里现在有一个人在那工作。②做防盗门，一年租金 3 万元。③村里的大队部租出去给做药材的怀柔人，做药材基地，租期 20 年，租金 3 万/年，300 平方米。条件要是具备的话可以开诊所，品种很多，准备做成华北最大的野生药材基地。目前村里的闲置地比较多。④牛场。⑤北京艺创发展览展示有限公司，注册地在桥梓，办公在红林村。江苏人注册的，主要做商场里的货架、展板等。⑥北京鑫垚恒盛电气有限公司，注册资金是 1136 万元。

红林村是水源二级保护区，有的企业经营不下去。这里的企业都是环保的。前年搬走的，陈英，个体经营，有环境污染。还有尽管在红林村注册了，但没有经营，没什么税收，还有做商贸公司的，给人代注册，类似皮包公司。

红林村曾有一个果脯厂，存在环境污染问题，最终没有经营下去。果脯厂可以解决红果等水果产品的销售问题。红林村产大量红果，可以做果丹皮，但因为不环保，有污染，存在食品添加剂等问题，无法经营下去。还有饮料厂，经营 2 年左右，设备不行，生产的产品质量不好。两个企业都是集体经营，因为销售渠道和经营理念，还有环保问题，最后都没了。丁学纯曾参与果脯厂的兴建工作。

村里还曾有炼金厂、狗厂、养塔兔厂等，都是租红林村的地。曾经有水厂，现在搬到后桥梓了。

目前前景最好的是明年即将营业的药材厂。怀柔本地人经营药材厂，准备2013年开春在红林村租地种药材。

非农产业发展特点：充分利用闲置房屋，可以赚租金。若房屋闲置，也无人看管，租赁出去可以创造收益，并解决部分劳动力就业。但每个人素质不同，有的技术活干不了，有的杂活又嫌不好。电器厂大了，可以解决一部分劳动力。

区里对非农产业发展不太支持，因为红林村属于二级水源保护区。区里支持的有牛场，属于环保企业，吃草造粪，每年村里有一万元的租地钱，一万元红利。牛场还有红林村30万元的股金。区里扶持农村第三产业发展。

合作社没有进行实体经营，没有政府的支持也无法经营下去，几乎都是挂羊头卖狗肉，主要目的是通过钻政策的空子来套取国家扶持。现在合作社几乎没有资金支持了，但政府还是鼓励创办合作社。行业垄断不太现实，大枣高价收购，后续问题仍很多。政府扶持需要提供资金和开拓销路，借助协会力量，使用协会的商标。若有1000万元资金，就可以把凤山大枣的品牌创建起来。大枣合作社没有起到任何作用。桥梓镇是大枣之都，曾经仅剩的一棵嘎嘎枣在红林村。

土地家庭承包之前是大队统购统销，挣工分；1983年集体解体，土地分田到户，几乎把所有土地都分到各家各户，实行增人不增地、减人不减地的政策，按劳动力分。1999年谁赶上了谁能分到，是按人头来分的，一直延续到现在。过去分树木按产量，不按棵数，大概估量一棵树产果多少来分配。

退耕还林，鼓励大家种树，给的补偿是粮食、面之类。

百亩果园（地名）有近100亩，属于责任田。以前是旱地，最早种玉米、高粱、豆子等。种地经济效益不好，又开始种红果，集体出一部分资金，承包者自己栽红果树。红果价格下来后又都砍了。接着又改种黄杏，集体也出钱出力，但没有效益。最后分给老百姓管理了。

十八亩地（地名）属于退耕还林范围，其实发展到了 100 亩。我家三口人的 9 分地一年会分到 8 袋面，2012 年已经是第 8 年，2004 年开始退耕还林的。

退耕还林会有人来检查，若不合格不给粮食等补偿，目前红林村退耕还林各部分加起来有 100 亩。

生态林就是山上的植被，不种地不种果，小庙那边都是生态林、涵养林，属于封山造林项目。保护生态环境，国家会出钱进行奖励，这个资金叫生态维护林资金。按照生态林匹配的防护员也会有工资，防护员一个月大概几百元的工资。生态林验收后就没有人再管理，会有人为的破坏。政府出钱修水泥杆圈出大概位置。

土地全分到个人手中，几乎没有土地退回的情况发生。个人间的土地流转，根据个人间的情况，他们之间商量，只需到村里办个手续即可，比较随意。志明作为会计会记录流转的土地亩数。

有的村民自己整理荒山，时间久了最后也会变成自己的土地。村民丁学玉租本村村民 5—6 亩地，一年 8000 元租金，现在经营饭店，双方没有签流转合同。租赁属于个人间的事情，不会经过村委会。

有政策扶持的受益较多，比如采摘园。

家里没有劳动力的，基本没人种地。最近几年有退耕还林和粮食直补，种地少了，基本都是种一茬玉米，政府给点米和面基本可以满足平时的生活消费。大部分人种地，少部分人不种。粮食直补按照实际发生的情况给补助。大约三分之一的人不种地，有些人把地给别人种，还有在耕地上种树。

耕地撂荒的很少。只有十多户人家的耕地什么都没有种，可能种地不如打工赚得多，打工最后的收益高，更解决家庭经济问题。有的人家宁愿耕地撂荒，也不会给别人种。

林地主要问题是解决不了灌溉，收入也不高，不管理的比较多。但也有部分村民会管理林地。全年不管林地，果树自生自灭的情况大概有一家，户口不在红林村。我去年雇人管理林地，雇人费用一万，但最后的实际收入为投入的一半——五千元。虽然收入才一半，但树得到了管理，树是活的，没有被荒废，还能结果，所以这样做是值得的。管理是指翻地、嫁接、打药、补肥等。石灰岩土层是不保水的，这种情况的树很容易死掉，农民靠天靠地吃饭，所以管理果树虽然不挣钱，但很有意义。我比较心疼果树，周六日有空就去果树那看看，还是一个朴实的农民，爱土地，爱果树。

一些山坡的林地，村民不管理，但到结果子的时候林地主人会去摘果。完全撂荒林地的村民还没有，三分之一的村民没怎么管理林地，还有十多户村民雇人（基本都是村里人）管理果园，剩下的农户基本都会管理果树。我估计十年后，红林村从事果树经营的人就基本没了，下一代基本都打工。

1983 年刚承包耕地时，村民特别重视，家家管理到位。之前没有白面吃，土地承包后，米面都能吃上，家里又有富余的粮食，有些时候还可以卖钱，买点别的生活资料。林地不大受重视。从占地开始起，家家重视果树，重视果树管理。

现在耕地面积越来越少，很多土地实行退耕还林。养牛场那块地是最好的土地，旁边水源也丰富。

我和弟弟户口都不在红林村，父亲户口不在红林村，母亲户口在红林村，老父亲母亲都不在村里住。村里有十几个人在外打工，不住在村里。只要是村里的农户，有股份的村民，在村里都一样享受待遇。外籍媳妇五年后有户籍股。现在，人在红林村，户口不在红林村的人数大概有十多户。我户口在怀柔县城，父亲户口在桥梓，村里的福利待遇不享受，其他基本都一样。水费一立方 4 元，这是人在红林村、户口不在红林村的情况。按照规定，不允许在红林村买房子，若双方都自愿买卖，可以由大队出个合同，目前红林村没有这种情况。之前买卖房子的现在都物归原主了。

人在红林村、户口不在红林村的农户，他们的土地不收回，不做任何变动。这样的情况有十多户。人不在，户口不在的农户，他们的土地由家里亲戚负责给看管，土地不会硬性地收回来。这种情况最多有三五户村民。

有些情况是：人在、户口在，但不管理土地，以致荒废，被旁边土地的农户占去，时间长了，土地也就没有了。村里对此也无能为力。因当初是按棵分的，不是按地界。

社区管理现在越来越复杂。以前是人和户口都在村里，现在情况越来越复杂。只要户口在桥梓镇的，住在红林村的，都有选举权。若人在，组织关系在，就有选举权。我的工作得到了老百姓的认可，大多数人还是很尊重的。只要村民认可，选举权就得到承认，就可以有选举权。

再过五年或十年，农村政策会有相当大的变化，农村会走向社区化管理，农民果树采用股份制、集团化或合作社的方式运作，这是全国的一个趋势。红林村有的村民土地特别多，他是在他承包树附近的生态林上种树，连带着这片地都成了他的了，如果遇到征地，会有很多麻烦。以前生态林属于荒地，现在封山育林也封不住，因还有他的树，他要管理和收获。

洞沟那块地有好几百亩。生态林每年给补偿，事实上否认了经济林，在生态林里种果树，实际是不允许的。很多年前，一户村民私砍生态林，被追究责任。十年之后，我接近60岁了，北京作为国际大都市，好多政策也会随之改变。

将来国家若实行收回土地政策，会有别的说辞，或许会重新分配生产资料。若有好项目，给的补贴多，村民肯定同意土地占用。

村里征地大概有过三次。从2002年开始，312征地次数为两次，大约有500多亩土地。我在任时，怀长路征地大约有10亩，补偿标准是一亩地14万，地上物补偿归个人。鲜果补偿6年，干果补偿8年，占地户有27户。怀长路只有一个转工名额，到年龄后每月会领取一定的钱，也是通过抓阄产生。经过公证处，把符合条件的相同年龄段的人组织起来抓阄。

征地过程中做工作比较多。现在村民对征地的认识不同了。312 征地，征的是山地，丈量土地的时候比较模糊。怀长路征地时，会认真数树，量尺寸，有一个衡量标准，征地方式变得越来越细致。但问题还是比较多。最初是估量土地有多少，后来有人举报到区，区里施压镇政府，最后重新丈量土地。国家按照科学方式量地、计算土地面积、补偿价格等，讨价还价的余地很少。

现在要求和谐，矛盾不能激化。土地征用工作比较难做。国有企业占地，比较容易，包括 312 基地，开始做了几万，其实几十万也可以。公益事业占地，政府参与；企业占地，政府不参与。公益事业占地，是北京和地方财政出资金。

其实，也有部分百姓不知足，对征用土地的收益期望太高。有几位村民对怀长路征地有很多不同意见，他们对自己种植在土地上的果树期望值很高，对补偿款不满意。对于种牧草的土地，政府实行一亩地一千五的补偿，此外还有一万五千块钱的肥料补偿钱，根据合同期限来补偿。

原先报的统计数字太虚，很多不真实。这次征地是拿卡尺量的，一公分一公分量的，很规范，评估、拆迁、拆除、审计都跟着，都是正规的公司，国家现在有这样的公司。由评估公司去作价，拆迁公司负责补偿，拆除公司负责拆除，审计是审计局派下来的。村委会、被征土地村民、隔壁土地村民、政府主管部门、评估公司、拆迁公司等，都会参与到土地的丈量和征用工作中。

规划局曾经出过村庄规划，我具体情况不了解，但有图，是关于村庄的规划。（拿出图后得知是村庄测绘图，是北京望唐数码公司于 2007 年为红林村做的。）

由于 312 征地，很多项目引进不了。一个是请旅游公司做了一个红林谷项目，准备把这个项目做成香山式的红叶区，出过一个规划图，多次进行实地考察，是关于山区体验式旅游。预算是几千万，估计最后下来要上亿。我与很多人认识，预计会给村里修一条专用的公路，从村北修路，解决农副产品销售问题，免费装修几家，统一住宿、统一菜品等。另一个是与国家登山队合作，建个登山训练基地。我原来当过登山队的司机。还有一个是与北京武警部队合作，建立野外训练救营地。这些项目都因为312被停止了。

红林谷项目是将木本植物、灌木等换成枫叶和红叶。灌木几年就长成。通过政府项目办，又找过市发改委，最后确定这个红林谷项目。最后市规划局没有批准。如果得到规划局批准，这个项目就可以实施。

村庄的基础设施情况：

1. 自来水

红林村在怀柔县是吃自来水最早的，大概在1978—1979年左右。在人口比较集中的地段会有自来水，大街上就集中有4—5个自来水取水区，需要排队取水。两三年之后，也就是80年代初，村里打了深井，自来水入户。卫生室的井是一建村就有，现在还有水，是泉水。

自来水先后改造过三次。过去有的管道是铁管，管道老化。随着人们生活居住条件的改善，用水量大，过去的管道比较细，有一寸半，不够用，因此实行管道更换，换上100毫米的PVC管。前年，2010年我刚上任时，农村实行五项工程，区里统一将自来水管道的PVC管改成现在的自来水管。2010年自来水管道更新投资，是农委投资，之前都是村里投资。污水改造也是在2010年。

2. 路

最早村里就是土路。后来改建成水泥方砖路，小的水泥方砖铺到个人家门口，都是村里出的钱。由于村里有工程，走车，水泥方砖经常被压坏，2000年又开始修水泥路，目前环村里的水泥路就是2000年修建的，指进村的路。西边大沟处的水泥路是最近两年才修建的，于2009年或2008年填沟而成。环村水泥路是农委投资修建的；填沟修的路是村里投资修建的。

3. 电

咱们村一直有电。如果线路改造，都是供电局投资，村里不投资。近几年没有实行电路改造。

4. 路灯和摄像头

路灯没有死角，有几十个，村里都可以照到。路灯是从天黑一直亮到晚上11点。路灯是自动控制。村里安装了11个摄像头，在进村处就有一个摄像头。

5. 农业灌溉

过去都是大队投资修渠，现在渠有问题，拿石头、石灰板修的，容易坏，漏水。现在都是通过地下管道浇水。修渠时也会把农户家的树挖伤，会给补偿。现在家家户户的平地都可以浇地，浇地用水一小时8块钱。山地有100多亩可以浇到水。但山坡上有很多地方还是浇不到水。生态林下面还有经济林，那块也是浇不到水。我想从洞沟那的泉水处引水，打井把水引到山上，现在一直没有实施。

地下水在不断减少，今年（2012）村里吃水遇到过没水的时候。我找人将管道往下续了十多米，才接到水。目前解决吃水问题就是打井，往深的地方打。我准备2013年申请打井400米。312的井就是400米。村民现在吃水都不要钱。现在有规定农户一个人一个月1立方水，若超过就收费。

6. 学校

村里曾有小学，我在村里上过小学。岐庄中心小学成立后，村里小学就没了，一点一点就剩桥梓中心小学了。原来一个乡有三个中学，后来一点一点合并没了，现在只剩桥梓中学。幼儿园原来地址就是现在的村委会地址，焦贵平曾当过幼儿园老师。我1986年当兵离开，当了4年兵，1986—1990年发生的事，基本不清楚。之前，父母在这时会过来看望一下。

7. 文化设施

有图书室、数字影院，一直是在原来村委会那投资修建的；老年活动中心有棋牌、乒乓球等，是2007—2009年民政局拨款修建的，现在是北京鑫垚恒盛有限公司的厂址。一般农闲的时候，老人会去打台球。建活动中心时，没有面积、设施等指标，只有老年活动中心的牌子。现在的数字影院是三网合一。

8. 卫生室

黄大夫在三里五村都比较出名，各村都有卫生室。国家每月给补助几百元。现在黄大夫住在红林村。卫生室房子是集体的。

9. 社会福利

老年人60岁以上每月村里给100元补贴，一年1200元。小学生坐车有车补。国家每年会给老人养老券。

区对村里的基础设施投资：

污水改造、街坊路改造全是区和农委出资修建的。2008年，红林村是区试点建设村。只要和上级关系好，有点工程就会给红林村。

2012年，村里拿了11项奖：护林防火奖，2011区级卫生鉴定村等。村里有三个保洁员，一个管胡同，两个管街道。村民保持卫生，需要拿制度说话。

福利待遇方面，红林村在桥梓镇是最好的。从312争取的500万资金还没到位。一期占地没有转非名额，价格比较低，通过和312交涉，为村里争取了560万，同时要了两个转非名额。312三期占地在苏峪口，有一个水库，环境好，盖的楼是生活区。红林村前面有一条高压线。

存在的问题：基础设施维护问题较多。村民素质参差不齐，基础设施靠平时维护，但很多人不重视。如下雨天，农户开着农用车进地里，回来时带着泥土，柏油路全是泥。有时候水泥路还在维护期时，村民不注意，给踩了。这些问题，都得靠村民自律，慢慢来，通过半强制的方式来执行。扫大街的工资是专项拨的。环境整治资金每年政府拨 10 万元。有时临时找人干活，会支取。

村里好的地方：从城里工作回来的，会发现问题，到我这征求意见，提建议。

村里的风俗：大伯子不能与兄弟媳妇开玩笑，嫂子可以和小叔子开玩笑。过去农村有土话：宁在叔公怀里坐，不在大伯子面前过。

农民生活情况：

居住：按照农村的标准，红林村居住条件很好，美中不足的是没有集体供暖。之前想做秸秆取暖，但实行不了。村民住得比较散，不集中，不好弄，其中有一户离村子非常远。过去全是烧炕，现在基本都是气罐做饭，有的还用微波炉、电磁炉做饭。

宅基地：至少十年没有新批宅基地，宅基地审批特别严格。国土资源局保护耕地特别严格。规划图范围内的可以用，其他的不能使用。申请只能是翻建房屋，实际是扩建还是翻建是另外一回事。

现在盖房，如果四邻关系搞好了，盖二楼可以，一般情况，村里不管。学山、学亮都盖二楼了。邻里间矛盾深，可以不签字，那就盖不了。村里再没有其他地方可以继续盖房子了。家里儿子结婚的，村里不提供盖房子的地方。

现在村里共六户旧房子。旧房子只能维持现状，如果申请翻盖，随时可以盖。翻建新房，只要村里人同意，村委会就批准。

村里有近 30 多户在城里买房。买楼房的基本都有车。在县城买房的村民，买房款的来源基本都是 312 占地所给的补偿款。312 占地涉及全村 80% 的家庭。许多家里都有电暖器、电脑，几乎家家屋里都装空调，家家都有电冰箱。

红林村还是很富裕的。取暖主要靠暖气，烧煤取暖。生炉子的几乎都是老人，我要家家巡视，查看炉子、煤气等是否安全。近 8 年内新盖的房子，卫生间几乎都是在屋里面，几乎都是水冲的。老房子的卫生间在外面。

每年村民自发组织的外出活动有很多次。我父母带头旅游，组织旅游，东三省去了有半个月。一般都是上年龄的人出去旅游，老人现在思想转变了。

开始我父亲买的是一层房子，后来不方便，又买了新的房子。我父亲 74 岁，母亲 72 岁。

文化生活在农村也行不开。第一文化素质低，第二看热闹，悟不出道理。部分村里的年轻人喜欢看武侠小说。图书室藏书上万册，内容丰富广泛，有幼儿的，有管理果树的，有孕妇图书的。文艺宣传员管理图书。村里组织过秧歌队，在镇里拿过奖，每年村里都组织活动，不同层次的。若是大型活动，像宣传政府政策，邀请区各部门参会，开运动会等，村里出车，政府出点资金。

网络几乎全覆盖，根据各家条件来安装。网络是电信负责安装。

村里的社会保障少。低保户、残疾人有专人负责。社区提供老年人生活补贴每月 100 元。过节村里也就是发个过节费，三八妇女节发个过节物品，七一党员发点东西。

吊炕现在不推广了，经常出事。村里烧吊炕的安全隐患多，为了节能，炕的上下层很薄，容易引起燃烧。

空巢老人在村里住的户数不多，大概有十多户。每年一到雨季、冬季，我就要挨家挨户地去。咱们村还没有动不了的老人。如老人动不了了，会请儿女，或者儿女长期雇用一个保姆照看父母。不孝顺父母的人，是不道德的。老人有老人的生活方式，儿女在父母面前一点脾气都不应该有。

我在村里主要负责对外事宜，其他事由协管员负责。协管员主要有：民政协管员（报销医药费）、残疾人协管员（残疾人的各项福利待遇，村里不少残疾人：弱智的，做过大手术的等）、村邮递员（负责村内信件送达）、文艺宣传员（专门组织各项文体活动）、水管员（志山、志林，负责村里的自来水修理）、图书管理员（本来要设置一个，但政府一直没有拨钱，现在由文艺协管员兼职）。村里还有电工（丁志坚），修理水利设施的（由水管员兼职），都是村里出工资。基本都是各尽其职。

在村的和不在村的，主要区别就是福利待遇不同。

村民选举是统一的。目前只能是维持现状，如村主任没有能力，但老百姓或许还会继续选他。18 周岁以上，身体健康的村民都可以当选村主任。民主选举是根据选举法来实施的。

村里每年开两次民主会，参加人员是村民代表、干部（村两委班子），每年 1 月 20 号和 7 月 20 号是民主日。

我是支部书记，兼股份制合作社长，是村民选举的。村主任是民主选举。有一个村委。两委交叉任职，一套班子三个人。村委、支委都没有工资。支委包括政府委派的一个副书记（大学生村官），一个现金会计。委员都参加会议。政府号召两委交叉任职。

红林村分为四个小组，四个小组是划片产生的，每片有一个村民小组长。小组长负责村民选举，选村民代表，根据每片人口多少产生几个代表。村民代表一共有 31 个，去世一个（村主任）。

村庄决策：两委班子提议，村民代表同意，代表会表决，过半数同意，再实施具体事宜。监督委员会监督。每个月餐费、差旅费，包括各项基础设施，需要买的东西，经两委班子提议和村民代表提议，做计划。村民理财小组主要监督两委班子财务使用，是一个专门机构，专门监督钱是怎么花的。村里财务由镇政府托管，每个月有 3000 元的备用金。

理财小组以前是三个人，村民代表选举的，现在有 5 个人。今年要求小组成员必须有一个是党员，因此，通过村民代表选出了一个。组长是丁德顺，组员有丁海洋、丁志山、丁学勇、丁志坚。

盖大队部没让村里出钱。我找到镇正副书记，他们同意支持 30 万元。回来后，召开两委班子会，如果同意就继续运作。镇以建立大枣市场的名义拨款 30 万，其实质是建大队部，改善办公环境，保护集体土地。上面有很多资金，尽量争取，不花村里钱。最后两委同意，并开村民代表会，最后村里开始修建大队部。

也有提议没有被通过的。2012 年 7 月 20 日民主日，我的提议，也就是下半年的预算计划没有通过，下半年什么事都没有做。两委班子、村民代表、理财小组等都通过的事情才会继续做。

必须有一大部分村民代表支持你的决议才能实施。有些牵扯个人利益的时候，工作很难做。代表不签字，就实施不了。如果需要村里拿出一部分资金，需要做很多工作，需要书记的为人等作保证。代表过半数就形成决议。

有的村民代表只考虑个人利益，有的只考虑亲戚利益，代表不了老百姓，只顾家族利益或个人利益。31 个村民代表基本把村里的决议都决定了。

如果我继续当选下届书记，就准备把村民代表撤了，换成户代表，根据各村情况，向上级政府汇报。开会时，每户的户主参加开会。只要符合大多数老百姓的意愿就可以。每年 1 月 20 号、7 月 20 号是民主日，要开民主会。

村收入来源主要是租赁厂房，再次是争取资金。大概每年有牛场 2 万，开管厂 2 万 4 千，做防盗门 3 万，药材种植 3 万，还有占地补偿收入。剩下的就是只有开支，没有收入了。2012 年，怀柔的（指区里——笔者注）资金都没有到位。有些争取过来的项目，但没有落实。阳光浴池没有落实。现在只能争取项目，但资金不会发到各村，都是通过招标，直接做项目。

抗震节能单项改造（换门窗和住房保温）是经过申请才到红林村的。环境整治有专项资金，包括人工、料等都是固定的，每年拨 10 万。文艺宣传拨了 3 万，可以买点服装和道具。

村支出有：①村所有路灯、自来水用电、办公用电、集体用电，这块都是村里支出。灌溉收的每小时 8 块钱只够电费，都不够工人工资。②各项福利支出。③过节费。④小学生车费。⑤维护原有基础设施费用（自来水、房屋、健身器材）。⑥环境整治，找人拉工（临时用工）。⑦办公用品和招待费用。⑧有线电视费。村民不交有线电视费。

每年全部支出大约在 50 万。自来水的电费一年需要 5 万—6 万；路灯和办公室等费用也不少。

每年租赁的钱 60% 分给百姓，剩余 40% 用于平时开支和维护。征地 60% 的钱给百姓，40% 归村集体。

目前，收支不抵。支出多于收入，只能去上级找钱，和村民理财小组打招呼，把申请来的资金变相用于村里的支出。每年拨的 10 万环境整治费，监委知道，环境整治费中 5 万用于建大队部。文艺宣传拨了 3 万，可以挪用建大队部，这些事情其他部门和监督委员都是清楚的。村里有存款，也有利息，存款利息也是按照 60% 分给百姓，40% 给村里用。每年提一次利息。收入和支出不平衡。怀长路和 312 的钱都没有下来。

受 312 影响，村里不会有多大发展，只能维持现状。引进项目，村里没有地儿，只能占用村民的耕地或林地，而且必须是环保的，经过上级主管部门审批，符合农村土地和林业发展规划。

引进的项目需要满足：①环保。②投入资金用于农林基础设施建设。③占用个人土地或林地需要给予补偿。④土地使用性质不变。林地算耕地，要去市国土资源局办理。

制约发展的首先是土地使用性质和政策。目前，只能搞养殖和种植，种植业可以维护生态。怀柔的虹鳟鱼一条沟原来都是林地，属于违法建筑。现在形成了规模，也只能任之发展。

我是镇人大代表，联合区里的代表上报这个问题，要求在路边搞开发，得到的回复是土地使用性质改变不了，只能维持现状。

村里只能自生自灭，过个三五十年，村就没了。苏峪口有水库，这里没有。如果以后没有居民，不会给你供电，基础设施也不会维护。

村里目前没有剩余劳动力，家里都有果树。不满足现状的可以到外打工。

村民就业靠自行解决，民政部门也会招工，解决部分劳动力就业，但年轻人不愿意去。现在年轻人择业机会特别多，目前不存在剩余劳动力。村里被征用的土地特别多，没有特别多的土地剩余。农转非解决就业，去不去看个人。

村里可以解决一些就业。村里的企业解决几个，只有临时的，没有长期的。村里雇用 3 个保洁员（都是经过抓阄产生的）、十几个防火员（男的 60 岁以下，女的 55 岁以下，国家财政拨款）、村委会工作人员 4 个人左右、环境整治临时用工、卫生死角临时用工等。临时用工看天气状况，用工量很大，修路等，一天一百元。

各家有山有树，可以解决就业。农忙时，忙地里活；农闲找点活干。男的 60 岁以上和女的 55 岁以上的基本不在村里安排活。

目前是择业，而不是就业。就业机会很多，有个工作比较容易，只是个人选择问题。以后发展也是维持这个现状。残疾人有残疾人保障金，国家出的，就业通过上级主管部门安排。琪琪（听力有障碍）将来走社会保障，国家会给保障金满足个人生活，村里没有专项的残疾人保障金。

集体资产管理：土地管理越来越严格，建设用地越来越少，不在村里的管控范围内。集体资金只能存在银行，不能投资项目，必须经过老百姓同意，才能进行投资。如果我能做主，我会用集体资金，选择某个行业或企业的一个项目，见效快、收益快。老百姓没有理财意识。

人变懒了，都不去干活，地里的植被会越来越好，生态环境会越来越好。国家拨款维持生态环境，护林防火等，维持生态现状，监管不能着火，不能砍树等，否则会罚款。防火期间，每天都检查。生态保护没有天天保护。封山的验收完了以后就不管了。

大学生村官是镇里统一分配。桥梓镇有 48 个村官，李杨（副书记）是桥梓镇唯一一个任职的，也是桥梓镇党委的一个创新。

听说桥梓周围 7 个村并村。并村是不可能的，哪弄那么多钱啊！村民也不会干。像岐庄、东坟、红林，这么近的三个村，想并都不可能。我们村人少地多，岐庄地少，东坟更少。我们仅生态补偿每年每人就 500 多元，岐庄才 200 多元。并在一起，咋弄啊?!谁干啊?!

我的个人情况：土生土长的红林村人，1968 年生，1986 年参军，大专毕业。当了四年兵，立了两个三等功，1989 年转业回来，农转非，当地政府安排工作，分配到一个商业单位做管理，干了十年。2000 年单位破产倒闭下岗了，自己买了一辆车，干起了黑出租，干了两年，到 2002 年，又自己找单位上班，在汽车站当司机。后来去中国登山协会的登山队，在怀柔水库那，给基地主任开车，干了五年，直到主任搬到城里。2007 年卖了旧车后，又买了一辆金杯车，接待旅游团，最远的地方去过河南郑州、陕西西安等地，干了一年多。接着回村了，村里选举，当了三年副书记。2006 年以前村里是由政府委派的书记，还有志明当书记。后来当选书记，到现在。明年年初会有下一届选举。

采摘园是父母的，由我和弟弟经营。1983 年解体时按劳动力分土地，当时，我没有分到。采摘园有 100 多亩，里面有杏、李子、核桃等各类杂果，几乎都全了，唯一没有苹果，位于马路边上，每年雇人管理，采摘园在怀柔旅游政府网上有（怀柔祥红采摘园）。每年收获季节都有采摘的。每年杏卖个三四千，采摘之后自己再接着卖，固定客户会带来新的客户。好的年头，每年收入 6 万左右。果园是雇人管理，每月 1800 元，雇人工资和收入都是哥俩分。园子里有房子，有水，有电，以后设想在果园里散养鸡等。现在准备雇短工，不准备长期雇工。

目前接小团可以，大团没有办法停车，而且旅游团食宿无法安排得很好。村里没有正规手续的民俗户，虽然名字叫民俗户。

父母住在县城，没有劳动能力。媳妇在于家园卖票。孩子在京北职业技术学院读书，属于三年高中两年大专制，现在上高一，学的影视制作专业，不住宿，下午四点钟回家。

个案5　咱们村是困难村，收不抵支

访谈对象：丁志明，村两委成员，曾任村党支部书记。

村里果树品种主要有枣、栗子、杏、红果等。枣是近几年发展起来的，红果稍微早点。

大枣有几棵有一百多年历史。一九八几年志红从山东引进过来的枣，是金蜜枣。酸枣历史很久。

果品销售情况：枣，本地收购，每年全部枣的产量有170—180多吨，多数都是靠商贩收购，大概20%靠采摘园销售出去。红果：去年120—130吨，基本都是商贩过来收。杏：每年40—50吨。栗子：每年30吨。核桃：每年10吨左右。

生态林情况：灌木、松柏树等，属于生态林，归村里管，国家出钱，但不放。山场多是灌木，大概有2800多亩，这个面积是飞机航拍的，然后再划边界来界定。管护员一年4800元工资，2010年开始国家每年给村里12万，集体组织成员分40%，按家庭人数分配，每人分300多元。生态林补偿占家庭收入比例不多，村民人均年纯收入一万元。生态林补偿效果较好，林子保护得很好，国家管理比较严，不能砍伐。

封山造林国家在50年代就提出了。目前路边的栏杆是大概圈的，里面还种植着果树。

村里的种植业：改革之前，主要种植玉米、小麦、高粱、杂粮等。国家规定要上缴的公粮比较杂，谷子、高粱、白薯、玉米、小麦等都有，主要是小麦、高粱、玉米、杂豆。现在杂豆绝种了，没有人种植了。

红林村属于丘陵和山地结合部，不便实行大型机械化种植。过去是用十一马力的小农机耕地。集体时期，生产队长分配干活，会记工，年底会计核算多少个工值多少钱。当时生产队的主要工具是牲畜，驴、螺、马等。

现在农活能占工作时间的50%。其中，林业占40%，种粮占10%。粮食种植基本够吃，玉米自留一些，再卖一些，买点面和米吃。种地的种子基本都是去怀柔种子站购买，种子站属于个人代办。

近几年村里的种植业情况：玉米800斤/亩，年产10万斤玉米；小麦年产一吨；全村杂粮，高粱、谷子、豆子、白薯、花生、芝麻等，每一样也就2—3亩，大体能种植40—50亩，产量100多斤/亩，总共产量大约在6000—7000斤。

养殖业：没解体之前，大牲畜都是集体饲养。刚解体时，每家都有羊、猪等。现在逐渐没有了。目前，本村有一户家里有40—50只羊，是志山家，养羊有15年了，最后由商贩过来收购，其他家三五只羊，全村总共有60多只羊。每家有鸡三五只，共有400多只。村里现在几乎没有大牲畜。形成不了规模。鸡基本都是圈养，不卫生。

养牛场原本是个人承包的，有40亩地，大概有400多头牛，都是奶牛，现在是三元公司在管理。牛场到现在有12年了，2000年开始的，在村东，40亩地每年租金一万元。合同里写的租地时间为50年或70年。

重点农业户：都分田到户，没有大户。林业大户基本都是采摘园。

农业扶持政策：粮食直补：种一亩地，国家大概补助88元，不大确定，只能种玉米和小麦，杂粮不算。温家宝鼓励大农业，土地有红线，还是鼓励种地。咱们划定的110亩地可以种粮食，剩下的是退耕还林。退耕还林是植树造林，这个政策比较早，是 8 年的时间限制，必须保证是 8 年。粮食直补在后，但退耕还林的时间还没到。

退耕还林是一亩地补助原粮（小麦、稻子）200 斤。土地承包合同有亩数。耕地中有 50 多亩已经退耕还林了，从 2002 年开始，在 2002 年之前是种粮食的，现在都栽上树了，国家要验收，三年验收一次，六年再验收一次，即 2005 年和 2008 年验收，此后再不验收。百亩果园属于退耕还林。

粮食直补从 2005 年开始，咱村 194 亩土地，有 50 多亩退耕还林，剩下的就是粮食直补的。都是分散的。粮食直补和退耕还林不能重叠，二者加起来就是总的土地数量。

养殖业扶持政策：1998 年，国家出台养殖业扶持政策，建养殖小区。咱们这儿的牛场就是 1998 年建起来的。那时集体还有地，牛场的 40 亩地还是集体的。牛场一年给村里一万元股息，国家支持的 30 万作为红林在牛场的股金。牛场给村里的租金是每年 1 万块钱。三元说是直接与个人签的合同。个人也与村里签了合同。当时是每个村发展养殖业，村里应该划拨土地来支持。

农业存在的问题：这里不是平原，没法机械化。水的问题解决不了，井太少，就北边一口井负责灌溉，剩下的两口井是吃水的，公路东面和南面的地都无法灌溉，只能是继续打井，再铺设管子解决问题。如果坏了，村里会出钱维修。

上山的路也是土路，没法修，不像平原。山区不便于修路。耕地少，每人合半亩地；林子多，但存在灌溉问题。原来有一个五小工程（小塘坝、小水库、小节流、小蓄水池等），当时修一个给 5000 元。

林业也是靠天吃饭。林业中有些树的病不好治。果树疾病——枣疯病不好治，上面来人也解决不了，不结枣，还传染。植物保护问题解决不了，灌溉问题解决不了。

生态林方面：森林管护员负责割防火道、修路和剪枝等，有 8 个防火员。生态林的边界是由飞机航拍确定的，边界范围内的就是生态林。生态林每年国家给补助。原来可以砍树，现在不可以。1984 年以前，上级还要求砍一部分树，现在是上面下来检查，需要修剪了，就修剪，平时不允许砍伐树木。

土地承包方面：耕地 194 亩，1983 年是完全按人口分的。1999 年又调一回，国家政策是添人不添地，减人不减地，按产值来分地，是个别调整，多的拿出来点，少的再补点。有 1983 年的合同。个人间只要写个流转协议，然后到大队盖个章就行了。

我是从 2004—2009 年任村里干部，从 2010 年接手土地转包的事情。从签订承包合同到现在有 40—50 宗转包土地情况。转包土地，不是以亩为单位，而是以地块为单位转包。从 1983 年分完以后就有转包土地的。其中耕地转包的占 5%，大部分都是林地转包。这 40—50 宗大都是林业转包，一般都是转非了才会转包，孤寡老人去世了，也会转包。从 1989 年后，慢慢规范了，自己写协议，一式三份，个人一份，集体一份。转出的土地有无偿有有偿，有偿的都是现金的形式，基本就是一片树给多少钱。举个例子：有一块地，大概 50 亩，100 多棵成树，1000 元转让费，大概是 1998 年的事情，像当年建牛场时就是这样。年迈的给儿子也是流转。无偿流转的占 80%，一般是年迈的给儿子、兄弟姐妹之间的流转；有偿的都是间接的。农转非的，有的转包出去了，有的没有转包出去。转入的人一般都是本村的人。学玉这样的大户属于租地，不需要在村里备案。

1983 年分地时，每家最少也是 10 亩地，最多的家有百十亩山地。耕地是每人半亩地，是口粮田。林地就是互相转让。1999 年土地调整也没有多大变化。

土地租赁情况：牛场是租赁，40 亩地。还有 4 亩地是租给人家，一年 800 块钱，不改变用途，只种玉米、麦子。村里人没有人租地的，甚至连自己家的地都不种。耕地撂荒的基本没有，自己不种的给别人种。林地撂荒情况也没有，但是存在掠夺式经营，即不管理，只收获。

村民在土地认识上有了转变。刚承包时，流转不要钱。现在国家征地了，开始要钱了，认识发生变化了。

土地承包存在的问题：合同不规范，产出收入偏低，林业和农业都存在这种情况，效益太低，农民收入太低，好多都弃农经商。

土地流转中发生的纠纷一般都是边界问题。通常的解决办法就是找当时分地的人来解决。也有通过起诉由法院解决的，也就三两起。村委会调节的较多，每年解决三两起。

户口不在咱们村的人承包土地由合同规定，按合同规定来。到2028年，大家猜想的应该还是延续这个土地政策。土地的多少，个人之间就会调整，也就是民间调整。

红林村土地少，都是按人分地。大规模搞开发，不现实。当初人均半亩地作为口粮田。原来大村要交公粮，咱们村不交，自给自足就可以。

土地征用补偿：土地补偿款是集体的，地上物补偿是个人的。

最早征地是2002年，征地200多亩，涉及20多户。最低补偿几千元，最高几十万元。

第二次征地是2006年，土地补偿每亩4.1万，地上物另算。共征地470多亩，涉及50多户（此数是将父子分户合并了，实际征地户数达90多户——笔者注），包括之前的20多户。最低补偿几万元，最高三百多万元。

2012年是第三次征地，修路，每亩14万，占地10亩多点，农户最低补偿一万，最高十万多点。共十多户。

征地补偿，除了土地补偿之外，还有地上物补偿，此外还有农转非补偿。第二次征地有23个农转非名额，是在全村抓阄产生的。转出去的，以后村里就没有待遇了。

征地过程中有两次打官司事件，是由于地界问题。

征地补偿款基本上都是买房、买车、买空调等。

312 征地的影响：对村里住房的改善很大，买楼买车的多了，生活水平也上去了。

征地后村民素质提高了，征地不好征了，做思想工作也不好做。有一个拆迁公司负责做思想工作。

村的公共设施建设一般都是通过报项目解决，卫生室、公厕、数字影院、自来水改造、老年活动中心等，一般都是报项目，审核通过后再实施。

老年活动中心：国家投了 20 万，村里投了 20 万。建设的时候是村集体找的，通过社会找的。有三两个人应标，都是附近零散的建筑队。如果国家验收通过，再拨款。就是个人承建的，工程量不大。谁投资谁验收，是老龄委验收的。（水利属于水利部门，公厕属于爱卫会。）国家要验收，不合格不给钱。

污水改造：也是爱委会投资。公共卫生、污水改造，是和农委连着的。

厕所：村里没有花钱，都是上面拨的钱。污水改造和旱厕改造，农委投了 40 万，村里没有投资。

数字影院：国家投了 2 万，房子是村里的。

自来水改造：全部由国家投资。

健身器材：2007 年投资，国家投了 7 万，实际上是给了 7 万元的设备。村里没有投资。

目前的基础设施状况：

吃水：最早是挑水吃，吃水井是用压力取水，由专人看管。最早的自来水是用深井里的水，高处有池子，从高处往低处流，不用人看管，是监控遥感的，没水会自动灌水。现在吃的水还会消毒。

垃圾处理：在一个地方直接堆垃圾，就是统一找个地方堆放，由清洁员负责。垃圾是直接填埋，在村南部。各村的生活垃圾都是自己处理，填埋。就近处理，不会污染村里的生活环境。

污水处理：村里的污水都集中到供销社后面的大污水池，在那渗下去了。里面加了试剂，会分解。里面有设备。这个工程由环治委管理，村里没有接手。有时候会有人来抽，也可以用环卫车来拉走。

在怀柔买房子的，基本都是孩子在那住，冬天，这边的老人也都走了，是为了解决取暖问题，开春就回来了。这里自然环境好，还有水等，各方面都省，咱们这生活基本不花什么钱，集体一个月给每个人一个立方的水补贴，超过再交钱，标准收费是一立方一元。

车得加油，来回路上的成本，两地生活有成本。

在县城居住，当地社区居民都不认识，在村里可以串门。

城里取暖、购物方便，信息发达，医疗方便，交通方便。尽管有这么多好处，我还是不愿意去。这里邻里可以相互照顾。楼房的户外活动不方便，出门就是大街，或者上山。在城里不太方便。农村吃新鲜的，城里买的不太新鲜。老年人喜欢在村里住。年轻人不能说不喜欢在村里住，是因为就业所迫，农村没有就业条件。在城里工作，住房也得租，为了工作，为了生存。

下一代几乎没有农业户口，有也少。再一个是计划生育，农村没有劳动力了，农业生产也没有劳动力，公司搞开发也需要劳动力。劳动力短缺，这是世界普遍存在的问题。现在农村干活的人都是40岁以上的人。

在这居住不等于这个村的人口。还会有其他人回来居住，但是不会经营土地。包括咱们村自己的人一样，年迈也不会种地。1958年至一九六几年，村里是300多口人，现在是210多口人。村里的老人较多，再过几十年，会有一批人没有了。二年才进一个人口。将来面临失业的就是婚庆，将来热门的就是养老院。养老社区得经过上级批准。幼儿园将来都是民办的。

咱们村户数 100 多户，人口 200 多人，基本一户是两口人。200 多人不包括农转非的人口，仅是农业人口的数据。200 多人加 50 多转非人口。农业人口不一定在这住。

有关社区股份合作社情况：

股份是从 2009 年 6 月 30 号开始，按在册的农村户籍人口入股，有 200 多人。一个人分了户籍股和劳龄股。劳龄股以 1956 年 6 月 30 日年满 16 周岁的开始计算，直到 2009 年 6 月 30 日。女的截止到 55 周岁，男的截止到 60 周岁。

股份合作社运作比以前稳一点。老人没了，后代可以继承。添人不再添股，股份永远存在。

社区组织收入与支出情况：

国家一年给村里 15 万元补贴。咱们村是困难村，收不抵支。补贴不属于收入，个人的价值才属于收入。补贴用于修路、社员福利等公益上。有工资的只有书记。我们的工资都是村里出的。书记的工资，村里也补一部分，是按照人均收入水平来定村干部的工资水平。咱们村只有收入，没有产值。农业收入有 100 多万，林业收入 300 多万，畜牧收入 700 多万（牛场算在内），服务收入 40 万（外面打工等，搞摄影的，劳务收入，打扫卫生的，看大门的，行医的），占地收入每年 70 万—80 万，商饮收入 50 万，劳务收入十多万（临时务工的，做饭的等）。供销社没有统计在内。人均收入是根据以上收入来计算。统计的都是村里的人、临时工等。以前是别的会计估算，这两年是我在做。银行利息收入一年 40 万—50 万，国家给的、儿女给的、养老金、粮食直补等都算在内。今年（2012 年）人均纯收入 12000 元，去年人均纯收入 10500 元，前年是 1 万元。

集体收入有 15 万左右。具体收入和支出情况老尚（另一会计）有记录。

村庄治理情况：决策是由村民代表大会决定。按理要走两委班子会—党员会—代表会的程序，实际操作比较困难。村民代表大会超过三分之二同意就通过决议。两委提交方案，还有监委会盖章签字。监委是三人班子。只要做事动钱的就走这个程序。计划经济好弄，现在经常变，不好办。

举个例子。比如发过节费，两委班子先定300元一人的方案，然后是党员会通过，再是代表会通过，最后是监委会通过，这样才可以提钱发下去。也有没通过的。修公共设施等，就没有同意修。好多都是上级投资，否则好多事干不了。

有关村庄发展方面：村里资源受限制，远离城市也是一个方面。312工程确实影响发展，它一占地，别人都占不了了。有三条高压线给312送电。高压线之内的区域规定不准建高层建筑，附近不允许建别的厂子。咱们村只能发展农业，搞旅游采摘、规模化经营、品种换代等。

村民就业情况：年轻人基本就业，老年人也干不了多少活。

2012年，咱们村总人口216人，劳动力有132人。从事农业20多人，从事林业50多人，从事服务业39人，个体工商户是4人。

个人情况：1975年高中毕业，1978—1979年在岐庄小学代课，1980年回红林村当电工，1988—1990年做会计，1990—1999年在桥梓镇政府任办公室主任，给领导写材料，1999—2000年在怀柔区大地燃气公司做部门经理，管一个供气站，2003年在家待着，2004年当书记，2009年底任会计。老伴全职在家。

儿子干个体，28岁，在怀柔搞运输，有两个大车，是货运；孙子四岁半，在怀柔上幼儿园；每周的周六周日回村里，非农户口。升学的户口基本都会迁走。有的学校可以转户口，有的学校不能转。有学校要求转户口，并提供转户口名额。

个案 6　2001 年 3 月开始当村主任，干了七年

访谈对象：丁志坚，1962 年生，曾任村委会主任七年。

1962 年生，中学念完，但没有毕业。我是干木匠出身，学过木匠。在乡养鸡场待了七八年，开始在那干电工，后来当厂长。国家有政策，集体养鸡，国家有补贴，后来国家把补贴撤了，鸡场就倒闭了，大概在 80 年代倒闭的。之后在金桥建筑公司开了两年车，之后就回大队了。2001 年 3 月开始当村主任，干了七年村主任。2008 年又去桥梓镇政府的物业公司工作，现在编制是在城管科。我是借调过去的，有五险，就是没有住房基金。我户口在红林村，同时兼村里的电工，一直到现在。

我在任时，有三届村书记。我上任后的事情：

（1）我任村主任之前，村里都没有给老人钱。我任主任后，村里给 60 岁以上的老人一年一千两百元钱。这钱是大队从外面争取的扶贫项目，到现在还持续着，作为制度，最近几年都有这个钱。

（2）水费也是我给减免的。每个人一个月一立方米，超过这个标准就罚钱。

（3）电表箱给挪到户外。如果不交电费，可以把电给关了。

（4）村里的路是我那时修的，也是从外面找的钱，招商引资。水厂、煤场等房租，作为集体收入，用来修路。那时候集体有水厂、超载站、煤场等厂地租金收入。

（5）将牛场这块集体土地承包出去办牛场。这不是我经手的。牛场后来包给三元公司，三元公司一年给那个个体户 20 多万。

（6）312 占地。这个村富，就是因为 312 占地给的补偿款。第一次征地，按国家政策征的，地上物按 4∶6 分，给老百姓的是 6。第二次征地，地上物都归老百姓。

（7）这个村的老干部七年没发工资，我上任后给他们发的工资。

（8）村的收支一直都有账，历年都有账。我没上任时，有一批账给毁了。后来规定，过了八年账可以销毁或拿走。

占地使村里的老百姓生活有提高。在外闯的比在村里强，现在山里红好多都卖不出去。现在搞旅游，老百姓还能有点收入。国家现在政策不赖，给老百姓做保暖等，扶持老百姓。但农业不赚钱。粮食、果品等，人家出多少钱就多少钱，化肥要 100 元一袋也得买。咱们村也就是靠旅游能发展起来，靠山吃山，靠水吃水。这村有山，可以像香山那样，发展旅游。但国家政策摆在这，动一棵树罚多少钱，所以什么都干不了。

我在镇里下派到一个村，村里的卫生都是前几名。我做工作比较细致。

我在县城有房。冬天来暖气时，我就去县城里住。那边谁都不认识谁，都是关门过日子。我夏天也不过去，就是冬天村里冷才过去，停暖就回家。还是农村一个小院消停，在村里住着好，就是取暖解决不了。县城的房子是 96 平方米，买的时候合 5000 元一平方米，2006 年买的。那时候就想买一个楼房，冬天去，夏天回来。在那生活比较方便，但夏天还得住农村。那边喝点水都得花钱。县城里生活成本比较高，一年也得几千元的费用。

我有征地补偿，算是中等户。

好多人找我想让我竞选村主任。我估计我要竞选问题不大。我的人缘在村里比较好。谁上来都合不来，我上来就能合得来。我和村里人基本都能说上话。

我现在在村里还兼着监委。国家规定，书记等人花钱都得经过村民代表同意。作为监委，有权力查账。监委是 4 个人，一两个人就可以签字，只要签字盖章就可以。政府验收时，只要有章就可以通过。

我们这代人还种地，下一代基本不种地了。以后自己都不种地，把地慢慢都放出去了，合乡并村。桥梓镇有 5 个村，准备建一个小区，统一上楼，剩下这几个村没有什么规划。并村搬迁，国家不投资，肯定也办不了。

村两委候选人的规定：党员不管是哪里的，都可以当选书记，只要是党员就可以；村主任必须是村里人，户籍是村里的。户口在桥梓镇的也可以当选。

村书记的工资 3 万元，是上面批的。上面给下任务，防火、水灾、安保等十条共 100 分，如果没达到就从 3 万里扣。村财乡管，上面批多少工资就拿多少工资。也不是想拿多少就多少，得看任务完成情况。

个案7　土地分到户，队里穷得精光，社员肥得流油

访谈对象：李增光。本个案是笔者于1988年2月7日对时任红林村党支部书记李增光的访谈笔录。

桥梓乡在全县属于平原乡，是重要的产粮区，号称是怀柔的“乌克兰”（乌克兰是苏联时期的产粮区）。红林村为南半山区，越往南山越多，地薄人稀。

1983年土地承包到组，1984年彻底分户经营。土地分口粮田和责任田。责任田定出上交斤数，剩下的均归自己。完成上交任务，土地可以任意支配。1986年底收回责任田，集中包给三户。原来有4.5万斤的派购任务，现在是订购。上边来订购，村里不同意，也就不订购了。

林地建果园，签订十年合同，大队投资1.8万元，主要是苗木、化肥、农药、水费、杂费等。十年后果树归队，粮食作物归自己。要求一律种红果，对其标准都有规定。

1987年桥梓乡干鲜果品300多万斤，在全县居首位。全乡有14个村，有9个林业队，均为集体。

从社员角度看，土地分到户合算。队里穷得精光，社员肥得流油。仅红果一项收入超万元的约占15%。还有没收入的、没能力的，以前指哪儿打哪儿的没办法富。如果分下去，长此以往会成问题。人口多，负担重，物价又上涨。

上交积累高，群众不同意。低也收不上来，闹出许多纠纷，有

的甚至税金也收不上来。少数人主动到会计处交，绝大多数持观望态度，有一部分属于“钉子户”。队里想干什么事难度很大，没钱。修渠不成，企业用人从外地招，价格低廉。所以办厂也难。果树稍加用心就能赚几千元。

从干部角度看，国家、集体、个人三者都要兼顾。国家通过税收形式可以得到保证，集体无从下手，有林业队的就好办。

1987 年按上级指示，搞适度规模经营。乡里有几个村开始搞，本队口粮田没必要集中，分更合适。只是以商量的口吻搞规模经营，不做具体指导。

大队要想一个办法能将钱收上来。想适当调整一下，避免贫富不均拉得太大。

集体所拥有的物品包括：机井、渠、路、脱粒机、自来水。加工厂有面粉机、碾米机，承包给个人了。

本村连同三四个村分得较多，集体底子薄，厂子也不赚钱。这主要是干部的责任。其他村分得不彻底，大型机具都在，企业实力雄厚。

苏峪口分得彻底，社员最穷。集体搞得好的地区有二次分配。有的人均四五百元。

1948 年土改社员情绪高涨。1953 年主席指出合作化之前就已出现互助组。1952 年已有自发组成的帮工互助。1953 年村长立旗组织初级社，1954 年参加的人增多，“劳五地五”，后来“劳八地二”，单干户减少。1955 年春，上级政策要求统一加入高级合作社，取消土地分红。几乎所有的人都加入了合作社。1958 年开始人民公社。直到 1983 年实行农业生产责任制。

初期准备实行大组承包。1984 年上边决定撤销小队，以村为单位，实行家庭承包。许多队不愿分，迫于无奈。从单产来看，农户搞得好，从收益分配看，还是集体干好。杏、李子、柿子、核桃不赚钱，都不管，仅红果一项单产提高，土地效益低下。集体管的，有种子、水电、耕种，主要是秋种。脱粒、运输是无偿的，还有浇树、打药、技术指导等。红果滞销时，集体出面跑销。供销社不常收，且收管理费。

农户不能完全独立。因为还有大机井需要维护，没有钱，就要出问题，人心不齐，筹不起钱就要误时；拖拉机也需要维修，自治组织无能为力，钱从何出？拖拉机手也有情面之分；有些环节无人愿意经营，无利可图。

全村有 20% 的老实人。

不考虑上面的旨意。村既要有行政管理权，又要有经济权，否则凡事难成。现在村里既代表上面，又代表下面。

农户中有一部分人自己愿意组织起来，但大部分人无动于衷。

乡村集体企业占乡镇企业总产值的 80%。个体企业受许多限制，发展不如集体企业。

队里两个企业亏损太大。丁志强最初办起了饮料厂，现在又承包了福利厂，有十几个人。果脯厂有 30 人左右。

近期上面决定不准个体宰猪、卖猪。

个案8　家庭承包的优越性很大，开始不理解，现在看，积极性调动起来了

访谈对象：丁学真，曾任红林村经济合作社主任。

听老人说起建村时间是清朝初期，由山西洪洞县大槐树迁过来了两口子。

村里有一个老祖坟——三老坟（姓丁的老祖埋葬地），生产队时期破坏了老祖坟。大碑那的墓地是哈尔布武墓，清朝时期迁过来的，他的墓周围现在挖蓄水池了。蓄水池附近的土地原来全是坟地。

据说是宋姓和张姓看坟，吃皇粮。原来国家首都在西安，山西人和陕西人聪明。老两口到红林村后靠种地生活，据说他们在这儿生活得越来越好，他们有四个儿子（应该是孙子——笔者注）——丁文亮、丁文德、丁文全、丁文美。哥四个分家时是拿斗分银子的，可能从山西来的时候本身也有一些积蓄。

原来有家谱，1947 年无人区时期弄没了。丁兴奎弄过家谱，原来是老师，现在退休了，75 岁了，他比较清楚这些事。村里其他人没有家谱了。老丁家基本是由这四个儿子繁衍过来的。哥四个是四大门。现在岁数大的老人，村里基本没有了。学纯似乎明白这些事情。

其他外姓：岭西曾有五户，日本侵略中国时期，老黄家和老张家迁到了红林村。老杨家是逃荒过来的，他们在老家生存不下去，于民国时期逃到红林村。

我二爷迁到外面去了，在本村生活不下去。那时红林村很小，仅西边的山冈，人多地少，岐庄大，现在的地大多是从岐庄买过来的。30 年代时红林村攒钱买岐庄的地，这事发生在土地改革前。当时岐庄有个市场，卖东西、卖小吃，好多人在那儿吃喝，消费不少，最后输了地。现在红林村的地包围着岐庄的地，他们是省吃俭用才置到这么多土地。岐庄的地原来都在东坟村前面，其他的地是土地改革时由东坟拨过来的。312 基地也曾是岐庄的地。土地改革（无人区之后——笔者注）开始重新分地，标准是一人分二亩半地，这个标准是全区的标准。

当时村里有一个地主，也是老丁家的，他的地都是花钱买的，是村里唯一的老地主。村里的地不全是老地主的，有一部分是中农的，土改（无人区之前——笔者注）实行中农不动，两头平，上中农的地多少拿出来一点分出去。红林村当时的地主只有一户，绝大部分是中农，贫农的地都是分的。土改时期，红林村有些贫农，房子多、地多的都会拿出来分给贫农。地主也是勤俭持家，积攒的地较多，最后拿出来分给贫农。

村里的重大事件：咱们村原来是一个根据地，1945 年、1946 年时期，红林村是一个根据地；1947 年、1948 年时是最残酷的时期，伙会（地主武装）到处杀人放火，张荣和张国全媳妇被杀。张国全是张荣的儿子，参加革命，当时是一个区干部；丁学来爷爷（当时是村长）也被捕，被伙会杀害。抗日时期，有一个外号叫瞎郭的区干部，不是红林村人，日本人非常害怕他，他的枪法非常准。丁殿源（丁志增的爷爷）是日本讨伐时跑出来的，日本在他逃跑时误认为是瞎郭，最后一枪将他打死。

红林村只有一个地主，叫丁兴年，上过牛栏山中学，据说是国民党昌平县区分部的书记，当时红林村归昌平县管，1947 年被镇压。现在地主还有两个儿子在北京，他家里没有人在村里生活。村里还有一户富农，他家的地被分了，又变穷了。其实他家地不多，但他说有很多地，最后村里给他定的成分是富农。富农的二儿子比我二叔大一岁，解放后始终没回来。

红林村当初的面貌按现在来看算得上是个旅游区，大槐树很多，六几年时村里到处都是大槐树，有的大槐树几个人都抱不过来，很粗。村西南坟地那里原来是一个碑群，有很多碑，不只是现在的两个大碑，是哈尔布武及其家族的坟和碑群。七个大坟头（有说是六个——笔者注）有房子那么高。早前有部队在碑群那儿驻军，是四几年抗日根据地时期，碑群被损坏，哈尔布武墓让人拿锤子砸了。东边一个碑也被损坏，目前大碑的一部分还保留着。

咱们村是一个宝地，但村里也有艰苦的时期，当干部的穷则思变，村里会有发展的。

当年一进村的路上有一棵大迎宾松，只要来人都会和它合影。1984 年 6 月 2 日，下雹子，麦子都绝收了，造成的损失很大，迎宾松也被雹子砸得很惨。当时雹子非常大，门框被雹子砸得直摇晃，瓦都砸碎了，屋子里都是水，屋外面的柿子树叶子都打没了，天黑得几乎看不到人。红林村下雹子时，南面离红林村有三里地的火车桥，晴天，一点雹子都没下。北边的石剌沟附近的井里面都是水，上面是雹子堆，有的地方雹子都打成了大坝；还有的山坡草皮被雹子打没了。迎宾松三米高，一个人抱将好，长在路北，整个路口被迎宾松罩着，形成一片阴凉。迎宾松被雹子毁掉了。村口还有一棵松树，往北歪的，下雨时倒了，脑瓜太沉，一下子倒了。原来村里的迎宾松的景色很好。

一九八几年，我是大队长，村民学理把迎宾松的树干买了，我说你必须找一个树形好的松树栽上，而且要保活。后来就有了进村时路两边的两棵松树。当时村里没有条件，若条件好，肯定会找更好的松树栽上，现在的松树是从山里取的。迎宾松原来就有两棵，我小时候就已经有了。现在雨水少，比早些年少很多。村西边原来也是沟，后来给垫平盖房子了。

蓄水池是一九七几年挖的，当时为了蓄水挖蓄水池。在 1965 年以前是引一渡河的水。“文化大革命”时，一渡河的老书记挨斗致死。老书记死后，红林村的水站用水一天比一天困难。当时，公社管理区组织村里干部去山西大寨参观，学习经验，回来后挖了蓄水池，但往蓄水池里窖（注入）的水一天一宿就没了。前几年水利局也投资 40 多万修蓄水池，仍渗水，但不太严重。蓄水池什么作用也没起到，只是一块平整的好地给毁了。自从挖了蓄水池，红林村一年不如一年。

村里早先也是种树，年产山里红 12 万斤，小年产量 10 万斤。改革开放后，责任权力都下放了，村里才发展起来，山里红越来越多，目标是 50 万斤。村里投资，修渠修到 312 基地。为了浇水，树下挖坑蓄水，又浇水、又施肥，确实很下工夫发展山里红。

村里最早的基础设施是一渡河老书记给村里提供条件建的扬水站，能保收，村里才吃上白面。人家节约水支援红林村，老书记的死最终带来了村里水的缺乏，他们把河给挡住了，留给自己地浇水，这样，红林村用水越来越紧。一渡河说他们水不够用，不给红林村用。没办法，红林村去四渡河找水，但还要经过一渡河，但一渡河不放水，最后村里找到管理局解决问题。一渡河书记听说要红林村自己打井解决吃水问题，就要红林村在他们村的指定位置打井，都是岩石，没有打出水。后来，管理区派水利员去找打深井的人来给看看，最后找来房山那边打深井的队。他们到村附近查看哪里可以打井。据他们说，花岗岩不渗水，石灰岩渗水，他们说红林村不是贫水地带，西山下有很多水，是个地下蓄水库。人家就用一把小锤和一个斜坡仪勘测就知道了。他们说这地方打三十米能见水，实际打了 130 米，这就是 1978 年打的村里第一口深井。

我 1961 年去学农机技术，一个月赚 28 块钱，一天一斤粮食，吃不饱。1962 年回来后在村里当生产队长。原来村里只有一个生产队，后来甩出来 25 户。闫瑞年是大队长，听说我回来就来拜访，说村里正在选队长，让我参选，这样，就当了二队队长。开始二队比一队粮食少，吃不饱没法干活。当时也没水利，靠天吃饭，多种白薯，每家能分一千斤白薯。白薯干推面，让社员填饱肚子好干活，一年接着一年打井找水。

最早打的井是浅井，六几年打的，一丈多深，当时用来浇地，村里一共不到60亩水浇地。现在牛场那里还用着这口浅井。接下来是扬水站，然后是北面的第一口深井。第二口井是1979年打的，有150多米，现在的自来水就是用的第二口井。第三口井是162米，在1980年打的，是用来浇地浇树的，在官地那儿打的。2011年又打了一口井，350米，在官地，现在还没开始用，防止以后没水。312基地的水井都是400米。第二和第三口井的地下管子是通着的，第二口井有阀门。

从第一口深井开始，村里吃水和地里浇水都解决了。北面的井是130米，水很丰富；第二口井的水量不足，四寸管子往外流。这些井都是解决吃水问题。渠是1965年修建的，是从扬水站过来的，修渠的人是红林村的人。岐庄和红林村联合修渠，渠的长度是3800米，三里地（直线距离——笔者注），社员出工，村里投资，一渡河扬水站的机器是国家出的，渠是顺着山修建的，一百米渠下降一米，石料是两个村投资。

1982年修的油漆路。村里有两个厂子：果脯厂和饮料厂。

解放前是自己种自己的地，地主有长工干活。老祖丁进章下面有几个儿子不清楚，可能上面还有一辈。土改后，家家分地分树。50年代初期，咱们村组织起来初级社，没入初级社的入互助组，几家一个组，三个村（岐庄、东坟、西坟）组建一个高级社。

高级社在1960年或1961年解体。岐庄建饲养场，占的是红林村的地，分开后就不给红林村了。岐庄车站、岐庄市场前面原来都是红林村的。高级社之前，三个村就有差距，经济基础不同。红林村比较富裕，山里红有名；东坟产粮食。社员说三个村经济“东坟的棒子，西坟的谷，岐庄坐在南台沿（岐庄河套的上面）上哭。当时红林村经济排在第一，岐庄也有树。东坟现在有地有树（枣树八几年种的，还有苹果树），林业方面超过岐庄和红林村。入高级社时，三个村经济明显不同，由于距离近，上面政府安排三个村一起入高级社，但村民不是很情愿。高级社最后解体也是上面的政策所致。经济基础有差距，社员的生产力不同，差的愿意和好的合一起。

高级社下面分生产队。一个村分几个生产队。高级社解体后，红林村就是一个大队，后来生产大队又分生产队，也就是生产小队。1962 年我回来当生产队长。两个生产队一直到大四清运动（大四清指全国范围的，小四清是农村范围的），四清没结束就开始"文化大革命"。"文化大革命"时期一直是一个生产大队。

1983 年开始分地。当时从社员到干部都不愿意分。当时中央有一个干部说：上面开、下面放，中间有个顶门杠。意思是说，上面放开，底下放权，中间大队干部等不愿意分。红林村具体情况是：开始不理解，但上面的政策必须执行，公社拿咱们这个村当试点，1983 年开始分，1984 年全部分完。林业是四个组，每个组的树分得都差不多。红果树、杏树、栗树等，大概有 1000 多亩。主要是红果树。那时是以产定工，产量高工分多，必须分得差不多。好的树园子和差的树园子放一起分，搭配起来。当时一个组是 25 个劳动力，男的女的都均匀分配。这四个组的劳动力加在一起就是全村的主要劳动力。四个组全都采用抓阄的办法，大队先做四个阄，由各组组长来抓阄。四个组再各做 25 个阄，每个组的劳动力再抓阄。里面或多或少有点不公平。到 1984 年完全分完了。

那个时候要交积累，有的社员不敢承包，又怕丢、又怕赔，有的分下去好几天又给交上来了。这些交上来的树有的组接着在本组劳动力中往下分，有的组谁要给谁。交上来的不是很多，每组有三五户。交回果树的农户选择干其他的事：电工、饲养员等，当时村里有炉瓦厂、铁炉厂、饲养场等。

当时合同定的是5年一调整。在这几年里，山里红很值钱，人家管理的也好。没解体前，集体管服务，打药、浇水等。山里红好的年头有10万来斤，最高达到14万—15万斤。解体后，社员树下管理到位，一树一挖坑，浇水，能达到20多万斤，目标是要达到40万斤。弄山里红一年就能卖三五千元。到1988年调整时，大家都要树，这样就把树多的分出去，按每人400斤产量，超过400斤的要把树交出来重新分配。1988年按人分配后，到现在一直都没有调整，一直延续合同。目前就是维持在1988年的格局。1998年续合同。续合同是正式合同，正式合同是打印的，需要签字，一直延续到现在。

农业是一个人分半亩口粮田，有富余的地划到责任田，责任田划四片，接着往下分。

一开始承包时，集体提供服务，是免费的，到时候得往上交积累。集体给服务，社员交积累。积累是按产量的40%交。当时生产资料全都分下去了，大车、牲口也都分下去了。那时候是抓阄分的：多少农具做多少阄。有的人愿意要，有的人不愿意要。农具是做价分的。三辆大车分下去，55号的大拖拉机也分了。

三十年来咱们国家快马加鞭地发展，速度太快了。改革开放后，经济迅速发展。集体时候，屋里看电视，看着看着忽然就没了，低压线断了，铝线都买不着，不是没钱，是没货，产品短缺。现在可以进行一些反思，当时如果成片成块分是不是更好？岐庄更惨，所有地块都打乱按人分。家庭承包的优越性很大，开始不理解，现在看，积极性调动起来了，责任权力全都下放了。

个案9　一期征地，争议很大，至今刻骨铭心

访谈对象：丁学友，很健谈，村治安委员。

1961年12月7日出生，正是自然灾害时期，缺衣少食年代。1961年至1970年在挣扎中生活，有求生欲望。只要有能吃的都吃，山里的树叶都吃光了，一直到18周岁，树叶作为三分之一的口粮，炸（水煮）完了晾干可以放很长时间，主要是杏叶，叶子还得是捡的，不能去树上摘。小时候经常去地里捡树叶。我都不愿意回忆这些。

每个家庭不一样。我父亲一个人挣工分，大姐结婚时候我都不记事。我大哥在我9岁时结的婚，11岁开始分家。我和大哥天天弄柴火，可是有柴火的地方封山，不封山的地方大家都去抢柴火。当时就是这样挣扎地活着，一大篓的柴火一顿饭就用完了。当时生活苦，经济、能源各方面都不足。

1980年时，我二姐、三姐、小妹都不读书了，我还在读书。那时候家里对教育不重视，认为读书没有用。1980年后期就不读书了，高中读了半年。学习好的孩子老家儿（父母）比较重视。那时候我18岁了，当时也不是很愿意读书，我还得自己捡柴火，放学回来赶紧去山上割草，100斤草可以卖1块5。干草没有多少分量，每天赚个几毛钱，为了攒学费，最多一天赚了7块5。家里苦也没办法。

1980年读了半年高中，后来实在读不下去了。首先吃就是一个问题，没饭吃，就一瓢碴子，一大家吃。早上吃两碗粥把肚子撑

起来，后来迫于现实就不读了。别人家能赚工分的，中午可以给孩子带个窝头吃，可是我们家条件不好，有这个奢望也无法达到。当时分粮是按工分和人口来分，是三七开。当时口粮根本不够，因为工分不多，也分不到多少。粮食有7分是按人口分，3分按工分分。我妹妹比我小5岁，我姐姐他们年年借粮食吃。我们家是我们村三个困难户中的一个。赶在那个年代了。我恨那个时候出生。但人改变不了自己的出生和父母。

1980年开始挣工分，解决了温饱，当时有一种议价粮，我们家买了一大堆棒子。计划经济年代，得交公粮，不是随便想买就买的，有钱也买不到粮。

1983年解体，包产到户，实行家庭联产承包责任制。镇书记来做工作，实行家庭承包责任制，我们村有90份合同。岐庄是按人头分地，我们村是按劳动力分。三年一调整，六年一改变。1988年底1989年初彻底分，按人分地。有树和没树的都做调整。每个人有一个基数，把每个人多出来的产量拿出来找补，多出来的给没有树的人。自己当时担心怕赔了，没有要树。农业有农业税，林业有林业税。

我没有树。1983年我上建筑队了。我们家有一个女劳动力和一个男劳动力的树。我回来时是接我爸爸的责任树，我妹妹的责任树给我大哥了。18岁到60岁的年龄段有树，一调整我就接我爸爸的树。后来我又接了好多人不要的树木。1983年解体，1984年6月2日下雹子，树皮都砸掉了，过了10天沟里的雹子还半腿深，粮食和水果绝收。当时国家给补贴的粮食。

我1983年3月去建筑队，1984年底回来了，干了两年，就是金桥建筑队的前身，原来叫茶坞建筑队。不在建筑队干回来的原因是：建筑队每月小工90元，大工120元，当时山里红一斤9毛钱，一年能有上万元，在建筑队一年只有上千元，家里的诱惑太大了。当时建筑队的总裁也不舍得我走，来客人就让我陪，但是工资太低，所以选择离开。

回来后就想把树管理好。1985 年初结婚。那时候和老家儿脾气不合，观点不一样，过日子方式不一样。自己当时特愿意结婚，结婚一个月就分家了，我自己干自己的事。在 1984 年下雹子的情况下，我老婆带了 2000 元钱和一袋面、一袋米嫁过来。女儿是 1985 年 11 月 15 日出生，这一年我赚了 7500 元，主要是山里红，有少量杏和栗子。当时特别兴奋，当然那时候钱也值钱。

1986 年底买的这个房子，从村里别人家买的房子。我愿意高高兴兴地活着。那时候村里已经没有好的宅基地了。1987 年“五一”搬过来的。1986 年山里红每斤 1. 25 元，一棵树苗 1 元多。这房子 5000 元，我又借给卖家 3000 元。

不是别人瞧不起你，而是自己不争气。人都在同一个地方，处于同一个环境，人的地位都是自己奋斗出来的。

买房后，山里红价格跌下来了，从 1986 年的 1 块 2 跌到 9 毛 5，最后跌到 7 角。我是 9 毛 5 卖的，当时没结货款。1987 年我收入将近一万二千元，山里红差不多是 1 万。村里就我一家是 9 毛 5 卖的，其余家都是 7 毛卖的。1988 年山里红又跌了，是 3 毛 5 一斤，1990 年是 1 毛，1991 年、1992 年山里红没人要。1993 年 1 毛 5 有人买，1994 年、1995 年一直是这个价。

那几年赶紧转型，开始种枣、杏等。1995 年找人摘山里红，管一顿饭 410 元，送到庙城果脯厂，卖了 390 元，9 分一斤卖的。山里红没人管理了。

1998 年山里红 2 毛有人收，杏最高价是 3 元，栗子价格也可以。山里红价格不好就转型，开始种植其他果树。分地时是按照山里红定的产量，其他树树小、产量低，没怎么定产量。这样，栗子、枣、杏等就把山里红给扛过去了。

1999 年签了 30 年合同，全国性的，连续承包 30 年。合同定完后，人心稳定。我 1999 年在南边接了好多别人不要的树，修改合同，把别人的合同转给我了，跟我家树挨着，都是山里红。接来的树，在村里改了一下承包人，把树给我，给点管理费，按地块大小来定。既然在家里干，就得有充足的生产资料。自己又年轻，等形成规模后，自己能弄就弄，不能弄还可以雇人。

我自己的那块地分地时定的产量是山里红 1200 斤，杏 350 斤，合同是以产量来定上交额，后转过来的也是按照产量来定的。2003 年费改税，国家给一个小册子。2004 年开始免税。红林村被定为贫困村。

2002 年 5 月 8 日 312 征地，我的一片地给占了，给了些补偿。2005 年初盖新房。2006—2009 年这几年平平淡淡，收入不高。2006 年、2007 年枣还可以，杏没人收。这几年农业这块基本不太好。咱们这是散生果园，跟人家形成规模的果园不同。现在是农林都不行，栗子价格没谱，摇摆不定，去年是 3 元，高峰时是 4 元左右。枣的收入看年景，枣少时贵点，多的时候就便宜。

我那片地被占有一半左右，从别人那里转过来的地也差不多有一半地被占。国家有退耕还林政策，我的责任田、口粮田都栽树了，所以树还是不少。我当时分了 5 口人的田。

咱们村的企业：1982 年建了果脯厂（实际为 1983 年建——笔者注），前两年还凑合。1983 年就解体包给个人了（实际为 1984 年承包——笔者注），个人承包后贷款还以村里的名义贷，结果村里因为这个果脯厂衰落下来。原来果脯厂还挣钱，每年营利十多万，包了后开始赔钱，最后有百十来万的窟窿，就属于解体没解利索。饮料厂也赔了。1989 年以前都是个人弄的，一直靠贷款，贷款还有利息，利滚利，最后彻底把这个村给搞垮了，最后留下了个大窟窿，变成全区最穷的村，干部工资都发不出来。贫困村国家一年给 13 万元（2012 年是 15 万元——笔者注）。

2002 年 5 月 312 占地，给我们村的土地补偿款是一亩地 8000 元，也没有转非人员。

第一期占地，当时有两派，没占树的40多户，占树的20多户。当时镇里、区里、市里都去上访了，大概有三四十人，不管是否占地的人都去了。去市里的大概有4个人，当时我们的诉求就是补偿标准要合理，现在给的补偿太低，应该按照正常的价格来补偿。第二期占地每亩补偿4.1万，有60多户，只有十几户没占着。

第一期占地补偿，到百姓手里是杯水车薪。去市里没人理，说是越级上访，直接打发到镇里。第一批占的全是好地、好树，有枣、栗子、杏之类的，地理位置好，比较平坦。第一期占地中也有少部分耕地。第一期占地补偿，给村里一亩8000元。果树补偿40%归村集体，60%归个人。实际补偿到个人的款很少。国家占地应该有个明确的补偿方案。一期占地是看树的大小来估价。

一期占地，镇里过来找占地农民谈话，主要是协商价格。最初栗子每斤8元，枣每斤5元，核桃是每斤10元，山里红是每斤2元，杏是每斤2元，都是大概。而实际上补偿，枣是每斤3元，栗子是每斤6元……大体能降百分之二三十。在此基础上百姓分60%，剩下40%归村。第一期占地200多亩，每亩8000元归村里，一分钱都没分给村民，全部还贷款补窟窿了。一期占地补偿太低，2013年趁补办手续找回来500万元。

一期占地所存在的问题，向上反映了，但是没有结果。村里将个人土地承包权解除后，开始办的占地手续。

二期占地，2006年底2007年初开始，公开价格，对树评估，价格被老百姓认可。地皮补偿4.1万，全是村里的，地上物补偿全归个人。后来村里分了几次钱，也是全村都有，只要是户口在村的都分钱，分了两三次，加一起每人分了8.5万。地上物补偿根据实际情况确定。二期占地有异议的极少。第一期占地最多才补偿55万。

征地对村里的影响，除了收入外，给村里也带来了变化。通过占地老百姓得了实惠，新农合大队有钱给上了，现在还有200多万的股钱，这个钱不能动。500 万的 40% 村里要留下。每人分 1.5 万。现在村里文化产业也有投资，排练节目，街道环境整治也尽职，财务也比较透明。

二期占地是评估公司现场评估、作价，评估公司和个人签订合同，规范一些。评估公司是 312 自己找的，评估公司提 3% 手续费，是由 312 另外支付。补偿价格按市场价格，根据树的粗细等，通过树干的尺寸算产量。干果是按 8 年补偿，水果是按 6 年。

不应什么都上公堂。人心散了，父子、兄弟反目，两派上访……

一期征地，争议很大，至今刻骨铭心，提起来就血压上升。我家房子曾被放火，鸡也曾被烧死。

二期征地中，有兄弟俩土地承包权没变更，只是口头协议，打了两年官司。原来是荒山，1999 年时不要协议，有证人。补偿 100 多万，各执一词，312 等不得了，最后按 4.5∶5.5 分配，实际管理者占大头。

二期拿钱最多的是 270 万。有人事先得到占地消息，提前栽了树。2005 年初就开始买苗栽树、抢种。

2002 年一期征地，半年全部完成；二期征地持续两年，2006、2007 两年，从知道占地到最后征地完成用了两年。2002 年征地是初次经历，以前从未经历过。那时十几万可以买栋楼。

三期征地是怀长路征地，村里涉及不多。

现在准备担任村调节委员，村里专门设置了这个部门，全体村民选调节委员，主要是大事化小，小事化无。在民主下集中，在集中下民主。现在是村民代表。

征地后，村里有人盖房子，有人旅游，有人买车。经济充裕了，生活提高了，环境也改善了。但村的凝聚力不如从前。人都有仇富心理，本来都是在一个起跑线，就因为钱比别人多了，所以就恨你；你挣的钱多，就有差距，产生怨恨。这也是富人行善的原因。

征地前人们主要靠树、卖果为生。征地后，有维持现状的（未被征地的），有上班打工的。谋生手段变了。但生活全部得到改善。

生态保护方面：每人一年有 300 元荒山钱。年轻人大部分出去，剩下的人进行山场维护。人很少。每年都要维护山场，护林防火，把松树、柏树周边的杂草等修剪掉，太密的树 1.3 米以下砍掉，这叫镩树。干完有检查的，镇里和区里要来检查。

村民精神状态方面：有信佛、信基督的。信仰与迷信不同。信仰各有所求，自己要知道信谁，能否保护自己，否则就是迷信。

征地前人们较少信仰，人没有闲心，没有时间，现在业余时间多点。信佛的有十几个人，信基督的就我一人。信仰也是一种巧合，在迷茫中、求助无门中找到一个靠山。2002 年 9 月 2 日，我被打劫了。那 4 个人作案 105 起。这时，遇到传福音，信基督表明了自己的一颗心，不在于是否去教堂，都在于个人。2009 年 7 月 31 日，我爱人昏迷，我打完 120 后就祷告，在医院 ICU 住了 12 天，9 月 1 日出院，没落下任何后遗症，这是上天的恩赐！

下园（在县城）有一家教堂，是个人办的。我们都是在家里，是家庭教堂。家里可以讲课，每周三都有附近的村民过来听课，已经有十多年了，一般有十几个人，三五十人。圣诞节人比较多，有 140 多人，各人表演自己的节目，唱歌、跳舞、演小品之类的，老年人较多。

无信仰的人不好管。法律再健全也有疏漏，有空子可钻。有信仰，就始终会感觉有双眼睛在盯着自己。

平原地区农业机械化了，种地不辛苦。山区很不好办：种果树，得打十几次药，有农药，有生长剂等。现在孩子们都不愿种地、管树。也许有一天想种地都没有资格。现在转非容易，转农难。现在种地已经有补贴了，将来可能会更多，比如一亩地给 1 万元，想种地的人就多了。

个案 10　征地近看，个人有收益；远看，下一代就没有生产资料了

访谈对象：丁学芳，村庄征地时负责对果树进行评估。

1959 年出生，在水泥厂上了 28 年班。单位 2000 年倒闭后，回村里开铲车和耍手艺（钳工）。55 岁退休，现有一年交 7000 元。我没有地，吃商品粮。312 占村里两次地，2002 年占一次，2006 年占一次。家里只有一个人的地，总共给了百八十万。我负责评估，2002 年评估 40 天，2006 年评估两个月。

集体时是挣工分。70 年代，十分合六七毛钱，到 80 年代十分合到 1 元二三毛左右。1984 年解体，分树到户。

集体企业最早就是果脯厂，后来是水厂，当时经营得很好。现在的厂子基本承包给个人了。水厂改制后租给别人。

这个村的经济条件好，312 占两次地，怀长路占 1 次地。全村有 104 户，人口有 220 多人。平均下来，一家分到 50 万左右。最高的 300 万，最低的 20 来万。

312 占地，第一期 20 户，第二期 90 多户。

靠果树每家能有 3000 元收入，有的多，有的少。最多一两万元，最少几百元。占得多，收入就少些；占得少，收入就多些。村里有钱的，基本不参加工作。

征地对咱们村的影响：近看，个人有收益；远看，下一代就没有生产资料了。地都卖没了，下一代不可能都找到工作，还要有一部分人回村。村里的地越占越少，占地对国家有好处，这一代人有

收益，享福了，但是下一代人就比较难说。将来全国都是大学生，肯定有回村里干活的。

我现在年龄大了，眼睛也花了，脑子也跟不上了。今年干一年，再一年就退休了。

村里没什么钱了。道路 2006 年给铺一下，都是国家照顾的。

征地对村民的农业经营没有太大的影响。家里都有年龄大的，无法管理果树。国家不要农业税，管理果树还赔钱。杏现在没有人要。靠树园子不赚钱。解体前，山里红价格高，人们还管理果树，现在都不管了。

老年人坐车不要钱，不好。老年人旅游、外出等，赶在高峰时期乘公交车，耽误年轻人上下班。不如给他们补贴。村里也有车站，但坐车难，都是长辈，还要让着他们。没办法，只好买车。村里在县城有楼房的达到 70% 左右。

50 年代有过多少困难，都吃不上饭，真正吃得好点是在 1984 年，有点大米、白面。生活变好也就是从 1984 年开始。现在吃穿不愁了，那个时代，小时候穿的都是别人穿剩的。现在靠化肥产量高了。但现在白头发的人多了，得病的人多了，都是化肥造成的。现在人们有点小病就去医院。

个案11　30年承包期没到就不允许占，得有个说法

访谈对象：丁学信，1936年生。

村西有哈尔布武墓，看坟的人姓苏，叫苏道瑞（音译），解放前后到北京了，不看坟了。

小时候看到别人在那盗墓。两拨人盗墓，互相打。那时坟头还有，盗墓者掏空了坟。后来在那挖了蓄水池。水池子渗水，往里铺塑料布。

西坟吃水很困难，曾排队挑水。

村里主要领导人有李文明，初级社时担任书记，干了很多年；闫瑞年是劳模，生产队队长；李文明的儿子李增光当过书记，学真、志增、学昌、黄长生也当过书记。

9岁时放羊，放到12岁。1947年土改时开始帮富农放牛。14岁烧窑，三个村成立联村社，烧一个砖窑，每个村轮流烧窑，但砖归三个村所有，三天一大火，闷窑时，每一个小时就要往窑里挑水。15岁又上了两年学，19岁去学徒当木匠，转年正月初五又被挑去当兵，但爷爷不同意，因哥哥在当兵，因此没走成。21岁结婚，一直是木匠，直到公社解体（1983年分地时期）。生产队有活就干活，没活就干木匠。

1958年成立八一公社，吃食堂，到哪吃饭都不要钱。开始吃的还可以，以后越来越差。

人民公社时期印象最深的是白天在生产队干活，晚上去修水

库，建怀柔水库。生产队派人过去。

干实事的一茬不如一茬。最好的时期是闫劳模任大队长时期。平地，修田地，山坡建果园，先治坡，后治窝，学大寨。文明（丁文明）当书记时还差不多。

修蓄水池，村子从此走下坡路了。人们都说“蓄水池，蓄水池，不降工分降日值，冬天穿裤衩，夏天露肚脐”。一瓢水不漏还蒸发没了，别说这么大的池子，又漏水。

改革开放后，盖房子多起来。几个儿子几处宅基地，都盖起来了。谁家盖房子都去帮忙，等自家盖房子也会有人帮。

我的宅基地原来是一个大沟，深五六米，是下雨时的泄水口。爷几个从山上取土，人拉手推，三四个月才垫起来。当时村里有12家批了宅基地。

解体时，土地以外的生产资料也分了，都是作价分的。那时很民主，大家讨论，参照市场价。可以不交钱，先欠着。生产工具和牲口大家都想要，通过抓阄分。我那时和另外两家合抓了两头驴，一大一小，大驴一二百块钱，小驴90块钱。三家自己协商怎么使用、怎么处理。农机、车辆也分了。当时队里有大小拖拉机各一辆。我记得小手扶拖拉机作价500元，大拖拉机不记得了。

分地后第二年就赶上雹灾。雹子鸡蛋大，麦子绝收，阴处雹子七天未化，一渡河、苏峪口都没有。

咱们村有200多亩好地可以耕种。退耕还林，好地都种了果木，咱们这儿果木不值钱。今年山楂每斤卖5毛5。

占地时，书记想把承包合同收回去，每人一年给2000元，县里不同意。头批312占地，村里分了两派，一派是占着的，另一派是没占着的。没占到地的人多，他们想把占地钱大伙分。后来决定是40%归大伙，60%归自己。

第一期占地的时候，没有任何说明，直接就来量地，说是要建设，社员不让。30年承包期没到就不允许占，得有个说法。县里带着公安局的人来现场，让村干部做社员工作。不给钱，社员就不让进自己家的树园子，一整天都在那把着，还把镇里和县里的人锁起来，要求给一个说法。

一期的补偿，先是量树的粗细，大概估计出多少产量，按照当年价格定，干果补四年，水果补三年。一期占树的钱先给大队，然后由大队再给剩下的60%。二期补偿的钱直接划到各家各户。

开始都没说清楚，不知道如何征地，不知道给多少钱，所以不让征地的人进果园。

被征地的人收入上去了。占地时果价高，收益多，果价高时被占，收入肯定高。没占地的人尽管树多，但现在果树不值钱，果价下降了，收入也不是很多。

占地的都在县里买楼房，基本没干什么，大部分吃老本。岁数大的基本上不干什么了。

占地时价格定得不合理：一定几年，没看到树还要长，现在是小树，几年后就是大树，产量要比现在多得多。

30年合同到期后将会产生矛盾。没被占地的土地还在，不希望重新分地；被占地的土地少了，希望重新分地；没占地的还有发展，树在长，被占地的发展几乎不可能；没被占地的还可以新栽树，被占地的就失去了发展机会。

占地使得部分村民的身份转变了，农转非，包括转工、转老。转老是每月给1000多元；转工是现在自己交几千元，等到退休年龄时每月领退休金。转老还不属于工人退休，工人退休金高。转老补助还是很低，类似最低生活保障。以前种地可以维持生活，靠地可以养活全家，现在这些钱养不了家，自己花都很紧。

现在两口人单过，做点家务，捡些山里红，去小汤山洗澡，有时候一个星期去一次。最近去山东旅游了。坐在车里看景真好！一路上风景不断变化，种的庄稼也不同。什么阁，什么岛，这些收费的项目我不去。春天还去了红螺寺参观，那里有展览；还到雁栖湖玩。

个案12　手里有钱了，开始考虑家里人的养老保险问题

访谈对象：丁志会。

1969年生，45岁，毕业后在家干个体。

一九八几年，与老父亲一起尝试过养殖。1984—1985年学习瓦工，1990年就再没有干过这活。

90年代初期毕业后在村里做小食品加工，再后来做早点摊，如麻花、油饼之类。

1994—1995年在世界妇女大会期间（在怀柔召开），在健力宝务工。上了一年班之后，又开始经营早点，在村路边岐庄供销社旁边设立一个专门的早点店，全职做早点。

2000年左右，养鸡，卖鸡苗，尝试在树园里、山里养鸡、鸭、鹅等，养殖规模有上千只。当时还不错。当时山里的井受污染了，没法用那里的水了，鸭死了好多。最后把鸡处理掉，把剩下的家禽又弄到家里了。损失有一万元左右。这是在2001年底。

2002年4—5月份，312的征地补偿金到位。手里有钱了，开始考虑家里人的养老保险问题。从以前的名片本里，翻到保险公司，萌发了学习保险的念头。2002年先是做新华保险的业务员，一年后做到新华保险的正式业务员，准备荣升新华保险的主管时，有人介绍到保险代理公司（嘉信保险代理公司）工作。

2003年初，在嘉信保险代理公司工作，公司老板是台湾人，经过一年成为全国最大的保险代理公司，刚去这个代理公司时，公司刚组建。由于受到非典影响，公司没有业务，员工也无法出去跑业务，

大家都在公司里闲着。自己利用这段时间学习了电脑。因为占地有钱，花了6000元买了一台二手笔记本电脑，当时在怀柔还是很超前的。卖我电脑的人很好，告诉我不会用就问他。通过不断问和自己摸索，最终掌握了电脑。后来，公司老总在2005—2006年撤离，老总又重新组建了新公司。由于领导层变动，自己也离开了公司。

2006年，离开保险公司后，回家了，这期间一直在思考：在公司里，领导层变动后，员工什么都没有，也没有保障，创造的价值，带领的团队也都随之消失。应该自己创业。

回家后，开始在路边整理果园，准备发展采摘园。三亩地盖房，6亩地做采摘园，里面的树绝大部分是新栽的果树，准备往农家院的方向发展。后来想扩大，但上级政府不允许在承包地上建房子了，采摘园为“智慧采摘园”，自己一个人成立的。最后采摘园没有运作起来。采摘园里的桃子、李子最近几年开始结果，也没有采摘去卖，量比较少。2012年，把采摘园其中的一部分租出去了，租期15年，租金每年一万元。现在家里的土地没有多少了，312占去了家里大半土地。

夫人在桥梓的一家美国公司上班，公司名为杰普莱斯，主营采血针、针管类医用器材。女儿中专毕业，22岁，现在一边上班一边学大专，在怀柔县城一个彩扩公司工作。

红林村一人平均有半亩耕地。土地没有什么收入。时常和婚庆公司合作，做摄像工作，时不时会有点收入，一年工作大概一个月，会有一万元收入。

现在在中国人保公司工作，不过还没正式开展业务，根据业务提成。公司有门槛，要求半年做60万元，公司给上五险一金。针对的客户是机关企事业单位，是团体保险，有意外保险、旅游险、车险等。过段时间准备回公司去。

312征地两次、建电线塔征地一次。312第二次征地，集体土地补偿给各家也分了一点，怀长路征地也分了一点。怀长路地上物补偿给了。建新房 120 平方米，花了 20 万。屋里铺设了地暖，地暖里是防冻液，都是自己琢磨、自己设计的。

未来 15 年之内，不会投入太多精力在果树上，只是剪枝等维持着果树。等年龄大了，果园租赁到期，还会继续管理。

村里最大的问题是：村里的地和树比较分散，规模不大，不管是开发还是其他经营都不太好管理。我现在这个年龄的村民大约 10 多个，年龄大的干不了果园里的活，下一代人都外出打工，所以土地和果园将来很难说。每次征地的时候，我也会讨价还价，评估公司在评估时，也会讨价还价，大家折中给个价格。怀长路最初给的是现在补偿款的一倍。后来遭到举报，又开始重新评估。

312 征地时，大枣自己卖是一斤 8 块钱，补偿时给 3 块钱一斤。我的枣树有几百棵。

村里的土地和果树等，也没法弄。村里的红果剩得不多，栗子、核桃都不算多。大枣多一些，目前不死不活的感觉。村里的采摘园比较多。

和雅君是同学，某些事情上，雅君也会照顾到。志山是监委，能控制花销。

我是村民代表，通过大家选举产生。村里比较民主，每年两次民主日，开会时的决议基本会得到村民代表的同意，也会签字。集体的家底大概有 200 万，是固定存款。

目前对个人家庭生活比较满意，知足常乐。

现在，红林村往外租地会通过两委，经过村民代表同意才可以签字。312 征地找回的补偿、有线电视的费用，都是雅君争取的，许多事情村民都不用花钱。

平时的休闲活动：以前去老年活动中心打打台球，现在夏天打打牌。

未来的设想：觉得健康最重要。

从 312 征地开始，大家变富，也是一个机会。

个案 13　县里也没有买房子，钱都投到地里了

访谈对象：丁学玉，农业全科技术员。

90 年代出去上班，上班养家糊口也比较难。自己学车做小买卖有四五年。农民以土地为生。人家去小汤山卖蔬菜，咱们就不敢卖。别人都敢卖，为什么自己不敢卖？想来想去，从 2000 年开始自己在家干。

那时枣树刚起步，没有形成产业。当时家里还有个小卖部，没有什么收入。果树也没有结果。到 2006 年，镇里办大枣采摘园，要找村里面积比较大的，给予资助。我是 2006 年注册的“绿色红林”商标。在 2006 年下半年开始发展，办了凤妮大枣采摘园。

这里的食宿不方便。客人来这里摘果，到吃饭点了，没个地方吃饭。在凤妮采摘园，有一个客人说：弄一个冰柜，弄点黄瓜、西红柿、酒之类的，我们就可以待上一天。在很多客人的建议下，开始办了餐饮和住宿。

2000 年，引进杏的新品种，咱们区都没有，是自己亲自去市农科院引进的。大枣有机食品是 2008 年左右认证的，认证费每年交一万五。当时认证是镇里扶持的，后来的认证费是大枣协会出，现在是大枣合作社。协会在 2006 年镇里有扶持，我是会员。后来，协会不流行了，办了大枣合作社。大枣合作社是自发性的，几个人自发出资的。后来在 2009 年，自己办了红果合作社，我是红果合作社社长。

我是 1969 年出生，是初中毕业，之后上了一个中专。后来自

己摸索，一步一步地走到今天。走了很多弯路，还是农民意识。农民的思维和观念转变很关键。

办奥运会的时候，有一个口号：北京欢迎您。三岐庄地处凤山，镇里资助了三个大枣采摘园，所以就用了“欢迎您（妮）”三个字分别命名。凤欢、凤迎是东坟的，凤妮是红林的。当时的标准是得有公共卫生间，有住宿，有存工具的专门房间。当时是镇里支持的，帮着围起了园子。没有给资金。2006—2007 年，餐饮还不流行，让大家弄也不弄。现在要办餐饮已经不允许了。（注：红林村一带是水源保护地，而且目前耕地转做非农用地也严加限制。）

大枣合作社？没法说！合作社社长都忙自己的事了。财务什么的都不公开。股东说召开会议，社长说没时间，不参加。当时有 11 个股东。大枣合作社为什么不收大枣？只能反映到相关领导那里。我是大枣合作社的股东，没有分红。开始入社交了一万，后来撤了出来。现在账上有一千，主要是不想入了。现在换社长了，我们不想做了，但是不让退，所以押了一千块钱。最早是镇里牵头组建的。现在情况不太清楚。

大枣协会开始没赚钱，但给果农创造了效益。当时收一等枣 10 元，二等枣 8 元，收完枣后卖的，最后还赔了三五万。可是给果农带来了几十万的收益：把枣的价格抬上去了，其他商贩的收购价格也上去了。当初，也想停下了，但镇里说合作社不是非得盈利，给老百姓创收是最重要的目的。这几个村的大枣至少得有几百万的产值，合作社没有盈利，但百姓有实惠了。这几年就不太清楚了。当时镇里的合作社扶持是奖励 20 万—30 万元，第一年是买包装，买一车 10 万，那点资金也都花得差不多了。作为合作社股东都不知道，其他社员也就更不清楚了。

红果合作社是我自己成立的。是在 2009 年、2010 年左右成立的。当时办合作社的动因？一个是国家政策，一个是销售、采购都有条件。要是以合作社名义卖红果，可以直接去果厂谈，当时 6 毛一斤收购的，要不这些红果都浪费了。收购也是有标准的。合作社便于管理，打药、施肥之类的可以找专家，个人找林业局是不可以的。要是合作社出现问题，自己能解决的自己解决，解决不了的就请专家来解决。个人跟谁都不熟悉，面积也不大，去找专家，人家不会管。

我注册的是“绿林农情合作社”。合作社成立第二年，红果的价格有点上涨。成立合作社便于管理，果品质量能得到提高。咱们这儿的红果在80年代是远近闻名的，得过北京市金奖，村名都改得和红果沾边。

为什么现在红果没有经济效益，没有质量？大枣、杏的价格比红果高，大家都给刨了，改种这些品种了。80年代吃过咱这红果的还在找，但现在达不到原来的质量了。所以我就想怎么才能改变红果质量，给果农创造实惠，得到经济效益。如果咱们这也统一管理，有一定产量，注册咱们自己的品牌，产品的价值就会提高。如果过几年，品种退化了，得过什么奖都没用。现在我就找咱们这很纯种的杏，保存这个品种，就是财富。优良品种保存下来，就是财富。红果现在收购价在5毛以上，去年果品厂在7毛以上。要是产量不高，人家来订单，不敢接。要是产量大，可以做广告等，接别人的订单。短期内，村民观念没有转变。我引进了几个品种，个头不大，但品质好。比如枣，外边的个头大，但果品质量不如咱们的尖枣。咱们村的果品营养成分高，土质适宜。比如砂糖橘那么小，卖得比橙子贵。还得论品质，品质达到了，一样可以卖得好。大个西瓜就没有小的卖得好。

红果现在价格低迷，我做村民的工作，响应不大，没有发展起来。我的合作社是自发性质的，只有5户（德顺、富源、学山、学民、学玉）。五户是合作社的最低标准，注册资金我出了13万，其他几户是象征性的，大概出了一百。我对他们说：如果以后有效益，你们再追加股金。因为受大枣合作社影响，大家对合作社不看好。合作社达不到一定规模，国家不扶持。如果国家每年给20万—30万，可以相应地补点水费等，我可以给果农提供技术。没有资金干不了。

有人买农家肥，其实不用。如果用有机的方式生产，就不能用肥料、农药等。可以用割草机割草。现在人们都不割草，直接打药，这会使土壤板结。这个土地生产出来的东西，你再让他留在地里，就是很好的有机肥料啊！国外是生草法，不怕长草。国内是喜欢把草烧了。最好的办法是把草割了，把它埋地里。要长远发展。现在农民意识转变是关键。红果合作社没有享受国家的扶持。关键是村民的工作做不通，见不到实惠，就不会跟着做。见不到实惠，村民就不愿意加入，就不会有发展。

大枣已经形成了一个产业。大枣也有一个鼎盛时期。现在大枣有些向下走了。如果这样下去，果农就没有维持生活的来源了。目前，红果合作社没有太大发展，我估计五年之后会有发展。现在没有运销能力，咱们产的东西都是商贩来收。

枣树现在有一种病，还传染。我现在担心一个是枣的价格，一个是枣树生病把树毁了。我们村的土质是黄土地，种板栗不适应，树长不好，土质也下降。现在是全力发展大枣，产生了效益，现在也是往下走。红果现在产生的效益不明显，如果有政策扶持，对村里的空地和老树进行改造，把老树都挖了，重新栽新树。现在发展红果肯定不晚。栗树在我们村发展不了。

我的50亩地，一半是好黄土，一半是沙壤土。黄土地上的树长得不好，死得多。沙壤土上的树能够活下来。树对土地的含氧量和pH值、通透性等都有要求。这个具体说来比较专业，许多人不懂。我说出来，有些人去看了，确实如此。黄土地也有个别长得大的板栗树，但基本都是在地边，在平地长得不好。咱们这平地90%都是黄土地。

5米树冠的核桃树，以后长大，树冠能有30米，以后都是问题。很多家因为地边的树都有过纠纷，现在也没有人具体去管理。我想成立个组织，呼吁果农不要种板栗。我稍微懂点。别的村口粮田种的板栗树，都长势不好，这是大的环境。我想呼吁咱们村别出现这样的现象。

红果的销售？咱们村的红果有几户是送到红果厂，多数是小贩来收购。如果一家拉个三五百斤也不合适，这不仅是运输问题，也有果品质量和村民意识等问题。我对市场价格了解一些，有人收就给村里介绍过来。

今年红果普遍减产，质量也不好。我的红果交给我二哥管理。今年我只和果品厂联系，以前还去批发市场等走一走，了解批发市场的价格，找个客户来村里收购。去年下来收的红果有一块一斤的。今年的果树都旱了，我现在还有一部分红果没卖出去。我想和果品厂联系，看能否把咱们村的红果卖了。但各方面条件不成熟，如果能订个合同就好了。河北加工红果的较多，河北收购的人不过来，价格就起不来。如果咱们有资金，把水给解决了，可以以合作社名义来做。现在真是运作不起来。

今年的杏都落地了，都没怎么收。我找了一个新发地的收购商，人家来村里说杏的质量不行。农业用水、用电得给扶持一下。咱们这好多管道是建了，但好多都没有办法用，大队也出不了钱去维修。财政也拨不了款。虽然机井和管道都有了，但不是家家都浇水，水费价格高。如果全村都用，大队也掏不出这个钱。现在上面都是扶持大的。

去年村里在山上弄个蓄水池，管道加池子毁了我将近 100 棵树，村里说不给补偿，可以先用水。可是今年旱却没有浇上水。去年弄的，今年春天想用，但用不上。一次都没用。好多都是在关键环节出现问题。

富源的红果面积大，我的红果给二哥管理了，德顺的面积也不大。面积大小，不是关键，只要认可我的想法就行。富源的红果前几年走批发市场，今年也是商贩收购，果品质量上不去了，也没有浇水。红果最好别走果品厂，价格低。红果比较好储存，如果有好的果品质量，可以走批发市场。

采摘园以枣、杏为主，注册的商标名是“绿色红林采摘园”，2000 年开始发展。最早是采摘杏，采摘价格高，5 元一斤，最高时一斤 10 元，一人 10 斤，来了几个人，一下子就好几千块钱。现在是采摘枣，10 元一斤，最高是 20 元一斤。我这也有饭店，为了采摘，也是赚钱的。

枣树的刺多，要削刺。树是矮化的，方便采摘，为了游客。我也在选比较稳定的品种。听说引进的杏对北京的气候不适应，也引进了，我得看看到底适应不适应。2009 年，桥梓的冬枣园都冻死了，核桃的大部分品种也都冻死了。养枣十年，都开始有效益了，却都冻死了，也不能发展。我引进杏多次，有的在这适应，有的不适应。采摘园有 200 亩，有租别人的，自己的有 100 多亩。饭店这边的地是租的，租两户的地。地在别人家效益不高，在我这会有价值。饭店这边是成片租的地，有 10 亩左右，一亩地租金 800 元。

采摘园人多的时候有 15 个，少时有几个。现在有几个人，摘果的时候有 15 个。引进的杏品种有雪玉，因地制宜。雇人基本都是三里五村的，临时的是干活结束就给钱，长期的是月结。今年长期雇的有两个员工，忙不过来就雇临时的（男的每天 120 元，女的每天 100 元）。今年剪枝有 200 多个工，摘枣有 300 多个工。季节性比较强的雇人比较多。摘枣持续时间长，有 20 多天，雇人一般都是每天 100 元。较嫩的枣树芽在饭店里当野菜。园子面积大，枣树芽几天就老了，不能吃了。许多果树芽都能吃。糖尿病人可以泡柿子叶喝。

怎样找帮工？一般忙时，我给志平（本村村民）打电话，说要用几个人，志平就给找来了，一般都可以找到。摘枣时，村里人也忙，一般都从茶坞等地找人过来帮忙。采摘园今年可以钓鱼了。在果园里散养柴鸡，钓鱼的地方有三亩左右，有鲤鱼、草鱼等，都是10元一斤，有鸡300多只，公鸡现在剩十多只了（公鸡150元一只，6斤左右；母鸡100元一只，4斤左右）。野兔、鸽子都是供观赏的，也可以吃。餐厅可以容纳300人吃饭就餐，最忙的是“十一”“五一”这两个节日，平时有采摘枣和杏的。基本都以节假日为主，昨天（星期六）忙不过来，村里有结婚的找人将份子钱给带过去了。今天（下雨）一桌都没有。

咱们村一家有事，大家基本都去，比其他三里五村强。好多地方丢东西。主要是村民素质高，比如计划生育，别的村不好做，咱们村好做。

咱们村有一半都是征地多的，我的比较少，两次征地都有。一般征地补偿的钱都买房、盖房、买车。我是想有自己的几百亩庄园，想干什么就干什么，但各方面条件约束，最后自己都没弄成。这个村都是以丘陵山地为主，要是百十亩平地，那就好发展了。咱村的地不好租，租地价格太高了。一米一棵树，为了占地多点补偿，太密了！我是想发展，种树间距肯定大，所以没法租地。很多人种树都是为了占地补偿，而不为摘果。

312占地从长远说，使村子没有大发展了。如果不是312占地，而是建了动物园之类的，村里就得益了：看园子的，看动物的，得用我们的人。现在312占地，不用我们的人，就业问题解决不了，村里的剩余劳动力解决不了。我的观点是312占地不是好事，但这是国家工程，得支持。312占地的收益是一次性的，以后村里的经济发展就会受到制约，从长远看这是个弊端。桥梓还有国际打靶厂，发展也受到影响。要是让我选择，我肯定选择土地，不要钱。

村里的发展，从当前说，要建工厂，投资大，不现实。我觉得就是发展果业。种点适合本地土质、气候的水果，适合当地人管理水平，走旅游观光的道路。现在工钱这么贵，水果卖给商贩的价格也不高。在村里发展，就适合搞观光采摘，吃旅游饭。周边的红果不如咱们村，不是一个口味。咱们村的土质不都是完全好，也有部分不好的。土质营养成分需要做土壤化验。咱们村土质是微酸性，是黄土。一般果树在咱们村都能生长。但最适宜的是红果。

312 占地，这么大一个项目，不是一个镇长、一两个人所能决定的。主要是这里的地形。卫星定位、航拍都是有选择的，这里四面都有山，像一个碗。西边北边有高山，南边也是山，马路对面（东边）也是山，属于一个盆地。

我现在主要是在这边（餐馆）生活，村里不住了，县里也没有买房子，钱都投到地里了。说好听点叫创业。村里人现在是有钱，以后情况就不同了。我想干点我力所能及的事，我喜欢这个（管理果树），我奋斗了，等到自己干不了，回想这一生也是很有价值。别人休闲打麻将，也无可厚非。一个人应该有点追求。每个人要求不同，我的枣树如果能结 10 斤，但结了 7 斤就不满足，而别人就很知足。

村里的发展问题，咱谈不了这个。要发展，我觉得还是要走可持续发展之路，能够解决生活问题，总地来说还得靠这点土地养活这些人，因地制宜。没有人去付出，一星半点地弄，效果并不好。盲目发展并不好，一些地方养鹿，取鹿血、鹿茸，组织大面积地开发，我并不看好。

我现在吃这点苦，我就不担心我的枣不好卖，我一个电话过去就会有人过来收。有规模了还是比较方便。村里如果能联合成合作社，形成规模，养殖、进饲料价格都便宜。咱们村的优质红果要是能有 5 万斤，就能发展起来。我要是没有这事（经营餐馆、种植园），精力可以投入红果合作社，但现在没有效益。要是真有雄厚资金，我可以试试。

凤妮采摘园是政府免费出广告牌，免费给围围栏，山上修的水泥路国家免费出水泥，我们自己出沙子、工钱等。第一年给了点包装盒，最后都是自费的。扶持资金好多都是一层一层地剥皮，到底下就没了，想干事的人没得到多大实惠。国家给扶持了，但没有给到真正做事的人。真正土生土长的得到的很少。龙头企业有国家扶持，很多采摘园都是开发商投资的。规模大的，得到的扶持多；规模小的，扶持少。有钱的人挣钱容易，没钱的人挣钱难。现在没有精力弄其他的，只能将精力投入到采摘园。国家政策其实都是好的。采摘园投入一共有 200 多万。

成立大枣协会，水利富民，办大枣节等，肯定是好事。北京晚报都宣传了，肯定有好处。现在住在饭店，和村里、大队干部沟通少了。2006 年，自己借钱做商标。曾和大队干部说要做品牌，咱们村以水果为主，打出品牌，提高知名度，产生效益，水果知名度打开了，接着走观光旅游路线。咱们村有这样想法的也还不少，咱们村也有这个有利条件：村子只有一个出口，本来可以圈起来，发展旅游业。但设想谁都会，实施比较难。现在村里的经济不行。村里的发展，要么就等开发商来开发，要么就等国家来扶持，咱们村自己发展不了。312 占地款按人头分了一部分，大队还有点贷款给还了，还有点其他开支，现在已经没钱了。

农家院赚钱比较快。现在果树家家都有，不能形成规模，这样没有发展前景。拧成一股绳才能有发展。

家里情况？儿子 20 岁，中专毕业，学了车，现在还没决定干什么。妻子主要是管理饭店。我是管树和施工。

人们一般都爱看电视，我爱看辽宁台的黑土地、中央七台农业节目等，从电视上获取知识。每年都去新华书店，买农林业书籍，从 80 年代末开始自学的技术。当咱们村技术员是从 2011 年 7 月 1 日正式上岗，有一个技术员证书（去密云考的试，是全市举行的。一个村有三个名额，有笔答和面试，分别占 60 分和 40 分）。拿的证书名称是北京市农村全科技术员。去年，咱们区林业局局长和我聊了两个多小时，他说我的都是土办法，但很实用。比如说果树压枝，书本上都是说用铁丝拉等。我的办法是就地取材。家里都有垃圾袋、食品袋等，春天拿食品袋装上土，挂在枝上就行了。也可以用带泥土的草挂在枝上。用铁丝还容易破坏树的生长。这些都是自己总结、琢磨的，一点一点积累经验。

个案 14　三岐庄的枣是由我这发展起来的

访谈对象：丁志红，集体时期的农业技术员。

1959 年出生，高中毕业后就在村里做林业技术员，记工员也当过，有五六年。当技术员，得配药、打药等，当时只有一点补贴。一解体，就买四轮拖拉机，干副业，搞运输，主要是拉砖、沙子、石子儿等。后来又卖菜，在附近农村收菜，也去过河北地区收菜卖菜。2000 年翻盖了房子，花了十多万，2001 年花了四万多买了农用车。

1990 年开始嫁接野山枣。那时候有几万棵枣树，30 多亩。开始是和菜一起拉出去卖，后来大量产枣时，有商贩过来收。我现在有 70 多亩果园，是杂果园，以枣为主，还有红果、栗子等。三岐庄的枣是由我这发展起来的。2010 年前后，我准备弄一个养殖基地，散养鸡，但镇不给盖章，不允许建房。现在主要是管理果树，岁数也大了。

早期，政府比较支持村里发展枣产业。有一年给补贴，嫁接树，三毛钱一棵。开始说是一块二一棵，等到要给钱的时候就是三毛一棵。第二年是按亩数给钱，不是按棵给钱了。

最近，北京林业站、怀柔林业站都在我家的枣树上做试验，嫁接新品种，一个月检查一次。今年是第一年。我对他们说我支持你们，我干过技术员。2006 年镇里组织了大枣协会，后来垮了，又变成了大枣合作社。这一年的肥、补贴等都给了大枣合作社。我也是大枣合作社的社员，什么都没得到，基本和没有入一样。

土地都是我自己的，没有转包过土地。岁数大的，转包土地。现在做小工比种地强，收入多。

312 占地给补偿款了，现在没有什么人干活了。占地把咱们村的人占懒了。我们家今年的树收入两千多元，枣没有收入，栗子今年只卖了 600 多元。爱人征地抓阄农转非了，每月有 1300 元。我家主要是我抽烟花钱。靠农业，一年最多五千元，真正实打实地花钱肯定不够。现在这个社会，有一个医保保障，但看病时你得先拿出钱来，那个报销也保证不了。这样吃老本，再有老本也有吃完的一天。

占地的钱，我们家都买房子了。别人家的占地款，有存着的，有买国债的。我们是 2006 年和 2008 年买的房子，100 多平方米，几十万元。现在怀柔最便宜的也是一万多一平方米，高的达到一万八一平方米。

第一批占地，村里只有一户买房子的，花了 16 万。第一批占地最多有分到 50 多万。占地款基本上都是在城里买房子、存起来、买国债等。没买房子的都存起来了。第二期占地的人多，买房子的也多，基本上都是冬天去城里住，夏天回来，也有给孩子准备的。我们是冬天过去，就是由于有暖气，也有孩子。我们愿意在家住，出门口就能和村里人聊。怀柔亲戚是多，哪能天天串亲戚。我的两个房子是分开的，没有在一起。

柿子该摘了，找人摘，还不给工钱，结果卖了 200 元。五毛钱一斤柿子，雇人摘柿子还不够回本的，现在雇人一天 100 元，还负责中午饭。将来，咱们村的树都荒了。现在没有人到这边来收，自己去卖还有交通管制，有时候还被罚钱。村里人也懒了，不想以后怎么办。

我家这几年的杏基本没出钱。采摘园，山坡和平地不一样，我家的采摘园在山坡，在路边的好点。今年我找了个挖土机挖了一条路，在 30 亩地那挖的，这回上山可以开车了。

村里的小庙是大家一起修的，花了 2 万多，不到 3 万。大伙有信仰的资助点，有给钱的、有干活的。我们家给了 1000 块砖。丁学江三叔发起的，有二十几个人一起盖的这个小庙。据说建小庙的地方风水比较好，学江三叔学佛信佛。建的庙叫观音阁，请的是唐山的出家的老法师给看的，名称也是老法师给起的。有在家里供奉的。村里也有信基督的。

村里的事不太好弄。好多人争着进村委，是为了有老保，有资源分配权。我是上届监委，一共有三个监委。现在我也不是村民代表。老说实话，招人不待见。咱们村分成四个村民小组。村小，事不小。选举就是看谁票多，一般都提前打好底。

林业站在我这做试验，叫吃饭也不去，我的性格就是这样，比较实在，不好说。

社区股份合作制应该按股分配，而实际上不按股分，动钱的时候都按人数来分，也经过社员代表开会讨论，但 16 个社员代表是新结婚的，都主张按人来分。就有一回按股份分，剩下的全是按人数来分。一个人分四万五，老人为村里付出了很多，也是和村里一分钱没交的一样，分四万五，我们两口子都曾有股份，现在就我自己有股份，爱人农转非了，户口在桥梓派出所，村里统计人口时也算在内。我本来有股份 32 股，出去几年给扣了一些，现在大概有 20 多股。村民最多的有 41 股，少的只有一两股。

个案15　只要树活就行，不指望挣钱

访谈对象：丁志权，村土地协管员。

1954年出生，8岁上学。之前吃食堂，小学期间赶上“文革”，没有书本，学著作、百家姓、珠算。中学期间整天开荒、斗私批修。在岐庄上的初中，在桥梓上的高中。毕业后先后修建怀丰公路（110国道）、西水峪水库。村里的高中生都窝在家里。1979年在队里开手扶，1983年11月1日解体。我10月1日当的会计，1986年盖房，1995年做出纳，2005年做土地管理员，2007年农转非。

现在盖房更严了，得要红本（指《集体土地建设用地使用证》，封面是红色的——笔者注），四邻不仅要签字，还要提供户口本和身份证。村里有一人申请盖房，父亲是非农户口，母亲是农业户口，想以母亲的名义申请盖房，农业户口盖房可以补贴4万元，但房本是父亲的名，就遇到了麻烦。

土地管理员负责村里建房的手续。2010年村里有8份申请建房，2011年有2份，2012年有2份。1993年开始有红本的。

我们是最难受的一茬人：没上好学，只生一个孩子，下岗，都赶上了。

二哥死了，启云（二哥的儿子）出工资，让我管理他的果树。我的和他的，在经济上分开，有千八百亩林地，十三四块。果树以枣、栗子为主，雇了3个人，每年雇工支出6万元，加上农药、机子维修等，支出能有7万元。收入比较少，也就2万—3万斤杏；十几万斤枣，分次摘，有很多都落地了，没有收；红果2万多斤，

栗子四五千斤，李子五六千斤。收时雇十几个临时工，也摘不过来。启云带人来采摘，白拿。

家里没人，启云只要树活就行，不指望挣钱。树太分散了，不好弄。大家都不愿意调，都弄了多年了，

靠自己销售不行。上面让几个大户组织起来，自己还弄不过来呢！

征地按平面计算面积，不按实际的亩数计算，国家自上而下航拍测绘。

2003 年以来，集体给每人交养老金 1000 元，电视收视费也不用大家交。

去年摘杏时非常忙，9 点就开始摘，还要卖，饭都吃不上，是全村最忙的人了。

个案16　在启云那里管理果树，一天工作8个小时

访谈对象：王翠凤。

爱人丁志方，2008年前在镇构件厂做过小工，也就是现在的金桥建筑公司。家里装修时回来的，以后就在启云那里管理果树（丁启云，村里最大的果树经营户——笔者注），一天工作8个小时，每天65元钱。小50岁了，没人要了。启云那有300多亩果园，有两个人常年在那里管理果树。

村里每年每个人要交养老险960元，我们两个人就是1920元。女儿23岁，大专毕业了，学计算机的，在北京。每次回家都帮着干活，很懂事。

我家的树不多。之前是做专职，没有树，所以没有占着。队里二次分配分一点。村里有大病统筹，自己不交钱，队里给交钱。

我是黄坎的，1989年来这村，当时21岁。平时不出屋，就在家收拾屋子，做做饭，洗洗衣服。不在外面买着吃，不放心。

爱做手工，做绢花、十字绣等。这花（两大束绢花摆放在客厅里，特别喜庆——笔者注）一束五六十元钱成本，不算手工费，是利用闲暇时间做的。这画（客厅的墙上挂着“家和万事兴”十字绣，非常瞩目——笔者注）成本有几百元钱，三两千我就卖。有说可以卖外国人，1万多呢！花和十字绣的材料都是到北京批发市场买的。

我家只种一茬玉米，小机子点种，能收3000斤。不种麦子，浇水太贵。今年红果收了4000斤。

个案17　25岁去陶瓷厂上班，在那干了20多年

访谈对象：尚书龄，村两委委员，负责财务及计划生育工作。

我18岁入党。在东坟时当过副书记、广播员，团副书记也干过。

那时特要强。每年都有招工的，比如去汽车厂等，我就管这项工作。我的女同学都没有在家的。我姐姐是招工走的，在北京。我二哥也是村里指标走的。当时我在村里，人家都走了，我还没走。

我29岁才结婚。当时家里有三个小姑子，不得不结婚。25岁去陶瓷厂上班，是镇里的企业，当时是去建厂，在那干了20多年。最后说老了，又不要了。

我中途生孩子回来了，厂名叫罗兰陶瓷有限公司，是镇办公司，后来承包给个人了。那个厂长比我小4岁，去年喝酒死了，很年轻。厂长的媳妇和妹妹都在那。厂长妹妹管厂子。当时我在那个厂子的时候，他媳妇是会计，他妹妹是开车送货的。咱们村有十多个人在陶瓷厂干过。当时我在那，厂子很红火。青花料需要十多种料配成，厂长不会选人才。我主要负责检查半成品，查看瓶子是否有裂口等，画花也有好几年。

2000年，孩子上中专后，我哥给我在怀柔找了家食品厂，干了几个月。后来给我一个妹妹家看孩子看了3年。2004年，进村里的支部。我爱人在村里干十多年书记。他是1982年到1995年在村

里任职，现在他是汽车教练。

从2004年3月开始进支部，做宣传工作，2004年6月进村委、支委做计划生育工作。2010年，村里有一家生了个二胎。我就羡慕人家有女儿的。有二胎会罚款，村里对二胎不严格，村里的福利二胎还是有的。

312占地，一个转非名额得有40万元，第一次占地应该有十多个名额，但却没给转非名额。集体是每亩8千元，第二批每亩4.1万元。

计划生育先进村，有2000元奖励，我干了两年得了两次。桥梓镇山区允许生二胎，有规定的。如果一家有姐仨，三个姐妹之间可允许一个有二胎。二胎主要是花钱多，成本开销大。现在买完房子，基本就变成了穷光蛋。当时还没占树，我家买了房，花了40万元。

村里的果树赚不着钱。自己卖不容易。一渡河今年有一个人，骑车去铁路卖东西，出事了。杏不容易存放，放不了几天。核桃树2011年下大雪好多都冻死了。

个案18　1981年就去建筑队，每月向大队交1块5

访谈对象：丁志杰。

1959年生，曾在建筑公司干，哪儿都跑。妻子生病后（心脏病、半身不遂），地和树弄不了了，出不去了。

去年收入几千，今年两三千。一有病人，哪都去不了。冬天女儿接走，每年医疗费一两万，女儿帮些。女儿有公婆和奶奶，在农村，姑爷在开发区，自己买了房子。

1981年就去建筑队，每月向大队交1块5，自己留1块5。换了一些地方，到第五建筑公司，但那里欺生，就又去石景山、朝阳等地。在怀柔建筑公司签订长期合同，属农民合同工。1998年妻子生病，留一年，照发工资。1999年农民合同工全部辞退。在村里，谁有活干点。

说实话，农民全靠天吃饭。好天，万元左右；不好天，两三千元。家里没病人，可以出去。在建筑公司干活的，没有本地人。外地人吃住在公司，工作时间长，每天十几个小时。北京的干完活就回家，慢慢地就不用当地人了。

在北京上班时是骑车上下班，路上四五个小时。出发时天还黑，越骑越亮；晚上越骑越黑。现在的电动车骑不到北京，七八十里路呢！

镇、县建筑队工资低，北京高些。1985年每天5元，90年代每天十七八元。1988年曾将保平、志水带出去。全村有十多个瓦匠、木匠。咱村养不了手艺人，干一段时间就不干了。

1981 年前后出去了十几人。90 年代用工单位向村里划钱，每月 30—60 元，自己不用交钱了。几年后就不划了。

本村外出的人少，因为地多。

个案19　咱们村的人大多数都在咱们村的店买东西

访谈对象：丁卫东。

1960年生，1976年初中毕业。高中没去。初中毕业后一直在村里务农。解体后，养了4年牛，最多十多只，在后院养，特别累就不干了。1998年开始开小卖部，干了13年。咱村最早开小卖部是学华，开了一年，我是开小卖部时间最长的，紧挨着供销社，主要是经营水果、熟食、肉、油盐酱醋等，挺多的。一年的营业额得有几万元。

三里五村都知道我的小卖部，我开小卖部好几年后别人才开始开小卖部。果树也没什么收入，就开了小卖部。当时开小卖部比较容易，交了好几年税，属于工商税。后来国家把农业税免了，小卖部也免税了。每年都得验证，烟酒证、营业执照等，验照不收费，都得去镇里验，去烟酒公司验照。平时，小卖部都由我们两口子经营。

怀长路改建，把小卖部拆了，我又申请开小卖部也没批。咱们村的小卖部就学安一家，村头的是岐庄的。小卖部一般都是各人卖各人的，咱们村的人大多数都在咱们村的店买东西，货全是一方面，村里人还是认村里人的。我的规模比较大，有150平方米，占路被占去了，地上物补偿也没有一定的标准，我们的补偿标准和供销社是一样的。但土地归大队，供销社的土地补偿归联社。

我儿子在超市，媳妇在美容店工作。有了这个孩子后什么都干不了。孩子上幼儿园得接送。他们的户口都在咱们村里。商品粮比较乱，就弄了农业户口。我老婆抓阄抓着了，转工了。剩下的，我们户口都在一起。儿媳妇是大庆的，他们是 2008 年结的婚，结婚三年后户口就可以过来。

我不是村民代表，也会参加各种选举。

个案 20　买枣的和当年买山里红一样，每天能有 20 多车

访谈对象：丁学伟。

土改前一家一户，有的地多有的地少，地多的为上中农，大家搭伙共用牲口耕地。那时果品以杏为主。岐庄整个一条沟是市场，由 6 月开始（摘白杏时），杏、李子、梨等上市卖，合作社（指供销社——笔者注）成立后没有了，被合作社顶了。

解放前后村里有 40 来户，600 亩耕地，浅山林 2000 多亩。作物有玉米、谷子、豆子、白薯等，靠农家肥，产量较低，亩产百斤左右，解放后亩产达 200 多斤。60 年代有化肥后产量上去了，亩产可达四五百斤。

70 年代，农业学大寨，有水了，可以种麦子了，有水浇地 400 亩左右，两茬（小麦、玉米）。现在西边有 3 眼机井。解体后，麦子渐渐减少。北京缺水，不号召种小麦，以绿化为主。现在有吃有喝，种小麦，累着呢！

60 年代末至 70 年代，队里有副业，有三辆大车拉沙子、石子儿，从一渡河等地往怀柔送。

由于受林业限制，不适合养殖。有果品，养殖业收益显不出来，只是自食（鸡、鸡蛋等）。

1984—1987 年红果需求大，一块多钱一斤。全国有四大红果产区：燕山、吉辽、鲁豫、太行山。燕山红果以三岐庄为主。咱村是白口山里红，出浆率非常高，在全国第一。

目前以枣为主。三岐庄、苏峪口的枣上百万斤，红林有十多万斤。312 占地了，否则有 20 多万斤。

一过 9 月 1 日，买枣的和当年买山里红一样，每天能有 20 多车。8 月底至 9 月中旬为盛果期。

今年的枣歉收，勉强能卖出去。若是大丰收，可能就积压了。村里或几个村应组织起来卖。大枣协会有人收枣，只收东坟的，红林收的不多。

分地时专职人员（赶大车的，干部等）没有树，调整时多的拿出一部分，少的给补一部分。红林是按劳力分，岐庄是按人分，一户有十五六块地。红林的柿树、梨树分散些，其他树成片。

将来没有种地的，生产资料有没人要的那一天。都是独生子女，不愿种地。

个案21　挣钱为儿子上学，后半生无保障，就靠孩子了

访谈对象：丁学永夫妻。

丁学永：

1970年生。初中未毕业，当了三年兵。通过招工，去健力宝干了10年。2003年被裁了下来，一共裁了60人，非农户口裁得少，农业户口裁得多。曾去找过，给补偿9000多元。后又在修配厂做了3年，在奥瑞金又干了一年。奥瑞金是一家私人企业，有五险一金，工作12小时。无几险的活好找，有几险的活不好找。

种地不赚钱，只能找活干，不挑活。不干不行，孩子上学，花销与城里一样。大队有钱给上保险，没有钱时就得自己拿。

国家给老人钱，虽然不多，但婆媳关系好了。

丁学永妻：

简单生活就行。挣钱为儿子上学，后半生无保障，就靠孩子了。希望找个活，离家近，1千多元，有几险的。桥梓人流少，不好做生意。

新农合医药负担还是重：住院报60%，慢性病不报。国家给的钱都买药了。

村里女的没几个上班的，在家弄树，带孩子；男的在怀柔的比较多。咱村树多人少，山里树少人多，也在怀柔上班，路途远些。

树卖不了钱也不能不管，是生产资料啊！弄点钱就能给孩子交

学费，没有后顾之忧。树上的果没摘是因为没人收。若有人收就会摘，或摘下来等人来收。东坟有收红果的，去时已经走了。一家几百斤，无法组织。

大队部出租，有外人来，很杂，容易丢东西。老百姓没主见，只要不伤自己利益，啥都行。

对查违建有看法。柴草、小棚，农村都需要，不许乱堆放、乱搭棚，不现实。老百姓什么都不怕，因没有任何利益可以剥离的：既不是官，生产资料又是自己的。老百姓吃软不吃硬，拖！应该原则性问题坚持，小事睁只眼闭只眼得了。

骑车上下班也很危险，没路灯。有一次，对面大车欺负人，亮着大灯，我骑车险些栽进路边的沟里。车灯熄了，不得不打电话，让家里人来接。

个案 22　先攒点钱，将来去养老院

访谈对象：孟秋华。

1964 年 12 月生。结婚时没啥，志成是哥叁中老小。那时还交积累，到镇鸡厂预支了八百元。1999 年借了 4 万元买农用车，拉砖，自己装卸，还结不了账，弄了三年。2004 年花了 20 多万元在怀柔买了楼房，现在还欠着钱。

2006 年底占地，在昌平给孩子买了楼房，还买了一辆车。孩子考中专时就转非了，户口在怀柔镇，现在在昌平园林工作。

忙时搭把手，平时是志成干，自己收拾收拾屋子。占地后，生活提高一大半。

冬天在怀柔待三个月，平时逛逛街，在水库边溜达溜达。准备找临时的活干三个月。曾在二中做饭，每月 1800 元。

在家不挣钱，果品没人收。以前有商贩收，现在没人收。今年枣没有结，柿子还挂在树上，没收。按照目前形势，也得一人出去。上边还有个婆婆需要轮养。

老人住村里，不住怀柔，不会锁门。

先攒点钱，将来去养老院。“距离产生美”，不会给孩子添麻烦。过年时双方老家在饭店吃一次。

目前地里的活不够干，还可以打短工，不用技术活的。

如果家里还不挣钱，他出去打工，他是司机、电工。我也想出去。

树管理得好，村里不是第一，也是前几名。该刨地刨地，该打药打药。今年杏没收成，枣只卖了 1 千元，栗子卖了 5000 元，棒子 2000 元。不够花。添点老本，用于人情往来。

去年还行，今年不行。看看明年，若不行，就出去。

养老险每人 960 元，队里给出。近两年都是个人交，去年队里有钱，又补上了。医疗险每人 50 元，大队交；有线电视费也是大队出。

1998 年开始任村主任三年，2004 年任副书记三年。那时队里没钱，上面给封了。接待费得由自己出，自己买肉、买菜，招待客人。集体连电钱都拿不出来，求爷爷告奶奶别拉电。没钱，没人愿当干部。现在有钱了，大家争着当干部。

那时电流小，偷电严重，多出的电钱由队里拿。经常去查偷电的，看见就扣钱。但不能家家都去啊！线路不好，经常断电。现在升级了，统一管理。

个案 23　户口没在村里，大队给上的保险和过节费等她们什么都没有

访谈对象：丁学安，59 岁。本访谈大多由丁学安妻子口述。

开小卖部，到今年有 3 年了，我们两口子谁有时间谁看着，再一个是看孙女。

小卖部的货多是南华市场送的，要求食品必须得有合格证，如果有问题得找得到，要求卖家开票，烟也是送的。烟酒、小点心、茶、糖等，我每次都进得少，保证生产日期，勤取点。酱油、醋、手纸等都是送货；八宝粥、酒等是自己去下园取货；羊肉片去石门市场取货。冬天卖点青菜。

进的品种和下面的供销社的区别：好卖就多进点。如果有人来买，没有的话，下次就进一点。经常有人在这聊天，夏天有时候能聊到晚上十一二点。小卖部都是石棉瓦。

你大叔有点耳背，有个残疾证。我们家没有果树。解体时，我当时家里孩子小，没人看，就没要果树。反正三年一调整，以后再说。结果也没调整。

后来百亩果园三家给分了，承包了 30 亩，租期 10 年，合同到期后又给收回去了。

枣今年没结果，栗子也没多少，小卖部也没多少收入。小卖部一天有时候只卖二三十块钱。没有什么人来小卖部买东西。咱们村好多人去县城买东西，临时工会买一点。我们的人均收入也就 800

元。我家孙女户口随她妈妈，两人都是非农户口。我抓了一个农转非，一个月 1000 多元，再没有其他收入了。占地也没占着，一点都没占着。今年住院两次，血压不好，心脏不好，气管炎。今年 1 月份和 5 月份住了两次院，报销 80%。转非后可以报销医药费。

家里一年的开销很大。孙女早产，满月后就去住院，在重症监护室，花了十几万。她妈妈那时没有上着保险，她是怀柔南华园四区的，没有单位挂靠。这回给上了一老一小的城镇医疗保险。她妈妈耳朵也有点问题，结婚后，俩人一起做婚庆，现在在桥梓租一个门脸。婚庆公司客源不少，哪的都有，北京的，顺义的。咱们村的婚庆就这一户。

村里分东西她娘俩什么都没有。本来孙女户口可以落到村里，但村里说随高不随低，找人都办不了。如果媳妇是外地的，孩子可以随爹。大队给上的保险和过节费等她们什么都没有，这些都是按照农业户口来算的。

一盒奶粉 300 多元，一个月得 3000 多元。孩子一个月得花个 5000—6000 元。家里有四个户头：你大叔一个户头，农业户口；我转非了，户口也分出去了；儿子也是单独一个户头；儿媳妇和孙女是一个户头。他们俩结婚了，一切吃饭开销还是我出。

你大叔最早是在乡建筑队开搅拌机，干了十多年。我怀孕后，他离开了建筑队，之后又去养鸡场当电工。他在鸡场干了四五年，后又在超载检查站那干，大约四五年，上了一年保险。他的电工本也没让他验，当电工得登高，岁数大了，不能干了。一般村里有什么事，就找你大叔。你大叔说话还行，就是耳朵有一点背。

个案 24　每天坐公交接送孙子去幼儿园，上不去车，有时得等三趟车

访谈对象：丁海霞。

中学毕业。1987 年 19 岁时离开村里到沧州孟村回族自治县，与丈夫一起做买卖，卖管件。后来离婚。2000 年孩子 14 岁时回来，在北京卖管件，又在怀柔不夜谷任客房主管。后来，回家看孙子。儿子仍做管件生意，靠在沧州的关系。孟村管件在全国知名。

我在村里有地，当初未迁户口，儿子也随我落户。孙子还没上户口。

在村里打零工，做护林员，每年 2000 元。护林员分几个组，每组两个人。冬天在道口看着，不能让人带火种进山。道口是固定的，轮班看守。什么时候开始看守公社有布置。现在又开会了，马上又开始了。

九渡河着火了。着火时护林员不在就会撤掉。联村护林组组长是我哥（丁志山），负责检查，村里还要抽查。发现一次不在，罚款 50 元，发现两次不在就拿下。岐庄有被罚款的。不允许烧麦秸和棒皮。

孙子在幼儿园，每月 300 元。是一家私人幼儿园。公家幼儿园便宜些，每月 280 元，但进不去。

每天坐公交接送孙子去幼儿园。人太多，上不去车。有时得等三趟车。

个案 25　国家政策太让人满足了，以前真没想到会有这一天

访谈对象：王林义。

1942 年出生。这个年龄段，啥都赶上了：挣过工分，自己弄园子。

酸甜苦辣都尝过。1964 年当兵，两年后赶上“文革”，被批过，说我当兵是给蒋介石当的。

当过生产队长，也当过农业技术员。

老伴半身不遂，出不去。有三个闺女，外孙子都上学了。没有招婿，怕影响与三个女儿的关系。

小时吃青菜，肚皮都是青的。现在社会太好了，大队每年给 1200 元，国家每月给 200 元。国家多大啊！得多少钱啊！国家政策太让人满足了。以前真没想到会有这一天，太好了！

去年卖杏 2000 多元，今年几百元。若没有国家给的，没法办了。女儿在老伴住院时能伺候，这就可以了。去年看病花八万多，报销 3 万多。占地得的钱都不到分的零头。

以前队里不错，有一段不行。现在有占地，分了一些，挺好！

没有 312 占地，不如其他村。村里原来基础设施最破了，小自然村。沟沟坎坎，路无法走，小汽车都过不去，也没车。吃水只一个井，还得排队。现在与过去没法比。

50 年代村里有学校，在三间房里，老师住一间，混合上课，很凄凉。现在人们都很知足。没有不知足的，吃的用的都有保证。

过去春旱时，得挑三次水种地。种一次，不出，再种，井都经常挑干了——村口唯一的一眼井，保存到现在，是永久的纪念。挑水都是往山坡上挑。

有井（深井）以后，平整土地，好多地都能种麦子了。以前没有麦子。

1951—1953 年，闫瑞年带我们学生带着种子满山坡种松树。柏树都是栽的，飞机也播过。

个案 26　从锅台走到舞台；有梦想就有舞台

访谈对象：朱书琴，53 岁。

做妇联工作，需要电脑，我在业余时间就学电脑，发邮件、打字。在学电脑这件事情上自己觉得很有成就感。现在看那么简单，可当时却不是。学的电脑可以说都用上了。

组织舞蹈和太极拳活动。26 个村，咱村舞蹈二等奖，太极拳得第二名。写资料，往妇女信息网上发。这么多年工作，必须要保持良好心态，看闪光点，要有积极的一面。帮助别人做点事就是一种快乐，看见别人有困难不帮内心会觉得不舒服。也听到冷嘲热讽。交通队小品主角生病，自己去救场演小品，背台词背了三天，演一个女警察，宣传不许酒后驾车。自己对自己有信心，演小品的时候就很认真。演出很成功，都称赞了不起。

要感谢时代和政策，将“春风工程”推向农村，提高了妇女的素质。镇里制作宣传片《村主任》，我演村主任媳妇，做个好后勤，大体展现出农村居民素质的整体提高。还参演《我姐是村干部》，我演弟妹，内容是关于征地的事，为了多拿补偿，插树做假。宣传应通过开农家院等，靠正道挣钱。这个小品在 24 个村巡回演出。

现在主要做妇女主任工作，也兼做村委工作，包括板报、广播员都要兼着。每天发生的事要记录下来，实事求是地来写。

妇女主任工作：妇女闲的时候就三五成群地谈论家长里短，我主要负责组织活动。耐心地做工作，从不会到慢慢都会。妇女爱玩麻将、打牌，由此也会产生家庭矛盾。自从组织活动后，就很少玩牌了，跳广场舞，还去镇里和区里跳。

任妇女主任之前，是做宣传工作的。2013 年，参加了桥梓镇组织的一个 300 人的“鼓舞飞镲”表演活动，全区特别羡慕咱们桥梓镇的“鼓舞飞镲”表演队。跳舞既锻炼身体，还能赚钱，特别有成就感，得到大家的认可，心里很高兴。由于工作被认可，被推荐为计生专干和妇女主任。作为村委和支委，更要好好地工作。

大家这么相信我，我还是得好好干。太极比赛第二名，广场舞大赛也是第二名。自己这些年感觉，有梦想就有舞台。早年的时候，没有这样的激情。

打鼓的时候，抱着试试的心态，去试一下，结果表演很成功。自己做事很用心，从锅台走到舞台，感谢有这样的机会。有梦想就有舞台。

村里的工作程序：书记兼主任，副书记兼现金会计，一个村支委兼主管会计，一个村支委兼计生专干。我主要工作是妇联，也帮着做些副书记和正书记的活儿，还组织舞蹈活动、板报广播等。

书记很累：下雨天把老太太转移了，危房的老人都转移了，找铁锹排水等。虽然岁数小，但做事不少。

村里的议事程序：若有提议，先经过代表协商，如街道扩建，田间路不好走等，需要修路，如果多数代表同意，就服从多数。花钱 1 万以上也得找代表签字。凡事都是少数服从多数，大的决议都要由代表同意。

村里的民主日：1 月 9 日开的民主会，讨论的议题是 2013 年的开支情况和 2014 年的工作计划。各项开支，主要是老人钱和孩子钱。孩子上学补助。商量怀长路占地补偿分配，2014 年准备每人分 5000 元。民主日主要是把 2013 年花的钱汇报给代表，2014 年的新计划也向村民汇报，代表基本都签字了。

第一期占地要回的 500 万分每人 1.5 万，也稍微留了点。有钱了，打架的也少了，邻里之间也和睦了，更孝敬老人了。

个案 27　村里懂礼数的身体健康的老人要属我了

访谈对象：尚秀荣，生于 1939 年。

前一段时间去烟台、青岛旅游了。那大海真是无边无际。和大伙一起坐船不害怕，但几个人坐的小船害怕，开得太快了，真怕掉在海里。他（指老伴）不怕，高兴，爬山、坐船，都高兴着呢！坐车六七个小时，除了上厕所，不挪窝，一点事儿都没有。导游说还有去国外的，得十天，时间太长了，不想去。还有双飞的，时间短，五六天、六七天还可以。下次去双飞的。

大队部搬到路边去了，以前在村里，大家有什么事就来大队部，非常方便。这么一搬，有什么事也懒得去了，能不去就不去了。

经常被请去做婚礼知客。知客要知道每位客人与主人的关系，安排要得体，礼金要清楚，否则要被挑礼的。

礼金也在涨。我结婚时才 3 角钱，以后不断增加，由几元到几十元。自 312 占地，礼金大涨，普通邻居都要上百元，亲戚就更别说了。

也做白事知客。学俊（2013 年去世）周年，他儿媳妇找我做知客，安排办周年的程序。村里懂礼数的身体健康的老人要属我了。

现在死后都要火化，然后埋在自家地里。“文革”时期，队里曾指定一个集中埋的地方，但埋这儿的很少，各家都有老祖坟。分地后，各家都在自己地块下葬，原来集中埋的也迁出了。

周六是顺义高丽营集日，一早我们俩就和村里人一起去了。在桥梓坐942路直接就到了。每周六都有，平时没有。集市很大，卖各种肉食、食品、百货、服装、蔬菜，价格要比南华市场便宜一些。南华市场花生米9元一斤，这里5元一斤。一盆活鱼（四条）十元，太便宜了，就是不好拿。集市还有卖家具、二手车和牲口的。

从桥梓返回时人真多。坐不上车，要等上两个多小时。周末，儿女们都回家，在集上可以买到新鲜便宜货。还有一些老人平时在家接送孩子上下学，没时间逛街，周末可以出来逛逛。

换新气罐了，是一渡河来车罐的，116元，打电话就来，现场罐，给抬到屋里。也可以自己去桥梓罐，90元一罐。若有本，还可以便宜。我们没本。村里很多人用一渡河的气，有车的则到桥梓。最早用气时是用驴车拉着气罐去庙城换气。

有车就是方便！儿子开车带我们俩去顺义赵全营看三个姨。已经有五年没见到她们了，路也记不大清了，一路打听找到三个姨家。二姨92岁了，身体还算硬朗，另两个姨都80多了。我小时经常去姨家，我姨待我特别好。小时我和妈妈一起去姨家，交通不便，都是步行，早晨吃完饭就出发，下午才到，带的杏分给各家，都是稀罕东西。她们那里是平原，只有麦子和玉米，没有水果。现在她们的地都收上去了，统一耕种，每人每年给500元。人都出去打工了。这次去，带了些家里产的东西，还每人给了100元钱。还真是来得及时，四姨患心血管病，住了几次院，快不行了，终于见上一面。有车真方便！若是乘公交，倒来倒去，当天是回不来的。开车去，半天就回来了。

选村民代表，要选就选家里有老人的，这样每月给老人的100元钱才能保证。现在问题是，有老人的不参加，参加的没老人。

岐庄有理发店，理一次8元。我是去桥梓，理一次4元，坐车不要钱。在桥梓还可以从信用社取钱。

每天6点多钟起床，在村里溜达一圈，回来做饭、吃饭，收拾屋子，洗洗衣服，到街上遛弯儿，聊天。

个案28　当时说宿舍是在四惠东，后来又搬到昌平，没过多久又搬到大兴了

访谈对象：杨玉梅。

1968年生，初中毕业。在镇里上了几年班，之后又去北京教育学院上了两年班。我和保平是经人介绍认识的。我们俩认识得早，1988年就认识了，当时觉得凑合，那时刚20岁。1992年结婚，结婚后就在村里果脯厂干，庙城果脯厂也干过。后来家里又有果园，就开始在家弄果园。

保平初中毕业。毕业后学徒做瓦匠。2006年不做瓦匠活了，就在家待着，干点农活。前年去茶坞火车站当司机，接送上下班的火车司机。

琪琪（有听力障碍）1993年出生，在桥梓上小学、中学，在怀柔上中专，学计算机。毕业后在家待了有半年，后来我在北京给找了个工作，地铁安检员。最开始是在知春路，工资也不高，隔十天半个月回趟家。工作是在社保所找的，当时交了5000元。后来我给招工的人打电话，才知道5000元是办安检证的。当时说宿舍是在四惠东，是地下室，后来又搬昌平去了，没过多长时间宿舍又搬到大兴了。宿舍远，来回跑，春节还回不了家，琪琪不愿意干，老给我打电话说不想干。过完春节后，让他去取东西，他死活不去。后来我上网咨询律师，人家说是违法的。我打电话给招工的，说孩子不干了，5000元能不能给退，他们说不退。地铁的安检都是保安公司招的人，不是地铁正式职工。当时我想是乡社保所介绍

的，应该可靠，没想到被骗了。开始说工资能达到 2700 元，实习后会签合同，实际上达不到那个工资水平，也没签合同。

今年（2012 年）6 月份琪琪又去上班了，在村里，是雅君给介绍的。如果琪琪去外面，交通也不方便，也不放心。我们家的果树没有多少，占地不多。第一回占了 8 亩，但没有多少钱。第二回占地，只占了一点小边。

家里的暖气是去年弄的，房子是九几年盖的，2006 年新装修的。平时我归置家里的活，洗洗衣服、做做饭之类的，基本也没什么事。

会玩电脑游戏。前段时间扭秧歌，是文艺积极分子。我觉得大队应该弄个中心，有打牌、下棋的地方。夏天晚上跳舞，都是我们自发组织的。妇女搞点活动挺好的。

咱们村有的协管员工作根本没到位。好多职位都是大队任命的。图书管理员、邮政员等，都是大队任命的。助残员是考试录用的。林业方面的协管员说是考试录用，也是大队任命的。

今天找我让我拆外面的房子。好多人家的违建都没有拆，好多违建没有在违建名单里。我说要是党员干部的违建拆了，我的违建立马拆。

2002 年占地的时候，把之前大队贷款 40 万元（具体数额尚待核实）都还了。咱村要是不占树，能有富的吗？

咱们村发展党员挺困难的。有的入党积极分子写了好几年入党申请，还没入上。三哥（丁志顺）是在单位入的党。

个案 29　有小病先到我这，有大病时再去区里

访谈对象：黄长生，乡村医生，曾任村书记。

70 年代时候农村还是生产队，挣工分，没有什么太多可讲的。

我是从 1995—1996 年当村书记，那时生产队已经解体。我是 1955 年出生，读书不多，初中只读了一年，属于民办中学。当时家里没有劳力，我父母残疾，爷爷没有劳动能力。我 1971 年开始参加劳动，到现在已经 40 多年了。经历了两个时期，算是两个时代：在生产队挣工分；生产队解体。

1971 年开始给生产队放牛，1972 年后在生产队挣工分，当时是记分员，负责给其他人记分，还在林业队当过技工，从 1976 年 12 月底开始做医生，那时候叫赤脚医生。医生挣工分比较容易，当时正好村里缺人，由村里干部推荐，村民再选举，就由我来当医生。用农村的土话：凑合够格做医生。曾参加过几次培训。1983 年生产队解体后，医疗物品由个人承包。那时候没有集体药房，东西都搬到家里了。1984 年春天，到卫生院工作约有一年时间，业余时间还继续在村里干。由于家里有地有树，1985 年又回来了。

1989 年 12 月开始在村里兼任副书记，一直到 1992 年。1995 年 2 月份，村里又调整，推荐我当书记。到 1996 年 3 月份，我辞职不做书记了。1997 年“五一”后，在岐庄租个房子，开了门诊部。2005 年，在政府的扶持下，盖了现在的卫生室，其中政府投资 4 万元，红林村投资 5 万元。

卫生室 2006 年开始营业，直到现在，每年的电费、电话费都

是我自己出，取暖费由大队出，服务范围是咱们三个村。东坟也有个卫生室，但村民基本都来这里。

药品由政府采购，实行零差价，每月有 800 元补贴。现在必须进一些零差价的药品。每年零差价的药和非零差价的药各进一部分。卫生室一年收入有 2 万，政府再补贴近一万，一年也够花。我有社会保险，一部分是村里给上的，每个月是 280 元。此外，乡村医生政府还有补贴。干够一年，每月给 15 元，20 年是 300 元，从 60 岁以后开始享受保险。那时我一次交了 8000 多元。

来看病的少的一天是十多个人，多的时候三十多个人。合作医疗在我这里没有得到衔接，我这里的零差价药没有占多大比重，也就百分之几。看病无非是伤风感冒、肠胃炎、轻微胆囊炎、头疼脑热的，等等，大毛病看不了。

医务室有 40 多平方米，有输液室、门诊室、休息室。我住在家里。每个村政府都投资建了卫生室，不管村多大，按照行政村来划分，投资都一样。苏峪口的规模大点，属于服务站，要求服务几个村，有七八间房子，现在人无法到位，还是卫生室。桥梓镇有三四个服务站。桥梓都去卫生院和服务中心看病。咱们村，有小病先到我这，有大病时再去区里。区里的交通不太方便。

村里有几个患风湿的，有几个患脑血管、关节炎的，区医院都治不了。除了个别人，村里人的健康情况还是很好的，毕竟经济情况、生活条件都好了。

1995 年 4 月任书记时，录了一盘录像带，将村里的街道状况、房屋状况录了下来，还拍了照。我自己比较喜欢照相，1995 年拍了几组，2005 年拍了一卷，2015 年准备再拍一卷。我自己制订了计划，每 10 年拍一组，根据自己的生存状况，自己看看，解解闷。光盘是 1995 年的，照片是 1995 年和 2005 年都有一些。文字资料没有记什么，我个人的爱好就是喜欢收藏一些东西。我收藏了一些邮票，都是用过的，没有特意去买，不收藏粮票，最近开始收藏石头。

我有个女儿，28 岁，在北京地铁工作，现在在 8 号线，是霍营站值班站长。

20 年之后，村里就没人了。我将来老了，可能会去女儿那里。村里 50% 以上的老人会跟着儿女生活。将来，村里的土地基本都荒废了，树园也都荒废了。下一代都在外，可能很少回家种地管理果园。我闺女也不可能让她的孩子回来，最后只能是专门学农、学林的人来做农业，将来会出现老龄化。

我任书记时候，村里有果脯厂，加工果脯，村里的老百姓是受益的。厂子的作用是：收购水果，村里人去厂里做小工。现在的厂房租给别人了，老百姓不受益了。现在的厂子是做加工展览展示柜，之前的水厂是利用咱们这的水加工成桶装水。果脯厂的设备如何处理的，我不是很清楚。

90 年代，大队没有多少收入，靠收积累，现在国家把税免了，集体也把积累免了，现在种地还给补贴，退耕还林还给面和米。那时候，村里的收入多少有几万块钱。从温家宝上来后，开始免税，村里也顺势免交积累。但是，承包合同里还写着要交积累。

咱村的路是 312 占地补偿修起来的，没有这个征地，也翻不了身，比其他村也强不了多少。两次征地对村里的影响很大，加起来得有上千万。正面的影响是村子富起来了，老百姓手头有钱了，生活好了。我家也占了一点，属于中下层的，比没占的强点。

实际上，咱们这一地区的发展，从怀柔到红林，条件比较好，没有发展起来因素很多。一是自己没有重视，另一个是上级没有重视。这里的民俗旅游还是很有条件的，但是，没有发展起来。有的沟域民俗旅游发展得很好。民俗旅游不涉及污染，街道的污水处理已经下管子了，都流到化粪池里了。民俗旅游主要是没有带头人，也没有得到政府扶持。红庙（怀柔另一个镇）是做灯笼的，比较出名，发展比较好。有带头人，政府才会扶持。

个案30　我的户口在桥梓派出所，可以参加村里的投票选举

访谈对象：丁志勤。

1951年出生，1972年初中毕业，毕业后就当兵去了，1977年复员后开始在水泥厂上班，现在退休在家待着。我的户口不在咱们村，我一直在外面，退休没几年，现在就在家弄弄外面的地。开始分树时，我们家没要。本来有老伴的树，但没要。现在就有一亩多点口粮地，还被人家种树给遮住了，没法种地。老伴也在家待着。现在靠退休金生活。

有一个女儿，一个儿子。女儿和女儿孩子的户口都在村里。儿子户口在顺义，现在和孙子一齐在我这。

儿子30多岁了，在家看孩子。原来在高速公路收费站工作，后来也卖过电脑。他媳妇上班，他岳母一个人管不了孙子，就来我这了。儿媳妇也在高速路上工作。儿子不愿意在高速路上工作，就不干了。

我的户口在桥梓派出所，可以参加村里的投票选举。

我是党员，不是村民代表。怀长路占地，经过我家树园子，我最早响应，签了字。签字后，人家就可以砍树了。2011年9月份，被评为优秀党员。我不是党员也得签字，耗到最后也是强制执行。

我家这里原来是大队猪场，外面厕所一直让拆，说是超占面积。厕所让拆只能拆了，是镇派出所下来让拆的。要是不拆会强制执行，雇工拆，还得给工钱。一渡河村先从大队干部开始拆，强制

执行。

家在村口，经常受骗。一次说是大学生搞推销，一次是冒充和尚，一次是两口子卖唱骗钱，还有要饭的。二十多岁的小伙子要饭，就剩俩馒头给他了，他还骂人，说也不给点菜。

个案 31　村委会选举，热闹着呢！

访谈对象：丁志平

1958 年生，高中毕业后，在瓷器厂、构件厂工作过，2000 年厂子承包给别人后，回村管理果树。

现在生活一年比一年好。女儿已经出嫁了，在怀柔，没有公公婆婆，没有负担。

村民代表分片产生，一届三年。村里花钱要村民代表签字。31 个村民代表，半数同意就通过。民主日，提意见。分钱按人、按股，意见不一致。

养老险大队给交了，每人 960 元。去年是社员交的，大队后来给补上了。今年也是社员交的，大队还没给补。

医疗险也是大队交。大病在怀柔看给报 60%，在北京看给报 55%。年年递增。2009 年得病，怀柔给报 50%，北京给报 45%。

现在的干部腐败的多，从上到下，为个人目的当干部，很少有焦裕禄式的干部。咱村民主选主任，党员选书记。

村委会选举，热闹着呢！

个案 32　去年我什么都弄了，浇地，剪枝，打药，都出钱了，也只有 8000 元

访谈对象：丁志林。

50 岁了。初一时不上学了，开始干农活。原来地不多，现在地多了，父亲的树分的，有十多亩。栗子每斤 6 元，特殊些，其他都不行。玉米大丰收了，还得排队卖粮。农民不行。特殊的，比较富的，占地前不到 5 户。

我没出去过，一直务农，偶尔做做工。看到果成熟了，落到地上，糟蹋了，心疼。我把杏收集起来，取核。

咱村好混些：占些，分些。过去有干泥瓦匠的，现在不干了，有钱了。

靠农业不行。去年我什么都弄了，浇地，剪枝，打药，都出钱了，也只有 8000 元。得脑血栓住院，花了 4 万元，60% 报销，救了一些。到外面找活得分人，好劳力，有人要。这把年龄了，没有人要了。

公社时期，全公社咱村第一。现在，年终一报账，钱没了。原来是村民代表，爱说，新一届村民代表被换下来了。新上来的，多是女的，不爱说，好打发。开一次会给工钱，女的 20 元，男的 30 元。伤人的，难办的，让代表签字。

盖房得左邻右舍签字，最后还要代表签字。分钱，大伙愿意，当官的不愿意。

干什么事得有人。有人、有面积，才能给围圈子，搞采摘园。

我这不行。

有的村给上农业保险，受灾给补贴。北宅刮风把玉米刮歪了，大队喇叭广播通知。咱们村不知道。

上了养老险，每年900多元。以前大队给交，今年个人交（村里最后给补交了——笔者注）。早交多交，到时就能多得。

女儿28岁了，在怀柔的大世界工作，挣多多花，挣少少花，一分钱没交。已经转非了，回不来了。原来是花钱迁出去的。

个案33　越发达，越不重视土地和果树；越不发达，越重视，因要指望着它

访谈对象：丁德顺。

咱村转变，属于天上掉馅饼。我能盖上房，得益于占地，如同抓彩票。

我是1971年生，1990年高中毕业。果脯厂个人承包后，任厂里的会计，现学的会计。不到一年，又任村会计，直到2003年，志明任书记。经历过的书记：长生、学真、学昌。经历过的事：盖大队部，地下水改造；2002年占地，村里得二三百万；镇先后两次派书记；2003年换届，志明上。2004年8月不再做村会计。2009年盖房（村里最早盖两层小楼的家庭——笔者注），2010年出去干。现在为中医养生做宣传。

不想再做什么了，有吃有穿。

农村无配套设施，医院、学校、交通都不行；城里脱离不了喧嚣。村里气候好，风土人情，这家那家，一待，大家都想亲近。城里是相互避着。

儿子上高一，住宿。小学时撤校，到桥梓上学，1—3年级住宿，大点时坐公交。现在公交方便。

对村里的事不关心，自己好好的比什么都强。做养生的说得好：装聋作哑，活得潇洒；没心没肺，活着不累。不会再给村里干这干那了。

村里人不可能没。树有人管，房子有人住，年轻人有事业。资

源可能荒废。学校招生，人数不够，人都自己找工作了。下一代不会再下地、管树了，回家拿点吃的可以，让干点活，不可能。

树将来有一天没人管了，会收回来，给少量钱。到时候可能是我俩都老了，动不了了，儿子每月万元左右，不指望地里的收入，也不会管了，地都荒了，国家和集体就可以将土地收上来。

越发达，越不重视土地和果树；越不发达，越重视，因要指望着它。咱村没水（指地表水——笔者注），离怀柔 20 里。人们指望 312 占地，可能有三期。目前处于真空状态。

咱村没什么可写的。若没有占地，五间房，过一辈子。现在有钱了，敢消费了，买车、盖房、买房，如同中大奖。别的村没有像咱村的。

个案 34　不会放弃这里，这里是根，指着它养老

访谈对象：丁志海。

1973 年生，尝到酸甜苦辣，世态炎凉，人心叵测。312 占地，使人精神上变坏了，笑人无，气人有，心态不好。由好到坏容易，由坏到好难。

312 占地时，西坟村横着走路，占地的与不占地的彼此不说话。

早些时候卖菜，做生意，赚了些钱，盖了这些房（现租赁给范家村生态农场——笔者注），共有十亩地，租金最低 2 万，有个最低点，超过就提 50%，15 年合同。

合作社（丁志海种养殖合作社）处于植物人状态。明年准备运作起来，养鸡，北京有业务。每月都办税务。

非典之前人们舍不得吃，之后想开了，怀柔餐馆人山人海。

现在在怀柔做饭，每月 1600 元。朋友们都不相信我会挣这个钱。上班不安心，还是想做生意。

县里有房，两边跑。不会放弃这里，这里是根，指着它养老。

全村 3 个合作社，合并一起不可能，各怀心腹事。

312 还有占地希望。若没有，80% 的人都不管树了。这也是一些人宁肯赔钱也坚持的原因。

312 占地，改变了人品。有了 1—3 期占地，人们还期望有 4 期。若再占地，野鸡就变成了凤凰；待三五年泡沫破灭了，就会一代不如一代。农副产品越来越不值钱。

占地补偿了 28 万，做生意赔进去了。

人是英雄，钱是胆。

个案 35　他们比不过我，但我还得干，不像他们小富即安

访谈对象：丁海洋。

1964 年出生，1980 年初中毕业，毕业后在北京水电厂干了两年，后来去了镇构件厂干了三年。1987 年，自己买辆 130 拉货。跑了两年后，又去建筑队当电工，就是现在的金桥建筑公司，在建筑队干了三四年。1992 年，又去县物资局，给领导开车，开了三年。后来物资局解散了，我又去中富乐开了汽车修理厂，后来卖钢材建材等，做建筑，一直干到现在。同时还在联通干，一直到现在。这一带的网线都是我负责。

我有建筑队，原来是挂靠中富乐大队，人多的时候百十号人，全是保定的人。最高峰是二三百人。2006 年去山西待了三年，修的翼侯高速。轻包工，咱们负责材料。大概是 2009 年从山西回来，开始在本地干活。

一般是找外地人干活，本地人吃不了苦，尽管价钱差不多。咱这的人怕吃苦还得要活轻。从前年开始做光纤，现在是自己有公司，属于联通下属公司，全称是北京电讯工程有限公司怀柔分公司第七施工队（最开始是北京联通），任第七施工队总裁，忙的时候 50—60 人，不忙时 20 多人。需要人的时候就直接去市场雇人，承德、保定、山东，哪里的都有，有时候还通过朋友介绍。我们公司的人都有保险，比较固定。工人来了，得经过培训。

咱们这主要是光纤铺设，架线，光纤入户。和咱们村有关的项

目：宽带入户，现改成光纤了，电脑现在都提速了。我去年在杨宋、雁栖开发区等地干，一个机房整个一片都得改。和我类似的施工队也有，但只能我们这几个队来干，因为联通在怀柔区下设就这七个队，每个队包片，下来的活都是有分配的，专属哪个队，基本上都有活干，也是闲不住的。

村里的街道、自来水都是我施工的，现在的大队部都是我盖的（之前的大队部是我垫资盖的，312 占地补偿后才给我钱），红林村门口的牌楼是我设计施工的，包括村里那个大渠都是我建的，U 形槽。自来水施工、修路等，都是由于关系好，修路是属于智恒兴业建筑有限公司招投标，他们找的我。自来水是智恒兴业建筑有限公司中的标。

我现在户口还在村里，这有房，但基本不住这了。将来打算还回来，不在县里住，还是得回自己村住，自己家多好，还是这村的人。现在农村也不像过去，交通方便、吃水方便、街道干净、空气干净、可以种点小菜什么的。

咱们村的发展，这两年还不错，还是政策好。靠征地不是长久之策。现在除非果树好好管，别的也没有什么。果树价格也上不去，人还不愿意出这个力。人们手里都有点钱，也懒得干活，卖力气还卖不了。咱们村有钱的，基本都待着玩。要比的话，他们比不过我，但我还得干，不像他们小富即安。

真要是干还是有很多活可以干的。我都从外地找人，咱村的人不干活。村里一些人的思想不一样："给你干你挣大钱了！"想当老板又没有这个能力。钱是死的，花了就没了。志生、志顺都在外面干，做买卖什么的。其他的，没什么。年轻人里，就我们三个混出来了。要不是 312 占地，他们都没有我们仨强。志生大点。出去正经干出来的就是我们这三个。其他出去做小工的都没有做起来的。我们三个是村里面好的。

原来也有跟我干的，后来都分出来了。志生介绍我去金桥建筑公司，当时志生是业务总经理，就这么一点一点进入建筑业了。志生在金桥算是元老，是建筑公司的业务主管，现在怀柔有楼，村里也有房子。志生经常回村里。我们三个关系一直保持得很好。

现在人调动不了，项目有把握的才可以引进，真的是好项目，要不村里人得埋怨你。我认识个朋友，北京农科院崔平教授，他介绍一种东西，不是农药不是肥料，在蔬菜果品生产期间喷，会长得很好。崔平教授个人养的大芦花鸡和黑羽毛鸡，在桥梓刚开始。崔平这个如果弄好了，咱们这个村就能弄，这两种鸡在北京各大饭店供不应求。他的地在我的库房的前面，合同还有 30 多年。崔平的媳妇比崔平小 17 岁，孩子也和我的孩子差不多。我们有很多相似之处。

咱们这空气好，山场大，疾病少，把树园子圈起来就可以养鸡。咱们村有树有地，发展养殖业还是比较好的。村里现在有了药材项目，还要看效益如何。咱村人别提种地，简单的效益高的项目还行得通。

我在村里有地，我自己先做，等有效益了，再让村里人尝试。咱们懂技术了，再让村里人尝试。现在生产性用房不让建，活动房应该允许，随时拆走的那种。我在北京有三间房，加工好了，都是彩钢的，下面有几道梁，造价一平方米有 300 多元。活动房是允许的。在村里养鸡脏，不在村里养。

官地的平地都是我的，山场有 30 多亩。平地有几亩，都够用。

个案36　312占地，改变了我的生活方式

访谈对象：丁明松。

我不是这村人了，我户口已经迁怀柔去了。

我1982年生。中学毕业后在餐馆干，18周岁后学车、开车。2005年出车祸后，与人保财险接触，以后就给怀柔人保财险的一个主管开车，2007年开始做保险业务。2007年北京市文件要求做政策性农业保险，市里补贴50%，区里补贴30%，保户负责20%，政府引导，商业运作。

农业政策性保险范围包括种植业和养殖业两大类。种植业包括蔬菜大棚以及小麦、玉米、豆类等大田作物，同时也包括柿子、苹果等果品；养殖业包括种猪、生猪、肉鸡、肉鸭等。投保所需要的手续包括：相关部门证明手续；检疫合格证；机构代码等。应该是正规的养殖企业。

2007—2011年，人保财险公司覆盖平原7个乡镇，北部山区由中华联合保险公司承保。2012年人保财险业务扩至全区，相互竞争。公司前三年亏损，去年开始盈利。

从承保到理赔，要全程负责。出险后，要第一时间了解情况，查看、询问、笔录。与老百姓打交道很难办，他们对保险条款不理解。

这些年挺辛苦，付出的太多。第一年没配车，没节假日。面积大，人员少，不能及时到达现场直接理赔，老百姓不理解，有过激行为。2010年前只有两个人，2011年后三四个人。

工资低，只拿基本工资，关系在怀柔劳务派遣公司，去年开始有五险一金：医疗、大病、养老、失业、生育五险及住房公积金。有节假日，但有险即出，平时立案。

312 占地，改变了我的生活方式：在怀柔买房，上下班通勤，不用养车，节省了开支。

三年无枣，只有裂枣，而管理、生产资料等成本依旧，赚不了多少钱。做保姆、小工，管吃管住，收入高出林果。林果收入还不够抽烟喝酒。

丁明松母亲：

赚点，儿子就松点。红果收入，像启云（红林村果树面积最大）这样的，也就几千元，村里最多 2 万元，不值钱。有和我要 200 斤柿子的，我让他们自己摘，不要钱。

个案37　将来还得在家安家，买不起房子

访谈对象：丁龙。

1988年生，北京信息技术学院电子信息工程专业毕业。先是学校给分配到一个国企，后经同学介绍在中国航天公司做计量，户口在桥梓镇。现在厂址在北京双安商场附近，准备搬到顺义。现在是3个人合租一套房，我个人负责600元。

顺义和怀柔没有好企业。欧曼凑合，但太累。

没时间弄树。我们这一代人都没有会弄树的。种地5000元年收入，连学费都交不起。我上班每月3000元。

我们同学20%—30%重找工作，都是由于人际关系，多数没变。第一次分的挺好的，定位挺准，只是离家远，工资低，人际关系不好。

正在读成人大本，学会计，有大本学历至少多收入600元。早晚得有大本学历，公司认这个。

将来还得在家安家，买不起房子。大本毕业的，几千元工资，还可以，研究生毕业的，工资更高。怀柔房价都1万多元，顺义就更贵了。

现正读的大本班一年学费3000元，一共3年。最后总得给个学历吧?! 这个学历在我们单位涨不了工资，但有总比没有强。学费都是自己拿，不用家里出。

个案38　在这住16年了，人缘很好

访谈对象：张士杰，北京市民，1996年在村里买房。

1958年生。东直门拆迁，得了一笔补偿，在北京买了房，也想在这一带买个农家院。在沙峪口插过队，对这一带有感情。和志明办公室的人是朋友，听说志明要卖房，就介绍给我。房子是1996年买的，30年使用期，户名仍为志明。

东直门拆迁，我有19间房，补偿200多万元，用60万买了房子，在四环，现在每平方米都涨到4万多了。如果当初不在村里买房投资（挖池塘），而是在其他地方买房，也会升值。

我是开饭店的，在怀柔周边干过。30年协议到期后我就搬走。

开始村里不要水费，想给村里引进项目，经过考察后发现不行。现在要收水费，志海（出租农家院）、学玉（开饭店）和我三人要收水费。

在这住16年了，人缘很好。村里人结婚我还出份子，和一些村民也是好朋友。

我这里凉快，有树，有池塘，夏天晚上，人都坐满了。我家兄弟姐妹十个，经常全家过来。

房子前边有个大坑，底下有泉眼，我包了下来，承包期30年。我自己推坑、栽树、投鱼苗，投资十多万。当初房子价格3.6万，由于有些树，就多给了4000元，总计4万元。今年有事没怎么在这住，以前都住在这。

这的房子可以翻建，也可以在院里的其他地方盖房。

我17岁就插队了。现在同学聚会，有的都带着外孙女。

后　　记

《红林村：一个京郊山村的经济社会变迁》一书终于呈现在读者面前。

感觉自己像生了一场大病，耗尽了所有的体能。三年来，除了必须做的工作，几乎将所有时间都投入了这项研究，没有闲暇，没有节假日，舍弃了很多，多次遭遇他人是否值得的质疑，但自己最终还是坚持了下来。

研究过程充满艰辛，也充满欢喜。不妨摘录一篇笔者的调研日记：

> 10月14日，从丁学敏大爷家访谈出来时被狗咬伤了，后来听说这只狗很野，曾咬过好几个人，铁链子都能挣断。真是万幸，被咬的是我，而不是身后的晓艳（笔者的学生）。今天是被狗咬伤后返回村里调研的第一天，早晨在医院打完狂犬疫苗第三针后，就驱车前往红林。上午去了牛场，中午去丁学玉处，下午冒雨来到卫生室，晚上又迎着风雨来到供销社。供销社访谈结束后，已是漆黑一片，风仍在刮，雨仍在下，脚不时踩进水坑，在晓艳的搀扶下回到住处。庆幸的是，我们早早地穿上棉大衣，才免遭冻僵。尽管全天很辛苦，但收获很大，尤

其是在医务室黄长生处，竟然看到了上世纪 50 年代的地契！黄长生竟然还保留着他爷爷当年的翻身史记录，不仅为自己，也为红林村、为社会留下了一份珍贵的史料。（摘自 2012 年 10 月 21 日《红林村调研日记》）

首先感谢怀柔区鲍晓健副区长。鲍晓健副区长给予本研究大力的支持，在百忙之中为笔者调研做了周密安排，使研究工作得以顺利展开。

感谢怀柔区农委王越友副主任。王越友副主任不仅为笔者介绍了怀柔区的经济社会发展情况，而且安排专人陪同笔者调研。

感谢怀柔区农委申建立科长。申建立科长知识渊博，思路敏捷，不仅为笔者提供了大量的有关怀柔区经济社会发展资料，而且陪同笔者调研，使笔者获益匪浅。

感谢怀柔区档案馆宋德均老师。在档案馆查资料期间，宋德均老师及档案馆的工作人员给予了大力支持和帮助，使本人享受到特殊关照。由于经常是第一个来，最后一个离去，一整天“泡”在档案馆，宋老师还为笔者安排了专门座位，工作人员不厌其烦地抱来抱去小山般的资料，任由笔者“大海里捞针”。

感谢桥梓镇汪明军副镇长。汪明军副镇长不仅为笔者提供了有关桥梓镇的经济社会发展情况，而且在小城镇建设方面很有卓见。汪明军副镇长作为中国社会科学院的博士后，能够将理论与实践密切结合，使笔者很敬佩。

感谢红林村的父老乡亲。退休教师丁兴魁老人为笔者提供了珍贵的红林村丁氏家谱；桥梓镇文化服务中心的丁志友，为笔者提供了很多红林村资料；红林村党支部书记王雅君在身患重病的情况下，不仅多次接受笔者的访谈，还组织协调笔者在村庄的调研；村两委成员丁志明亲自负责本项研究调查问卷的填写工作，并不厌其烦地解答笔者提出的问题，多次接受笔者的访谈；曾担任过村支书的黄长生医生，不仅为自己提供了红林村老照片和多份历史资料，还将家族珍藏多年的家史资料提供给笔者。还有丁学纯、丁学敏、丁学信、丁学真、王林义等老人，以及尚书龄、朱淑琴、丁学芳、丁学友、丁学玉、丁志权、丁志红、丁志坚、丁海洋等，所有接受笔者访谈的红林村父老乡亲、兄弟姐妹们，在此一并表示感谢！

感谢笔者的研究生王晓艳。一些详细的访谈个案出自晓艳的纪录，为本书增色不少。

感谢笔者的先生和儿子。在整个调研期间，先生成为笔者的“专职司机”，不断往返于北京和红林之间；在历经三载的忙碌中，先生忍受着居室的零乱和膳食的简单；先生不仅通读全部书稿，而且指出所存在的问题，避免了很多错误；在查找文献时，儿子成了自己的“资料员”，只需提供所需文献的题目或书名，儿子便会很快将文章发到笔者的邮箱，将书籍在网上下单，几日后快递便会送达。

感谢为本书出版付出辛勤劳动的中国社会科学出版社的编辑任明老师。任明老师博学细致，为本书避免很多错误。

最后，感谢两位匿名评审专家。两位评审专家给予本书以下高度评价：在目前可以见到的若干村庄个案研究中，本报告属于上乘之作；报告所包含的村庄文献资料不仅内容丰富，而且具有系统性，由此可见，作者关于村庄的实地调查功夫深入而细致；报告文风质朴平实，具有较强的可读性；本书相当于一部十分全面的红林村村志，可以看出作者在三年的时间里下了大工夫……

书已出版，但笔者内心很忐忑。尽管自己尽了全力，但由于水平有限，纰漏难免，错误难免，敬请读者批评指正。

潘劲

2015 年 4 月 11 日于北京